U0458761

秦晖 —著

宋元明陕西史

山西出版传媒集团　山西人民出版社

图书在版编目（CIP）数据

宋元明陕西史 / 秦晖著 . -- 太原：山西人民出版社，2020.8
ISBN 978-7-203-11512-0

Ⅰ . ①宋… Ⅱ . ①秦… Ⅲ . ①陕西—地方史—宋元时期 ②陕西—地方史—明代 Ⅳ . ① K294.1

中国版本图书馆 CIP 数据核字（2020）第 120626 号

宋元明陕西史

著　　者：秦　晖
责任编辑：贾　娟
复　　审：傅晓红
终　　审：姚　军
出 版 者：山西出版传媒集团·山西人民出版社
地　　址：太原市建设南路 21 号
邮　　编：030012
发行营销：010-62142290
　　　　　0351-4922220　4955996　4956039
　　　　　0351-4922127（传真）　4956038（邮购）
E-mail：sxskcb@163.com（发行部）
　　　　　sxskcb@163.com（总编室）
网　　址：www.sxskcb.com
经 销 者：山西出版传媒集团·山西人民出版社
承 印 者：鸿博昊天科技有限公司
开　　本：635mm×965mm　1/16
印　　张：30.25
字　　数：392 千字
版　　次：2020 年 8 月　第 1 版
印　　次：2021 年 1 月　第 3 次印刷
书　　号：ISBN 978-7-203-11512-0
定　　价：108.00 元

如有印装质量问题请与本社联系调换

邠州大塔

富县直罗塔

《雪景寒林图》

（宋）范宽作品

李成寒林平野

枯杉锁出老
松枝浮浮寒
牛羊雪时候
陶说象纸一
再云佟此景
苍茫断春
堪东新春
尚悬

《寒林平野图》 （宋）李成作品

北宋府州城

西夏敕燃马牌

金代墓中壁画武士形象

（陕西省甘泉县出土）

元修安西路城西南城角圆形墩台

元代王世英墓出土陶车马

旬邑官家洞悬崖石窟

（元末陕西行省政权覆灭处）

明秦王府故城北门

明秦王府残墙

明修榆林镇北台长城遗迹

明修泾阳崇文塔

化觉巷清真寺明建筑

李自成顺朝讳印为「信」，所颁「三水县信」为陕西三水（今旬邑）县官印

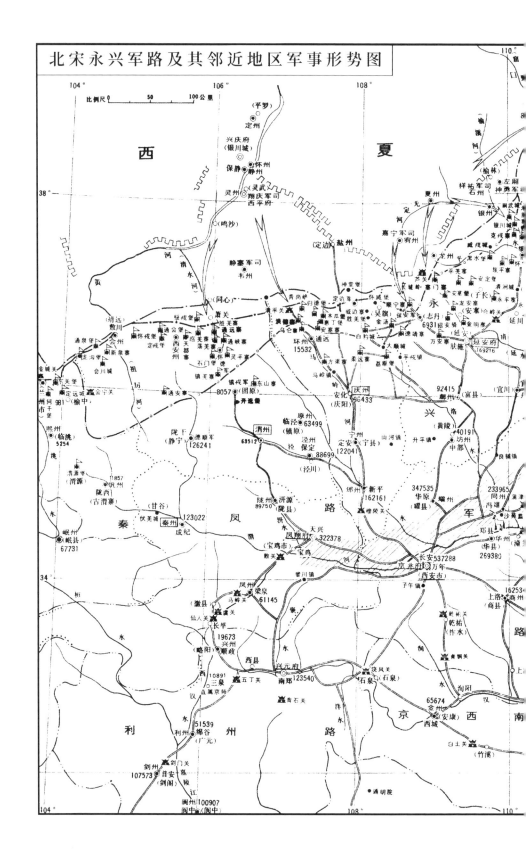

北宋永兴军路及其邻近地区军事形势图

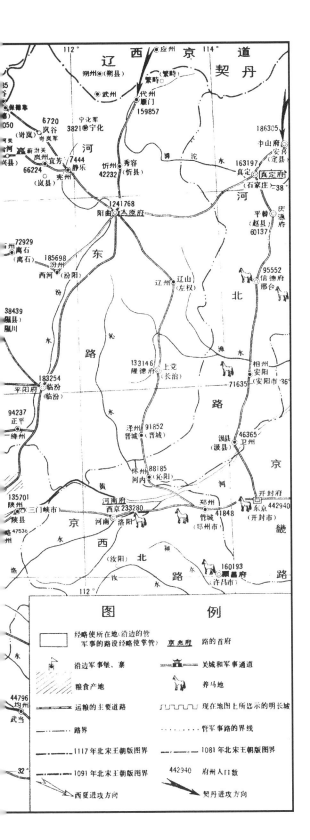

北宋永兴军路及其邻近地区军事形势图

（采自史念海《河山集·四集》）

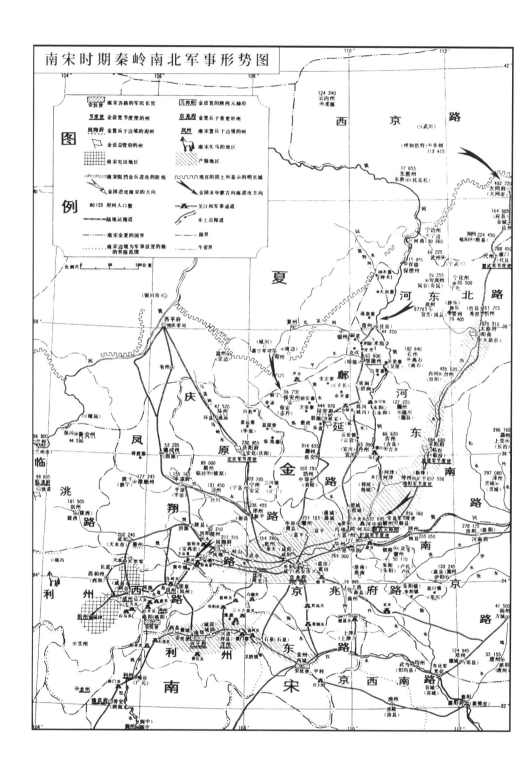

南宋时期秦岭南北军事形势图

（采自史念海《河山集·四集》）

序

王气黯然：宋元明陕西史

20世纪80年代末，陕西有关方面商量组织主要高校与社会科学研究机构集体编写多卷本《陕西通史》。90年代初，以郭琦、史念海、张岂之三位前辈领衔主编，各卷正式开始撰写。1997年，这部14卷的大部头著作终于由陕西师范大学出版社出版问世。

当时我主要的治学方向是土地制度和农民战争史，而关注的时段主要是明清（不含近代）。所以在三位前辈召集下我参与其事时，开始自报的任务是明清卷。但后来决定不设近代卷，明清卷一直写到清末，这样原来写近代史的两位老师就承担了清代，而由我承担明代部分。又由于清初抗清运动与明末农民战争连为一体，我当时也就此有些著述，所以主编决定这一节也由我写。而明清卷的文化一章，近代史两位老师认为不好分割，也就全章让我写了。

我原来并不治宋元史，但当时的陕西史学界除近现代史外，古代史是言必称周秦汉唐。其实也不仅是陕西如此，中国古史学界的"断代史"研究特别发达，而每个地方又多以当地历史上最辉煌（首都所在就是一个标志）的"断代"为研究重点。就像南京研究六朝史、明史、民国史和太平天国史的人多，河南、浙江研究两宋史的人多一样，周秦汉唐时代陕西为天子所居，天下枢纽，王气所钟，京兆重地，汉唐雄风，够多少陕人研究一辈子的了。而国都东迁、王气黯然的五代以后，则似乎成了陕西史家的"鸡肋"。尤其在当时的陕西史学界，宋元这一断代研究力量很薄弱，而本校研究宋史的一位老师又患病。于是主编又动员我整个接下宋元卷，说实话我有点勉为其难。但是我当时研究明清以下关中农村社会有些心得，提出过"关中模式"的概念，也对明清以前这一模式的源头有些想法，于是也就接下了这一任务。

我原来研究的不是"断代史"而是"专门史"，所以对各代都有涉猎，这或许是主编要我写这一卷的原因。但是当时《陕西通史》的编撰体例又规定经纬并重，全书14卷中除10个断代卷外，经济史、思想史、民族史、历史地理四个专史也各成一卷。而且规定内容尽量不重复。这样一来，各个断代史卷就只能以政治、军事以及（不含思想史的）文化为主要内容，而我那时其实是以经济史为主要兴趣的。

在项目进行过程中，原来承担魏晋南北朝卷的同仁另有高就离开了陕西，他提出未写的该卷农民战争部分也交我补写。朋友之请，敢不从命？这样一来，《陕西通史》我承担的部分最后就变成：《宋元卷》全卷（我为作者）、《明清卷》明代半卷、明清文化一章、清初抗清运动一节（我为该卷第一作者）和《魏晋南北朝卷》的农民战争部分（我为该卷第二作者）。我当初参与其事时是没有想到会如此安排的。

不过，我接受这些任务也并非只从"集体主义"和朋友之情考虑。我对中国社会在宋元明清这段历史中的变迁在当时也确实有些想法，所谓"关中模式"其实并非仅仅意在关中，我写宋元明的陕西，其实也是把陕西作为中国的一个缩影来写的，其内容表达了我的不少自有观点，和我同时期发表的其他一些著作（如《田园诗与狂想曲》等）也有着逻辑上的联系。感谢三位主编和编委会，对我并未提出什么修改要求，能够在这样一部大型集体著作中允许我进行个性化的表述。

另外，我也确实认为中国古代史领域过分突出"断代史"，尤其是各地史学界的"断代史"研究重点随"王气"而转移，这确实是一个缺点。历史是不能切断的，只讲辉煌不讲衰落，难说是真正的历史。何况王气黯然后，民气仍堪歌。近代以来全球王气不再，历史更加异彩纷呈。帝王缺位，历史便成鸡肋，这种状况也应该改变。

14卷《陕西通史》1997年出版，至今已经20多年，当时这么大部头的书印数不多，现在已经难以看到。而且我散在三卷书中的一些想法读者也难以把握。何况时过境迁，无论我自己还是当时的同仁们都有了很多新的考虑，学术的进展也今非昔比。所以20年后，陕西史学界同仁又成立了新的《陕西通史》编委会，重拟体例，重新分卷，扩充内容，重新改写，并且把原来专史的内容充实到各断代卷中，作者也大幅度易人。将来问世的会是完全不同的另一部《陕西通史》了。我在这一项目中将只写宋元一卷，内容也会不同。

但一些朋友认为我当年散在各卷中的表述仍有价值，而且希望能集中为一书以便读者理解。我觉得也好。《魏晋南北朝卷》中我写的部分篇幅不多，价值不大，而且与宋元以后也没有多少联系，就不再收入。现把《宋元卷》与《明清卷》中我写的部分辑为这本《宋元明陕西史》，除了做些两卷连缀的工作、对注释做了些规范化处理以及订正了个别细节错误外，基本保持了当年的原貌。包括我如今已有改变的提法（如"封建社会"之类），本书中也不做改动。心路印迹，留待读者批评指正吧。

由于前述原因，本书虽以"宋元明陕西史"为题，宋元文化与明清文化的两章却有点特别：就范围而言不含思想史，就时限而言却下延至晚清。这是当时多卷本的分工所定，好在全书的论述逻辑还是清晰的，以后倘有余力，再作弥补吧。本书能够问世，应该感谢的师友同仁很多，从当年主编多卷本的三前辈，到此次促成出版的编辑朋友，恕不一一。还有我当时的博士生，现已在上海大学任教、专攻宋史的张呈忠君，连缀两卷与校订注释的琐碎工作多得助于他，也应在此致谢。

当年写五代以后的陕西史，常想起刘禹锡的诗句："王浚楼船下益州，金陵王气黯然收。"其实金陵六朝，吴后有五，孙氏虽亡，王气尚在也。隋以后六朝金粉化为寒烟衰草，王谢堂前变作寻常巷，后人黯然之叹更甚。然六朝仅偏安，金陵二度为一统之都皆在其后。虽帝气之倏忽更甚王气，而没了帝王气的江南，才真正掀开了精彩篇章——请看今日之"长三角"！比之六朝后江南，宋元明陕西就此翻过帝都一页，长安王气才真是黯然收了。但鉴之江南，陕西应该也有真正精彩的一天！正所谓：

王气黯然后，民气仍堪歌。万木超病朽，千帆越沉舸。众生仰北斗，一夫梦南柯；关河漫空锁，潮涌连天波。

秦　晖
2019 年 3 月于北京蓝旗营

4

目　录

绪　论

战争风云中的艰难发展——宋元明陕西

一　从"陕西路"到"陕西省"

公元 960 年（后周显德七年，宋建隆元年）年初，后周王朝的禁军首领殿前都检点赵匡胤在他自己一手导演的"陈桥兵变"中黄袍加身，以"受禅"的方式从年幼的后周恭帝手中夺取了政权，登基建国，南面称尊，从而开始了两宋赵氏王朝 300 多年的统治。

赵宋立国之初继承的是后周的版图，原隶后周的关中与陕北大部分地区在"陈桥兵变"后即归附新主。位于今陕西极北一隅的麟、府、丰 3 州（今神木、府谷 2 县境）当时在行政地理上属河东（今山西），五代时由汉化的党项族土豪折氏家族统治，受中原王朝册封为永安军节度使等职，实则爵禄世传，割据一方，土人呼为"折王"[1]。北宋建立的次年（建隆二年即 961 年）折德扆入朝赵匡胤，归顺宋朝，朝廷允其后世子孙世袭知府州事。[2] 但宋朝为制约折氏，特置麟府军马司以监视其动静，势凌知府之上，折氏势力受其牵制而削弱，加上赵宋兵权分立制度之影响，事实上已消除了五代时这里的割据状态。

---

[1] 府谷人至今仍称折氏坟园为"折王坟"，见戴应新：《折氏家族史略》，三秦出版社，1989 年，第 5 页。

[2] 《宋史》卷 253《折德扆传》。

麟、府以西的银、夏、绥、宥4州（今陕北榆林、横山、绥德、靖边等地及其交界的内蒙古地区）是另一支更强大的党项族豪强李氏的势力范围。李氏先祖是唐末助唐镇压黄巢起义的党项首领拓拔思恭，他以此"功"受赐姓，世袭定难军节度使，其后裔在后周时又加号西平王。赵宋立国时，太祖赵匡胤授定难军节度使李彝兴以太尉的荣衔，表示承认李氏的地位。建隆三年（962年），李彝兴向宋朝进贡马300匹以示臣服。这时定难李氏与赵宋的关系与麟府折氏十分类似，史称："折氏据有府谷，与李彝兴之居夏州，初无以异。"[1]而宋朝对定难军也如同对麟府一样，力图强化控制能力。到宋太宗太平兴国七年（982年），夏州党项人发生内讧，拓拔部首领李继捧率领部落头人270余人、民户5万余帐投附宋朝，迁居东京。宋朝封继捧为彰德军节度使，并遣使至夏州护送李继捧举族内迁。其他党项贵族如夏州李克文、绥州李克宪等也相继效法继捧，献土投宋，只有继捧弟李继迁率领随从数十帐逃入沙漠中的地斤泽，抗宋自立。宋军遂进驻银、夏、绥、宥四州，取消了定难军，设立了直属朝廷的流官政权。

今陕南汉中一带在赵宋立国时尚属后蜀版图。宋太祖乾德二年十二月（965年1月）下诏伐蜀，以忠武军节度使王全斌为统帅的3万宋军由凤州（今凤县）南下，连拔乾渠、万仞、燕子诸寨，攻下兴州（今略阳县），败蜀军7000人，获军粮40余万石。蜀刺史蓝思绾逃到西县（今勉县境内）。宋军乘胜进击，连破石圌等20余寨。先锋史延德追至三泉（今宁强县），击溃蜀军数万，获粮30万石，蜀将招讨使韩保正、副使李进皆束手就擒。残余蜀军烧毁栈道退入葭萌关。宋军遂全部占领了今陕南地区。

这样，通过对后周的继承，对藩属的控制和对邻国的征讨，到宋太宗时，今陕西全境均已在宋朝控制下，自唐末以来的乱世终告结束，陕西的历史揭开了新的一页。

---

[1]《宋史》卷253《折德扆传》。

作为正式政区的"陕西"一词的出现，是这新的一页的一个象征。本来"陕西"之称早在汉魏时已见于史籍。《后汉书·郡国志》弘农郡陕县（今河南三门峡市）有"陕陌"，刘昭注引《博物记》曰"二伯所分"。[1] 即西周初以周公主陕东、召公主陕西，顾炎武称此为"陕东"、"陕西"之分的由来。[2]《水经注·河水》称："河水又东得七里涧，涧在陕西七里。"这里讲的"陕西"都是泛指陕州以西。这样的用法一直延续到唐，如《宋书·柳元景传》："庞季明率军向陕西七里谷"；《北史·魏孝武帝纪》："高昂率劲骑及帝于陕西"；《旧唐书·太宗纪》："贞观十一年九月丁亥，河溢，坏陕西河北县"；《肃宗纪》："乾元三年四月庚申，以右羽林大将军郭英义为陕州刺史、陕西节度潼关防御等使"；《肃宗诸子传》："杞王倕可充陕西节度大使"；《李渤传》："泽潞节度使郗士美卒，渤充吊祭使，路次陕西"；《回纥传》："郭子仪领回纥兵马与贼战于陕西"，等等。这些史料所说的"陕西"都与今之陕西无关。但潼关既为陕州以西的一大要隘，所以也有人以潼关以西即关中地区为陕西的，如《晋书·宣帝纪》即云："西屯长安，……受陕西之任，有白鹿之献。"不过这一含义并不固定，东晋南朝时人就常以江左两大镇——荆、扬分称二陕，而以荆州为陕西。[3]

入宋之后，"陕西"的概念才有了固定的含义。宋初沿后周政区，袭用唐以来的道制，分全国为10道，今陕西境内除陕南及陕北神、府一隅外，大部分地区属关西道。不久宋朝改"道"为"路"，关西道改称"陕西路"，这是历史上"陕西"正式成为一级政区地理名称之始。从此历金、元、明、清以至今日，"陕西"一词便一直载于中国版图。当然，那时的"陕西"范围与现今不同，它包括今甘、宁、青等省区的大片土地以及豫西地区，而不包括今之陕南。但就其主体部分而言，

[1]《后汉书》卷29《郡国一》。
[2] 顾炎武：《日知录校注》卷31，陈垣校注，安徽大学出版社，2007年，第1738页。
[3] 以上并参顾炎武：《日知录校注》卷31，陈垣校注，第1738—1740页。

关中即陕西，则是始自宋元而至今一贯的概念了。

宋初的陕西路，"东尽殽函，西包汧陇，南连商洛，北控萧关"，幅员极广。到北宋中期王安石变法时，把陕西路一分为二，东为永兴军路，西为秦凤路，各以京兆（今西安）、秦州（今甘肃天水）为治。但时人仍习惯地以陕西相称，号为"陕西二路"。而在此以前的庆历新政时期，陕西路已从军事上被划为五个防区，也以"路"名之，即永兴军路、鄜延路、环庆路、秦凤路与泾原路，于是又有"陕西五路"之总称。熙、丰年间，王韶开边后又增设熙河路，并前五而为"陕西六路"。这时陕西便有两套"路"制的划分同时并存。"陕西二路"中的永兴军路辖境相当于"陕西五（六）路"中的永兴军、鄜延、环庆三路，而"二路"中的秦凤路则相当于"五（六）路"中的秦凤、泾原以及后设的熙河等三路。这种两套"路"制并存的体制当时在全国仅见于与辽为邻的河北和与夏为邻的陕西，而以陕西更为典型。[1] 我们后面将提到这是一种战时行政体制的特点。到北宋后期，今陕西省境除陕北横山—无定河上游地区为西夏占有外，都分属北宋的永兴军、秦凤、利州、京西南、河东等五路，其中前两路辖境按"陕西二路"计。它们在今省境内的辖区如下：

永兴军路，今陕西绝大部分地区均属之。元祐四年（1089年）该路在今省境内共辖2府：京兆（今西安）、延安（今市）；10州：华州（今华县）、同州（今大荔）、耀州（今耀县）、醴州（今乾县）、邠州（今彬县）、泾州（今甘肃泾川，辖及今陕西长武县境）、商州（今市）、坊州（今黄陵）、鄜州（今富县）、丹州（今宜川）；4军：清平军（今周至县境内）、定边军（今县）、保安军（今志丹）、绥德军（今县）。以上共辖属40县。

秦凤路，今陕西宝鸡地区大部均属之。元祐时在今省境内共辖1府：

[1] 河北东西2路共设大名、真定、定州、河间4路安抚使。但河北的安抚使只管军政，与陕西6路的经略安抚使兼管军民不同。

凤翔（今县）；2州：陇州（今县北）、凤州（今县凤州镇）。共辖属14县。

河东路，路境主要在今山西，元祐时在今陕西境内有麟、府2州与晋宁军（今佳县），共辖属4县。

利州路，今陕西汉中地区大部均属之。元祐时设治在兴元府（今汉中），除该府外尚在今省境内辖洋州（今洋县西）、兴州（今略阳东南），共1府2州，下辖9县。

京西南路，大部辖区在今湖北、河南，在今陕西境内只有金州（今安康）1州，下属5县。

北宋灭亡后，陕西六路陷于金军。金除了把陕北的麟、府二州及定边军送给西夏外，其余地区先交伪齐统治，后又并入金版图。金朝沿用了北宋陕西两种路制并存的体制，改"陕西二路"为陕西东路、陕西西路，分治京兆与平凉，各依宋制置转运使。又并"陕西六路"为四路：永兴军路改京兆府路；熙河、秦凤二路并为熙秦路；环庆、泾原二路并为庆原路；鄜延路依旧，并改宋之经略安抚司为总管府。到金后期，又把熙秦路分为凤翔（大体上相当于宋之秦凤路）、临洮（大体上即宋之熙河路）二路，从而形成了金朝的"陕西五路"。同一时期，南宋则在其控制下的陕南设置了利州东路，并把今略阳、凤县等一小块地区划归了主要辖境在今甘、川接壤处的利州西路。

直到蒙元崛起，相继灭掉夏、金与南宋后，又分陕西为10路，并在10路之上设置了陕西行省。从此也就有了沿用至今的"陕西省"之名。

二　战争、社会与文化——宋元陕西的时代风貌

历周、秦、汉、唐以来一直是中国政治经济文化中心的关中地区和千年古都长安，到了宋元时代，虽然已城缩十之八九，民无十之二三，但仍然在人们心目中保有某种特殊的魅力，以至每次重大的历

史转折关头都有人郑重其事地提出还都关中的建议。

据说宋太祖赵匡胤在称帝后曾想定都长安，"欲据山河之胜而去冗兵，循周汉故事"[1]。

北宋灭亡，南宋初立之时，又有唐重等人接连上疏，要求"车驾幸关中"，建都古长安。[2]

蒙古侵金，宣宗南迁时，又有人提出"徙都长安"之议，金朝还专门为此作过军事部署。[3]

也正因为古都的余荫与国人的厚望，北宋初太宗改道为路时，也把古长安之名由关西道的道治雍州改为陕西路的路治京兆府，恢复了唐代专指首都的"京兆"之名。且以后历伪齐、金直至蒙元初年而不改。

但是时势非旧，大局已更，"周汉故事"再难复寻。在我国政治中枢东移，经济重心南移的大潮流下，陕西的衰落已是无可避免。事实上，关中在宋元时已是求为"五日京兆"而不可得，只能居于昨日"京兆"之位了。整个宋元时期虽一再有都秦之议，但不仅正式首都没有再回关中，连作为陪都的宋、金"西京"也远在潼关、黄河之东（宋之洛阳、金之大同）。到了元代，名不符实的"京兆"终为名符其实的"安西"所代，人们终于承认了陕西已经远离中枢地位这一现实。

与失去中枢地位相联系的宋元陕西另一个历史特点便是兵燹频仍。整个宋元时期的陕西历史可以说几乎是一部战争史，至少是以战争为轴心的历史，在宋、辽、夏、金、元这一五方角逐的时代，陕西是宋夏战争、金夏战争的主战场，是宋金战争、金蒙战争的西线主战场，是宋蒙（元）战争的前哨战场和宋辽战争的波及地——前者指陕南而言，后者指陕北的麟、府地区。最后，陕西还是蒙元初年忽必烈与阿

---

[1] 李焘：《续资治通鉴长编》卷17，开宝九年四月癸卯条，中华书局，2004年，第369页。

[2] 《宋史》卷447《唐重传》。

[3] 《宋史》卷486《夏国传》。

里不哥内战、元中叶周王和世瓎、靖安王阔不花之乱、元末农民战争与元军阀混战、明灭元之战及北元与明的战争的重要战场。其中，宋夏战争在陕西境内共打了41年（包括李继迁在陕北与宋作战的时间在内），金夏战争延续10余年，宋金战争仅有大战的年份就达21年，金蒙陕西争夺战持续16年，宋蒙陕南之战历时10年，元末的农民战争、军阀内战与元明战争在陕西也绵延14年之久，加上宋辽之战、和世瓎之乱等等，宋、金、元时期400年间，陕西有1/3的时间处于兵燹之中，加上两个政权对峙、备战并不时发生小冲突的战争间歇期，所余的和平岁月实在有限。战争给这一时期陕西的政治、经济、社会、文化都打下了烙印，使其在相当程度上带有战时政治、战时经济、战时社会的色彩。

陕西的主要地区入宋时属关西道的雍州，宋末则属陕西六路中的永兴军路——全国唯一以"军"为名的路级行政区。[1]从"雍州"到"永兴军"的地名变迁，可以说是富有象征意义的：雍容揖让的文献之邦，变成了军兴旁午的戎马之地；雍容华贵的锦绣之区，变成了军旅攘攘的征战之路。文人们是这样解释这些地名的："雍州土厚水深，其民厚重质直，无郑、卫骄惰淫靡之习。以善导之，则易以兴起而笃于仁义；以猛驱之，则其强毅果敢之资亦足以强兵力农，而成富强之业。"[2]"河西曰雝州，……其气蔽雝，厥性急凶，故曰雝。雝，雝塞也。"[3]淳厚仁勇曰雍，急凶蔽塞曰雍，这一褒一贬的两个解释，反映了陕西世风民情的两个方面，它们都在宋元之际的多事之秋中得到了战火的培育。

与其他地方相比，宋代陕西的地方行政系统具有明显的军事化特

---

[1] 长安自唐末以来久为"军"治，先后设过佑国军（唐末）、永兴军（梁）、晋昌军（晋）和永兴军（汉、周、宋）。但升军为路则惟见于宋。

[2] 朱熹：《诗集传》卷6，凤凰出版社，2007年，第91页。

[3] 宋敏求：《长安志》卷2，中华书局，1991年，第17页。

点。宋初全国为 18 路，至元丰年间析为 23 路，北宋末再增至 26 路，这都是按转运使辖区计的。按常例转运使（漕司）为一路之主官，而以提点刑狱公事（宪司）次之。而陕西则不然，北宋前期的陕西路转运使虽然品级颇高，但实际权力有限，完全不能算主官，以至于此职有时长期空缺不补。陕西路分成永兴军路与秦凤路之后很长一段时间内仍只有一个转运使"依未析时通治两路之事"[1]。与此同时，陕西特有的六个经略安抚使司（帅司）分治的永兴军、秦凤、鄜延、泾原、环庆、熙河六路虽不在"元丰二十三路"及宋末 26 路之数内，但它都是真正起作用的行政—军事一元化区划，而不仅仅是"军区"而已。当时曾有人抱怨说："熙河虽名一路，而实无租入。"[2]如果"熙河路"仅仅是个军区，就不会有这种抱怨，因为军区本来就不该有什么"租入"的。北宋一朝，陕西六路的经略安抚使一职均由守臣（知州等）兼领，并再"兼都总管以统制军旅"，而且是常设职（内地有时也因事而设帅司，但非常设职）。帅司兼有中央特派员与地方官身份，合军政民政为一，统管"一路兵民之事"，"帅其属而听其狱讼，颁其禁令，定其赏罚，稽其钱谷、甲械，出纳之名籍而行以法"，而且在很大范围内可以先斩后奏，"听以便宜裁断"[3]。虽然中央对其另有制掣以防专权，但在以地方事权高度分散为传统国策的宋朝，这已是一种很特殊的制度了。

由于帅司的权限包括了"稽钱谷"与"听狱讼"，因而不仅军民二政，甚至连顾名思义应为"漕司"之首务的财政之权，应为"宪司"之首务的司法之权，也在帅司手中。无怪乎虽然转运使在陕西的"辖区"之广可以包括若干个"帅司"管区，但陕西人常常只视之为军队的后勤部长而已。元丰四年（1081 年），陕西转运使李稷到陕北督饷运，

---

[1]《宋史》卷 167《职官志》。

[2]《宋史》卷 328《王韶传》。

[3]《宋史》卷 167《职官志》。

偶入宋将种谔之营，军吏鸣鼓致礼。种谔大怒，责问："军有几帅？要当借汝头以代运使"，即下令将该军吏斩首。吓得李稷"惶怖遽出"。[1]后来发生的一件事就更有趣了：

> 转运使李稷馈饷不继，欲还安定取粮，使（吕）大钧请于种谔。谔曰："吾受命将兵，安知粮道！万一不继，召稷来，与一剑耳！"大钧性刚直，即日："朝廷出师，去塞未远，即斩转运使，无君父乎？"……谔见其直，乃好谓曰："子乃尔邪？今听汝矣！"始许稷还。是时，微大钧盛气诮谔，稷且不免。[2]

这位漕司李大人在种谔面前如此惶恐，而种谔当时只不过是陕西六路之一鄜延路帅司的副职（经略安抚副使），在地方上的职衔更只是区区一知州（知泾州）而已。而按当时其他地区的通例："委逐路（转运使）自择知州，不任事者皆罢之……委逐州自择知县、县令，不任事者皆罢之。"[3]知州实际上是转运使的下属。然而在陕西，一个兼有帅司副职的知州便能如此作践漕司大人。这位李大人也并不是懦不任事之辈，我们后面还要提到他是当时一个以"峭刻严忍"著称的官员，陕人比之为"黑杀神"。当然，种谔行事有其个性化的一面，当时的帅司主官（更不要说副职）不见得都像他那样动辄要把转运使召来"与一剑耳"，但后者有所"欲"，必先"请于"前者，得其"许"而后可行，则怕是当时陕西的一种不成文的惯例了。

此外，陕西诸路的基层行政设置中多有军、城、寨、堡之置，并以"城主""寨主""堡主"领之，这也明显是一种军事化体制。

金、元的陕西行政体制也在很大程度上继承了北宋的特点，金的

---

[1]《宋史》卷336《种谔传》。

[2]《宋史》卷340《吕大钧传》。

[3] 李焘：《续资治通鉴长编》卷144，庆历三年十月丙午条，第3481页。

总管府制类同于北宋的帅司，而元代在陕西和云南实行过一种不同于其他地区的"省藩二元政治"，它也是一种适应军事需要的特殊体制。至于西夏时期在其陕北属区内的军司与州并行的体制，虽然史籍中语焉不详，但可以推知其多半也是一种汉地"军管"政体与党项部落军事组织混合的产物。

中枢地位的丧失与地方行政组织军事化的特点也对这一时期陕西的社会状况产生影响。就全国而言，北宋本是个所谓"田制不立""不抑兼并"的土地关系相对"自由化"的时代，土地流通率大，兼并程度高，租佃关系发达，主佃矛盾突出。而陕西则不同，隋唐时的陕西土地兼并程度本来比全国平均水平要高，但这种兼并主要是政治性的"按权分配"、以势立庄，而不是什么商品交换性质的土地买卖。当时关中作为中枢所在，冠盖连云，权贵麇集，他们按其等级待遇或"僭越"于其等级待遇而占有的连片庄园，占了关中沃土的相当大部分，而且并不因此而向国家承担什么义务。

入宋则不然，中枢东迁后一方面占田的权贵比隋唐相对大减，流动性很大的守臣与官吏兵将则没有在任职地占田的强烈欲望。另一方面与地权相关的义务与负担却因战争和军需供应而大大增加，从而使一般无"优免"特权的平民富人扩大地产的能力减少。而且由于军事化因素，专制国家对陕西基层社会，包括户口土地的控制与役使，并未因中枢东迁而弱化，反而有所加强。这样，"自由"的土地兼并便受到抑制，以至于到北宋中叶关中地区各州无地的"客户"所占比重，已明显低于全国平均值，出现了土地租佃率下降、国家榨取量增加、主佃矛盾相对缓和而官民矛盾日益突出的趋势。关中大儒张载那种认为井田制不仅理想而且可行于当时的独特见解，虽然不切实际，却也并非纯属空穴来风，而是与这种趋势有关的。这种趋势后来的影响堪称深远：到明代关中许多地方的土地租佃率已下降到30%以下，到清代则平民"以田多为累"，出现了以专制政权压榨下的小农海洋、以权力剥削甚于地产剥削为特征的"封建社会的关中模式"。[1]

同时，这一时期因中枢东移、西北不靖和一系列其他原因，传统的"丝绸之路"趋于衰落，中西交通的主线趋向于东南海路，蒙元时西北商道的短暂复兴并未扭转这一总趋势，因而陕西从过去的欧亚大陆商道枢纽之地渐变为闭塞的西北一隅之区。在环境方面，这一时期陕北的水土流失有所发展；由于河床深切造成的引水困难加上战乱与不良政治对于水利建设的破坏，关中的灌溉农业也有所衰落。尽管宋元两代地方官府与人民都为恢复关中水利体系作出了巨大的努力，但成效不尽如人意。以最重要的渭北引泾灌区而言，无论渠线高程还是灌溉面积，宋之丰利渠都不如秦汉之郑、白渠，而元之王御史新渠又不如丰利渠[2]，虽然丰利渠、王御史新渠都已是难能可贵的努力结果了。至于陕南，则在宋金、宋蒙的长期争夺中破坏更为严重，许多地方人烟断绝，直到有明一代，其开发程度都未能恢复到汉唐曾达到的水平。

长期战争不仅带来直接的人力物力损失和经济破坏，而且间接给社会与经济造成消极影响。宋金、宋蒙间的长期对峙，使川陕间秦岭蜀道长期梗阻，历史上曾经活跃的经济交流几乎停顿。宋夏、金夏对峙期间陕北虽经常保持着榷场贸易，但那毕竟是一种特许贸易，与正常的民间经济往来大异其趣。丝绸之路的中断加上关中南北两翼传统经济联系的受阻，进一步加深了关中的封闭状态。

这一切也影响到社会的精神风貌与文化生活。长期战争的结果，使宋元陕西的人才结构出现了明显的"武盛文衰"。一方面，宋夏、宋

---

[1] 参见秦晖：《封建社会的关中模式——土改前关中农村经济研析之一》，《中国经济史研究》1993年第1期，第73—84页；《"关中模式"的社会历史根源：清初至民国——关中农村经济与社会史研析之二》，同上刊，1995年第1期，第50—67页。

[2] 此据渠线引水高程及走向，参阅各种记载而推知。史籍中有谓宋渠溉田35000顷，元溉田45000顷，前人已屡言其不可信，见王太岳：《泾渠总论》，载刘绍颁：（乾隆）《三原县志》卷17《艺文志》。

金、金夏、金蒙、宋蒙间的频繁战事，使陕西逐渐有了"天下精兵猛将咸出西北"的名声。宋元陕西可谓将才辈出，如北宋的游师雄，南宋的韩世忠、李显忠、张珏，金朝之马肩龙、刘兴哥，元之贺贲等，一门将帅的如杨家将，种家将[1]，折家将，刘仲武、刘锜父子、刘延庆、刘光世父子，贺贲、贺仁杰父子等更是遐迩闻名。北宋时四方有事，陕军必出，从南平侬智高，东征方腊，到宣和伐辽，靖康勤王，陕西将士都有出色表现。南宋时陕西虽已沦陷，陕籍将帅仍长期在宋军中为栋梁，宋室南迁后所依赖的所谓"中兴四将"中，就有三人是陕西路出身。就连像麟府这样的弹丸小邑，也有"麟府兵"转战南北地，迭抗辽、夏、金。从1939年出土于陕北的宋《折可存墓志》中人们还惊讶地得知：闻名古今的方腊、宋江两大农民起义首领也是被这个名不见于史传的麟府军人擒获的。

但另一方面，宋元陕西的文坛、政坛与周秦汉唐以及同一时期的东南地区相比，可谓星光寥落。以政坛论，整个400年中，陕人登相位者只有宋之寇准、吕大防，元之太平（贺惟一）三人。以文坛论，如果说汉赋、唐诗的繁荣，关中适逢其盛，那么宋词、元曲的成就，陕人就无足称道了。从科举状况也可以看出这一时期陕西文化的衰落。文化地理学家陈正祥先生曾以武功县和钱塘县作为关中盆地与太湖流域的代表分析两地从唐至清的科举状况，列为下表[2]：

历朝录取进士数

	唐	宋	明	清
武功县	14	7	2	0
钱塘县	0	82	155	270

表中反映的宋元时期关中文化衰落与江南后来居上均令人瞩目。

---

[1] 种家祖籍洛阳，但种家将从第一代种世衡起就生于陕西。

[2] 陈正祥：《中国文化地理》，生活·读书·新知三联书店，1985年，第48页。

武功、钱塘两县的对比可能比较极端，但总的趋势还是能反映出来的。

然而在思想领域，宋元时期的陕西却具有突出的地位。这主要是指以张载为代表的关学的兴起和以陈抟、李琪、吕嵒、谭峭、种放、王喆为代表的宋、金两次道教思潮，它们与宋元间陕西社会所提供的土壤有密切关系。张载以来关学的两个引人注目的特点，即所谓本体论上的"唯物主义"倾向与躬行实践、经世致用的传统，以及它最招致非议的社会思想与政、经主张上的保守复古色彩，都与宋元时期关中社会的逐渐小农化及封建社会的关中模式的逐渐形成有关。而这也是宋以后曾风靡全国的"心学"与"朴学"在关中都没有多少市场的重要原因。宗法小农思维方式中价值论上的反功利主义特征与知识论上的功利主义特征，在关学的思维方式中，表现得远比我国这一时期其他思想流派明显。关学的"崇实"思维更多地来源于宗法小农朴素的直觉经验与原逻辑思维传统，而与实证理性大异其趣。因而"崇实"的关学虽被不少人看作清代实学（汉学）的思想渊源之一，但恰恰是在关中，具有实证主义与价值中立倾向的实学即"汉学"，一直抬不起头来，更不用说像在全国范围内那样一度取得对于高谈性理的宋学的优势地位。另一方面，关学的伦理至上主义更多地与宗法小农价值与经验"互渗"的朴素思维方式相联系，因而包裹着一层似乎是"客观"的和"唯物"的（但决非实证的）外壳，而与强调主观创造性、超越性与意志的"心学"格格不入。这既导致了关学在其后来的发展中始终近程朱而远陆王，也使得似乎更"唯物主义"的关学反而在实际上背负着更为沉重的思想枷锁，而未能在像明清之际那样的思想解放和启蒙浪潮中占有一席之地。

最后，也正因为宗法小农思维方式与传统士大夫精英文化之间似相异而实互补的本质关系，因而尽管近人十分重视和强调张载与程、朱之别，但实际上更具宗法小农色彩的关学与更为士大夫化的洛、闽之学之间的藩篱似有似无，远没有例如程朱与陆王、宋学与汉学的距离那样明显。关学传人往往标榜"独守程朱"，其对理学的批判精神远不如此后的许多学派。[1]

宋元陕西历史的"军事化"特征及由此而来、与此有关的上述其他特征也反映在这一时期陕西，尤其是关中社会的社区—家族结构上。唐宋之际的社会剧烈动荡导致了世家大族式的家族组织在关中与在全国其他地区一样彻底崩溃。在唐代尚累世显赫的关中韦、杜、裴、杨等士族，入宋以后与关东的崔、卢、李、郑，南方的顾、陆、朱、张等一样完全衰败，如宋人王明清所言："（长安）城南韦、杜二家，蝉联珪组，世为显著，至本朝绝无闻人。"[2]然而在我国许多地区，尤其是南方各地，近古类型的封建大家族，包括累世同爨的大家庭与聚族而居的宗族组织，又代之而兴，成为"十分普遍的社会现象"[3]。但关中则不然，尽管宋元关中社会作为中国传统社会的一部分仍然具有宗法色彩，但那种以职能完备的祠堂、族谱、族规、族学、族墓、族田、族产、族长、族权为纽带的大家族组织，在宋元及以后的关中并不发达，累世同堂、共爨合食的大家庭也比其他地方，特别是东南一带罕见得多。宋元文献中各地都有许多八九世、13 世以至 19 世同居、人口达七八百、千余以至三四千的"义门"见于记载，而在陕西，元代延长张氏"家人百余口"就已是最高纪录和载入正史的唯一一例了。[4]延长属陕北，而关中尚未见这类记载。宋元时关中村多杂姓，人多不知自己的"统系来处"[5]。独姓村与聚族而居的风气不盛，也不见有复式大宅院和土圆楼之类家族住宅存在的迹象。宋代的张载与朱熹都倡言重振大家族与宗法共同体，但关中的张载提出的办法是抄自先儒典籍的观念形态的东西，即"立宗子法"与"明谱系世族"，这诚如今人所

［1］ 参见秦晖：《封建社会的关中模式——土改前关中农村经济研析之一》，《中国经济史研究》1993 年第 1 期，第 73—84 页。
［2］ 王明清：《挥麈录·前录》卷 2，上海书店出版社，2009 年，第 15 页。
［3］ 徐扬杰：《中国家族制度史》，人民出版社，1992 年，第 369 页。
［4］ 《元史》卷 197《张闰传》。
［5］ 张载：《经学理窟·宗法》，《张载集》，中华书局，1987 年，第 259 页。

言，是"脱离社会实际情况"的。而南方的朱熹提出的则是建祠堂和置族田这两种"人们在实际上用来实践敬宗收族的方法"[1]。宋以后南方出现了大量家规族法，传世者如《义门家法》《郑氏规范》《袁氏世范》《庞氏家训》《霍渭涯家训》，等等。而关中传世的则多是非血缘的"乡约"，北宋蓝田四吕（吕大忠、吕大防、吕大钧、吕大临）合著的《乡约》是这类文献中的佼佼者。吕氏可谓宋元间陕西第一号文章道德之家，但它却只留下乡规而未留下族规。以后如明之泾阳王征、三原温纯、清之富平乔履信等均有这类乡规传世，而族规则罕有闻者。

总之，家族组织相对不发达，是宋元以来关中社会的特征之一。全国"子民"的总"父母"——专制朝廷主要通过邻里组织（保甲乡社等）而不是亲缘组织直接控制无数小农，宗法伦理主要服务于"君父"与"臣子"的虚拟"家族"，而不是实在的血缘家族。这首先是由于入宋以来具有战时色彩的关中社会里国家权力对社会基层的控制异常强烈并具有一元化倾向，阻碍了平行于政权的族权组织的形成；还由于频繁战事造成的人口流动对血缘组织的扰乱——这种流动通常是政权作用下的招募、征发、屯戍、掳获、安置等，而不是晋隋间那种政权解体时民间的"举族"迁移；还由于中枢东迁后政治性家族形成机会的减少；还由于地权分散与小农化趋势导致频繁的分家析产，破坏了大家族赖以存在的经济条件与物质基础；最后可能也由于从商鞅"分异令"以来，早期关中社会某些不利于大家族形成的传统因素对后世的潜在影响。

最后，宋元时期也是陕西历史上又一次民族大融合的时期，而且它造成的民族结构基本上一直维持至今天。入宋前后进入陕西的民族有汉人、党项、契丹、女真、蒙古以及各种族源的色目人，而由元入明后基本上融合为汉、回两族。这一过程也是在频繁的战争过程中实现的。

---

[1] 徐扬杰:《中国家族制度史》，第 296 页。

总而言之，在陕西历史上，宋元时代虽非壮丽辉煌，却也是风云际会。大致上在这四个世纪中陕北、陕南常常处于两军对垒、往复拉锯的前线，而关中除政权更替时的战事外，较少受到直接的兵燹之殃，但却常常承担后勤供应、军需征发的重负。因而这段历史基本上可以以战争分期，划分为宋夏战争时期、宋金战争时期、金蒙与宋蒙战争时期、元前中期、元末战乱时期这几个阶段。战争、战云笼罩的陕西社会，围绕富国强兵、赢得战争而进行的一系列改革，构成了这段历史的主要内容。战争风云中的艰难发展，无疑可视为陕西这段历史的主旋律。

在陕西历史编纂学上，宋元时期可谓一个最难以处理的时期。这一时期陕西既已远离政治、经济、文化中枢，全国性的文献对发生在这里的史事的关心就已远非周秦汉唐时代可比。如果说研究唐及唐以前陕西史基本上可以立足于各该时期的"断代史"史料库的话，那么宋元时期的"断代史"史料库所能为我们提供的这一时期有关陕西的信息，相对而言是极为贫乏的。另一方面，这一时期的地方性文献，包括地方志、地方性出版物、地方档案与地方文人的文集、笔记及其他各种著述等等，其数量又远远无法与以后的明清以至近代时期同日而语。尤其是陕西在这一时期恰值"武盛文衰"之时，地方文献的保有量无论与陕西历史上的其他时期相比，还是与这一时期的全国其他重要地区相比，都是很贫乏的。

例如以方志而论，清人王鸣盛曾说："宋元人作（方志）存者不下二十余，然皆南方之书，北方惟有此志（按指《长安志》）与于钦《齐乘》耳。"[1]然而，就是《长安志》也与大多数存世的南方宋元方志明显有别，它基本上不记载当时（北宋时）的情况，而主要是一本关于古长安的研究著作。当然现在我们的文献学已经不是王鸣盛的时代，我们还可

---

[1] 王鸣盛：《新校正长安志序》，载宋敏求、李好文：《长安志·长安志图》，辛德勇、郎洁点校，三秦出版社，2013年，第2页。

以举出王氏未言的其他几本这一时期关于陕西的方志类著作，如李好文、骆天骧、程大昌诸书。但宋元南方志书今所知者更要多得多。所以大体上仍然可以说，宋元方志在江南，陕西方志在明清。因而相对来说方志类著作可为宋元时期陕西史研究提供的信息也很少。

再以实物资料如碑碣（包括拓本）而言，本来它们的存世率应与其时代的远久成反比，然而人们对它们的关心程度又与其时代的远久成正比，尤其在陕西这样一个言必称周秦汉唐的文献之邦，宋元碑碣受关心的程度无法与例如东北、西南甚至江南之类晚开发地区相比是很自然的。明清以来的金石著录书籍，一般都少收或不收宋元碑。所以就陕西历代碑碣的存世量而言，宋元不如明清，而就录文、拓文与入馆量而言，宋元又不如唐及唐以前。存世少又罕为人所知的宋元碑碣，能给我们提供的吉光片羽是远较其他时代为少的。

因此毫不奇怪，明清以至于今的陕西地方志与地方史籍在叙事时几乎都有详两头而略中间的特点，而宋元时代正是这样一个相对地被冷落的时代。研究与编纂这段时间的陕西史，既不能像研究周秦汉唐的陕西那样有赖于"断代史文献"的帮助，又不能像研究明清与近代的陕西那样有赖于"地方性文献"的帮助，其"史源学"上的困难是不难理解的。

但是，历史毕竟是不能割断的。宋元陕西既是周秦汉唐陕西的发展，又是明清及近代陕西的渊源。在某种意义上可以说，不了解宋元陕西就不可能真正了解周秦汉唐的陕西，也不可能真正了解明清以来的陕西。人们可以叹息宋元时期的陕西失去了恢宏博大的汉唐气象，然而不正是恢宏博大的汉唐先祖的绵长遗泽陶冶、培育了他们那似乎不那么恢宏博大的宋元子孙吗？从这个角度看，人们对那博大气象除了赞叹之外不是也该多点儿反省吗？同样，人们可以陶醉于元明清以来那有声有色的江南高雅文化、北方军政事功，然而不正是宋元时代的陕西为之承担了这一时期多元文化交融和发展所付出的很大一部分代价吗？不正是那时的陕西，成为继汉、唐以后再度混一区宇的蒙古人的文明学校、忽必烈的"汉法"摇篮，从而才有了元明清三代的种种文明成就吗？

罗马文化涵育出来的欧洲人，常把帝国中枢东移拜占廷作为中世纪的开始。从某种意义上我们也可以把中枢东移后的宋元时期看作陕西历史上的"中世纪"，但是我们在谈到"中世纪"的"黑暗"时也不要忘了它还是文艺复兴的摇篮，近代文明的摇篮。这就是宋元陕西历史的意义所在，也是我们克服历史编纂学上的种种困难去研究它的意义所在。

三　战争、治理与危机——明代陕西的风云变幻

历史蹒跚地走到了 14 世纪的中叶，关中老百姓又一次惊愕地看到了"城头变幻大王旗"。只是，这一次的"大王"既不是关中百姓在过去两个世纪中见惯了的女真、蒙古帝王和他们手下那剽悍如虎的猛安谋克、达鲁花赤们，也不是更早些时候他们见识过的那些骨脆肉娇、金粉浓脂、贵不可言又弱不禁风的汉族"官家"，而是一群来自十年九灾的淮西（今安徽）地区的农家汉子：徐达、常遇春、耿炳文、冯宗异等等。而且听说，他们的头儿，那个据说曾当过和尚要过饭、爹爹死了没处埋的、现在的天子洪武皇爷，还要把都城迁回陕西来呢！

但皇帝到底是没来，而十年后来的皇上爱子秦王殿下，竟是个昏淫暴虐得让人闻所未闻的主儿。而那些掌了权的淮西汉子，翻身为主，对以往贪官、富户倒是整治得可以，但草莽称雄，贫苦百姓却被整治得更厉害：他们的户口、土地、职业、社会身份等等，都被前所未有地置于官府的控制之下，山禁、海禁、矿禁、茶禁，把百姓"禁"得头晕脑胀，民户、军户、匠户、灶户，都是血统既定代代相传。陕西百姓过去就是在战时体制色彩浓厚的宋金准军事化社会生活中，也没有被束缚得这么厉害。

偌大的陕西，陕南一大块被划成了禁山，陕北一大片（当然，不是整个陕北，但也不仅仅是陕北）被划归了军屯，关中的一部分又被划成了秦府与其他王府的庄田——当然，这"庄田"理论上并不是秦王的私产，而是国有土地，只是国家规定其上的赋税和官租"籽粒"要供他收取作为"亲王级待遇"。可是老百姓不懂这些，他们只知道催征"籽粒"的官大人比平民地主要厉害多了。明初的农民似乎地位很高：朱元璋张口"右贫抑富"，闭口"享我农师"，他甚至鼓励农民对贪官实行群众专政，闯进衙门将其拖出扭送京城。但明初的农民又似乎地位特低：他们种什么，卖什么，想迁徙或不想迁徙都没有自由，时而大军"点户"，户口不符就要被抓去充军。朝廷一高兴，就可以把几十万民户强行迁居到荒芜之地去"屯田"；一不高兴，又可以把几十万人家都指为违禁私垦的"流民"而全部强行撵走，甚至屠杀。兴之所来，朝廷可以三丁抽一，"垛集"民户充军；兴之所去，朝廷又来个清理"屯政"，清洗"冒滥"军丁。

有道是熬成婆的媳妇比婆凶，自称"起自农民"[1]的朱皇帝整治起农民来也真有办法。于是，本来在宋金元时代被频繁的战争绷得过于紧张的陕西社会，在分久必合重获统一、逐走蒙元再建汉族王朝之后却并未得到必要的松弛。社会发展的活力与民间的创造精神仍被压抑着，无怪乎明以后在和平、统一的有利条件下陕西社会的发展步伐仍是那么滞重，那么踟蹰。而明初农民起义的频繁却是历代王朝初期极为罕见的。

明初的陕西在朝廷的严密管制下形成了三个板块：陕南是因禁止"流民"进入而开发程度极低的秦巴老林地区；陕北，尤其是延安以北军屯密集，军户——军事农奴制——比重很大；关中则地狭民稠而又被管得过死。因此，明初的相对繁荣只限于恢复性质，并没有出现实质上的发展高峰。

---

[1] 朱元璋：《册秦王等文》，《全明文》第一册，上海古籍出版社，1992年，第363页。

明中期以降，明王朝封建专制的国家机器被岁月所"锈蚀"而效率日低，它控制社会的能力与控制自己的能力都趋于下降。由于前一能力的下降，原先被压抑着的一部分民间社会活力得以释放出来，带来了活跃、繁荣与社会分化。而由于后一能力的下降，国家机器的腐败日深，并影响了社会。然而在明帝国的不同部分由于种种不同的历史条件，这两种效果的作用强度各不相同，江南地区更多地得到了民间社会活力释放的好处，而出现了万历前后的繁荣，而陕西地区更多地受到了王朝统治机器腐败化的影响，因而发展更为艰难。

社会与国家为应付这种变局都在作自我调整。陕南的封禁状态在多次"流民"起义的冲击下渐渐被打破，陕北的军屯、邮驿体系却因腐败而混乱日甚。关中在人口压力、国家赋税与负担压力以及国家"抑兼并"政策压力下出现了农业萧条与陕商"墙外香"的现象，社会上繁荣不足而奢靡有余，积累不足而贪婪有余，出现了自然经济的"经营地主"、贵散不贵积的"商业资本"与"以食易衣"、自给而不足的传统小农汪洋大海并存的现象。从宋元以来逐步形成的封建社会的关中模式得到了进一步的增强。当江南人士对"有田者什一而为人佃作者什九"恬不为怪的时候，关中的作者却在为"富平之田佃者什三"[1]而惊呼不止。当南方的贫苦人民要求摧富益贫、抑制社会分化的呼声日益高涨的时候，在陕西却是统治者在不断地作抑兼并的文章：矿监税使的骚扰，被说成是"与其取诸民，孰若取之商"、是"崇本抑末之善术"，而官逼民反的明末加派"三饷"，也被说成是"弗以累贫不能存者，惟素封（没有封爵的富人，即平民地主）是诛"。当南方的农民在为地权而斗争、产权争不到也要争佃权的时候，陕西的农民却被官府的暴敛逼得"欲以地白付人而莫可推"！最后当明朝瓦解、天下大乱之际，江南农民纷纷发生"抗租"的"佃变"，纷纷为要求官府作主令地主减租而发动请愿，却对改朝换代没有兴趣，而陕西与北方农民在"免粮"

（不向国家纳田粮赋税）的口号下为推翻官府和朝廷而战，却没人想起免租、减租之说。

在这一过程中，陕西的各种体制都发生了变化。政治上，分权式的三司体制被集权式的督抚体制所取代；军事上，卫所体制被总兵体制所更替。雅文艺出现俗化：倡导汉唐豪风的古文大师变得"自比俳优"；而俗文艺出现雅化：秋神报赛之戏登上了大雅之堂。这些变化在明末的大动荡中得到定型，成为继明而起的清王朝的既定模式。

第一章　宋夏战争中的陕西

一　李继迁起兵

北宋太平兴国七年（982年）的李继捧献地，是宋初陕西今境全部统一的标志。而宋元之际陕西的长期战乱竟由此而发其端，这就应探寻一下继捧献地的由来。

陕北的党项人为我国古老民族羌族的一支，唐初分布在今甘、青、川三省边区一带，其中的拓拔部原附吐谷浑，唐朝攻灭吐谷浑后，其首领拓拔赤辞降唐。到8世纪初，党项人在吐蕃扩张的威胁下东迁，包括拓拔氏在内的一部入居夏州，称为"平夏部"，这是党项人后来以"夏"为国名之因，也是党项人影响陕西历史之始。

唐末平夏部头人拓拔思恭出兵助平黄巢立功后，拓拔改唐姓为李，并在夏州建立定难军政权。从此党项人便据有银、夏、绥、宥、静五州之地，控制了从白玉山经横山山脉与无定河流域直至毛乌素沙漠的陕北大片地区，并开始了封建化的初步进程。这时党项政权与中原王朝之间维持着良好的"羁縻"或藩属关系，由于无论是党项诸部还是内地王朝各自都远未统一，也就顾不上打对方的主意。至于汉、羌人民更是愿意友好相处的。

北宋开国之初20年间，定难军政权与中央的关系曾一度比前代还好。这一方面是由于宋朝统治者在边政方面一直较为保守，缺少开边扩土的"进取心",而主张"以绥怀为务"[1]、"各从宽宥"[2]"因其贡献,厚加赐赉,以服其心,而羁縻之"[3]。另一方面也由于从李彝兴、李克睿、李继筠到李继捧的历代党项首领对新兴的宋朝较为敬畏。宋太祖"不勤远略,如灵夏、河西,皆因之酋豪"[4],而宋太宗更认为对诸蕃"以国家兵力雄盛,聊举偏师,便可驱逐数千里外,但念其种类蕃息,安土重迁,傥加攘却,必致杀戮,所以置于度外,存而勿论也"[5]。这一时期,宋朝对夏州李氏赏赐颇丰,且隆以恩礼。李彝兴称臣后加授太尉,史称当时职备三公者,惟他与宋开国元勋赵普二人。而李氏也素称忠顺,不仅常常以宋朝急需的战马入贡,而且李克睿与李继筠两代都曾应宋之约,出兵助宋军征讨北汉。为了表示对宋恭顺,李彝兴、李克睿和"克"字辈的许多李氏贵族,都曾避宋讳而改过名。[6]由于双方的理智,陕西边境保持了20余年的和平。

然而在这种平静中却酝酿着危机。首先,陕北诸蕃部当时并未统一,李氏不过是诸部中最强者。而李氏内部也有利害冲突,尤其是处在封建化门槛上、正在经历着剧变与新旧冲突的这个敏感时期。而这些冲突难免要体现在对宋关系上来,太平兴国五年(980年),李继筠去世,部分党项贵族认为其子年幼不宜嗣位,李继捧遂以季弟身份接掌了定难军。这种行为违反了党项人传统的承袭制度,一时非议纷起。

[1]《宋史》卷266《温仲舒传》。

[2]《宋大诏令集》卷240。

[3] 吴广成:《西夏书事校证》卷3,吴广成按语,龚世俊等校证,甘肃文化出版社,1995年,第31页。

[4]《宋史》卷318《张方平传》。

[5] 李焘:《续资治通鉴长编》卷24,太平兴国八年九月庚午条,第553页。

[6] 李彝兴原名彝殷,避宋宣祖(赵匡胤父)赵弘殷讳改;李克睿原名光睿,避宋太宗赵光义讳改。克字辈的其他人均由"光"字辈改名。(《宋史》卷485《夏国传》)

其叔父李克文[1]上书宋朝，反对继捧承袭；而李克远、李克顺兄弟则起兵讨继捧。眼看夏州政权即将陷入同室操戈、骨肉相残的内乱中。在这种情况下，李继捧一面出兵镇压了克远、克顺兄弟的反叛，一面向宋王朝请求内附。

与此同时，北宋经过20多年统一进程，已经消除了中原与南方的割据，把目光投向了北方，正积极筹备伐辽之役。李继捧在这个时候献土内附，正符合宋廷加强统一的心愿。而献土归附这一统一的模式也已经陈洪进、钱俶等南方割据者实践过，不失为一种代价最小的和平统一途径。因此，宋廷对李继捧献土立即表示了欢迎。而献土内附的主张在党项人内部也是得人心的。不仅拥戴李继捧的党项人赞成，就是反对李继捧取消承袭的李克文，以至反对夏州李氏的银州党项拓拔遇所部，都要求内附。实际上继捧、继筠之父李克睿（当时名光睿）当政时，听到宋太祖杯酒释兵权的消息后，就曾主动要求罢镇入朝。[2]只是当时太祖基于种种考虑没有同意罢了。

因此，李继捧献土之事是顺应历史潮流的，然而由于北宋政府措置失宜，这件好事却演变成了一场悲剧。

这年五月李继捧献土后被留在京师任职，宋廷派名将曹光实为银、夏、绥、麟、府、丰、宥州都巡检使，作为党项李氏、折氏等部聚居的陕北七州行政长官，率军进入夏州接管了政权。就在曹光实进入夏州的次月，在银州发生了李继迁反宋出逃的事件。

今陕西米脂、横山两县间有个李继迁寨，据说就是李继迁的出生地。北宋立国后第四年（建隆四年，963年），他出生在无定河畔银州党项一个中层酋长的家庭里。他的高祖拓拔思忠是拓拔思恭的族弟，

---

[1] 《宋史》卷485《夏国传》谓李克文、克信等为继捧弟，误。李氏辈分排序为思、仁、彝、光、继。后改光为克，克文等均长继捧一辈。《宋史·夏国传》此类错误甚多，如谓李仁福为李彝昌"族子"，实乃"族父"也。

[2] 吴广成：《西夏书事校证》卷3，第33页。

从曾祖以下世居银州境。显然，他的家族并不属于夏州政权的核心集团，甚至也不是定难军始祖（拓拔思恭）的后裔。他本人起兵时年仅二十，宋朝按党项内部的宗族亲疏授他以定难军管内都知蕃落使这一小官。本来他只是个无足轻重的人物，即使党项内部对李继捧承袭不服，也轮不到他出头。但是他这一家却有较强的民族自尊心与政治抱负。他父亲李光俨就不买宋朝的账，没有改"光"为"克"，成为这一辈份的李氏贵族中很少的几个拒不避宋讳者。他本人不仅继承了这种反宋情绪，而且性格坚毅，百折不挠，又长于谋略。因此在李继捧献地这样一个重大历史关头，他便很自然地成为不愿附宋的那部分党项人的一面旗帜，从无定河畔的部落中崛起而成为新一代党项人的民族领袖。

太平兴国七年（982年）六月，李继迁在宋军进入银州时诈称其乳母死，要出城送葬，遂率领数十人出逃。这些人中有李继迁的族人继冲、继瑗等，有与李家联姻的几个党项大族成员，也有以张浦为代表的不满宋朝统治的一些银州汉人。张浦后来并成了李继迁的主要谋士。李继迁对他们说："吾祖宗服食兹土逾三百年，父兄子弟列居州郡，雄视一方。今诏宗族尽入京师，死生束缚之，李氏将不血食矣。"[1] 号召他们为恢复"雄视一方"的李氏政权而奋斗。然而以这几十个人与宋军抗衡是不可能的，于是李继迁接受了张浦的献计，率众逃进了北方数百里外大漠中的地斤泽（今内蒙古伊金霍洛旗西南），开始了长期的反宋战争。

宋廷最初对这股小小的反叛势力并未予以重视，而李继迁起兵后的头几年内也连遭失利。太平兴国八年（983年），李继迁先后进攻葭芦川与夏州三岔口，都被宋军击败。张浦建议进攻宥州，认为那里的宋军兵力薄弱，有机可乘，结果李继迁倾其众2万人往攻，又被宋宥州巡检使李询打败。李继迁狼狈退回地斤泽，这年冬（984年初），宋

---

[1] 吴广成：《西夏书事校证》卷3，第38页。

将曹光实与知夏州尹宪出兵反攻，牛刀小试，便乘夜打入地斤泽，歼继迁军500余，焚毁400余帐，李继迁母、妻均被俘虏，仅他与弟继冲率少数人逃到更为僻远的黄羊平（今内蒙古乌审旗西北）。

然而，这个血气方刚的贵族青年没有为接二连三的失败所屈服，他到黄羊平后，通过联姻取得了当地党项部落野利氏的支持，又站稳了脚跟。他招集诸酋长聚会，拿出李彝兴的画像号召说："李氏世有西土，今一旦绝之，尔等不忘李氏，能从我兴复乎？"于是党项人"以李氏世著恩德，往往多归之"。[1]

其实，李彝兴真正的后裔是李继捧而不是李继迁。然而宋廷自大轻敌，又不理解党项人的民族心理，不仅让李继迁夺去了定难军前辈这一面号召族众的旗帜，而且以其对党项人的猜忌与歧视，把许多原来存有附宋之心的党项人也赶到了对立面。李继迁的成功，与宋廷这种为渊驱鱼的失策有很大关系。李继捧入朝后，宋廷表面上礼遇极隆，实际上暗中防范，使继捧"常怏怏不自得"。继迁起兵后，宋朝官吏更"有言继迁悉知朝廷事，盖继捧泄之"。[2]宋廷遂使李继捧迁出朝廷，任有职无权的崇信军节度使，并把李克宪、李克文等分派到内地的道州、博州任闲职，而以各该州的汉人通判"专郡政"。这不仅挫伤了他们的忠顺之心，而且使他们失去了对故土党项人的号召力。加之宋军在镇压李继迁的过程中不分皂白，焚烧帐落，强迫迁徙，更严重伤害了党项人民，甚至原来不满于夏州李氏率先要求内附的一些党项人如银州拓拔遇等，也悔而生叛宋之心，成了李继迁的内应。

与此相反，李继迁不仅以民族复兴号召党项人，而且善于以联姻等手段笼络各部落酋长，"连娶豪族，转迁无常，渐以强大"。同时，李继迁与其谋士张浦等人又施展谋略，利用宋朝君臣既虚骄自大又避劳而贪功的心理，多次以伪降愚弄对手。一次李继迁遣张浦向宋朝进

---

[1]《宋史》卷485《夏国传》。
[2]《宋史》卷485《夏国传》。

贡马匹与骆驼，宋太宗挑选了一批身材魁梧的卫士舞弄强弓重槊于后园，向张浦炫耀。并问张浦："羌人敢敌否？"张浦心里好笑，嘴上却装作惶恐地说："羌部弓弱矢短，但见此长大人，则已遁矣，况敢敌乎？"哄得皇帝得意洋洋。然而就在这得意忘形之中宋朝连连吃大亏，而李继迁则踣而复起，日渐势大了。

雍熙二年（985 年）二月，原先内附的银州党项拓拔遇暗与李继迁通书，约为内应。张浦又向李继迁献计，向曹光实伪降说："我数奔北，势窘不能自存矣，公许我降乎？"并约某日在葭芦川（今佳县境）举行投降仪式。曹光实居然受骗，并想独居其功，秘不与人商量。到期李继迁设伏于川谷，令人前往银州城迎接曹光实。曹只带了数百骑兵，由李继迁引路北行。一入川谷，李继迁"举手麾鞭而伏兵应之"，把曹光实一行全部杀害。然后回到银州，在拓拔遇的内应下袭据州城，自称权知定难军留后（定难军临时统帅），恢复了定难军政权，取得了起兵三年来的首次胜利。

宋廷如梦初醒，震惊于名将被杀、州城被陷，连忙派田仁朗与李继隆率军讨伐。三月间，李继迁攻破宋会州，焚城而去。田、李所部宋军展开攻势。四月，李继迁弃银州城退走。宋军扫荡叛宋的党项诸部，从四月到六月，先后在银州城北、杏子坪、浊轮川、盐城等处击溃党项军，李继迁任命的代州刺史、党项酋长折罗遇及其弟折乞埋败死，酋长折遇也被俘。党项部落银三族、吴移族等纷纷降宋内附。李继迁连续受到沉重打击。当田仁朗军初到陕北时，李继迁正进攻抚宁寨。田仁朗认为党项军逐水草，就地利，出没无常，难以聚歼，而今李继迁倾其人屯兵坚寨之下，正好可以包围消灭。于是故意不理军事，日饮酒赌博，想诱使李继迁滞留抚宁。然而正当他部署已定之时，宋太宗忽然派来钦差把他撤职查办，押解回京。原来他的副将王侁向朝廷密报，指控他"不恤军政"；宋太宗也怒其不按出师时皇帝面授的方略行事而另出新招。田仁朗的谋略就这样在宋朝的内耗中付之东流。李继迁也幸而得免于被歼的命运，但他的实力在宋军攻击下一时大为削弱。

李继迁见宋军势大，决定附辽抗宋以图存。雍熙三年（986年）李继迁对辽称臣。这时正值北宋"雍熙伐辽"之役，辽国正需要党项军队在西边牵制宋军，遂以宗室女义成公主嫁给李继迁，并封李为定难军节度使。李继迁在辽的支援下兵势复振，于次年在夏州王亭镇（今横山县西）击溃宋知州安守忠的3万之众，追至夏州城下。

这时，宋廷才想起起用内附党项贵族，实行以蕃制蕃的办法。端拱元年（988年），宋太宗采纳宰相赵普的建议，赐李继捧赵姓，更名保忠，派他回夏州任定难军节度使据守故土，次年又授予赵保忠（李继捧）以同中书门下平章事（宋朝宰相的正式称呼）的崇衔。辽朝针锋相对，也册封李继迁为夏国王。于是，两兄弟分别以宋辽双方的节度使名义，都打出了定难军旗号，一个真"国王"，一个假"宰相"，在陕北高原上进行了你死我活的厮杀。

赵保忠的实力本在李继迁之上，又得到宋军的支援，因而多次击败他那桀骜不驯的族弟。端拱二年（989年）四月，赵保忠击败拥护李继迁的宥州党项御泥、布啰树两部。次年，又在安庆泽（今内蒙古乌审旗西）大败李继迁本人，继迁中箭带伤而逃。但是，李继迁这时已以其坚韧不拔的精神日益得到党项人的支持，每次失败都得以恢复元气。而宋朝对赵保忠却不能充分信任与配合，使李继迁得以施计于其间。每次失败后李继迁都传言给赵保忠转达宋廷，表示"悔过归款"。无法得到宋廷充分信任的赵保忠不希望自己的实力在同族相煎的战争中耗尽，每次都一厢情愿地为族弟说情。而李继迁一旦复叛，宋朝便自然要归怨于赵保忠，从而使双方隔阂更深，李继迁也就更便于从中施计。如此没有几年，形势便急转直下了。

早在赵保忠刚回夏州不久，李继迁便托他上言请降，宋廷授继迁银州刺史，令未到而继迁复叛。安庆泽之战后，李继迁又派部将破丑重遇贵到夏州诈降。不久李继迁来攻，破丑重遇贵在城中内应，大败赵保忠。次年，李继迁再攻夏州，赵保忠请宋廷派商州团练使翟守素率兵来援。援军刚到，李继迁又"奉表归款"。宋廷授予他银州观察使，赐名赵保吉，并听任其占领了银、绥二州。淳化四年（993年），宋廷采纳转运副使郑文宝建议，禁止党项地区的池盐入境，想以此给李继迁造成财政困难，以施加压力。李继迁反而纵容属部借口因盐禁受困，大掠边境。宋朝只好又把盐禁解除。就这样，李继迁软硬兼施，忽"降"忽叛，耍赖要挟，反复无常，把宋王朝的谦谦君子们玩弄于股掌之中，并使附宋的族兄赵保忠夹在中间两头受气，而他在军事与政治两方面都渐渐取得了主动。

淳化五年（994年），李继迁在夏州边外的平夏（今横山县北长城外）建立了自己的根据地，并强迁绥州兵民于平夏，不愿背井离乡的绥州兵民在定难军下层军官高文岯率领下附宋反抗李继迁。李继迁镇压了这次反抗后，又以此为借口再度叛宋，焚劫诸堡寨，并兴兵攻打夏州。[1] 宋廷派大将李继隆带兵征讨。当时朝中已纷传赵保忠与李继迁有勾结，因而李继隆此行实际上还负有监督赵保忠的使命，然而赵保忠本人却还蒙在鼓里。这时赵保忠已经对他所扮演的角色感到厌倦，竟想在宋王朝与李继迁之间进行调停。为了表示诚意，他把母亲、妻子都带出夏州城外来见李继迁，并上书宋廷与李继迁解怨，求罢兵，想以此感化双方，化干戈为玉帛。然而本已对赵保忠起疑心的宋太宗看了他的奏报后，反而遣使督催李继隆进军。这时，李继迁也突然反目，夜袭赵保忠营帐。赵保忠从梦中惊醒，单骑逃回夏州城，其辎重尽为李继迁所得。赵保忠入城后惊魂未定，又被早就受命监视他的部将赵光嗣拘禁了起来。这时李继隆的大军开进了夏州城，李继迁早已远遁，赵保忠有口难辩。宋将侯延广等欲杀保忠，李继隆认为："保忠机上肉耳，当请于天子。"保忠才幸免于死。不久李继隆押着赵保忠班师回京，垂头丧气的赵保忠在东京崇政殿里向皇帝请罪。幸好宋太宗对他的忠顺还是相信的，只"诘责数四，释之"，并给他封了个"宥罪侯"，留

---

[1]《宋史》卷485《夏国传》谓此事在灵州，恐误，今从卷5本纪及卷257《李继隆传》。

在京都闲住。[1]就这样，宋王朝以蕃制蕃的计划以彻底失败而告终。

以后数年，李继迁继续以平夏为基地，在陕北与宋军周旋。先后进攻夏州、绥州等地，并在浦洛河（今宁夏灵武南）一次劫夺宋朝军粮40万石。至道二年（996年）九月，宋朝发动了对李继迁的最大一次攻势。宋太宗亲自调度，派李继隆出环州（今甘肃环县），丁罕出庆州（今甘肃庆阳），范廷召出延州（今延安市），王超出夏州，张守恩出麟州，向平夏发动五路围攻。然而李、丁二部进军20余日，竟"一无所见"，无功而还；张守恩部遇敌，"不战而遁"；只有王超、范廷召两军在乌白池（今定边与宁夏盐池间）与党项军交手，"大小数十战，不利"。退兵时又受到党项军的阻击。[2]于是这场由皇帝在千里之外纸上谈兵瞎指挥的"五路围攻"，便以"诸将失期，士卒困乏"而告失败，并且开创了这种作战方式在此后一系列惨败的先例。

"以蕃制蕃"失败，"五路围攻"不果，宋朝至此已计穷，失去了平定夏州的决心，转而寻求妥协。至道三年十二月（998年元月），宋真宗即位后不久，李继迁又"复表归顺"，宋廷就势封他为夏州刺史、定难军节度使，并放还使宋被扣的张浦，把定难军旧辖的夏、银、宥、绥、静五州之地交给李继迁统治。至此，李继迁经过15年奋斗，终于收复了党项故地。

在抗宋自立的同时，李继迁还对不服从他的党项部落进行兼并战争，终于把银夏五州的蕃汉人民全部纳入了他的治下。就在他与宋妥协，受职定难军节度使之后，还于咸平二年（999年）出兵麟、府，企图吞并由汉化蕃族折氏统治的这块土地。结果折家将折海超、折惟信战死松花寨，李继迁也损失惨重，不克而还。[3]陕北两大党项势力，一抗宋立国，一归宋汉化，终于成为不共戴天的世仇。

---

[1] 《宋史》卷485《夏国传》；卷257《李继隆传》。

[2] 《宋史》卷485《夏国传》。

[3] 戴应新：《折氏家族史略》，第119页。

李继捧献土而演成为悲剧，使陕北丧失了一次与中原和平统一的历史机会。由此绵延的战祸，使两边的蕃汉各族人民都付出了沉重的代价。对此，李继迁的野心勃勃和背信弃义，宋王朝的优柔寡断、自大轻敌、疑善养奸、为丛驱雀、和战失宜，都应负历史责任。不过从党项民族与西夏王朝的发展来看，李继迁又有着不朽之功。他以其屡踣屡起、百折不回的努力，铸就了党项人自强自立的民族精神，他通过大小 50 余战，把原来散居在陕西塞外互不统属的党项诸部凝聚成一个整体，为党项人为主体的西夏奠定了立国之基。他因此也堪称为党项民族的民族英雄。

二　保安、三川口之役

宋朝承认李继迁据有银夏五州之后，他的侵扰仍未停止。但陕北已不是冲突的重点。咸平四年（1001 年）李继迁转旌西向，开始以无定河流域为基地向今宁夏、甘肃地区扩张。1002 年，李继迁攻陷宋朝在宁夏平原的统治中心——灵州（今宁夏灵武县西南），控制了远比银夏五州更为富饶的黄河前套地区。次年改灵州为西平府，并把党项族的统治中心由夏州移到这里。这一年他继续进攻河西地区的回鹘与吐蕃部落，被吐蕃酋长潘罗支用诈降之计打得大败。李继迁一生惯以诈降致敌，至此却被人请入瓮中，吃了大亏。他负伤逃回西平府，次年正月死去。临终前他遗嘱其继承人李德明向宋朝进表归附。李德明在位时期（1004—1031 年），专心向河西用兵，对宋朝则保持藩属地位，割据自守，因而在陕西边境没有发生大的冲突。

北宋仁宗天圣九年（1031 年）李德明死，子元昊继位。李元昊勇悍好战，在对河西回鹘与吐蕃的战争中显示了杰出的军事才能。早在继位前，他就力劝父亲李德明不要称臣于宋，德明说："吾久用兵，疲矣。吾族三十年衣锦绮，此宋恩也，不可负。"李元昊却大不以为然，声称:"衣皮毛,事畜牧,蕃性所便。英雄之生,当王霸耳,何锦绮为?"[1]雄才大略而又野心勃勃的李元昊继承了党项最高统治权,与宋朝的交恶势不可免。

1031—1038年间,李元昊采取一系列步骤废除与宋朝的藩属关系。1032年,他借口避李德明讳,把宋朝年号明道元年改称"显道元年"。(在此以前定难军辖境一直用宋年号)1034年以后,他干脆改元开运(后改广运),正式废除了宋朝年号。同时,他废弃唐宋赐姓李、赵,甚至连旧姓拓拔也不要,而另改党项姓"嵬名",并废去宋朝西平王的封号,自称"吾祖"(党项语:天子)。1038年(宋宝元元年),李元昊正式称帝,国号大夏,并致书宋廷,要求宋"许以西郊之地,册为南面之君",与宋朝公然分庭抗礼了。

这一时期陕西边地的形势也日趋紧张。李元昊厉兵秣马,整顿军制,在全境置12监军司(军区),其中面向今陕北一线的军司就有4个,即驻宥州的嘉宁军司、驻石州(今横山县境)的祥佑军司、驻盐州(今定边县境)的白马强镇军司和驻弥陀洞(今榆林市东南)的左厢神勇军司。此外还设置了几支强大的野战军,其中"左厢宥州路五万人,以备鄜延、麟、府",是专门用于陕西方面的。同时,李元昊还专门从陕北党项故地征募了一支精锐的敢死队,名"山讹",意为"横山羌",用于主要突击方向。"山讹"特别能苦战,连身经百战的定难军老兵即"平夏兵"也望尘莫及。

宋朝方面这时也加紧备战,宝元元年(1038年)任命知永兴军夏竦兼泾原、秦凤路安抚使,知延州范雍兼鄜延、环庆路安抚使,沿边加修寨堡,部署军队。然而,宋朝不仅军事体制存在着严重的弊病,兵政民政腐败日深,而且这时从上到下都对与党项人进行国对国的全面战争缺乏思想准备。宋朝虽然过去同李继迁打过20多年仗,但那时从政治上来说,是中央在对付一个叛服不常的"藩镇",而不是两国交

---

[1]《宋史》卷485《夏国传》。

兵。从军事上来说，李继迁的武装都是临时从各部落征集的亦兵亦民的游牧战士，虽其慓悍，但与李元昊那久历沙场的正规军毕竟不可同日而语；从战法上来说，李继迁与宋朝打的基本上是以诈取胜的"游击战"，"乌合寇边，胜则进，败则走，不可穷其巢穴"[1]，虽然令宋朝吃了不少苦头，毕竟不伤全局。银夏五州最后也是宋朝不胜其扰而主动放弃，并非为李继迁所攻陷。后期的灵州虽然是李继迁攻下的，但该城远在银夏之北，那时已"居绝域之外"，"孤城必难固守"，[2]并不能证明李继迁的攻坚能力。而像李元昊以后那动辄十万、数十万人的大规模野战、攻坚战，几万、十几万地歼敌，也是这时的北宋朝野料想不到的。

更何况在李德明时代，陕西边境已相对平静了20多年，因此北宋上下都有些麻痹。虽然人们知道李元昊比乃父好战，但总认为至多不过是又一李继迁而已。所以当元昊继位之初熟知"蕃情"的边吏告诉宋仁宗来者不善时，仁宗并未在意。更有甚者，当时李元昊的叔父山遇多次劝元昊不要攻宋，元昊不听，山遇遂挈妻子降宋。而宋知延州郭劝怕生事，竟然把山遇逮捕，送归李元昊。元昊杀了山遇，便马上发兵侵宋了。

实际上，从景祐元年（1034年）起，陕西沿边就开始出现战事。这年党项军进攻环庆路，杀掠人口，而宋朝只是"下诏约束之"[3]。不久，宋朝庆州柔远寨巡检嵬通（内附党项人）攻破李元昊控制下的后桥诸堡。于是李元昊称兵报仇，出兵与宋军都巡检杨遵、柔远寨监押卢训战于龙马岭，击败宋军。环庆路都监齐宗矩、宁州都监王文来援，在节义峰中了李元昊的埋伏，齐宗矩被俘。在这几次前哨战性质的接触中，宋军的弱点已经暴露出来。宝元元年，李元昊还上表宋朝，遣使

---

[1]《宋史》卷275《田仁朗传》。

[2]《宋史》卷265《张齐贤传》。

[3]《宋史》卷485《夏国传》。

到山西五台山供佛宝，实际是想以使为谍，探测进犯河东的道路。后来经过研究，又决定先攻打鄜延路，并制定了由德靖、塞门砦、赤城路"三道并入"的作战计划，与诸豪歃血为盟，约期出兵。

宝元元年，李元昊正式称帝并要求宋朝承认的表文传到东京后，宋朝大为震惊。按当时的价值观念，王朝的"面子"重于一切。宋朝可以把银夏五州之地割让给党项首领，可以听任他武力侵占宋朝并未割让的并非定难军旧辖的灵、盐、会、胜诸州领土，可以容忍他据地自专、扩地自雄，侵扰边郡，掳掠焚戮，甚至陷城杀官，歼师斩将，只要他名义上仍然"奉宋正朔"，这一切都可被看作是"绥怀为务"。然而李元昊如今连这点面子也不肯给！党项人400年臣属于中朝，定难军11代受藩于天子，如今李元昊要改换这段历史了，如何容得！于是宋廷下诏，削夺原授与李元昊的官爵，停止互市，并在陕西沿边张贴榜文，宣布有人能擒获李元昊或斩首献者，即封其为定难军节度使。又遣贺永年为使，给李元昊送去一封"嫚书"（辱骂性的文书）。贺永年不敢至夏廷，把这封辱骂信与他的"旌节及所授敕告"（出使证明及护照）都装进一个匣子，留在边境夏属蕃部归娘族处并托族人转交，便打马回朝了。[1]

宋廷的这些举动实际是对夏宣战。李元昊蓄谋既久，这时便先发制人，于宋宝元二年（1039年）挑起了全面的侵宋战争。

这年十一月，夏军从宥州大举进犯宋保安军（今志丹县）。延州宋军统帅卢守勤派部将狄青率部抵御。狄青是陕西宋军中少有的人才，他在行伍中从普通士兵累积战功，最后一直升到枢密使（宋朝最高军职，类同于今之总参谋长），其传奇式的经历在宋朝堪称独一无二。当元昊入犯时，他还是一名中级军官。保安一战，他身先士卒披散着长发，头戴形状狰狞的铜面具，挺枪冲入敌阵。党项军从未见过这种似神似鬼的装束，更慑于其势不可当的勇气，纷纷掉头逃窜。宋军获得初战

---

[1]《宋史》卷485《夏国传》。

的胜利。李元昊损失 2000 余帐，狼狈退走。保安军之役使狄青名声大噪，宋朝军界开始对这个像普通士兵一样脸上刺着字的青年军官刮目相看。在此后的四年中，狄青在陕西抗夏战场上前后大小 25 战，常为先锋，负伤 8 次。当宋军主力后来在三川口等役一再大败之时，狄青率领一支宋军小部队深入敌后，破金汤城（今吴旗县金汤），潜入定难军故地宥州，击溃哦咩、岁香等十余个党项部落，烧毁所积粮草数万，收降众 2300 余帐。并在要害处筑成招安、丰林、新砦、大郎诸堡（均在今志丹、子长县境）及桥子谷城。狄青的战绩，是这一阶段陕西宋军屡战屡败的历史上唯一光彩的一页。

然而像这样的战绩在当时毕竟是凤毛麟角，官职尚微的狄青更不可能独挽狂澜。就在保安军之捷后不数月，宋军便遭到了前所未有的大败。

康定元年（1040 年）正月，西夏军再度由夏州南下，宋安抚使范雍坐镇延州，惊惧不敢战。李元昊派牙校诈降，范雍轻信而不设备，夏军乘机袭占保安军，并自土门路进攻延州北面的门户金明寨，俘虏守寨宋将都监李士彬父子，歼灭了宋守军。旋即攻占了延州附近的安远、塞门、永平诸寨，兵临延州城下。

陕北宋军的指挥中枢所在鄜延路治所延州城，本来是宋朝备战的重点。然而由于宋朝当局的无能和效率低下，当李元昊大军进犯时这里却仍然是"地阔而寨栅疏远，土兵寡弱，又无宿将为用"[1]。宋军统帅范雍惊慌失措，一面闭门坚守，一面急调远在庆州（今甘肃庆阳县）的鄜延环庆路副都部署刘平所部赶来援救。刘平与鄜延路副都总管石元孙合兵行军数百里赶到土门，寨已失陷。范雍又要他们救延州城。当时宋军远道而来，敌情、地形均不明，正好给李元昊提供了围城打援的战机。轻敌而且救援心切的刘平率骑兵连夜行军，赶到延州城西的三川口，石元孙与原屯驻延州附近的宋军都监黄德和，巡检万俟政、

---

[1] 李焘：《续资治通鉴长编》卷126，康定元年正月癸酉条，第2965页。

郭遵也奉范雍之令来会合，全军步骑1万多人，天明时与埋伏在川口以逸待劳的西夏军主力相遇。刘平指挥宋军奋勇杀敌，苦战一日，虽杀敌数千，却未能冲破西夏军阵地。刘平左耳、右颈均中箭负伤，仍力战不退。宋将郭遵更是骁勇异常，"期必死，独出入行间，军稍却，即复马以殿，又持大稍横突之。敌知不可敌，使人持大縻索立高处迎遵马，辄为遵所断。因纵遵使深入，攒兵注射之，中马，马踣仆地，被杀"[1]。

战至下午，宋军渐渐不支。西夏军在上午的战斗中故意"解马休劲兵，驱老弱对敌"。宋军以强击弱，拼尽全力。至夜，夏军"老弱略尽"，而宋军"争获过当，悉已疲"。这时西夏军始播鼓揭旗，派出精锐部队居高呐喊："汉兵来斗！"而宋军已精疲力竭，士气难振了。西夏军乘机发起总攻击。这时宋将黄德和在阵后胆怯，率先逃跑，于是全军大溃。刘平仗剑遮留溃军，得千余人，且战且退，转斗三日，终被西夏军包围在川口西南的山头上。

刘平率余部在山上立七栅坚守，西夏军派人化装成宋军混入栅内，向刘平致书招降，刘平杀掉来使，决心殉国。深夜时西夏兵在宋营四周齐呼："如许残兵，不降何待！"宋军仍未为所动，然而此时他们已是四面楚歌，濒临绝境。次日黎明，西夏军四面合击，把残余宋军截为两段，分割歼灭。刘平、石元孙力竭被俘。陕北宋军的一个主力兵团就这样全军覆没了。这时大雪封山，夏军也打得疲惫不堪，遂撤军北还，延州城得以免于陷落。

三川口之役是西夏军对宋军主力的第一个大规模歼灭战。夏军以10万之众消灭宋军精锐1万多人，北宋朝野为之震动。宋仁宗把范雍降官，贬知安州，任夏竦为陕西都部署兼经略安抚使，韩琦、范仲淹并为陕西经略安抚副使，并下令总结兵败教训。一时众说纷纭，而以鄜延路兵马钤辖张亢所总结的最详。他认为刘平等之所以兵败，一因

---

[1]《宋史》卷325《刘平传》《郭遵传》。

令出多门："旧制，诸路总管、钤辖、都监各不过三两员，余官虽高，止不过一路。总管、钤辖不预本路事。今每路多至十四五员，少亦不减十员，皆兼本路分事，不相统制。凡有论议，互报不同。"二因"主将与军伍移易不定"。三因胸无全局，"昨延州之败，盖由诸将自守，不相应援"。四因战情不通，"昨刘平救延州，前锋陷贼者已二千骑，平犹不知"。五因自大轻敌。"兵官务张边事，以媒进邀赏，刘平之败，正由贪功轻进"。六因"国家承平日久，失于训练，今每指挥艺精者不过百余人，余皆瘦弱不可用"。总而言之，宋军"节制不立，号令不明，训练不至，器械不精"，因而"每出不利"，"此皆将不知兵之弊也"。[1]

然而这些体制性的问题根深蒂固，根本不是张亢等人所能解决的，因而宋军还是一败再败。这年五月，西夏军再度攻陷塞门寨（今安塞县北），宋兵马监押于继元败死，延州再次告警。此后西夏把主攻方向由鄜延路移向泾原路，宋军又连续受到沉重的打击。康定二年（1041年），西夏军进攻渭州（今甘肃平凉），宋将任福率军出击，在好水川全军覆没，任福本人与宋将王珪、赵津等均战死。庆历二年（1042年），西夏军又攻镇戎军（今宁夏固原），在定川寨再次给宋军以歼灭性打击，宋军主将葛怀敏等兵败殉国。三年之内，宋军连续在三川口、好水川、定川寨三次大败，精锐主力成建制被歼，统兵主将连续被俘被杀。夏军趾高气昂，作诗嘲笑宋朝陕西战事的主持者："夏竦何曾耸？韩琦未足奇，满川龙虎辈（指战死宋军），犹自说兵机。"[2]李元昊踌躇满志，企图乘胜进窥关中，三川口之役后，夏军一度打到鄜州（今富县）城下，叩响了关中的北大门。定川寨之役后，夏军更大举东下，叩响了关中的西大门。一时"自泾、邠以东，皆闭垒自守"[3]。

北宋统治者在这次战争过程中充分暴露了其腐朽的本质。一方面，

[1]《宋史》卷324《张亢传》。
[2] 周煇：《清波杂志校注》卷2，刘永翔校注，中华书局，1994年，第71页。
[3]《宋史》卷292《王尧臣传》。

朝中大臣开始都"务夸敢勇，耻言畏怯"[1]，"群臣争言：'小丑可即诛灭！'"[2] 竞相提出种种不切实际的计划，强令前线部队实行。一方面战事失利时又惊慌失措。当时宋廷甚至一度"疑其（西夏）有吞噬关中之意，由是献议者请修潼关以拒之"。宝元二年（1039 年）二月、康定二年二月，宋朝两次加修潼关，"置楼橹战具"，作放弃全陕、退守关东的准备。这种"无益于备而徒失民心"之举在关中各地造成极大恐慌，"回关门而反阖之，关中士民嗟怨，谓：朝廷弃之矣"。[3] 只是在范仲淹等人的一再反对下，潼关防御才被撤销。范仲淹等又积极部署兵力，于庆历二年在潘原击败企图窜入关中的西夏军，迫其退回夏境，关中才转危为安。

面对严重的局势，宋廷在 1040—1042 年间多次走马换将，调整陕西军政领导层。继撤换了"为治尚恕，好谋而少成"的范雍之后，又接连撤换了"庸怯，寡方略"的夏守赟、"依违顾避"的夏竦、无所作为的陈执中。撤回了以都铃辖等名义充任监军太监的宦官卢守勤、王守忠。并在朝中罢免了口出大言而无实策的宰相张士逊、尸位素餐不谙军事的枢密使王鬷。到庆历二年十月，初步形成了新的领导体制，以韩琦、王沿、范仲淹、庞籍分领秦凤、泾原、环庆、鄜延四路，兼知秦、渭、庆、延四州，使他们"各当一道，庶务必亲，训兵屯，选将佐，堡寨之守御，山川之险易，耳目所经，巨细得以周悉"[4]。这几个人尤其是范、韩二人都堪称干练有为，治军治民均为一时之选。在他们的苦心经营下，陕西得以度过了危局。

而这时西夏国内也遇到了麻烦。夏军虽连获大胜，但并没有能在宋境站住脚跟、开拓疆土，因而也无法弥补战争的消耗。加之宋朝因

---

[1] 李焘:《续资治通鉴长编》卷 131，庆历元年三月丙辰条，第 3110 页。
[2] 李焘:《续资治通鉴长编》卷 123，宝元二年三月丙午条，第 2898 页。
[3] 田况:《儒林公议》卷上，《全宋笔记》第一编五，大象出版社，2003 年，第 106 页。
[4] 韩琦:《乞陕西仍分四路各依旧职奏》，李之亮、徐正英笺注《安阳集编年笺注》，巴蜀书社，2000 年，第 1631 页。

开战而停止互市，并实行经济封锁，夏国人民"饮无茶，衣帛贵"，生活日艰，民心思和。夏境内流行"十不如之谣"，[1]表达了对李元昊侵略政策的不满。西夏上层蕃汉统治者中也有休兵息战的呼声。到了庆历年间，西夏境内"鼠食稼，且旱"[2]，李元昊已无力再战。因而改变

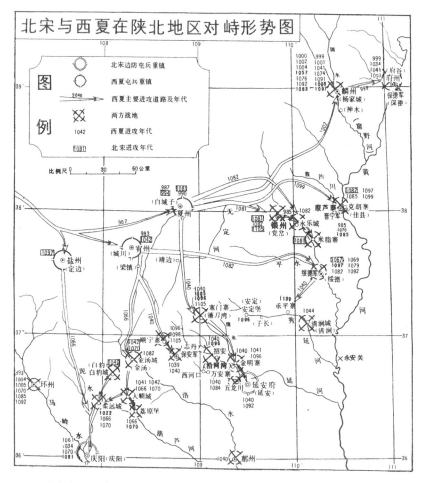

北宋与西夏在陕北地区对峙形势图（采自史念海《河山集·四集》）

[1] 李焘：《续资治通鉴长编》卷130，庆历元年正月纪事，李焘注引《正史西夏传》，第3089页。

[2]《宋史》卷485《夏国传》。

政策，力图以军事上的胜利向宋讨价还价，逼宋妥协。庆历三年（1043年）初，李元昊致书宋廷要求谈判，并请辽国出面斡旋。宋仁宗这时也急于求和，遂授意庞籍与夏交涉。从这时至庆历四年（1044年）五月，双方在宋境延州与夏境夏州两地展开了马拉松式的谈判，终于达成"庆历和议"。李元昊用名义上的对宋称臣换得宋朝对西夏立国的承认，受宋册封为夏国主。宋朝每年给西夏"岁赐"银、绮、绢、茶共二十五万五千。[1] 并开保安军与高平寨（今宁夏固原县西北）为榷场进行互市。延续七年的宋夏战争第二阶段至此结束。陕北地区又恢复了相对和平、间有局部冲突的状态，但个别地方（如麟、府二州）的战事仍在断断续续地进行。

三 种家将与绥州争夺战

北宋嘉祐八年（1063年）宋仁宗死，英宗即位。1064年西夏毅宗李谅祚（元昊子，1048年即位）派使臣吴宗入朝致贺。吴宗不遵宋朝宫廷礼仪，与宋引伴使（陪同团长）高宜发生争吵，高宜一怒之下，把吴宗关进马厩里"绝其供馈"，饿了一夜。吴宗被放出来后大骂，宋廷认为他无礼取闹，诏告李谅祚惩戒之。李谅祚认为这是对夏国的侮辱。结果"朝贺"变成了交恶，宋夏双方再度像他们两位国君的父亲曾经做过的那样，因体统问题而兵戎相见，从而结束了宋夏陕北战争20年的第二间歇期（1044—1064年），开始了这场战争的第三阶段（1064—1072年）。

这一阶段西夏的攻势集中于陕西诸路的西线，而在东线即今陕西省境内的鄜延、麟府战场基本取守势，麟府一隅在第二间歇期内多次受到西夏发动的局部进攻，但在这一阶段大战开始后而成为相对平静

---

[1] 参看吴天墀：《西夏史稿》，广西师范大学出版社，2006年，第53页。

的一角。西夏在西线用兵的目的，是控制绾毂东西线，俯瞰环庆、鄜延二路的战略高地子午岭地区。从上一阶段战争时起，宋夏双方就开始刻意经营这一地区，在这位于今陕、甘交界处，原本十分荒僻的地区修筑了一系列军事据点。其中以庆历元年（1041年）范仲淹修建的大顺城与稍后由蔡挺修建的荔原堡最为重要。它们高踞子午岭山口，与邻近的白豹城、柔远寨等城寨构成了一个战略据点群。[1] 早在这些据点修筑时，宋夏双方就以抢筑与平毁、掩护筑城与骚扰筑城的方式不断发生冲突，即使在间隙期也未完全停止。

"朝贺事件"发生后，年仅17岁，有"狂童"之称的夏主李谅祚便于当年七月派遣7万大军侵入泾原，分掠诸州，掳掠熟户（汉化党项人）80余族，杀死蕃族弓箭手数千，掳掠人畜数以万计。治平二年（1065年）初，西夏军又以万人攻庆州王官城，当年十一月，又攻掠德顺军（今甘肃静宁县）境内附宋党项聚居的同家堡，杀害蕃户数千，掳掠牛羊数万。治平三年（1066年）九月，李谅祚更亲自出马，率领西夏大军从盐州（今定边县）、宥州两路进兵，大举入侵宋朝的庆州，在荔原堡、大顺城（均在今志丹县与甘肃华池边界一带）与宋军激战，李谅祚在大顺城下督促进攻，中箭负伤而逃。西夏军对泾原、环庆两路的进攻于是都以失败告终。

这个时期的宋夏形势，都与李元昊时期有了很大不同。如韩琦所言："谅祚，狂童也，非有元昊智计；而边备过当时远甚。"[2] 李谅祚不仅军事才能不及其父，而且这时国内形势也远不如李元昊时稳定，外戚野利氏、没藏氏先后被诛，宫廷政变频仍，因而李元昊时代少见的党项权贵投宋事件在陕西多次发生。而在宋朝方面，虽然体制上的根本弊端难以改变，积贫积弱的危机仍在深化，但在陕西边防事务方面已积累了一定经验，涌现出不少人才，寨堡防御体系初具规模，特别

［1］ 参见史念海：《河山集·四集》，陕西师范大学出版社，1991年，第116—122页。
［2］ 《宋史》卷312《韩琦传》。

是范仲淹等人治陕期间对兵政民政都进行了局部的改革，这一切都使宋朝的抗夏能力有所增强。因而宋朝能在西线击退西夏对子午岭地区的进攻，而在东线取得收复绥州的重大战果。

种氏与折氏是北宋陕西两大将门之家，[1]但两者背景大有不同。折氏是"土豪"，即世居府州称雄一方的地方势力，且有少数民族的根源，入宋后虽常奉调南征北战，却始终有麟府这块地盘作根基；而种氏则是中原汉族士人，客居陕西，属朝廷任命的流官。两家在卫国守边的斗争中都各有建树。

种家将的第一代种世衡（985—1045年），原籍洛阳，其叔父便是向周敦颐传授《太极图》而对理学的产生颇有贡献的终南隐士种放。种世衡自幼丧父，随种放隐居于终南山，后进入仕途，历任武功、泾阳知县，凤州、同州（今大荔县）、鄜州通判等职，以刚直著名。在凤州时，州将王蒙正为章献皇后姻亲，横行不法，行贿于世衡，遭拒绝后怀恨在心，设计诬陷，使世衡蒙冤被流放边州，后来才获得平反。李元昊入犯时，种世衡弃文从武，在延州投身于抗夏战争。当时正值三川口之败，延州所辖的安远、金明、塞门、永平诸寨相继被攻陷，这本是宋朝军政废弛、指挥失当的结果，可是宋廷在总结经验时却认为是沿边堡寨太多，"有分兵之患，其间远不足守者，即命罢去"[2]。然而在陕北当时无长城，没有线式防御体系的情况下，如果再削弱点式防御体系，无异于自撤藩篱。种世衡这时经过对沿边地形、民情、军务的考察，提出了相反的建议：择要地兴复废垒，加筑新城，强化点式防御，并且逐点向前推进，逼夏人后退。这个战略得到主持陕北军事的范仲淹及其继任者庞籍的肯定，并在抗夏前

---

[1] 这里没有提到在陕名声最大的"杨家将"，因为杨业及其子孙虽祖籍麟州，但事迹均不在陕，而且如果不算小说造成的影响，其功业亦不及种、折两家。

[2] 范仲淹：《范文正公文集》卷15《东染院使种君墓志铭》，李勇先、王蓉贵校点：《范仲淹全集》，四川大学出版社，2007年，第354页。

线推广，逐渐形成了宋夏战争中后期行之有效的守中有攻、积极防御的"筑城战"模式。

种世衡不仅是"筑城战"的倡导者，也是最成功的实践者。他于康定元年（1040年）选定延安东北100公里故宽州废城为试点，认为该地"当贼冲，左可致河东（今山西省）之粟，右可固延安之势，北可图银、夏之旧"[1]。当时宋朝的防御前沿在塞门寨（今安塞县北）至永平寨（今延川县永坪镇）一线，那里离宋军控制今陕西境内最北部的据点麟府地区中间尚隔着西夏占领的银、绥二州数百里地，互相不能联络。种世衡之计若能实现，不仅宋朝防御前沿能推进一步，而且拥有了一个可以联络河东和麟府地区的军事基地。西夏果然很快察觉到这一据点的战略价值，多次出兵来攻。种世衡"且战且城"，终于在矢石之下抢在夏人前头将城筑成。城成后"处险无水"，打井至50米深仍无涓滴，水工们均以为失败了。种世衡根据他积累的水文地形经验坚持认为石下有泉，"过石数重，泉果沛发"。万人欢呼曰："神乎！虽虏兵重围，吾无渴之患矣！"[2]消息传到京城，宋仁宗很高兴，嘉奖之外，特赐城名为"清涧城"。这就是今天清涧县的由来。

为了使清涧城成为拥有后勤保障的坚强堡垒，种世衡开营田2000顷，招募商贾，贷以本钱。不仅减少了对后方供应的依赖，而且促进了边地经济的繁荣，清涧这个军事据点也同时成了新兴的经济中心。种世衡与其子种谔世守清涧，屡败西夏军，并在战火中形成了一支训练有素的军队。清涧城成后不仅从未被西夏攻破过，而且实现了种世衡以城护城、逐城推进的设想，使清涧城成为后来宋军收复银绥的前进基地。在种世衡身后的数十年中，宋军由清涧城而绥德城，而米脂寨，而永乐城，且筑且进，深入夏境数百里，收复大片国土。虽然后来由于永乐城之败失去部分成果，但直到宋夏战争结束，清涧以北一路仍

---

[1]《宋史》卷335《种世衡传》。

[2] 范仲淹：《范文正公文集》卷15《东染院使种君墓志铭》，第355页。

然是宋夏对峙全线上宋朝边境向前推进得最远的地方。[1]

除战功显赫之外，种世衡还在民族政策与政治谋略上表现了少有的远见卓识。当时陕北居住着许多内附羌族部落，时称"属羌"，他们"人马精劲，惯习战斗"[2]，是宋、夏都需争取的力量。"安边之利害，大要在属羌难制，惧合夏戎为暴发之患。"然而北宋当局往往以华自居，贱视"夷狄"，对属羌任意苛敛、侵掠甚至杀戮，以致"汉官不能恩信，属羌皆持两端"，[3]成为抗夏战争中的一大难题。种世衡为改善汉羌关系进行了不懈努力，他广泛结交陕甘间诸羌部，与酋长们推诚相见，留下了许多传奇式的故事。如一次，他与牛家族酋长约好到其帐落慰问，不料当晚大雪三尺，险径皆没，左右都说出行危险，但种世衡坚持取信于人，冒险前往。酋长没有想到他在这种情况下还能如约，深为感动。又一次，一位酋长在种世衡处赴宴，酒醉后调戏种的爱妾，被种世衡抓住。种世衡不但不予惩处，反而以妾相赠。这位酋长于是诚心相附。因此种世衡在属羌中威信极高，他先后联络了陕甘间各羌、蕃部落，共抗西夏，令诸族置烽火，有急则大家赴援。他的军队中更有大量勇敢善战的"羌兵"，每战必捷。

羌部中包括党项人，因而种世衡"抚羌"的成功，还使党项人内部自相猜疑。他乘机施展其政治谋略，派人行反间计，使李元昊杀死了他的悍将西夏贵族野利旺荣、野利遇乞。西夏的实力因内讧而削弱，加上攻宋受阻，迫使李元昊不得不罢兵议和，为抗夏立下汗马功劳的种世衡，就在和议达成不久积劳成疾，病死在他刚刚率部筑成的新据点细腰城。死后不但军中致哀，边民立祠，羌部酋长们也前来吊唁，络绎于途。其深得军心、民心、"羌"心，在有宋一代边将中实属罕有。

---

[1] 今人论及宋夏战争中的宋朝扩地，往往首列"王韶开边"所得的熙河地区。但熙河地区实得之吐蕃，虽其时夏蕃结盟，毕竟并非夏地。

[2] 范仲淹：《范文正公文集》奏议卷下《奏陕西河北和守攻备四策》，第590页。

[3] 范仲淹：《范文正公文集》卷15《东染院使种君墓志铭》，第355页。

种世衡的儿子种古、种谔、种诊都继承父志，成为陕西名将，关中人号为"三种"，他的小儿子种谊后来也在西北立下战功。其中种谔直接承袭父职，继续率领种家军驻守清涧城。李谅祚侵宋，种谔适逢其会，在抗夏战争中立下了收复绥州的大功。

原来，种谔在清涧统兵，继承了种世衡军事、政治双管齐下的战略，积极争取分化、诱降党项首领，绥州党项贵族令㖫、夷山先后来降。这时种谔与其上级、鄜延经略安抚司陆诜发生了分歧。种谔守清涧原出陆诜的推荐，但陆保守怕事，不希望种谔"启衅"于西夏，因而令㖫来降时他竟主张拒绝接纳。种谔仍坚持接纳了令㖫。西夏果然前来索要"叛逃"者。陆诜问种谔如何回答。种谔说："这好办，让他们拿景询（李谅祚的谋士，叛宋投夏的陕西儒生）来换好了。"一句话把西夏顶了回去。

然而种谔并不以此为满足，他进而让夷山去招降其兄、西夏绥州监军司左厢监军嵬名山。嵬名山部下的汉族属吏李文喜会见了使者，并私自许降，而嵬名山并不知此事。当种谔以此上报朝廷要求受降时，陆诜又"戒谔毋妄动"，双方把分歧捅到了朝中，陕西转运使薛向支持种谔。刚刚即位的宋神宗这时正图有为，也就批准了种谔的提议，并批评陆诜怯懦，把他调任秦凤路。

朝廷的批复尚未传到，种谔已经等不及了。他担心时机不再，毅然"擅自"行动，在李文喜的内应下，突然出兵包围了嵬名山的营地。嵬名山于猝不及防之间已成了瓮中之鳖，由不得他不降了。于是，嵬名山以下酋长 300 人、民 15000 户、兵万人全部归宋。

种谔本打算就嵬名山的驻地绥州筑城而守（绥州旧城已为李继迁拆毁），但这时陆诜以其"无诏出师"，责其回防清涧。种谔只好带着降众南返。然而恼羞成怒的西夏人却不放过他。绥州附近的夏军 4 万余人倾巢出动，在大理河畔的怀远寨追上了种谔。本来就不情愿南返的种谔沉着应战，让嵬名山率新附蕃兵为前锋，部将燕达、刘甫为两翼，自居中军，与夏军在大理河畔大战一场，彻底击溃了夏军。种谔北追 20 里，又回到了绥州。这时他不管什么"无诏兴师"的罪名了，就在绥州筑城坚守下来。

这就是治平四年（1067年）十月间的绥州之战。在这次战役中，种谔把他父亲擅长的军事、政治双管齐下的策略运用得青胜于蓝，无论是诱降、胁降的政治攻势，还是突袭、野战的军事部署，都干得十分出色，从而为宋朝赢得了自宋夏开战以来的一次空前的胜利。

在此以前，党项人投降、内附的事已非新闻，可是像嵬名山这样的西夏皇族豪酋率领上万大军归宋，却是前所未闻的。

在此以前，宋军也曾给过夏军以重创，但那多是据城砦守险制敌而胜，而种谔大理河畔之役，则开创了宋军在野战中击败数万人的西夏大兵团的先例。

在此以前，宋军也曾收复过若干失地，但是唐末以来的党项故地，定难军旧辖的银夏五州，自991年被宋朝放弃给李继迁以来，就再也未能收复，而这次时隔70多年后，宋军又踏上了定难军的故土！

无怪乎此事在西夏引起极大震动，此后很长一段时间，西夏的全部军事、政治活动，都是以企图收复绥州为中心的。而此役对宋朝军民的鼓舞也是极为重大的。新即位的神宗皇帝更是兴奋，很快便给种谔新筑的绥州城赐名曰"绥德城"，后来，又在此置了绥德军。这是整个宋夏战争中宋朝在夏境收复土地上新设的仅有两个州级政区[1]之一。今天的绥德县就是由此而来的。

然而立下了空前战功的种谔，所受到的不公正对待也是空前的：

陆诜在绥州之役后立即疏劾种谔"擅兴，且不禀节制"[2]，还想逮捕种谔治"罪"，然而还未来得及，宋神宗把他调任秦凤路的诏书已到。陆诜下台了，但陕西与京中的保守派对种谔的指控却变本加厉，"朝廷以其生事，欲诛谔，返故地、归降人"[3]，把收复的国土拱手还敌，并

---

[1] 夺自吐蕃的和旋置旋废的如银州、威德军等不计。除绥德军外，另一个是晋宁军。
[2]《宋史》卷335《种谔传》。
[3]《宋史》卷332《赵禼传》。

处死抗敌功臣，这出类似后来岳飞的悲剧险些要在陕西提前上演。幸亏宋神宗这个"改革家皇帝"不像宋高宗。然而尽管如此，种谔还是受到了不小的处分：贬官四级，撤职"安置"随州（今湖北随州市）。

之所以出现如此荒唐的处分，是因为绥州之役一个月后发生的"杨定事件"成了加罪于种谔的借口。这年十一月，前已向宋请求议和的夏主李谅祚以举行谈判为由，把宋知保安军杨定等骗出城杀害。保守派认为这是种谔贪功启衅招致的报复，甚至说由于种谔闯祸，"西方用兵自此始"，仿佛此前宋夏就没打过仗似的。其实后来议和时夏方讲出了"杨定事件"的真相：原来杨定先前奉使西夏，李谅祚曾托他转达求和之意，并送来一批金银器作为给宋的贡品托他带回。杨定起了贪心，私吞了这批金银器，回报宋神宗说可以派人刺杀李谅祚。这投合了即位之初年轻气盛的宋神宗的心理，神宗当即提升他做了知保安军。夏人丢失绥州后，李谅祚感到杨定骗了他，为了报复，便骗杀了杨定。这本是宋朝贪官与夏国"狂童"之间的恶作剧，却害苦了宋夏两国人民，更使种谔蒙冤。真相大白后，种谔平反、复官，但是他也没有因绥州之捷受到任何奖励。

此后西夏统治者仍耿耿于绥州之失，一再于议和时要求交还绥州。宋朝内部就此展开过辩论。原先攻击种谔的一大批朝臣都认为应当把绥州还夏，只有陕西宣抚司主管机宜文字赵卨支持种谔。宋神宗征询主陕多年的老资格大臣韩琦的意见。韩琦在"杨定事件"前本来是反对取绥州的，但在这次事件后则认为，在夏人挑衅时放弃绥州未免示弱太甚，因而反对弃绥。当时主持军事的枢密使陈旭力主弃绥，责琦前后两端，韩琦说明自己改变主意的理由。神宗认为有理，遂决策拒绝西夏要求，不弃绥州。熙宁二年（1069年）三月，西夏又要求以其前所攻占的宋塞门（今安塞县北）、安远（今甘肃通渭县东）二寨换回绥州。宋同意，但要西夏先还二寨再交绥州，西夏实无心还二寨，要求"先得绥州"，结果交易没有做成。当年十二月，西夏派军进攻绥德城，又被宋军击退。

软硬两手失败后，西夏想起仿效他们的老对手种氏父子，于是也在绥州一线搞起了"筑城战"。熙宁四年（1071年）正月，西夏在无定河畔抚宁故县北崖上筑啰兀城（今米脂县北），复职不久的种谔率兵来攻。于是宋夏两国在这一线的军事地位与几年前恰好来了个颠倒：西夏筑城，而宋军反筑城。种谔的这次进攻被西夏国相梁乙埋击退。不久种谔再攻，击败夏都枢密使哆腊，进占啰兀。[1]

　　这时王安石执政，"熙宁变法"已在全国渐成气候，反映在边事上，则是主张抗夏进取的改革派在陕西占据了优势。熙宁三年（1070年）王安石自请行边，改革派重臣韩绛认为"朝廷方赖安石，臣宜行"。于是以韩绛为陕西宣抚使，全面支持抗夏军事及陕西诸路政事。他开府于延安，大力支持种谔，任命他为鄜延路兵马钤辖，不仅令陕西诸将皆归其节制，而且把河东路在麟府一线的抗夏军事指挥权也交给了种谔。种谔受到重用后，提出了控制横山山脉，取得俯瞰银、夏的战略优势，打通鄜延至麟府的通道，把河东、陕西两个战场连为一体的设想。朝中与陕西的保守派都对他这一雄心勃勃的计划大加攻击，说他是"狂生"，"朝廷徒以种氏家世用之，必误大事"[2]。但是韩绛支持他，摈弃了反对意见。于是战事又在绥德城以北展开。种谔把对西夏的反筑城作战又倒了回来，恢复筑城推进战略，加筑了夺自夏的啰兀城，并进而又筑永乐川、赏逋岭二寨，遣部将赵璞、燕达重筑了抚宁故城。这样，种谔便控制了横山山脉跨越无定河谷的冲要之地，在山北建立了据点群，并把城筑到了银州境。韩绛为种谔报功，于是他自取绥州以来第一次受到了朝廷的褒奖。

　　与此同时，种谔又下令鄜延、麟府的宋军两头对进。河东路的宋

---

[1]《宋史》本纪及《种谔传》《韩绛传》《夏国传》都说先进筑啰兀的是种谔，恐误。啰兀乃党项名称，一如西夏所筑的闹讹等城，而宋朝所筑城无起党项名者。故据《西夏书事》等书改。

[2]《宋史》卷290《郭逵传》。

军由麟府向南，连续筑成荒泉三堆、吐浑川（今秃尾河）、开光岭（今佳县、神木间）、葭芦川（今佳县）四座城寨，各相距40余里，沿途一路在葭芦川、尚堡岭一带与西夏反筑城的骚扰部队作战，[1]终于打通了两地的联系。麟府折家军的折继世、高永能进驻啰兀城附近的细浮图城。这样，自李继迁反宋之后，宋朝第一次初步开辟了战略通道，把孤悬河西的麟府与陕西其余部分联系起来。

但是，种谔指挥下的宋军总共不过2万人，事实上是很难达到既控制横山冲要又维持绥、麟间数百里通道这样两个战略任务的。点距20余公里的寨堡线也过于稀疏，难以互为声援。而种谔过分急于求成，引起了疲劳已极的部队的不满，甚至发生哗变现象。西夏更不会坐视宋朝控制横山进窥银夏。三月间，西夏国相梁乙埋率大军来夺横山，围攻抚宁堡。宋军各点不能相援，抚宁堡失守。朝廷这时又下令放弃啰兀。燕达于五月间自啰兀南撤时受到夏军袭击，损失不小。其他新筑诸堡都不战而弃。横山冲要复为西夏控制，而绥、麟通道也再度中断。种谔的计划失败了。

在这次战役中，西夏以国相、都枢密使之尊亲统大军对付宋朝的2万人马，种谔不敌在所难免。世间没有常胜不败之将，而此役的损失不过"将士千余人皆没"[2]。无论是与宋夏战争中宋军屡次重大失利相比，还是与种谔绥州之役克敌5万、扩地百里、收复重镇、逼降巨酋的战功相比，都说不上重大。比前不久宋军在西线的失利损失也小得多。但是保守派却借题发挥，又一次掀起了参劾之潮。种谔连续受重大处分：先贬为汝州团练副使，再贬为贺州（今广西贺县）别驾，支持他的韩绛也被罢职，贬知邓州。干事的因小过而被整，不干事的安坐而整人，"熙宁新政"之时尚且如此，宋朝边政之弊可想而知。

同一时期，在西线的秦凤、环庆二路也发生了战事。西夏于熙宁

---

[1] 见《折克行神道碑》文，碑藏西安碑林。
[2] 《宋史》卷486《夏国传》。

二年（1069年）四月攻秦州，破刘沟堡，又于九月，次年五月、八月三次出兵环庆，"兵多者号二十万，少者不下一二万"[1]。宋军多次失利，钤辖郭庆、高敏、魏庆宗、秦勃均败死。但是与东线宋军未能控制横山一样，西线夏军也未能控制子午岭。双方都已倦于战事，于是在熙宁四年（1071年）五月又开和谈。西夏仍以绥州是求，于这年九月遣使到延安，再次提出以塞门等二寨换绥州。宋朝仍不许。至次年七月，西夏失绥州已将五年，和、战均无望收复，只得作罢。是月达成的妥协议定以绥德城外10公里为宋夏分界，各立封堠。这一阶段的宋夏战争，终以西夏被迫承认绥州归宋而暂落帷幕。

四　五路伐夏与永乐城之败

以熙宁五年（1072年）的绥州划界开始的宋夏战争第三个间歇期（1072—1081年）只有短短九年。但这九年对宋夏两国来说都非同寻常：这一时期西夏国内政局动荡，汉化与蕃化、皇族与后族的斗争以及贵族间的内讧连续不断，而宋朝则恰处在熙宁变法的高峰期，出现了某些新气象，因此边防形势也向有利于宋朝的方向发展。经过变法实力有所增强的宋朝打败亲西夏的吐蕃势力，取得"断西夏右臂"的熙河之捷，从东南两面形成了对西夏的弧形包围。熙宁变法本为的"富国强兵"，而富国也是为着强兵，改变在强邻面前长期积弱、被动挨打的局面，实是熙宁君臣最为迫切的愿望。而这个愿望又首先要在宋夏关系上表现出来。

两宋时期在人们心目中，金、辽、夏三国与宋的关系在性质上是根本不同的。尽管在今人看来它们都是一方之"国"，宋朝对它们都软弱受欺，败多胜少，岁输银帛，忍气吞声。但在极重体统的古人看来，

---

[1]《宋史》卷486《夏国传》。

宋朝称臣于金，所输为"岁贡"，是藩属对宗主上贡；宋朝与辽为对等的"兄弟之国"，所输为"岁币"，名义上算是朋友之间馈赠礼品[1]；而宋于夏则受其称臣，所输为"岁赐"，是宗主对藩属的恩赏。因此，宋朝一旦"强兵"有成，就不能不首先考虑西夏问题，因为宗主怎能在藩属面前示弱？

熙宁年间，宋神宗、王安石君臣关注于内部的改革，大量的变法措施纷纷出台，那时对外尚无暇旁顾。而到元丰年间，新法易行者皆已推行，难行者受到重重阻挠，扭曲百出。王安石罢相，改革派内讧，对内的变法运动处于停滞状态。神宗要想有所作为，就只能更多地表现在对外方面。对西夏用兵便成为必然之势。

而宋夏间这种名为宗藩实为敌国的关系，从形式上说也是很不稳定的。夏强宋弱时，宋朝面对西夏的侵扰凌辱可以摆出一副"大人不记小人过"的架子，从西夏名义上的称臣上寻找心理上的平衡，把这都看作是对藩属的"绥怀"，而不像对辽妥协、对金称臣那样招致强烈的屈辱感。宋强夏弱时，宋朝又可以以大人教训孩子的架式，以宗主身份强行干预藩属的内部事务，而不像对辽、对金那样还需考虑一些实力之外的因素。因而神宗一朝对辽不仅仍取守势不变，甚至还由王安石主持"以河东边界七百里地与辽人"。而对西夏就完全是另一回事了。

这时西夏内部恰又发生政变。宋元丰四年（1081年）三月，西夏汉将李清向倾向汉化的夏主李秉常建言以黄河以南地归宋，秉常母梁太后杀李清，秉常被囚，后族梁氏掌权，人心不服，保泰军司统军禹藏花麻请宋出兵讨伐梁氏。陕西边臣上奏时说是"秉常遇弑"，宋朝作为宗主"义当有征"，以为夏国平定内乱为由，一举解决西北边患，"此千载一时之会也"。[2]于是宋神宗决策，发动了北宋一朝对西夏的最大

---

[1]　"币"古有赘礼之意。
[2]　《宋史》卷486《夏国传》。

52

一次全面进攻。这次攻势共出动了陕西、河东、畿内诸路宋军36万余人，还有吐蕃酋长董毡兵3万作为盟军，民夫、后勤人员犹不在内。兵势盛大，为北宋开国以来所未有。

当时计划是以李宪率熙河、秦凤宋军7万，连同董毡的蕃兵3万出熙河；高遵裕率环庆宋军8.7万，会同刘昌祚率泾原宋军5万出庆州；种谔率鄜延宋军及畿内禁军共9.3万人出绥德城；王中正率河东及泾原宋军6万出麟州，向西夏首都兴庆府（宋称兴州，今宁夏银川）作向心攻势。五路（连吐蕃军为六路）兵马又分东西二线：西线泾原、环庆、熙河三路会攻灵州，东线麟府、鄜延二路兵会攻夏州，而后东西两线宋军再会攻兴州，以图一举灭夏。当时，宋朝君臣皆踌躇满志，有灭此而朝食之心。神宗曾认为，"夏有衅，不取，则为辽人所有"。种谔更认为，"夏国无人，秉常孺子，往持其臂而来耳"。[1]

但是这次"大举"从开始计划时就存在着严重的问题，抛开宋朝军政上一贯的积弊不谈，仅以下几个方面就显得十分失算：

宋廷对西夏内部矛盾的估计过分。当时认为宋以讨伐"弑君"的西夏外戚梁氏为由，可利用夏人皇族与后族之争而火中取栗。因而出兵时曾传檄夏境，号召夏皇族"鬼名诸部首领"与宋合作"共诛国仇"[2]。然而西夏皇族与后族尽管内争激烈，但在抗宋自立这点上并无分歧。整个战争期间并没有发生宋君臣所盼望的夏人大规模内乱。

用兵计划欠周，后勤问题尤多。而且从地理上看，灵州与夏都近在咫尺，夏州与夏都却相距遥远且中隔瀚海。因而攻灵犹如攻兴庆，要求宋军在东西两线分取灵、夏后再由灵夏会攻兴庆，是不现实的。这一部署恐怕更多地是从政治上着眼（因灵、夏二州是夏人历史上的前后两个统治中心，此时也犹如西夏的两个陪都，政治上有特殊地位）。以后的事实果然是：西线宋军孤悬夏国腹地而在全力反扑下致败，东线

［1］《宋史》卷335《种谔传》。
［2］《宋史》卷486《夏国传》。

宋军轻取银夏却困于瀚海，遥不能应。

更重要的，是如此重大的战役竟没有一个前敌总指挥，五路宋军实际上是各行其是。宋臣孙固当时就指出："今五路进师而无大帅，就使成功，兵必为乱。"宋神宗竟答以"无其人"可任。吕公著认为"问罪之师，当先择帅，苟未得人，不如勿举"[1]。这是有道理的。当时在五路宋将中，兵力最强，以往战功最著，而在此役中战绩也最佳的是鄜延路的种谔，但他生性刚猛，不善与同僚及上司相处，在当时军界和官场都不得势。而宋神宗想寄以帅任的，却是宦官李宪。

这就是"熙宁新政"的一大消极影响了。熙宁改革虽以将兵、保马等法革除了军制上的不少积弊，但整个变法的指导思想却是强化集权，"人主擅操柄，如天持斗魁，取与皆自我"[2]。因而在军事上一方面纠正了宋初将权太轻之弊，另一方面却又发展了以宫中亲信太监来监军、统军的劣政。宋末童贯为帅即其流弊之余。当时的五路宋将中，就有李宪、王中正两个宦官，高遵裕一个外戚，其表现都很糟糕。而神宗以李宪为总帅的设想由于多人反对又未能定下，所以五路宋军实际上是在没有总指挥的情况下投入战役的。

尽管如此，宋军在战役中仍然表现出英勇顽强的精神，今陕西省境内的东路宋军在种谔等率领下战绩尤为卓著。

这年七月，种谔在五路宋军中首先出师，率军9万由绥德城北攻米脂寨。米脂是熙宁年间横山之战后西夏合啰兀、抚宁诸城之兵而集中守御的横山冲要上的战略据点，因此米脂之战实际上也是种谔第二次兵取横山。西夏在米脂的守军与援军兵力超过种谔，仅援军就达8万人，又是守险而御，种谔进攻之难可以想见。在初攻受挫后，他改取围城打援之策，围困米脂70天，并于九月间连续两次击败西夏援军。尤其是第二次他设伏于无定河，向行进中的西夏援军突然袭击，"断其

---

[1]《宋史》卷336《吕公著传》。
[2] 王安石：《临川先生文集》卷4《兼并》，中华书局，1959年，第114页。

首尾，大破之"。夏8万援军溃散，米脂守将令介讹遇见待援无望，于十月初被迫投降。与此同时宋军还取得浮图、葭芦等砦，恢复了熙宁横山之役时曾达到的地盘。

但是，由麟州出发的东线另一路宋军却未获任何战果，其将王中正以内监"自言代皇帝亲征，提兵六万，才行数里，即奏已入夏境，屯白草平九日不进"[1]。然而宋神宗却任命他为东线两路总指挥，"以（种）谔先期轻出，使听令于王中正"[2]。

十月间，种谔留千人守米脂，率主力进入银、石（今横山县东北，西夏所置）、夏三州；王中正循无定河而上，也进入宥州，于是定难军旧地全部被宋军占领，西夏势力被完全逐出今陕西省境，这是自宋初李继捧献地以来从未有过的。

由于夏军把东线主力放在米脂，而在全局上又集重兵于西线的灵州，因此米脂之战后宋军两路在银、夏、石、宥四州境内竟"不见敌"，宛如武装游行一般。然而这一带已处毛乌素沙漠，"地皆沙湿，士马多陷没"[3]。事前考虑不周的后勤问题终于成了致命的大患！王中正军在宥州奈王井，士兵已饿死达2万人，甚至发生"军夫冻馁，僵卧于道路未死，众已剐其肉食之"[4]的惨剧。王中正只得下令全军撤退。其中张世距、折克行所部在撤退途中受到夏军游击部队的追击。宋军以折克行作后卫，且战且退。夏军追至俄枝盘堆，克行返军回击，大败夏军，杀夏将咩保吴良。遂奔袭宥州，在该城发掘到夏人窖藏的糜谷，又击败了护粮的夏军小部队千余人。于是宋军才得以幸免于全部饿死，总算退回到宋境。[5]

王中正退军时，种谔军犹驻营麻家平待粮，粮终不至，结果军队

[1]《宋史》卷486《夏国传》。
[2]《宋史》卷335《种谔传》。
[3]《宋史》卷486《夏国传》。
[4] 司马光:《涑水纪闻》卷14，中华书局，1989年，第278页。
[5] 见《折克行神道碑》文，碑藏西安碑林。

因饥而溃，部将刘归仁擅自南返。种谔无奈，只好回师。这时已入严冬，途中遇大风雪袭击，士卒民夫多冻饿而死，回到宋境的仅剩 3 万人。

这时西线宋军也在灵州城下大败。原先宋军入境时，梁太后召集西夏将领会议，"诸将少者尽请战，一老将独曰：但坚壁清野，纵其深入，聚劲兵于灵夏，而遣轻骑抄绝其馈运，可不战而困也"。梁氏采纳了这个计划。集 12 监军司 10 万精兵于兴、灵地区。宋军高遵裕、刘昌祚两部围攻灵州 18 日不能下，西夏决黄河水灌宋营，高、刘大败而退，余部仅剩 1.3 万。而那个宋神宗曾想委以五路总帅之任的宦官李宪，根本就未到灵州前线："始议五路入讨，会于灵州，李宪独不赴"！[1]

宋朝伐夏的最大攻势就这样以失败告终。宋军损兵 20 万人，但由于多为非战斗损失，所以基本未曾"折将"，这是与历次战败不同的。

遭此失败之后，宋神宗犹不甘心。但他已察觉长驱直入的战法失策，于是又想采用"筑城战"的办法，逐步推进，并以所筑城寨巩固占领地区。陕北的鄜延一路又被当作这一战略的重点方向。五路伐夏之役时，银、夏、宥诸州都曾为宋军占领，却未能守住，所以要先在这里筑城。元丰五年（1082 年），宋神宗派给事中徐禧作为钦差大臣到陕北，主持其事。徐禧是个纸上谈兵、自以为是的文人，常大言："西北可唾手取，恨将帅怯耳！"[2]当时对筑城御敌这一战略，众人并无异议。但在哪里筑城却是众说纷纭。种谔以其父子两代从事筑城战的经验，主张筑银州城，并把它看作是自己"据横山之志"的核心。他说："横山延袤千里，多马宜稼，人物劲悍善战，且有盐铁之利，夏人恃以为生。其城垒皆控险，足以守御。今之兴功，当自银州始。"他并提出了一个先复筑银州，后移筑宥州，再筑夏州、盐州的系统计划。[3]知延州沈括则主张先筑夏州石堡城。

［1］李焘：《续资治通鉴长编》卷 321，元丰四年十二月乙丑，第 7743 页。
［2］《宋史》卷 334《徐禧传》。
［3］《宋史》卷 335《种谔传》。

但徐禧却认为"银州虽据明堂川（今榆溪河）、无定河之会，而故城东南已为河水所吞，其西北又阻天堑，实不如永乐之形势险厄"。他还认为修筑几个州城太费事，不如在三州之界筑一大城，"名虽非州，实有其地"[1]，因而执意坚持筑永乐城。因为他是钦差大臣，沈括等也就依了他，惟有种谔仍激烈反对。徐禧大怒说："君独不畏死乎？敢误成事！"种谔抗言："城之必败，败则死，拒节制亦死。死于此，犹愈于丧国师而沦异域也！"徐禧遂上告说种谔不听令。宋廷令种谔留守延州，让徐禧去实行他的计划。[2]

徐禧在八月间用 14 天就筑成了永乐城（今米脂县西北马胡峪）。[3]永乐城位于无定河与支流永乐川会合处，三面阻崖，形势险要，控制着无定河河谷西去夏、宥诸州的大道，战略地位十分重要。但是城中无水，徐禧在山下河畔加筑了水寨，保护汲水通道，以为万无一失，便与监军宦官李舜举、陕西转运使李稷回驻米脂，留部将曲珍守永乐城。

这时，夏军在保卫灵州胜利后正集主力六监军司兵 30 万屯泾原北，得知宋筑永乐城，即由统军叶悖麻、咩讹埋率领迅速移兵东线，来攻永乐，并派兵南下绥德以阻止宋军增援。徐禧闻讯，大言道："彼若大来，是吾立功取富贵之秋也。"部将高永亨提醒他城无水，不可守，他竟以动摇军心罪要把高永亨处斩，经人劝解才改为逮送延州狱。刚愎自用的徐禧就这样与李舜举、李稷等到永乐城督战。

夏军蜂涌而至，部将高永能建议乘其尚未列阵而袭之，徐禧又斥责他无知，说是"王师不鼓不成列"。待夏军部署完毕开始进攻，他才拔刀督军出城迎战。曲珍见夏军势大，宋军已不支，要求收军入城固守，又被徐禧斥下。结果，夏军骑兵涉水冲锋，宋军即全线崩溃，

[1]《宋史》卷334《徐禧传》。

[2]《宋史》卷334《徐禧传》。

[3] 史念海：《河山集·四集》，第102页。

败军不及入城，多半被歼。曲珍率领的骑兵因入城之路为悬崖小径，都弃马攀崖而上，8000 匹战马全部丧失。夏军乘胜进夺水寨，把宋军团团围困在无水的山城内。宋军掘井不成，数日后渴死大半。南边沈括率领的宋军又被进攻绥德城的西夏军牵制住而无法来援。徐禧等遂陷入绝境。这时可能他已感到失策丧师罪大，拒绝了左右要他突围的建议，决心死守。九月的一个大雨之夜，被围 11 天的永乐城陷落。徐禧、李舜举、李稷以及宋将高永能、寇伟、景思谊、张禹勤等官吏将领数百人皆战死，只有曲珍等四将逃脱，士兵与民夫 20 万人全军覆没。

永乐城之役是宋夏战争史上宋朝空前的大失败。创下了兵、将、民夫与军资损失的纪录。由转运使李稷集中到永乐城的金银粮草军用器械，凝聚着熙宁"富国"新政的成果，而今尽为西夏所有；宋军民被俘之多，以至于此后几次宋夏议和时永乐战俘都成了重要的谈判筹码。宋神宗听到败报后放声大哭，从此再不言开边进取之事了。

永乐城之役后，种谔等在五路伐夏过程中所攻占的葭芦、吴堡（今吴堡县）、义合、米脂、浮图、塞门六城仍在宋的手里。夏军在东线不能扩大战果，于是又移兵西线，同时向宋朝提出议和。梁氏又于元丰六年（1083 年）放出夏主秉常并让其恢复皇位，给了宋朝一个台阶，早已厌战的宋神宗立即同意谈判。但是，西夏要求宋朝退回五路伐夏之前的边界，放弃东线六寨，为宋朝所拒绝。

于是，西夏又在西线发动攻势，元丰七年（1084 年），夏军进攻兰州、安远寨、静边寨，均未得手。夏将仁多唛丁败死，永乐城之役的夏军主将叶悖麻与咩讹埋也在安远寨被宋军击毙。宋军算是报了永乐城的仇。[1] 至此，宋夏双方谁也奈何对方不得，战事在未达成和议的情况下停止。

总之，宋夏战争的这一阶段（1081—1084 年）虽只有短短五年，

---

[1]《宋史》卷 349《刘昌祚传》。

却是整个宋夏战争的最高潮。宋军发动了规模空前的大攻势,却遭到了灵州、永乐城两次空前的大败。但是宋朝并未被打回战前边界。宋军以"官军、熟羌、义保死者六十万人"、战将损失数百人、物资损失不可胜计的巨大代价,换来了今陕西境内米脂、佳县、吴堡、横山一带的六城之地。"帝临朝痛悼,而夏人亦困弊"[1]。

五 麟府军独抗辽、夏

在宋、夏、辽三足鼎立于北方的 100 多年历史中,位于今陕西省最北部地区的麟、府二州地位特殊。这块地区恰位于宋、夏、辽三国接壤的地带,是今陕西境内惟一卷入了宋辽战争的地区,并同时经历了宋夏战争的洗礼。它与其北面的丰州(今内蒙古准格尔旗与陕西府谷县交界处)、南面北宋末新设的晋宁军(今佳县)一起,隶于当时的河东路,是该路孤悬于黄河以西的一块飞地。自李继迁据有银、绥诸州之后,迄北宋末麟、绥通道被开辟以前,在一个世纪的时间里它处于辽、夏的三面包围之中,东与河东路主要地区隔着天堑黄河,南与宋陕西路隔着数百里西夏控制区。由于它军事地位特殊,北宋常在军事上把它从河东路其他地方分出来称之为"麟府路",自成一条战线。当其他战场处于战争间歇期时,这里往往仍然充满刀光剑影。

麟府路的政治体制是较为复杂的。从各种记载看,在这孤悬河外、中央政权鞭长难及(不是鞭长莫及)、居民汉少羌多的地区,"土豪"对地方政治有着极大的影响。丰州是羌人藏才族首领王氏世守的地盘,麟州在唐末五代时"杨氏世以武力雄其一方"[2],五代时"麟州土豪"

---

[1]《宋史》卷 486《夏国传》。
[2] 欧阳修:《欧阳修全集》卷 29《供备库副使扬君墓志铭》,中华书局,2001 年,第 443 页。

杨信[1]曾为州刺史，麟州故城在神木县至今仍被称为"杨家城"。府州则从唐末直到北宋、伪齐时均为土豪折氏世守。这三家既共处河外，唇齿相依，彼此关系也很密切。折、杨两家的关系从关于杨家将与余（折）太君的故事中即可看出，而折、王两家也有联姻关系。[2]因此三地在一定程度上是一损俱损、一荣俱荣的整体。当然这也仅仅是一定程度上。三州在政治上取不同立场的情况也曾发生过。五代末，麟州杨氏与府州折氏就曾分事二主：杨氏附北汉而抗后周，折氏附后周而抗北汉。但即使在这种情况下，麟府双方也没有直接打过仗。

然而，这三州又不是完全为"土豪"所割据的"羁縻之地"，这恐怕主要不是由于中央政权强大到足以控御"土豪"，而是因为在强敌环伺的环境中"土豪"们没有中央的支持就难以在这蕞尔之地生存。这种状况又依三州民族成分的不同而从南到北有所差异：三州之地皆汉蕃杂居，但麟州汉人相对较多，府州较少，丰州则基本上已是蕃部聚居区。[3]与此相应的麟州杨氏是汉人（至少从已知的世系看是如此），府州折氏则是因汉化而族系已有些模糊的蕃人，而丰州王氏则是分明的羌人藏才部。他们与朝廷的关系也因此而不同：麟州杨氏在宋以前已非世袭州政，刺史常为朝廷所派。[4]宋以后更基本上为朝廷流官而非杨氏族人出任知州。与此相反，丰州王氏一直世领其职，朝廷过问甚少，也很少调王氏到外地任官。而府州则居二者之间：一方面折氏世任知州、节镇，朝廷准其世袭，另一方面朝廷仍保有对州职的任免权，可以在折氏族人中撤换、选择州职的继承人选，可以调折氏到外地任官，也可以在府州派驻流官以担任知州以外的重要职务，包括军职。因此

[1] 司马光：《资治通鉴》卷191，广顺二年十二月。

[2] 戴应新：《折氏家族史略》，三秦出版社，1989年，第7页。

[3] 丰州不仅知州为藩人，而且下辖永安、来远、保宁3寨亦"皆以蕃族守之"。（司马光：《论复置丰州札子》，《司马光奏议》卷6，山西人民出版社，1986年，第59页。）

[4] 如后汉皇族刘崇就曾出任此职。

朝廷对府州是拥有实际控制权的，非一般羁縻州县可比。由于府州在河外三州中最重要，因而朝廷对整个麟府路也实行着有效的控制。另外，麟府路虽在行政上隶属河东，而且至宋末以前一直与宋之陕西路不接壤，但由于抗夏军政所关，也由于历史的原因，它与陕西诸路，尤其是鄜延路一直有特殊关系。其境内诸如新秦县、通秦寨之类的地名就是证明。

麟府军民抗击契丹贵族的斗争早在五代时已经开始。后晋石敬瑭充当契丹人的儿皇帝，把燕云十六州之地割让给契丹，府州即在这 16 州之境内[1]，当时的刺史折从阮因而一度臣属于契丹。不久契丹要强迁河西人民以充实辽东，引起州民反抗，折从阮顺应人心，据险拒辽，并于后晋天福八年（943 年）攻入契丹境，连下十余寨。从此府州开始了与辽（契丹）的长期对抗。后周立国时，升府州为永安军，以折德扆为节度使，当时北汉附辽反周，麟府于是也与北汉为敌，曾多次渡黄河进入今山西境内对北汉发动攻击。

折德扆归宋之后，麟府军更加积极地投入抗辽、征北汉的战争。太平兴国四年（979 年）宋太宗征北汉，知府州折御卿奉命出兵，攻占北汉的岢岚军（今山西岢岚县）与岚州（今山西岚县），俘北汉岢岚军使折令图，杀北汉宪州刺史霍翊，婴州刺史马延忠也被擒。麟府军为宋的统一立了功。

至道元年（995 年）正月，契丹大将韩德威领兵万人，乘折御卿出巡之机，自振武（今内蒙古和林格尔县）由峡谷小路偷袭府州，想拔掉这个宋朝在河外的"钉子"。不料折御卿已侦知其谋，预先派归化契丹人埋伏于子河汊，断其归路，自率军奋击。契丹军败退遇伏，被歼 500 余人，将领突厥太尉、司徒舍利等 20 余人被杀，吐谷浑首领被俘，失战马千匹，韩德威单骑逃脱。这是今陕西境内宋辽进行的规模

---

[1]《旧五代史》卷 125、《新五代史》卷 50《折从阮传》，史载之 16 州名中不见府州，何故，待考。

最大的一次战役。同年十二月，韩德威率军再次入侵，欲报子河汊之仇。折御卿带病出战，击退辽军，自己也病逝在军中。

真宗即位后，麟府军在抗辽战争中不仅守卫本土，还开始支援外郡和进扰辽境。咸平二年（999年）十一月，知府州折惟昌与宋思恭、刘文质三将领兵攻入契丹五合川，破附辽的兀泥族拨黄寨（一名黄太尉寨），焚其族帐1500所，获战马牛羊万计。

景德元年（1004年）秋，辽军入犯河东，围攻岢岚军。折惟昌率麟府军前往增援，入朔州界，前锋破大狼水寨，俘辽军400人，获大量军资。辽军腹背受敌，被迫解岢岚之围而去。不久，宋辽订立"澶渊之盟"。麟府军与其他地区的军民一起，为击退契丹贵族南侵，迫其议和作出了贡献。

此后直到仁宗天圣年间（1023—1032年），麟府路都巡检使折惟忠还在府州北境抗击过辽、夏的联合进犯，但总的来说，澶渊之盟后的宋、辽关系远较宋夏关系为稳定，麟府军民在抗夏斗争中的作用更为突出了。

麟府永安军与银夏定难军原来都是陕北以党项羌为主体的两大地方政权，在李继迁起兵前两者的性质十分类似。后来李氏叛宋而折氏始终效忠宋廷，两者遂成为不共戴天之仇。对宋朝而言，折氏不但作为一支军事力量有其重要作用，而且作为内附蕃族、汉化羌人的榜样，更有其巨大的感召力。反之，对李继迁及后来的西夏统治者来说，折氏不但是一股敌对军事力量，更从精神上对其在蕃众中的凝聚力构成不小的威胁。李继迁起兵后不久，在淳化四年（993年），就有银夏诸州原属定难军治下的蕃汉族8000余帐，驱牛羊数万来投奔府州。淳化五年（994年），在宋朝利用赵保忠以蕃制蕃的计划失败后，折御卿即被授予永安军节度使，麟州兵马都总管，夏、银、府、绥诸州都巡检使之职。[1]这后一个头衔是李继捧献地时宋廷曾授予接管定难军政权的曹光实的。显然，宋廷此举含有以银夏之地委于折氏，以折氏取代

---

[1]《宋史》卷253《折御卿传》。

赵保忠执行以蕃制蕃之使命的意思。这当然是李继迁与后来的西夏政权所不能容忍的。

因此，宋朝与李氏政权之间还可以讨价还价，而李氏政权与府州折氏之间却是你死我活；宋夏实际上是对头，表面上却还是宗主—藩臣关系；而西夏与府州政权则从名到实都是冤家。麟府人与西夏之间的势不两立，使他们成为北宋抗夏态度最激进的势力。甚至对于在李继迁以下党项诸首领中最为亲宋的李德明，麟府方面也全无好感。当时的折氏当家人折惟昌，就曾向宋廷揭发李德明伪装恭顺而暗图不轨，建议宋朝提防。[1]

因此，麟府地区也就成了宋夏战争最激烈的战区之一。即使在宋夏之间达成并维持着和议的战争间歇期内，西夏与麟府军的战斗也常常很频繁。在整个宋夏战争期间，根据显然是不完全的统计，宋朝的沿边诸州中，环州被围攻过 6 次，庆州 4 次，延州 2 次，绥州（绥德城）5 次，而麟州竟被围攻过 14 次之多！[2]

麟府军民抗夏的主要战役有以下几次：

（1）咸平二年（999 年）秋，李继迁在与宋廷达成和议并受封为定难军节度使后，停止了对陕西诸路的大规模骚扰，移兵河东。党项黄女族首领蒙异保与府州属羌啜讹引继迁军侵入麟州万户谷（今神木县万镇）。知府州折惟昌与巡检使折海超、供奉官折惟信等御敌于松花寨（今神木县花石崖），因众寡不敌而兵败，海超、惟信战死，惟昌负伤突围走。折家军损失严重。宋廷派宋思恭、刘文质二将率军来援，九月，李继迁部将万保移埋没由麟州进掠府州，惟昌与宋、刘二将合兵将其击败于横阳川（今神木县黄羊河），斩俘及缴获甚多。李继迁军退出府州，再攻麟州，州将韩崇训将其击败于州城之下。不久党项军又一次攻城，也被钤辖张佶击败，其攻城将领被射死。此役最终以双方都

---

[1] 李焘：《续资治通鉴长编》卷 63，景德三年五月辛亥条，第 1401 页。
[2] 参见史念海：《河山集·四集》，图 81。

遭重大伤亡而结束。

（2）李元昊侵宋，宋夏第二阶段战事展开。当夏军歼灭刘平等部、兵围延州时，知府州折继闵率军自府州进扰敌后，于康定元年（1040年）正月、六月及九月三次攻入夏境。有力地牵制了夏军，减轻了泾原、鄜延等方向宋军的压力。次年，府州军又与夏军在横阳川发生遭遇战，并获得胜利。

李元昊感到府州军威胁其侧后方，决心消除这块心病。庆历元年（1041年）夏，李元昊在西线获得好水川之捷后，避过宋军增援集群，亲率主力，悄悄移兵东线，以叛宋投夏的原府州蕃官乜啰为向导，自后河川（今府谷县孤山川）扑向府州城，"数十万"党项军把小城围得水泄不通。河东宋军王元、杨怀忠和宋廷设在府州的监司、并代兵马钤辖兼管勾麟府路军马事康德舆吓得不敢来援。折继闵率6000多守军顽强坚守，并积薪于宅前，表示一旦城破必举族自焚。于是人人怀必死决心，斗志愈旺。府州城中无井，饮水汲自黄河。夏军截断汲道，城中水荒，"黄金一两易水一杯"。折继闵率精兵以劲弩射退敌军，又夺回汲道。从七月二十三至二十九日连续苦战七昼夜，李元昊亲自督战，而城终不能破，只好撤军。[1]

接着党项军又攻麟州，从七月二十八日至九月九日，麟州被围40天。知州苗继宣募人赴府州求援，州民王吉挺身而出，伪装为夏兵突围到府州，后又从小道返城，告知府州救兵将到，城中军心大振。这时麟州城里也发生了水荒，有奸细报告李元昊说三日后守军将渴死。苗继宣得知这个情况，便令人取沟中湿泥修补城墙，以示用水不乏。李元昊看见，以为奸细谎骗，杀奸细，解围而去。

麟、府两城守住了，但丰州、宁远寨与建宁寨却被李元昊分兵一一攻陷。知丰州王余庆、兵马监押孙吉等战死。至此，夏军这次攻势几乎席卷了河外的所有州城与寨堡，给麟府路带来一场浩劫。丰州

---

[1]《宋史》卷324《张亢传》，又见西安碑林藏《折继闵神道碑》。

陷落后，全州人口"尽为所掳，扫地无遗"[1]，沦为一片荒烟蔓草之区。麟州虽然未陷，但"自经贼马，后来人户，才有三二百家"[2]。然而西夏军伤亡也极为惨重。连获金明寨、三川口、好水川三次大捷的李元昊，却对蕞尔小邑的麟、府二州一筹莫展，夏军不可战胜的神话破灭了。

（3）打通麟、府通道。麟府保卫战之后，李元昊仍然指挥夏军盘踞路境不退。他屯兵于琉璃堡，派骑兵巡掠麟、府间，两城闭门而守，交通断绝。朝中有人提议尽弃河外诸州，退守黄河与保德军（今山西保德）。有人则提议放弃麟州城，把州治移到黄河东岸的合河津（今山西兴县西），河外只留府州一城。但麟府军民与以张亢、欧阳修为首的朝中大臣都反对这种畏敌退缩的主张。于是宋廷派张亢为并、代都钤辖，管勾麟府路军马事，取代庸懦无能的康德舆，指挥麟、府的反封锁作战。张亢单骑至府州，城门紧闭，出示了朝廷敕文后才放他进城。张亢立即开门让州民出城砍柴、汲水、割草。同时他在城东焦山上发现石炭（煤）穴，即围筑东胜堡；城下不远有菜地，他又筑金城堡以护之；城北沙坑有泉，筑安定堡以护之。这样，府州城内的基本生活供应便恢复了，他又派军驱逐夏人，夺回琉璃堡，解除了对府州的封锁。

麟州的情况更严峻，府州临黄河，尚可由河东接济，麟州当时则有如孤岛。在以后的两年内，宋军为打通麟、府间交通，接济麟州守军，付出了艰苦的努力。庆历元年九月，康德舆、王元督民夫由府州向麟州运粮草，在府州城外被截，失粮9000石，草56000束与大批民夫。十月，折继闵押运军衣去麟州，在中堠寨（今神木县东北）又被夏军伏击，人、物尽失，折继闵由小道逃回。次年春，府州军将张岊押军衣赴麟，都巡检王凯与张岊押粮赴麟，折继闵与张亢运粮赴麟，都在青眉浪、柏子寨等险隘处受到西夏的截劫，付出沉重的牺牲后才

---

[1] 司马光：《论复置丰州札子》，《司马光奏议》卷6，山西人民出版社，1986年，第59页。

[2] 欧阳修：《欧阳修全集》卷116《乞放麟州百姓沽酒札子》，第1764页。

运抵目的地。于是，张亢、折继闵决定构筑寨堡交通线，并进行了掩护筑城的作战。这年三月，宋军重筑上年为西夏攻破并摧毁的建宁寨，与西夏反筑城军队发生激战。张、折设计把宋军精锐虎翼军与较羸弱的万胜军军旗互易，引诱夏军扑向打着弱军旗帜的强军阵地，予以迎头痛击。斩首2000，余众溃逃。于是宋军得以在麟、府两城间70公里路上筑起清寨堡、百胜寨、中堠寨、建宁寨、镇川堡五城，间距不过10—12公里，互相呼应，终于形成了一条武装屏护的交通走廊，对麟、府的封锁都被粉碎了。

这时，李元昊又移军西线，宋军遭定川寨之败。折继闵再次转入外线作战，出塞牵制夏军，有骂泊之捷。庆历三年（1043年）冬，折继闵又击退了数万夏军对清寨、金城诸堡的进攻，追至杜胡川（今秃尾河）。

（4）熙宁年间，府州将折继祖、折克行先后参加了种谔指挥的横山之役和五路伐夏之役，已如前述。当五路伐夏时，宋廷原以折家军留守麟府，折克行主动请战，挑选麟府子弟兵3000人，上疏愿为前锋。未等朝廷答复，即委城而去。伐夏失败还师后，府州军又配合鄜延宋军对葭芦的进攻，在青冈岭、厮罗川等地攻击夏军。永乐城之败后，折克行主动出击，在三角川（今佳县西北）阵斩夏将吴埋保，为大败后的宋军稍微挽回了一点面子。

（5）元符二年（1099年）宋军在再次收复葭芦寨后决定打通麟、绥大道，把河东与陕西联系起来。知府州折克行率领麟府军民又一次投入了"筑城战"，仅用了数十天时间，先后筑成了宁边寨、弥川寨、太和寨、神泉寨、三交堡、乌龙寨、宁河寨、宁河堡、通秦寨、通秦堡等十堡寨。"屹立麟府，接晋宁（即晋宁军，今佳县），西通鄜延"[1]。这条国防大道从麟州西南行抵秃尾河中下游，折而东南至葭芦，再折而西行，直抵无定河流域。它把种谔在熙宁年间经略横山时初步开通的路线予以恢复，并加大了堡寨密度，从间距20公里缩短为10公里

---

[1] 见《折克行神道碑》文，碑藏西安碑林。

左右。从此陕西、河东声气相通，麟、府、丰三州也不再孤悬。麟、绥通道北接庆历年间张亢、折继闵修成的麟、府、丰三州通道，南接种世衡、种谔父子开辟的清涧—绥德—米脂间通道。这样，经过河东、陕西两路军民几代人的努力，一条南起延安，北抵丰州（嘉祐七年即1062年重建，州城移至府州萝泊川掌，在今府谷县西北50公里处），绵延千里，由一连串设防城堡构成的战略走廊，便展现在黄土高原上了。迄北宋灭亡，这条走廊再未中断。

而麟、府军民在这百年奋斗中也与陕西军民结成了密切的联系。这种联系虽因后来金初把河外地割让西夏而中断，但它的影响是长远的。到蒙元统一金、夏疆土后，这块土地终于成了"陕西行省"的一部分。

六　从元祐弃地到童贯祸陕

元丰八年（1085年）三月，宋神宗赵顼去世，仅仅七个月之后，实际控制着夏国军政的夏太后梁氏也病死。次年七月，西夏惠宗李秉常也去世了。于是南北都出现了幼主登基、母后临朝的局面：南边是10岁的宋哲宗赵煦由高太后监国，北边是年仅3岁的夏崇宗李乾顺继位，由梁太后（惠宗朝梁太后的侄女）监护。宋夏关系因双方国内政局的演变而复杂化，陕西的形势也随之而波动起来。

宋神宗死后，一直反对变法的司马光在高太后支持下执政。他和宋朝的保守势力开始了史称"元祐更化"的反改革活动，罢废新法，驱逐"新党"，内外政策都趋于保守化。在对夏关系上，保守派在神宗时就一直主张"宁与羌夷校曲直胜负"。但实际上他们还是要"校曲直"的，只是认为神宗时期的两国关系是其"曲"在宋。因此这一时期他们中一些人说的话，令人听来就像是一个西夏使节在宋廷的演讲，甚或尤有过之。西夏前来索地的使者还未入宋，就有苏辙连上两疏，要求："因其请地而与之。"这年六月，西夏使者讹啰聿到宋朝，提出要求宋"归还"兰州与米脂等五寨地作为议和条件。司马光不仅一口应允，而且还提出把整个熙河一路都送给西夏。他认为："灵夏之役，本由我起"，王安石惹怒了西夏，对人家亏了理；现在人家"卑词厚礼"来讨，我若不给，人家翻了脸，"小则上书悖慢，大则攻陷新城"，不如主动连熙河一路都给了。

司马光"慷慨"得太过分了，即使在他那一派元祐党人中也引起了一片异议。司马光愤愤地说：群臣都"见小忘大，守近遗远，惜此无用之地，使兵连不解，为国家之忧"[1]。然而只有文彦博支持他。且不说熙宁以来宋朝向西夏"启衅"而得到的"侵疆"本来都是李继迁以来党项贵族夺去的宋朝疆土，就说熙河一路，熙宁年间本是得自吐蕃人，而非得自西夏，要归还"侵疆"，也不是归还给西夏。朝议再三，宋廷终于还是没有完全接受司马光的主张。于是在元祐元年（1086年）十月宋朝诏告西夏："自元丰四年用兵所得城寨，待归我陷执民，当尽划以给还。"[2]熙河得之元丰四年以前，就不在归还之列了。

"自元丰四年用兵所得城寨"除了后来又为西夏夺回者外，这时在宋朝手中的正好是兰州及米脂等五寨之地。可见宋朝已完全满足了西夏的要求，所求于西夏者，不过是遣返永乐城战俘而已。但是正如当时赍诏使夏的宋臣穆衍所说："兰（州）弃则熙（河）危，熙危则关中震"[3]，若是真放弃了这片土地，关中将不得安宁了。恰巧西夏方面又迟迟不遣返永乐城战俘，于是和议始终未能生效。这时西夏仍不时进攻宋境，元祐二年、三年间，先后在西线进攻镇戎军、德靖寨和龛谷寨、东关堡（均在今甘肃兰州附近）等地，宋将米赟、郝普等战死。直到元祐四年（1089年）六月，西夏才遣返了"永乐所掠吏士百四十九人"。

[1]《宋史》卷336《司马光传》。

[2]《宋史》卷486《夏国传》。

[3]《宋史》卷332《穆衍传》。

宋朝几十万战俘才回来149人，高太后等人也算是有了面子，于是下诏把米脂、葭芦、浮图、安疆四寨还给西夏，而不再提兰州之事。几十万"陷执民"的命运也置之不理了。

这四寨之地除安疆（今甘肃庆阳县西北）属环庆路之外，都地处东线，约当今陕北米脂、佳县两县和绥德、吴堡的部分地区。宋夏边界划到了绥德城下："绥州内十里筑堡铺供耕牧，外十里立封堠作空地例以辨两国界"[1]。这不仅把元丰四年以来牺牲几十万人和无数财力所恢复的陕北领土再次丧失，而且比熙宁五年以绥州城外20里为界之约还要于宋朝不利。换句话说，在这些地段西夏所得实际上已经越过了元丰四年双方控制线。绥德城头已经可以望见夏境和烽燧。而宋朝于熙宁三年、元丰四年两度初步打通的绥德至麟府战略走廊，也又一次被切断，麟、府、丰三州再度被孤悬于河外了。弃地诏至，陕西军民怨声载道，尤其是重新被置诸敌后的麟府军民更是"愤土地之委弃"[2]，人人痛心疾首！

弃地使宋朝在陕北的对夏防御态势大为恶化，而西夏却没有领司马光的情，"夏得砦，益骄"[3]，再度开始向陕北进攻。宋夏陕北战事的第五阶段（1091—1099年）因之开始。

元祐六年（1091年）九月，西夏军攻麟州，又攻府州，围城三日，宋都监李仪等战死。知府州折克行在折水川击败夏军，迫其退走。元祐七年（1092年）内，夏军又在辽的支持下，利用其界近抵绥州之便，多次进攻绥德城，均未得逞。

元祐八年（1093年）四月，西夏再度向宋索要兰州，提出以塞门等二寨交换。其实当时塞门寨就在宋朝手里[4]，所谓"交换"纯属讹诈。

---

[1]《宋史》卷486《夏国传》。

[2] 见《折克行神道碑》文，碑藏西安碑林。

[3]《宋史》卷328《章楶传》。

[4] 参见《宋史》卷87《地理志》延安府条。

宋朝拒绝了西夏的要求。

这年十月，高太后死，宋哲宗亲政。宋朝政局又发生一次转折。像我国历史上多次重演过的类似场面那样，小皇帝在母后监护下总有一肚子窝囊气，一旦"亲政"，"后党"就倒霉了。于是元祐党人纷纷被逐，变法派又被起用。在边政方面，"哲宗皇帝惩元祐罢兵弃地骄敌之过，择将练兵，大复熙、丰之政"[1]，陕西军民抗敌情绪又复高涨起来。

西夏统治者看到局势不对，先发制人。绍圣三年（1096年）九月，西夏梁太后带着13岁的小皇帝李乾顺，倾全国之兵，号称50万大军，向宋鄜延路大举进犯。其规模之大是今陕西境内宋夏战争史上仅见的。夏军在进军中发布的文书说："夏国昨与朝廷议疆场，惟小有不同。方行理究，不意朝廷改悔，却于坐团铺处立界。本国以恭顺之故，亦黾勉听从，遂于境内立数堡以护耕。而麟延出兵，悉行平荡。又数数入界杀掠。国人共愤，欲取延州。"[2]从这篇文书可以看出西夏对宋朝"改悔"元祐弃地政策和鄜延军民积极抗夏的恐慌。

50万夏军西自宥州向顺宁（今志丹县西北）、招安寨（今安塞县西），东自银州向黑水（今子洲县境）、安定（今子长县西），中自夏州向塞门、龙安（均在今安塞县北），分三路对延州发动钳形攻势，军营连绵100公里相继不绝。另一支夏军原计划攻麟州，后知该处有备，也改由塞门一路南进。十月间，夏主母子均随主力由中路抵延州城下，亲自擂鼓，纵骑四掠。在受到延州守军的抗击后，夏军回师攻破延州北面门户金明寨，宋守将张俞战死，2800名守军仅有5人逃脱。然而由于鄜延宋军防守严密，麟府宋军又出兵骆驼岭，从夏人侧后方进行牵制，西夏军再未能前进一步，终于撤军北归。此次进攻，西夏动用了如此庞大的兵力，而且皇帝、太后齐上阵，却仅攻破了一寨之地，比起当年李元昊时数量远少于此时的夏军却能连续歼灭宋军大兵团的

---

[1]　见《折克行神道碑》文，碑藏西安碑林。
[2]　《宋史》卷486《夏国传》。

情形，已不能同日而语了。

次年二月，西夏又以7万兵力进攻绥德城，仍无所获。这时，宋鄜延路经略安抚使吕惠卿部署反攻。鄜延宋军与知太原府孙览率领的河东宋军一起，先后收复了"元祐弃地"葭芦、浮图二寨。八月间，宋将王愍又率鄜延宋军攻入夏境，一度占领宥州，并筑威戎、威羌二城（今子洲县境）。元符元年（1098年），宋军又收复米脂寨。至此，"元祐弃地"全部为宋朝收回。[1]宋朝又采取措施在这些新收复土地上设防建置，加筑堡寨，开辟通道，以图巩固。元符二年（1099年），宋朝在葭芦寨建置了隶属河东路的州级行政单位晋宁军，又升绥德城为绥德军，同时最终开通了由十余寨堡屏护的绥麟战略走廊。于是，一个完备的防御体系在陕北基本形成。

这时，宋夏在西线也进行了一系列较量。元符元年，西夏军40万人在梁太后率领下猛攻宋朝新设置的防御重镇平夏城（今甘肃镇原县西），遭到惨败。泾原宋将折可适（府州折氏将领）在此役中以奇袭战术俘获西夏西寿保泰军司统军、皇族嵬名阿埋，监军妹勒都逋，二人均为夏国"用事桀黠首领"，宋廷为此举行"御前受俘"仪式以示庆祝。[2]而"夏人震骇"。在此前，宋廷为表示抗夏决心，断绝了给夏的"岁赐"，并命令陕西诸路"多建城寨以逼夏"。一年内，东起麟府，西至熙河，宋军新筑城寨50多座，边防空前巩固。

而西夏在三年内两次兴数十万之师，在东西两线都遭到失败，损兵折将，丧师失地，又失"岁赐"，已无法再打下去。这时梁太后病死（一说被毒死），崇宗李乾顺亲政，后族失势。宋元符二年（1099年）正月，李乾顺请辽国出面为夏请和。南北两个长大成人的小皇帝都一改母后之政，一个易"和"为战，一个易战为和，双方终于在十一月间达成妥协。西夏不再向宋索地，并声称本国"两经母党之擅权，累

---

[1] 四寨中的安疆寨也于1097年由环庆路收复。
[2] 李之仪：《姑溪居士后集》卷20《折公墓志铭》，景印文渊阁四库全书本。

为奸人之窃命，频生边患，颇亏事大之仪"，向宋朝赔礼道歉。宋朝则摆出宗主的"雅量"，恢复"岁赐"，并再赐给银器 500 两、衣著 500 匹，以为奖赏。

这样，宋哲宗在他"绍述圣政"的绍圣年间纠正了保守派的倒行逆施，经过宋朝陕西诸路军民在全国人民支持下艰苦奋战，终于赢得了体面的和平。

然而，"绍述"时期也是新法在加速变质的时期，以强化专制权力、巩固王朝统治为目的的改革，如果不被保守派所扼杀，也会被专制权力本身所腐蚀和扭曲，而成为有权者借以营私的工具。宋朝的"新政"也未能免于此命运。"新政"在神宗时本已开始变质，到哲宗"绍述"时，变法家如章惇等其人品已不如王安石，其为政更已渐成续貂了。元符三年（1100 年）初哲宗死，徽宗赵佶继位，在经过一年的母后听政、复贬"新党"，一年的"建中靖国"、调和中庸之后，于 1102 年又改元"崇宁"，宣布要崇法熙宁，再度打出改革旗号。然而，历经十余年间颠来倒去你整我我整他的"政争"之后，再起的"变法派"们个个已成官场油子，惟知借"新法"以营私。宋徽宗时出来"崇法熙宁"的，是宦官佞幸童贯推荐的贪官蔡京，而童贯又恰恰正是神宗时在陕西葬送了"五路伐夏"的宦官统帅李宪的义子。于是乎这时首先被"崇法"的便是以宦官统兵主边政的"新政"，陕西军民艰苦奋战好不容易形成的局面，又很快面目全非了：

首先是"筑城战"被严重扭曲。崇宁年间，陕西边境在相对和平的条件下，"筑城"之风反而愈刮愈烈。与以前不同的是，过去筑城多是抗夏所需，筑于军事要冲，屯守经营较为认真。而此时庸懦的边将们纷纷在毫无军事价值的地方，滥筑无兵无民的"幽灵城"以邀功请赏。如崇宁初年的鄜延路经略安抚使蔡京的党羽陶节夫，"诞妄特甚，每进筑一城寨，即奏云：此西人要害必争之地"。于是未及一年，官升枢密直学士。然而其实他"未尝遣一骑一卒出塞，盖与虏战则有胜负，独进筑则无虞，又皆远灵武数百里之地，虏所不至，故皆得就功论赏"。

不久，蔡京又任他为陕西河东五路经略制置使，开府延安，主持全陕边政。于是"诸道兴役进筑，屡被爵赏"，一时徭役繁兴，累及关中各地。"时诸将所筑城寨，皆不毛，夏所不争之地，而关辅为之萧条。"[1]因而这一时期陕北边境便出现了许多忽有忽无、未经兵戎而兴置不常的"城市"，级别较高的如：银州，崇宁四年（1105年）置，五年（1106年）即废；威德军，崇宁三年（1104年）置，五年（1106年）废，政和三年（1113年）欲置而不果，七年（1117年）又置，[2]如此等等，劳民伤财，弊端百出。陶节夫还胡作非为，西夏正常的使节入境，他"拒弗纳"。为冒功请赏，他把西夏"放牧者执杀之。夏人怨怒，大入镇戎军，杀掳数万口"[3]。边事被他弄得一塌糊涂。

崇宁年间，童贯已开始插手陕西边政。走他的门路而夤缘为相的蔡京向宋徽宗"言（童）贯尝十使陕右，审五路事宜与诸将之能否为最悉，力荐之"。于是宋廷崇法熙宁年间"李宪故事"，令他继其养父而监军陕西。政和元年（1111年），他又以太尉为陕西、河东、河北宣抚使，拿着尚方宝剑来到陕西。[4]政和五年（1115年）二月，领陕西六路边事，"以太尉为陕西、河东、河北宣抚使，俄开府仪同三司，签书枢密院河西、河北两房事"[5]。他从监军而统帅，完全控制了陕西的军政大权。

在童贯的把持下，陕西军治吏治进一步败坏，将帅克扣军饷，官吏盗窃边库，营私纳贿，风纪荡然。政和四年（1114年）冬，内附党项人李讹啰曾给西夏写信说："我居汉二十年，每见春廪既虚，秋庚未积。粮草转输，例给空券。方春未秋，士有饥色。"[6]大批熟羌对宋朝

[1]《宋史》卷486《夏国传》。

[2] 参见《宋史》卷87《地理志》延安府、保安军、银州诸条。

[3]《宋史》卷348《陶节夫传》。

[4]《宋史》卷468《童贯传》。

[5]《宋史》卷468《童贯传》。

[6]《宋史》卷486《夏国传》。

失去信心，又复叛归西夏。

童贯不谙边情，措置乖张，"弓箭手失其分地，而使守新疆。禁卒逃亡不死，而得改隶他籍，军政尽坏"[1]。在边备废弛的情况下，党项贵族又生觊觎之心，绍圣、元符年间原已基本安定的陕西诸边，到宋末又复紧张起来。

而作为统帅的童贯，在军事上尤其显露了其污浊的品质。他谎报军情，以败为功，任人唯亲，凌逼将帅，弄得陕西军界一派乌烟瘴气。政和五年（1115 年）童贯党羽王厚、刘仲武等合泾原、环庆、鄜延、秦凤四路之师，攻打臧底河城（今志丹县北），败绩，士卒死亡近半。童贯匿败不报，任夏军乘胜大掠而去。宣和元年（1119 年）三月，童贯突发奇想，令熙河经略使刘法攻取朔方。刘法只有兵 2 万，知必败，不欲行。童贯威胁，逼他出兵。刘法无奈，只好冒险，结果果然在统安城一役被夏军歼灭。刘法在溃逃中为夏军士兵所杀。夏军统帅察哥叹道："刘将军前败我于古骨龙、仁多泉，吾常避其锋，谓天生神将，岂料今为一小卒枭首哉！"[2]身经百战的"神将"刘法就这样被童贯断送了性命。"法，西州名将。既死，诸军恟惧。贯隐其败，以捷闻。百官入贺，皆切齿，然莫敢言"[3]。

政治腐败，军事乖张，陕西边防的崩溃已只是时间问题了。

[1]《宋史》卷 468《童贯传》。

[2]《宋史》卷 468《童贯传》。

[3]《宋史》卷 468《童贯传》。

第二章 北宋陕西的战时社会

一 和平交往与互市

北宋一朝在陕西始终面临着与西夏（及其前身定难军）的对峙。但对峙并不仅仅意味着战争，它也意味着官方的与民间的和平交往，意味着双方在经济、社会、文化等各个方面的互相影响与融合。

从李继迁开始，西夏的历代统治者对宋朝都采取"手硬嘴软"的政策，除了李元昊称帝之初致书宋朝时称儿而不称臣、自称"嵬名吾祖"（青天子）并称对手为"宋"[1]之外，其他各代夏主，包括李元昊本人在庆历和议之后，都一直对宋称臣，用宋"正朔"（对内不用），称宋为"朝廷"，受宋之册封为"王""国主"（对内则称帝依旧），因而一直保持着名义上的"君臣之义"。西夏每次侵宋，都声称是受边臣欺侮，求皇上做主，然后讨价还价一番，占了便宜之后，多半还要上表"谢罪"。因此宋夏之间官方的通使往来十分频繁。和平时期，双方使节来往于两国首都，都经过陕西境内的永兴军、鄜延一路。即便是在交战

---

[1] 李元昊上书事有两种记载，一谓其"称男邦泥定国兀卒（即吾祖）上书父大宋皇帝，更名曩霄而不称臣"，一谓其曰"臣……伏望皇帝陛下……册为南面之君"。后一说显然是宋人把原书加以汉译的，而且可能并非时人所译，因其中有李元昊自称"世祖……仁孝皇帝"之语，"世祖"应是后世所上庙号，不应见之于即位文书。而李元昊来书之所以导致宋廷震怒，就是因为其不称臣，且自居"吾祖"，因而被认为"侮玩朝廷"。因此元昊原文所称应以第一说为据。

年月，双方也在宥州与延州二地设馆接待对方来使，交涉各种事务。陕北的宥延大道因而成了官方的通使走廊。在和平年月，除双方国丧时互致书遣使吊唁，新君即位时互相遣使朝贺，册封并复使致谢，新年互相遣使致贺外，每逢皇帝生日（宋朝所谓乾元节、同天节、天宁节之类）或太后生日（长宁节、坤成节之类），西夏均遣使致礼并受宋的回谢。加上朝贡、受赐及其他例行往来，宋夏间官方光是礼节性交往就相当频繁，比同在宋朝藩属之列的大理、交趾、高丽等要密切得多。

宋夏之间的民间交往更为密切。这除了由于西夏经济结构的特点使它比金、辽更依赖于与宋的"互市"外，另一个重要原因在于西夏并没有能统一羌族诸部，这与契丹人之统一于辽，女真人之统一于金是不同的。宋朝时陕西诸路境内，都大量居住着族系上近于夏而政治上属于宋的属羌，包括羌人中的内附党项部落，甚至党项中西夏皇族所在的李（嵬名）家氏族也有大量的内附人口（不包括李继捧等已迁离陕西者）。如宋英宗时附宋的嵬名山一部，有众 1.5 万多户，降宋后仍被安置于绥州大理河一带，与汉户一道杂居务农，为宋屯守绥州如故。[1] 蕃户、蕃官在当时的陕西，尤其是陕北地区的官民中，占有相当大的比重。仅府州《折克行神道碑》碑阴的职官题名中，就有张王族、王乜族、女乜族、□俎族、减誓族、浪王族、孤咩族、兀泥族、悉利族、咩保族、毛羽族、麻乜族和朵母族 13 族官吏 20 余名。与此相反，宋辽、宋金边界的宋朝一方境内是决不可能有如此多的契丹或女真居民的。这些部落与其夏境的同族之间尽管在上层可能已成世仇，而民间却少不了来往，尽管政治、军事上的敌对（如夏州李氏与府州折氏那样）可能比他们与宋朝的关系更严重，但经济、文化上的联系却更多。这是促进双方交往的一个重要因素，是宋辽、宋金之间所没有的关系。

"互市"是民间交往的重要方式。宋朝需要西夏的盐和马，西夏需要宋朝的粮食、茶、纺织品与金属制品，双方经济互补性很大，并且

---

[1] 司马光:《涑水记闻》卷13。

不以统治者的意志为转移。宋初为对付李继迁，曾于淳化四年（993年）在陕西禁市，"绝其青盐不入汉界，禁其粒食不及蕃夷"。但几个月后，便产生了始料不及的后果：沿边私市长期互通有无，禁后犯禁者更多；党项人买不到粮食，相率在边境掳掠；内附属羌不满禁市，万余帐叛宋归附继迁；就连关陇地区的汉族人民，也因得不到食盐，而在境上"骚扰"。于是宋朝只好又解禁开市。[1]

李德明在位时期，宋夏于景德四年（1007年）建立官方贸易关系。宋朝官方向西夏收购的商品单中有驼、马、牛、羊、玉、毡、毯、甘草、蜜、蜡、麝香、毛褐、羚角、硇砂、柴胡、苁蓉、红花、翎毛等。向西夏输出的有缯、帛、罗、绮、香药、瓷器、漆器、姜、桂等。[2]西夏每年遣官使到陕西边界与宋人贸易，并以成交量为考核标准，超额者奖，完不成交易定额者要受罚，甚至被处死。[3]

宋夏之间的岁赐与朝贡，从某种意义上说也是一种官方贸易形式。西夏向宋进贡马、驼等，换取宋朝大笔岁赐。西夏每次派人使宋，都开列采购单，要求使者即用"赐"银在宋采办，实际上是以进奉为名做买卖。在初期，使者可任意进入民间市场，后来宋朝才规定设馆舍招待，由官方主持贸易。延、宥二州都有这种形式的"馆舍贸易"。

更大宗的贸易是通过官设榷场举行的。宋咸平五年（1002年），李继迁率先在橐驼口（今神木县西北）置"会"（市场）与宋境属羌交易。这是今陕西境内宋夏间第一个官设榷场。景德四年宋朝开设的保安军榷场，除官市外，民间亦可自由交易。庆历六年（1046年），迁保安军榷场于顺宁寨（今志丹县东北）。在整个宋夏对峙期间，保安军与西线的镇戎军一直是宋夏间两个最重要的贸易口岸。以后，在今陕西境内宋朝又陆续开设了麟府境内的银星和市、绥德城内及其以北的抚宁和

---

[1]《宋史》卷227《郑文宝传》。

[2]《宋史》卷186《食货志》。

[3] 苏轼：《东坡志林》卷4，中华书局，1981年，第70页。

市。除一般性榷场外，还开设了专业市场，如宋神宗时在宁河寨（今佳县北）设立的茶马市场，就是宋朝官方垄断的宋夏边境六个茶马贸易口岸之一。大致上以宋茶一驮，可易西夏一马。

宋夏人民都需要和平交往，不需要战争。他们"如婴儿之望乳"一般欢迎开市。双方互通有无，两边的老百姓"交受其利，不可胜计"[1]。在市场上，人们抛开官方的恩恩怨怨，"略无猜情，门市不讥，商贩如织"[2]，增进了双方人民的互相理解和友谊。

而宋夏双方，尤其是宋方，则更多地把互市当作一种手段。他们算的是政治账而不是经济账。李德明时期向宋出口马，李元昊即极力反对，认为"以马资邻国，已失计矣"。宋朝方面则极力控制粮食、金属制品的出口，以及食盐的进口。宋夏关系正常时，宋方常在夏境饥荒时开放民间粮食出口作为"怀柔"的方式。夏境矿冶之业不发达，唯一的冶铁基地在今陕北佳县、榆林间的"茶山铁冶"。神宗、哲宗时期这一带几经易手之后入于宋，西夏的"金属荒"更严重。"盐铁贸易"遂成为宋夏"商战"的重要领域。"自茶山铁冶入于中国（指宋朝），国中乏铁，常以青白盐易陕西大铁钱为用"[3]。而北宋则经常有铜铁及钱币出边之禁。

宋夏贸易战在西夏青白盐行销陕西问题上表现得最突出。宋夏双方在这个问题上是把政治账与经济账算到一起的。盐是北宋的专卖物资，北宋规定陕西为河东解盐（产于今山西运城市安邑）的行销地，解盐专卖的收入是陕西路最重要的财政收入来源之一。而产于盐州（今定边县境）境内的青白盐又恰恰是夏境内最重要的大宗输出产品。西夏常年置有畦夫数千，池盐"出产无穷"[4]。从定难军时代起就是"数

［1］范仲淹：《范文正公文集》卷10《答赵元昊书》，《范仲淹全集》，第246页。
［2］李焘：《续资治通鉴长编》卷124，宝元二年九月，第2926页。
［3］吴广成：《西夏书事校证》卷36，第423页。
［4］《宋史》卷295《孙甫传》。

州之地，财用所出，并仰给于青盐"[1]。青白盐对陕西来说要比河东盐近，品质也好，"价贱而味甘"，河东盐难能与它竞争。因而宋朝只好用行政干预的办法禁其入境。北宋一代互市屡开，但青盐入陕之禁始终未曾撤销。即使是与宋廷关系最好的李德明，也未能说服宋朝放行青盐。李元昊对宋朝以战逼和，和解的条件首先也就是岁卖青盐10万石。而宋朝宁肯弃地，也决不肯开盐禁。

但是市场的规律在起作用，决不是一纸禁令所能取消的。首先是历史上一直食青白盐的属羌诸部不买宋廷禁令的账，宋朝只好"宽其禁以图安辑"[2]，只对犯禁的汉族人民处以刑罚。然而有属羌为中介，对汉人的盐禁又从何行起？到神宗年间，不仅沿边一带，就是在关中的凤翔及永兴军，盐禁也已是具文而已，"法存而实不行。城门之外，公食青盐"[3]。这不仅是价值规律对行政手段的胜利，也是和平交往对隔绝政策的胜利。

宋朝一直把停止岁赐、关闭互市作为制裁西夏的手段以补充军事手段的不足，屡屡宣布"违约则罢和市"[4]。而西夏虽不能免于因此而遭受损失，却也可以用以互市弥补岁赐之停、以走私弥补互市之禁的办法来减轻损失。神宗时苏轼说：西夏用遣使贸易的办法，"每一使赐予、贸易，无虑得绢五万余匹，归鬻之其民，匹五六千，民大悦。一使所获，率不下二十万缗。使五六至，而累年所罢岁赐，可以坐复"[5]。每一轮这种贸易，可得绢5万余，一年五六回就有30万匹，已超过岁赐之数了。而在宋朝闭关罢市时，民间贸易却屡禁不绝。宋大中祥符二年（1009年）河东路当局便发现麟、府民间商人带"轻货"到夏州，

[1] 包拯：《包拯集校注》卷1之29《论杨守素》，杨国宜校注，黄山书社，1999年，第42页。

[2] 韩琦：《乞不许西夏入中青盐奏》，《安阳集编年笺注》，第1638页。

[3] 苏轼：《苏轼文集》卷48《上文侍中论榷盐书》，第1400页。

[4] 《宋史》卷485《夏国传》。

[5] 苏轼：《苏轼文集》卷28《因擒勉章论西羌夏人事宜》，第798页。

在夏境私市。李元昊时期宋朝闭关，但"私贩不能止"[1]。神宗时宋夏开战，而双方民间的生意仍"肆意往来，所在无复禁止"[2]。熙宁六年（1073年）枢密院的报告也证实：陕西"缘边不能禁止人私与西界贸易"[3]。很难简单地否定或肯定这种自发的乃至非法的民间经济交往：它们对北宋抗夏军事斗争当然是不利的，但另一方面，它们适应陕西双方人民生活与生产的实际需要，无论从经济发展还是从各族人民的和平交往愿望来说都是有其积极意义的。

北宋时期陕西各族人民的和平交往当然不限于做买卖。在政治、文化、技术各领域也是如此。今陕西境内的茶山铁冶，曾先后为西夏与宋据有，冶铁技术赖以交流。青盐生产的扩大，也有汉族畦工的功劳。甚至在打仗的同时，也掺入了与军事有关的技术传播，如筑城术。值得一提的是政治人才的交流。西夏立国，除依靠军事上的武功之外，还有赖于典章制度的建立、文治教化的昌明。而这一切都有陕西汉人的功劳。西夏历朝都重用过一批汉族谋臣，他们几乎都来自陕西：

李继迁、李德明两代的重臣张浦，是银州士人，李继迁走避地斥泽，联辽为援，攻银州，取河西，都出自他的建策。他还多次亲自领兵作战，使辽使宋，是政治、军事、外交几方面的高手。李继迁父子的成功，他的谋划起了很大作用。他死于大中祥符七年（1014年），未能看到西夏王国的建成，李元昊后来追封他为银州伯，以示纪念。

李元昊的重臣张元、吴昊，都是关中的落第文人。"华州（今华县）有二生张、吴者，俱困场屋，薄游不得志。闻元昊有意窥中国，遂叛往。以策干之，元昊大悦，日尊宠用事。凡夏人立国规模，入寇方略，

[1] 《宋史》卷186《食货志》。
[2] 徐松辑：《宋会要辑稿》食货38之31，上海古籍出版社，2014年，第6843页。
[3] 徐松辑：《宋会要辑稿》蕃夷7之37，第9960页。

多二人教之。"[1]这二人后来分拆元昊之名以为己名，遂名张元、吴昊。他们累举进士不第，于景祐四年（1037年）投奔夏州。李元昊建国后，任他们为国相、太师、中书令等职。常参与机密。其中张元还参加过好水川、定川寨等战役，屡建功绩。[2]

还有李谅祚的重臣苏立，来自秦风路。另一重臣景询，是叛逃入夏的陕西文人。他们都对西夏王国摆脱游牧部落习气和奴隶制旧传统、走上封建化道路起了很大作用。

而西夏对陕北地区的统治方式，也逐渐向宋靠拢。"其设官之制，多与宋同。朝贺之仪，杂用唐宋；而乐之器与曲则唐也。"[3]陕北定难军旧地原有银、夏、绥、宥、静五州，西夏建国后又陆续建置了洪州（今靖边、定边二县间）、石州（今横山县东北）、龙州（今靖边县东南杨桥一带）、盐州（今定边县境）四州。这片地区，也是西夏境内汉化程度最高的地区。从陕西籍人才在西夏封建化过程中的作用和陕北西夏辖境在封建化过程中的地位而言，把西夏的封建化称之为"陕西化"似乎并不过分。

西夏的封建化是羌人诸部封建化的总过程的一部分，这一过程自然也包括宋境陕北属羌社会的封建化。从文化角度看，也就是属羌的汉化。附宋的属羌上层人物在这方面可为代表。府州折氏就是其中的典型。宋初与夏州李氏几"无以异"的属羌大族折氏，至北宋中叶已经完全汉化。史称宋仁宗时知府州事的折继祖"不类胡种，虽为云中北州大族，风貌庞厚，揖让和雅。其子弟亦粗知书理。留州中凡数日，出图史、器玩、琴、樽、弧、矢之具，虽皇州缙绅家，止于是耳。信乎！文德之遐被"[4]。到北宋之后，陕西属羌作为一个民族已与其他民族融

---

［1］《宋史纪事本末》卷30《夏元昊拒命》。

［2］ 参看李蔚：《张元、吴昊事迹考评》，《西夏史研究》，宁夏人民出版社，1989年，第98—114页。

［3］《宋史》卷486《夏国传》。

［4］ 释文莹：《玉壶清话》卷3，《全宋笔记》第一编六，大象出版社，2003年，第110页。

合而消失，夏境党项与内地之别也日益变得只是政权之别，文化差异则逐渐淡化。元代大一统后党项政权不复存在，党项羌也就最后从陕西历史上消失了。

二　北宋陕西经济与军粮问题

北宋的陕西经济政策贯穿着一切为战争服务的原则，国家对社会财力资源与经济潜力的控制程度相当高。就全国而言，北宋本以商品货币经济明显地比隋唐上了一个台阶而闻名。然而陕西则不然，北宋中期长安（京兆府城）每年商税总收入仅为全国城市中的第 16 位，甚至低于从来不引人注目、连府城都不是的秦州（今甘肃天水市）。这倒不是说关中经济的总体水平已经低到不要说与南方、与关东相比，就连甘肃中部干旱山区都不如的地步，而是因为关中经济的国家统制程度高，因而留给市场的那块天地就被挤得很小了。

当时国家以陕西为对夏用兵的后勤基地，因而主要的心思便花在了边粮的筹集与调运上。军粮不足的问题，很早就困扰着北宋的陕西当局，到北宋中叶，问题更为突出了。熙宁三、四年间的宋夏啰兀城之战，宋军出动兵力才两万，然而半年之内，陕西一路所费多达"钱、粮、银、绸、绢共千二百万贯匹"之巨[1]，造成严重的财政困难。因此熙宁六年（1073 年）宋神宗对王安石谈到他只担心两件事："但思难得将帅与陕西财用阙乏而已"。王安石当时胸有成竹地说："将帅随时搜择，亦不乏人。经制财用备西事，不必专在陕西。今天下财用足，则转给陕西无难者。但以米谷难于运致，故惟陕西农事欲经制耳。"[2]他认为经过几年的变法，国家财政充裕，本不难支持陕西一路军需，只

---

[1]　李焘：《续资治通鉴长编》卷 231，熙宁五年三月甲申条，第 5610 页。
[2]　李焘：《续资治通鉴长编》卷 244，熙宁六年四月丁酉条，第 5943 页。

是由于运输困难，所以陕西还是要尽量把农业搞好。

陕西诸路需要全国来支援，而河东的麟府一隅，则需要全路来支援。麟、府、丰三州在北宋末总共才有居民 4877 户、12280 口[1]，然而仅仅麟、府二州常额驻防的禁军就达 1.8 万多人，还不算开战时调上来的军队、轮休军队以及当地的乡兵、蕃兵。因此，当地的军需供应历来取给于黄河对岸的河东路即今山西省广大地区。由于山高路险，不通舟车，道途遥远，全靠背负肩挑，运费人工极为昂贵。[2]因此早在北宋前期欧阳修就指出："今河外之兵，除分休外，尚及二万人。大抵尽河东二十军州，以赡二州（指麟、府）五寨，为河外数百边户，而竭数百万民财。贼虽不来，吾已自困。"[3]然而即便河东人民作了如此大的牺牲，仍不能完全解决麟府军的供应问题，熙宁初年宋神宗便指出："麟、府州最是缓急应援陕西之地，近世虚屯兵马，颇闻粮草阙乏。"[4]

这种以全国供一路、以一路供一隅的窘况，不是一年两年，而是几乎困扰了北宋整整一朝。为了缓解这种状况，北宋当局采取了种种办法：

第一，通过入中的方式，以陕西解池[5]所产的池盐与河东永利东西两监所产的土盐，来换取粮草。宋初在陕西实行"入中"之法，由政府垄断食盐，让商人运粮草至边境，边官验收后开给券引（购盐证），然后持券引到解池取盐行销。自庆历年间范祥的盐法改革后，改为让商人交钱易钞，以钞领盐，而当局以商人所交的钱自行置办粮草。这

---

[1] 宋代户口统计一般户均只有 2 口多，是何原因历来众说纷纭。有认为户、口均可信者，有认为户多于实（"诡名子户"问题）者，有认为口少于实（不计女口）者。现多数学者持后一说，如按此说算，则 3 州实有人口应为 2 万余。

[2] 参见戴应新：《折氏家族史略》，第 45—48 页。

[3] 李焘：《续资治通鉴长编》卷 149，庆历四年五月丁丑条，第 3611 页。

[4] 李焘：《续资治通鉴长编》卷 218，熙宁三年十二月戊午条，第 5292 页。

[5] 今在山西运城，当时属陕西河中府。

种办法在初行的一段时期，对于改善陕西军储状况是起了一定作用的。然而由于所需粮草日增，盐钞也越发行越多，发行盐钞的机构折博务（食盐专卖局）到熙宁初年已在全陕增设至九所，后来又陆续在新收复的州军增设。[1] 结果造成盐少钞多，盐钞贬值而成为"虚钞"，官府在财政亏空的情况下径自以虚钞折兑粮草，造成"通货膨胀"，粮价日增，政府、边政、居民三受其害。于是不少地方又只好恢复了盐法改革前的办法，重行"入中"，使入中法固有的弊病更加变本加厉。而在这时，北宋当局却又把已经扭曲弊坏的钞盐之法从解池盐区推广到永利监盐区，引起了更大的混乱。结果是盐价大涨，陕西居民多淡食，政府财政愈加拮据，然而边粮的筹措并未因此而有所改善，只是徒然使青盐的走私更加活跃而已。[2]

第二，在陕西边郡推广屯垦戍边的营田之法。在陕西内郡（指关中地区）则增修农田水利，推广淤田之法，力图提高粮食产量。北宋前期，陕西边郡已有招募"弓箭手"开垦沿边荒田的做法，北宋中期后继续推行。熙宁变法时，又对开垦荒田的弓箭手实行"借助法"，由官府支助本钱，供弓箭手购置牛具、种粮、农器、屋舍，助其开耕，待其耕种有成之后再加利息二分偿还。熙宁五年（1072年），陕西宣抚司主管机宜文字赵卨再次建议扩大沿边营田，他说："今陕西虽有旷土而未尝耕垦，朝廷屯戍不可撤，而远方有输纳之勤。愿以闲田募民耕种，以纾西顾之忧。"[3] 这里所谓募"民"，其实就是招募弓箭手。[4] 可见到这时弓箭手垦荒已不仅是边民自养自卫的一种方式，也成了朝廷增加军储

［1］ 戴裔煊：《宋代钞盐制度研究》，中华书局，1981年，第147页。
［2］ 梁庚尧：《宋神宗时代西北边粮的筹措》，载《刘子健博士颂寿纪念宋史研究论集》，东京同朋舍，1989年，第95—96页。
［3］ 徐松辑：《宋会要辑稿》食货2之4，第5984页。
［4］ 梁庚尧：《宋神宗时代西北边粮的筹措》，载《刘子健博士颂寿纪念宋史研究论集》，第96页。

收入的途径之一。官府除了通过租税的方式向弓箭手征课粮食之外[1]，还在陕西对弓箭手实行和籴之法，"以钱、茶、银、绸绢籴于弓箭手"[2]。同时，在陕西内郡的关中地区，则推行王安石的农田水利法，运用国家的力量组织人民兴建若干大型工程，以图尽快在农业增产的同时增加国家租税收入。

这些办法也曾收到过不同程度的效果，不过弓箭手制度的徭役化趋势最终导致了不良的后果，而王安石的农田水利法也由于新法在实行中的种种扭曲现象而逐渐败坏。因此它们对陕西农业的推动是很有限的，也无法指靠它们来完全解决军需供应问题。

第三，通过赋税的支移与加派来增加陕西诸路税粮收入及收购粮草的货币收入。自宋初以来，陕西边军的粮草就部分地来自内地州郡税粮的"支移"，即由税户把应纳的赋税运到沿边缴纳。这实际上是在实物税之上又加派了徭役。神宗时，陕西仓司苏涓看到当时陕西沿边四路州军由于军粮经常告匮，"不免支移内地民赋，百姓苦于陆运"，便建议改行水运，"自河洛运入鄜延路至延州，自渭运入秦凤路至秦州，自泾运入泾原、环庆路至渭、庆州。又回路中绥德城尤远，亦可自河入无定河至绥德城"。这完全是看着地图纸上谈兵。朝廷经过考察，终以"山河峻急，石碛险恶，恐难以通漕"而作罢。[3]于是支移便成为一项沉重的负担。

以陕西沿边为目的的支移，有来自陕西内郡的。熙宁年间（1068—1077年），陕西路每年要"支移沿边斛斗十万三千余石，草二十四万余束，所省不过三数万贯，而一路为之骚扰"[4]。也有来自其他路的。如河东路直到元丰年间，仍"岁认籴谷十万石，送鄜延路。支移太远，民不

[1] 小笠原正治：《宋代弓箭手之研究》，载（日）《中国的社会与宗教·东洋史学论集第二》，东京不眛堂，1954年，第177—328页。
[2] 《宋史》卷275《食货志·和籴》。
[3] 李焘：《续资治通鉴长编》卷214，熙宁三年八月丙子条，第5211页。
[4] 徐松辑：《宋会要辑稿》食货70之12、13，第8106页。

便之"[1]。

第四，令陕西截留他路向朝廷起运的赋税和其他收入，充作边费。这主要指四川诸路。当时西川四路（成都、梓州、利州、夔州）向中央上交的收入除走三峡或经兴元府顺汉江而下者外，还有很大一部分是越秦岭经关中东运的。朝廷常常下令把这些钱财、物资"并截留陕西转运司，令相度于永兴（按即长安）或凤翔府椿，以备边费"[2]。或者"以西川四路物帛内变转见钱二十万缗，充制置解盐司钞场本钱"，[3]然后再通过前述的钞盐法转化为边储。还有一种办法是把这些物资在陕西"出卖或折博籴粮解"，直接运到边郡军粮仓。[4]当时认为这种办法"非独省蜀人输送，且可以免自京师支拨之费"[5]。但实际上这不过是挖东墙补西墙而已。四川的收入被截留，朝廷财政亏空了，还是要伸手向各路聚敛的。

第五，王安石变法以后。陕西又使用若干"新法"筹集边费。自熙宁新政开始，陕西不断拨支大笔市籴本钱以作粮食"官倒"生意。每次拨钱少则10万贯，多则达100万贯，[6]支钱次数之频繁，前所未见。这些经费除来自三司与内藏之外，有不少是与"新法"有关的收入，如青苗钱的利息，免役钱，各处市易司和都提举市易司的经营利润等等。但是，随着新法的渐渐变质，这些办法的流弊也越来越大。

总之，为了筹集军需，北宋陕西当局在经济上可谓苦心孤诣，惨淡经营。然而尽管如此，陕西的军需问题始终没有得到根本的解决，而且随着北宋中叶以后对夏战争规模的扩大，这一危机还有发展的趋势。就

---

[1]　李焘：《续资治通鉴长编》卷246，元丰七年六月辛巳条，第8310页。

[2]　李焘：《续资治通鉴长编》卷312，元丰四年四月甲申条，第7572页。

[3]　李焘：《续资治通鉴长编》卷215，熙宁三年九月庚戌条，第5244页。

[4]　李焘：《续资治通鉴长编》卷217，熙宁三年十一月己酉条，第5281页。

[5]　李焘：《续资治通鉴长编》卷217，熙宁三年十一月己酉条，第5281页。

[6]　梁庚尧：《宋神宗时代西北边粮的筹措》，载《刘子健博士颂寿纪念宋史研究论集》，第97页。

在以"富国强兵"为目的的熙宁新政正大刀阔斧地推行之际，熙宁六年（1073年）八月三司却报告："永兴军兵储才支三季。"[1]三司使薛向因此在十月间奉诏查究陕西财用缺乏之由。然而到了次年，情况反而更加恶化，由于军粮不继，五路帅臣会同陕西漕司研究后，不得不"议减沿边军马，徙之内地，或住营州军，以弓箭手代之"[2]。在对夏战争正紧锣密鼓地筹划之时，陕西沿边竟然因军粮无着而被迫裁军！到元丰二年（1078年），鄜延路全年军粮27万余石，竟然必须全部挪用永兴军路的常平仓（救灾储备）储。而永兴军路常平仓储总共只有19万石而已，倾仓而出之后，鄜延路军粮仍有8万石没有着落。[3]因而同年朝廷派员会计陕西五路年计时，就提出了严厉的指责："临时调度常不足，执事相诿，每烦朝廷，非所以为法！"[4]直至北宋灭亡，这种窘境并没有得到多少改变。

造成这种状况的原因固然很多，诸如自然灾害、其他地方的用兵（例如防辽等）对全国财政的影响及其对陕西军费的制约等。但制度上的弊病显然是主要的。

陕西诸路幅员辽阔，沟壑纵横，又缺少水运条件，因此运输困难。当局筹钱固然不易，把粮食再运到诸边地仓储也是难事。由于运输困难，因此不得不特别倚重于市籴与入中，而这正好提供了商人哄抬粮价、官商勾结、营私舞弊的机会，以及官僚以权谋私、搞粮食倒卖的可能。所谓"犹仰东州转车，挽运则人力不给，置场和籴则猾民得以乘时要价"[5]。同时还产生了所谓"结籴"之弊，即官府事先以粮草价钱赊贷给商人，一定期限后，商人购得粮草缴纳给官府，并附纳息钱。[6]

---

[1] 李焘：《续资治通鉴长编》卷246，熙宁六年八月丁丑条，第5990页。

[2] 李焘：《续资治通鉴长编》卷255，熙宁七年八月丙子条，第6234页。

[3] 徐松辑：《宋会要辑稿》食货39之31，第6869页。

[4] 李焘：《续资治通鉴长编》卷299，元丰二年七月戊子条，第7275页。

[5] 李焘：《续资治通鉴长编》卷270，熙宁八年十一月庚辰条，第6625页。

[6] 日野开三郎：《以神宗朝为中心考察北宋的结籴》，（日）《史渊》第20辑，1939年。

然而这些"商人"往往正是官员,他们倚势拖欠,领了钱做他用,却迟迟不交纳粮草,成为一个严重问题。当时"入中刍粮,多是闲官举人及四方浮浪之人结籴,有经年方输到,或以物折纳,类皆伍次轻弱,久之不能结绝"[1]。而这些官员中,有不少竟是陕西的边将!如熙河路兵马总管王君万、知熙州高遵裕、秦凤路转运副使张穆之等等,都因为违法结籴而受到过处分。[2] 这些人既是粮草的受纳与使用者,又是承包购粮事务并交纳粮食者,他们翻手为云,覆手为雨,弄权其中,大搞"官倒"。边军挨饿,政府亏本,而他们大发其财。军储问题在他们手里怎么能不一塌糊涂呢?

北宋为解决这些问题而出台的一系列"新政",在腐朽的官僚机器的扭曲下不仅成效甚微,还产生了一系列新的弊端,从而加速了危机的发生与发展。

三 北宋陕西社会与乡兵问题

北宋陕西社会的军事化,与乡里保甲等地域组织结合并受国家严密控制的各种乡兵组织是一个明证。

北宋兵制,分军为四种,即禁军、厢兵、乡兵与蕃兵。宋廷总结了五代军阀专权割据的教训,在军事上实行守内虚外、居重驭轻、强干弱枝的政策,把真正的军事实力主要寄托在中央直属的禁军身上。几十万禁军经常有半数以上屯守京师周围,有事点将出征,事毕军队班师,将回原职。而由各地方政府主管的厢军则多是样子货,只可充役使之用,缺乏作战能力。民兵性质的乡兵就更不用提了。至于蕃兵,实际上只是一种民族的区分,而不是军制上的区分。蕃族将士和他们

---

[1] 李焘:《续资治通鉴长编》卷271,熙宁八年十二月己酉条,第6647页。

[2] 李焘:《续资治通鉴长编》卷274,熙宁九年四月;卷280,熙宁十年二月条。

组成的武装编入中央或地方管辖的武装序列的，就是禁军或厢军的组成部分。宋朝无法管束的各"羁縻"地区的土司武装，乃至像宋初定难军那样的少数民族贵族的割据、半割据武装，一般地说并不属于宋军制中的蕃兵范畴。而宋朝统治区内的少数民族民间武装力量，则既有蕃兵之称，同时也被视为乡兵。这在陕西尤为明显。例如作为陕西乡兵重要形式之一的"弓箭手"武装，在许多地方就以少数民族民兵为主，"弓箭手多蕃兵"[1]。此外，乡兵中还有所谓"蕃敢勇""蕃捉生"等类称谓，[2] 也是以族称则为蕃兵，以制称则为乡兵的。而《宋史·兵志·蕃兵》项下开列的陕西诸路堡寨蕃兵号"强人""壮马"者，也就是同一志的《乡兵》项下开列的"陕西强人寨户"。至少在陕西，蕃兵是个种族概念，乡兵是个制度概念，两者并不是并列的两种武装。本节所谈的陕西乡兵，也是包括汉蕃民兵在内的。

北宋陕西地区的厢兵与其他地区一样，基本上不起多大作用，而乡兵则不然，它无论在北宋抗夏战争史上，还是在当时的陕西地方社会和社区结构中，都有着举足轻重的关系，表现出明显的地方与时代特点。

在北宋中叶王安石的"保甲法"出台前，宋廷对乡兵并未给予多少重视。即便在"保甲法"推行后，对北宋的大多数地区而言，乡兵组织也常似有似无，至多起到一些维持地方治安的作用而已。陕西则不然。一方面在抗夏战争中禁军中的种种弊端使其兵威不振，战绩不佳，从三川口到永乐城，大抵败多胜少。而乡兵则保家御敌，与自己利害攸关，所以在抗夏斗争中表现积极。另一方面，陕北战争从庆历年间后大规模野战逐渐减少，筑城、反筑城日益成为战争的主要方式。而除了少数重要的大城适于以禁军重兵驻守之外，其余数百个小城与寨堡使用禁军来守卫，在经济与军事两方面都不合算，因此乡兵在这

---

[1]《宋史》卷190《兵志四·乡兵》。
[2]《宋史》卷190《兵志四·乡兵》。

种作战条件下就有了用武之地，逐渐成为陕北寨堡战中的一支重要力量。甚至在很多情况下，那些银样蜡枪头的禁军也要在这些"游击队"面前甘拜下风。

例如庆历元年（1041年）的府州之战中，以康德舆、王元为首的禁军在李元昊的攻势面前"藏头膝间"，龟缩河东不敢出战，而府州城内的弓箭手却在夏军切断汲道的危急关头杀出城外，以弓箭射退夏军，夺回了全城的生命线。"其时禁兵皆败北，无斗志，（张元）乃募役兵敢战者，夜伏隘道，邀击夏人游骑。比明，有持首级来献者。……禁兵始惭奋曰：'我顾不若彼乎！'"[1]又如抗夏名将种世衡坚守清涧城，主要也是依靠乡兵，尤其是蕃族乡兵。夏人来攻时，"世衡常使属羌往击，往必破走。……未尝劳（禁军）士卒也，故功多而费寡"[2]。

因此，时人对陕西乡兵在抗夏斗争中的作用多有很高评价。范仲淹曾指出："汉家以山界属户及弓箭（手）为善战"，与之相比，"河内之兵（按指内郡调来的禁军）懦而罕战"，是靠不住的。[3]北宋末年，宋廷枢密院也曾议到："当今（陕西）边事，全借民兵"，"陕西恃弓箭手为国藩篱"。[4]在不少情况下，宋朝还放手以乡兵代替禁军驻防要害，或顶替轮休禁军。如上节所述，熙宁七年（1074年）宋廷曾因边粮不足，裁减边军而以弓箭手代之。此前，陕西宣抚司的赵卨也曾提到："弓箭手颇习武技，请更番代正兵归京师。"[5]宋朝还常常把陕西乡兵中的精锐者补充入正规军。北宋末宋廷征调赴汴京勤王抗金的陕军中，就多有由乡兵补充的。时人言："中都（汴京）倚秦兵为爪牙"[6]，这里也有陕西乡兵的一份功劳。

---

［1］《宋史》卷324《张元传》，参见《折继闵神道碑》。

［2］范仲淹：《范文正公全集》卷13《东染院使种君墓志铭》。

［3］范仲淹：《范文正公全集》奏议卷下《奏陕西河北攻守等策·攻策》。

［4］《宋史》卷190《兵志四·乡兵》。

［5］《宋史》卷190《兵志四·乡兵》。

［6］《宋史》卷447《唐重传》。

与陕西乡兵在军事上的重要作用相应的第二个特征，是陕西乡兵的人数众多，种类复杂。北宋乡兵依其所在地区的民间社会组织类型各立名目，如川峡、荆湖有"土丁"，福建与江南西路有"枪仗手"，广东有"枪手"，广西有"溪洞壮丁"等。而陕西乡兵的种类最为复杂，有"保毅""保捷""强人、寨户""弓箭手""义勇"与"护塞"诸名目。《宋史·兵志》所列的15种地方性乡兵名目中，陕西占了5种，是最多的。陕西乡兵的数量也很庞大。其中有：

陕西保毅：全称为"保毅弓箭手"，始于后周，是北宋最早的乡兵组织之一。北宋咸平四年（1001年）正式"令陕西系税人户家出一丁，号曰保毅"，共有68775人。

陕西义勇：治平元年（1064年）采用全陕主户（商、虢二州外）三丁抽一的办法组织，其初总数为13.8万多人，不久即增至15.68万多人，到熙宁末年陕西永兴军、秦凤两路尚有12.8万，占当时全国义勇总数（24.7万人）一半以上。

陕西护塞：庆历元年（1041年）采用招募的办法，"募土人熟山川道路蓄情、善骑射者"组成，人数无定额。"自备戎械，就乡间习武技，季一集州阅教。无事放营农，月给盐茗。有警召集防守，即廪给之，无出本路。"[1]

陕西强人、寨户：宋初即有招募沿边山民守寨者，治平年间（1064—1067年）渐成定制。至治平末陕西秦凤、鄜延、环庆、泾原四路共有10.6万多人，主要由属羌组成，按其民族部落组织，以"族"为单位，依其族之大小又有"门""大门""姓""大部族""小族"等名目，"族"以下设"小帐"或"队""甲"等编制，显然这是一种全民皆兵的部落军制。

弓箭手：这是陕西乡兵中最重要的一种，起源于后周，采用抽丁之法组建。景德二年（1005年）在陕西复建，并改行招募之法。李元

――――――――――

[1]《宋史》卷190《兵志四·乡兵》。

昊侵宋后，"西师屡衄，正兵不足，乃籍陕西之民，三丁选一以为乡弓手"[1]。从此陕西从关中内郡到沿边都有弓箭手组织，并成立了常设的诸路"提举弓箭手司"，即民兵司令部，由诸路经略安抚使兼领。弓箭手的组建初期兼用抽丁及招募两种方式，后期逐渐演变为以招募为主，而且蕃兵的成分增加。王安石变法中，弓箭手与"正兵"一样推行了置将法，基层编制也趋于正规化："凡弓箭手兵骑各以五十人为队，置引战、旗头、左右兼旗，及以本属酋首将校为拥队，并如正军法。"[2]弓箭手与正军的区别，这时逐渐已限于报酬的方式：实行招募制的正军由朝廷发给军饷，而弓箭手则按户授田，耕战自养。到了北宋末，宋廷于靖康元年（1126 年）罢诸路提举弓箭手官，弓箭手遂"复隶帅司所辖"，[3]完全与正规军合一了。[4]

此外，陕西乡兵还有宣毅、保捷、麟州义兵等种类。各类乡兵的总数史无明载，但就散见的各种资料推测，在其盛时（熙宁至绍圣间）恐不下于四五十万之数，远远超过朝廷常设的驻陕正规军。其"全民皆兵"的程度，也远较宋辽对峙的河北地区（其他地区更不必言）为高。所以元祐年间知定州的苏轼说："北边久和，河朔无事，沿边诸郡，军政少弛，……皆不逮陕西、河东远甚。"陕西乡兵的军事素质在北宋一代也有明显提高。庆历以前，乡兵多流于形式，"宣毅、保捷二十五万人，皆不得其用，卒无成功"[5]，"陕西教集乡兵，共十余万人，市井无赖，名挂尺籍，心薄田夫。"[6]但此后，陕西乡兵的声誉便日渐提高，终至于被视为陕之"藩篱"、国之"爪牙"了。

---

[1]《宋史》卷 190《兵志四·乡兵》。

[2] 马端临:《文献通考·兵考》，万有文库本，1364 页。

[3] 马端临:《文献通考·兵考》，万有文库本，1364 页。

[4] 小笠原正治:《宋代弓箭手之研究》，载（日）《中国的社会与宗教·东洋史学论集第二》，第 177—328 页。

[5]《宋史》卷 190《兵志四·乡兵》。

[6]《宋史》卷 324《张元传》。

然而，陕西乡兵最引人注目之处还不是它的军事学特征，而是它的社会学特征。元祐年间，曾先后在陕西、河北两地任职的苏轼，对陕西弓箭手与河北的"弓箭社"作过一个比较："陕西河东弓箭手，官给良田，以备甲马。今河朔沿边弓箭社，皆是人户祖业田产，官无丝毫之损。"[1]与此相应的，陕西乡兵完全由当局严密控制，从队、将，一直到提举司，形成了严格的科层组织，虽不领军饷，却完全是官办武装，一切惟政府之马首是瞻。而河北的弓箭社却具有浓厚的民间色彩："百姓自相团结为弓箭社，不论家业高下，户出一人。又自相推择家资武艺众所服者为社头、社副、录事，谓之头目"，"私立赏罚，严于官府"[2]。

　　因此，当时官方对这两类武装的态度也有很大区别。虽然无论是陕西弓箭手还是河北弓箭社，都属"乡兵之制"，在政府中都既有赞赏者也有批评者，而且赞赏者都是从利于抗敌（辽、夏）的角度考虑的，但反对者的理由则大不一样：反对陕西弓箭手的人，如下文提到的司马光，是认为它属变相徭役，疲民苛政；而反对河北弓箭社的，却是认为这种武装有异端之嫌，"弓箭社一切兵器，民皆自藏于家，不几于借寇哉？"[3]后来的历史发展也果然显示了两者的传统趋向：当金、蒙相继南下时，河北的乡兵纷纷发展为土豪据地自雄的"义兵"，从金初的诸山寨直到蒙（元）初的张柔、武仙等。而陕西的乡兵虽然勇敢善战的传统久已闻名，这时却并未衍生出什么土豪武装来，他们要么汇入宋军而南撤，或随同宋地方政府而降金，要么则在政府的组织作用瓦解后自行消失。

　　显然，这反映了同因边患而兴起的两种"乡兵"背后的社会结构差异：在河北地区，国家对社区基层的直接控制相对较弱，社区中存在

---

[1]《宋史》卷190《兵志四·乡兵》。

[2]《宋史》卷190《兵志四·乡兵》。

[3]《宋史》卷190《兵志四·乡兵》。

着平行于政权体系的民间权威，即土豪大姓或所谓"家盗武艺众所服者"，在经济上，则是平民地主势大而国家干预能力较低。而相比之下，陕西地区的社区自治能力薄弱，国家的控制直达于社会最基层的无数小农家庭，土豪大姓难以产生，国家对经济的干预能力也相对较强。在行政—军事的一元化体制下，国家能把社会上的人力、物力都控制在自己手中。

就对人的控制而言，陕西的各种乡兵无论是以"三丁抽一"的方式征集的，招募的，还是按氏族部落的组织编制的，都高度依附于政权体系。从宋初战斗力很差的保捷兵，到后来军事素质颇高的弓箭手，都是招可致，遣可散。"自西师屡衄，乃籍陕西之民……以为乡弓手，……西师罢，多拣放焉。""保捷正兵遣戍边州，其后不可用，遂汰为民。"[1]尤其可注意的是，一般的乡兵都只在本乡服务，而陕西的乡兵却大多是可以调遣征战于外的。宋初的陕西保毅，就是"官给粮赐，使之分番戍守"。由于"募兵离去乡土，有伤和气"，宋朝遂规定他们家的赋税只在本州输纳，免去其支移之役，以为补偿。后来的陕西保捷，也是可"遣戍边州"的。陕西义勇亦然："陕西起发义勇赴缘边战守，今后并令自赍一月糗粮，折本户税赋。"至于弓箭手，更是可以代替"正兵"轮番赴守的了。因而司马光才批评道：陕西顷尝籍乡弓手，始谕以不去乡里。既而涅为保捷正兵，遣戍边州"，[2]他认为这是"失信"之举。[3]宋代的正规军为约束士卒以防逃亡，有涅面（在脸上刺字）之制，而乡兵既是"民兵"，保有平民身份，本不应被刺字的。宋朝在各地的各类乡兵也大多并不刺字。然而陕西的各类乡兵，几乎无一例外的都有刺字之制，只是不刺脸而刺手、臂等处："黥刺为保捷"，"义勇止涅手背"，强人、砦户"涅手背，自备戎械并马"，护塞"募土

---

[1]《宋史》卷190、191《兵志》。

[2]《宋史》卷190、191《兵志》。

[3]《宋史》卷336《司马光传》。

人善骑射者涅臂充"，蕃兵"涅右手虎口为'忠勇'字"，弓箭手则"刺手背为兵"，等等。刺字是一种表示其受约束身份的标志，显然，这意味着国家对他们的人身控制是很严格的。

就对物力的控制而言，陕西各类乡兵的报酬方式有的是免其支移之役（保毅），有的是折充其赋税（戍边义勇），有的是"月给盐、茗"（护塞），还有的是"官给粮赐"（保毅）。但大多数还是以国家授田为主，尤以弓箭手为典型。前期的弓箭手"给以闲田，蠲其徭赋"，"人给田二顷，出甲士一人，及三顷者出战马一匹"。后期则人给 2.5 顷至 3 顷余不等，有时还要责交若干田租。弓箭手之外，保毅、义勇亦有给田之制。因此当时的提举弓箭手司内专设有营田司，而时人也比拟之为唐代与均田制并行的府兵制。显然，这种形式的乡兵制是以国家控制着一定数量的土地为前提的，而像河北那样的地区，当时已不存在这种条件。

总而言之，陕西的乡兵制不能仅仅看成是一种军事体制，它是有一种社会体制作为其基础的，这个基础就是封建国家对社会上人力、物力资源的一元化（相对而言）控制，或者说是专制权力对一盘散沙般缺乏自治性联系的无数小农的直接约束。就其强烈的"官办"色彩而言，称其为民兵有些名不符实，当时的反对者也是针对这一点而提出批评的。然而它的确基本上不领官饷，不同于北宋的正军，而是受田出丁，兵农合一，"入耕出战"的。在这一点上，它与以前的府兵制及以后明代的卫所兵制倒有些相像。

这样的乡兵制的历史作用是很复杂的。从一方面来说，这种体制使陕西乡兵能为国家臂指如意，易于与正规军协同配合，因而在抗夏战争中有出色的表现。但另一方面，这种体制又体现了封建国家对小农的强烈的人身束缚与超经济强制，这不仅与封建社会后期的历史潮流不合，而且对关中小农来说的确是一种苛政。它的"徭役化"色彩是十分明显的。诚如司马光所说："今既赋敛农民粟帛以给正军，又籍其身以为兵，是一家而给二家之事也。如此，民之财力安得不屈？"[1]
而且从北宋前期到后期，在乡兵日趋正规化的同时，他们的负担也日益不堪其重。"自黥刺为保捷，而家犹不免于保毅之籍，或折卖田产，……久废农业。"初期的弓箭手"官给以地而不出租"，后来却渐渐变成既充兵役，复纳屯租了。到北宋末期，其制更加败坏，"提举官贪赏欺蔽，务要数多"，竟把已授给弓箭手的土地又夺去再授与新招募者。[2]其他弊病林林总总，不胜枚举。因此从这个角度看，这样的乡兵制实在是一种灾难。从陕西乡兵都要刺字这一点也可以看出，当时乡兵因不堪役使而逃亡的现象是很严重的。陕西乡兵制的积弊如此沉重，熙宁以来司马光等人对它的激烈抨击就不奇怪了。尽管他是以此来攻击"新政"，显示出保守派的立场，但他所讲的事实还是不能忽视的。

四　北宋陕西的社会危机与农民起义

北宋时期，在西夏的连续侵扰与抗夏战争的沉重负担下，陕西经济的恢复和发展一直受到很大限制。而贪官污吏的横行，专制国家的暴敛与频繁的自然灾害更加重了人民的苦难。北宋中叶陕西大旱，"永兴、秦凤、河东路民饥死者相属"[3]，而各种征敛却有增无已。司马光知永兴军时曾说："及到关中，乃见凡百处置，皆为出征调度"，"关中饥馑，十室九空，为贼盗者纷纷已多。县官仓库之积，所余无几"。[4]到元丰末年，宋廷又一次在陕西征调夫役，"民惩前日之役多死于冻馁，皆惮行，出钱百缗不能雇一夫，相聚立栅山泽不受调，吏往逼呼，辄

---

［1］《宋史》卷190《兵志四·乡兵》。

［2］《宋史》卷190《兵志四·乡兵》。

［3］李焘：《续资治通鉴长编》卷259，熙宁八年正月甲寅条，第6319页。

［4］《宋史》卷191《兵志五》。

殴击"，北宋政府层层施压，"至械县令以督之，不能集"。[1]持续不断的人民反抗斗争，一直延续到北宋亡。

事实上，小规模的农民起义早在北宋初已经出现。太宗末年，有"关中群盗"围攻富平县城的事件，四乡农民都"荷畚锸随之"，纷纷加入起义。当地的宋朝保安部队纷纷"弃兵而走"，望风逃窜。富平县当局向州城求救，同州巡检侯某率宋军赶来，在富平城西击败了起义者。起义首领被俘后抚颜不屈，把捕获他的巡检痛斥得"惭而退"[2]。

宋太宗端拱年间（998—999年），关中又先后有"叛卒"刘渥与"大盗"侯和尚的起义。刘渥有众千余人，"寇耀州、富平县，谋入京兆（长安），其势甚盛。所过州郡皆城守"，"关右骚然"。刘渥作战"骁勇无敌"，声言"我草间求活，视死如鸿毛耳"。后战败负伤，被俘牺牲。侯和尚起义军活动于兴平、栎阳（今临潼渭北地区）一带，曾数败宋朝治安部队，"杀捕贼官二人"，又"薄南山，渡渭水，抵凤翔，复至耀州"，活动范围几达半个关中，最后才被宋华州巡检卢斌所镇压。[3]

宋仁宗年间，又有"陕右群盗"活动于秦岭山区，杀死宋凤州巡检。宋廷遣供奉官石全彬率部将其"擒灭之"。[4]

李元昊侵宋后，宋朝内外交困，聚敛愈急，因而"盗贼一年多如一年，一火强如一火"[5]。陕西也在这期间爆发了北宋时期境内规模最大的一次农民战争——张海、邵兴起义。

张海兴起于陕西东南的商洛山区。这里历来是农民反抗斗争的摇篮。仁宗初年，这里已活跃着郭邈山、李宗（李铁枪）等绿林豪杰。庆历三年（1043年）夏，陕西"属岁大饥，群盗啸聚商虢之郊"[6]，其

---

[1]《宋史》卷467《李宪传》。
[2] 司马光：《涑水记闻》卷2，第22页。
[3]《宋史》卷308《卢斌传》。
[4]《宋史》卷466《石全彬传》。
[5] 欧阳修：《欧阳修全集》卷100《再论置兵御贼札子》，第1539页。
[6] 李焘：《续资治通鉴长编》卷145，庆历三年纪事，第3519页。

中不少人投奔了商洛山。这年八月，1000多农民在商州揭竿而起，分散的绿林好汉们开始汇成一股怒潮。

李宗的部将张海，出身逃军，勇猛过人，这时独树一帜，成为起义的主要领导人。他联合郭邈山、党君子、范三等首领，以商洛山为基地，采用机动灵活的运动战打击统治者，纵横驰骋于今陕西、河南、湖北、安徽诸省，兵锋直抵淮南的高邮（今江苏高邮县）。"五六路二三十州军，数千里内""入州入县，如入无人之境"。[1]"江淮州县，无不震惊，前后所遣使臣，悉多败衄"[2]统治者惊慌失措，欧阳修、范仲淹、富弼等重臣纷纷上疏仁宗，说是秦末、隋末、唐末推翻了封建王朝的农民起义，初起时都还没有张海、郭邈山这么强盛。如不赶快设法镇压，"恐逐处穷民，见其豪盛，各生健羡，聚成徒党，胁取州县，事势渐次张大"[3]，赵家的江山将有覆灭的危险。

张海的义军打到了光化军（今湖北光化县北）境内。这里有500多名宣毅（宋乡兵名目之一）士兵，他们早已不满知光化军韩纲的虐待，这时在军吏邵兴率领下起兵响应张海等，北上进入了商洛山区，在那里张榜号召宋朝商州铸钱监的重役配兵（服苦役的军奴）参加起义。宋永兴军路都巡检使上官琪率军前来镇压，大败被杀，官军溃散。邵兴义军攻入兴元府（今汉中市），宋军校赵明率众投降。此时张海也连续攻下了金州（今安康市）、顺阳（今河南淅川县）等地。义军兵锋所及，杀官吏、开府库、散钱帛予贫民。宋廷先是派曹元哲、张宏等率禁军前往镇压，后又令范仲淹等抽调抗夏前线的边防军杨文广等部参加围剿。他们在起义地区烧杀抢掠，连官方都不能不承认："官军所至，甚

---

［1］　欧阳修：《欧阳修全集》卷100《再论置兵御贼札子》，第1539页。

［2］　包拯：《包拯集校注》卷1《论李用和捉获张海乞依赏格酬奖》，第13页。

［3］　范仲淹：《范文正公政府奏议》卷下《奏乞招募兵士捉杀张海等贼人事》，《范仲淹全集》，第645页。

于盗贼"[1]。宋将崔德赟追剿党君子不获，竟把义军借住过的民家父子三人杀死，冒充义军首领党君子以邀功。统治者的残暴激起民愤，起义军越战越勇，又在兴元饶风岭大败官军。

北宋政府在连连失败后继续增兵，在京西建立了四个防区，防止义军东下，并把义军堵在陕西境内。同时集中边军八九千人围攻陕南起义军。义军被分割数处，处境逐渐困难。十一月间邵兴在兴元、洋州交界的堵水（今堵水河）畔为宋将陈晚所败，邵兴牺牲。十二月，宋禁军李用和部也击杀了张海，不久党君子也在商州被捕遇害。起义至此终被镇压下去。

张海、邵兴等虽然失败，但宋朝统治者也受到沉重打击。直到半个多世纪以后的宋哲宗时，朝臣们仍然心有余悸地写道："张海横行半天下，所至溃坏，守令或走或降，莫敢支梧，至出卫兵，用边将，……民至今谈之。"[2]

到宋神宗元丰年间（1078—1085年），因灾荒与伐夏之役征调过繁，陕西又一次出现了社会不安定的局面。这时因行置将法，内郡各州县散驻的禁军均调归边将节制，镇压力量有所减弱，反抗者乘时而起。永兴军一带"盗贼屡发"[3]。而张海当年起事的商州地区，又出现了"军贼"王冲的造反队伍。王冲的活动范围东至徐州，北至太行，与张海当年一样飘忽不定，但主要以商、虢（今河南卢氏县）二州为中心，"蹂践乡县，杀害官吏"，"寒饥猖狂之人，附之者众"。[4]都转运使吴居厚为官贪酷，"最为掊克"，王冲"因民不忍，聚众数千"，企图在他出巡时抓住他为民除害。吴居厚闻讯，狼狈逃遁。[5]后来宋朝"烦遣兵将，

[1] 吕祖谦编：《宋文鉴》卷119，陈师道：《上曾枢密书》，中华书局，1992年，第1660页。
[2] 吕祖谦编：《宋文鉴》卷119，陈师道：《上曾枢密书》，第1660页。
[3] 徐松辑：《宋会要辑稿》兵2之26，第8636页。
[4] 刘挚：《忠肃集》卷6《论盗贼疏》，中华书局，2002年，第116页。
[5] 《宋史》卷343《吴居厚传》。

重为骚扰，大劳大费，仅能散扑"。[1]王冲死后其余部又推成俊为首，"啸聚渐盛，讨捕愈难"[2]，弄得陕西当局焦头烂额。

综观陕西境内北宋一代的人民反抗斗争，我们可以看到几个特点，它们与北宋陕西社会的结构特征也是密切相关的。

一是北宋一代陕西的起义者明显地以"逃军""叛卒""军贼"等军人身份者为多，如刘渥、张海、邵兴、王冲等都是。此外从今陕西最北隅的府州庆历年间的"军贼"折高留，到今陕南地区南宋时的史斌起义与"军士"张福、莫简的红巾军之变，都是士兵（包括乡兵）起义或以士兵身份者为首的起义，而这一时期的平民起义却相对罕见。这与当时陕西社会长期处于战时状态、社会组织与社会生活都带有军事化色彩是有关系的。士兵是穿上军装的农民，而"乡兵"更是农民中服军事徭役者。他们以黥面涅臂之身，受饷乏粮匮之苦，冒矢石锋刃之险，还要忍受贪酷将校的虐待。北宋军队中的种种腐败使他们有冤莫诉，而一旦逃亡，由于他们脸上、手上被刺了字，也难以重返正常的社会生活。另一方面，军旅生活又给了他们打仗的勇气与经验，甚至给了他们武器，这就有利于他们成为向这个黑暗世道复仇的造反者了。另一方面，因战争而来的沉重的军役负担，尤其是乡兵那种无饷而为军，远戍边州，既要服役又要纳租赋的双重重负，更使人不堪忍受，也给社会带来极大骚扰。如张海起义前，"朝廷于诸道州府招宣毅兵事及添置乡兵弓手，当时搔扰，次第不小"[3]。又如元丰年间的保甲保马之役，也使社会不胜其苦，因而也成了社会动荡和人民起义的原因之一。宋廷有关方面在总结这些事件时，也认为乡兵、保甲之征对社会的危害和军官不恤士卒，是两大致乱之由。然而积重难返，谁也无力改变这种状况。

---

[1] 刘挚：《忠肃集》卷6《论盗贼疏》，第116页。

[2] 刘挚：《忠肃集》卷6《论捕盗奏》，第117页。

[3] 欧阳修：《欧阳修全集》卷100《再论置兵御贼札子》，第1539页。

与之相反，这一时期陕西平民社会中纯由财产关系而产生的贫富对立，远不如官民对立那样尖锐。在极权统治下的小农社会里，主佃关系与主佃矛盾也难于充分展开，因此这一时期陕西并未发生宋朝许多地方在租佃关系发达的条件下出现的佃户反对地主的斗争，也没有出现土豪大姓挟其庄客佃户对抗官府的造反活动。相应地，这时陕西的起义者所争取的只是死里求生，"草间求活"，因而不可能提出宋代其他地区农民战争中常见的"均贫富"之类要求。

与此相联系，北宋陕西人民起义的第二个特征是："流贼"多而"土贼"少。以前曾有人把"流寇主义"说成是我国农民战争的一个规律性现象，其实，历史上守土不"流"、据地自雄的起义者为数并不比"黄巢、李闯式的流寇"少，就是在两宋，方腊、王小波、钟相等人都有明显的守土倾向，而北方宋金、金蒙之际不可胜数的"山寨豪杰"也多半是小则占山为王，大则拥兵保境的。但是北宋陕西的农民起义则确实有明显的"流寇"特征，他们队伍不大，但活动范围不小，张海、邵兴那样"横行半天下"者且不论，就是侯和尚那支小小的队伍也在东起临潼西凤翔、南迄秦岭北耀州的大半个关中平原上纵横捭阖。即使险如商洛山，也没有成为他们赖以踞守的根据地。这是很耐人寻味的。

其实，在我国古代，造反者是流动还是守土，除了军事形势之外还有个社会背景问题。一般地说，具有地方利益纽带和自治性地缘、血缘组织资源的造反势力和真正具有经济目标的狭义的"农民"运动（如佃户的抗租夺地运动等）都是倾向于守土的。然而由于前述的种种原因，这种性质的反抗在北宋时期的陕西难以发生。在上有专制王朝，下有小农海洋的行政—军事一体化体制下，地方上难以产生土豪大姓、强宗右族，难以出现代表地方利益的"家资武艺众所服者"，宗族与地缘关系也难以自外于政权体系而成为凝聚一方的力量。而基本上由专制国家控制下的小农组成的关中社会也不易产生抗租夺地的佃农运动。因而造反者就难得有什么根据地的概念，而只能以横行天下为快了。

北宋陕西农民起义的第三个特点是它们与宋夏战争及改革运动密

切相关。反抗运动的两个高峰期，一是庆历年间李元昊入犯时，一是元丰年间北宋大举伐夏前后。而保甲、保马、免役、置将诸新法与元丰年间陕西的社会动荡，按保守派的说法也有直接的因果关系。即使这种说法有偏见，但改革与社会动荡都与宋夏战争有关却是不争的事实。因而这二者彼此间也就不会了不相干。因而下节我们将考察战时社会背景下的改革运动。

第三章 围绕战争的改革浪潮

一 范仲淹治陕与"庆历新政"

北宋时代的第一次改革浪潮，是伴随着党项铁骑的马蹄声而来临的。当李元昊侵宋以前，北宋承平数十年，因循守旧，积弊日深。宋仁宗前期的宰相吕夷简、张士逊，都是只恋权位、不思进取的世故官僚，面对北宋当时冗兵、冗官、冗费、积贫、积弱的局面，他们无动于衷，"无所建白"[1]。一切改革的建议，都以"先朝旧规，不可轻议改革"[2]的理由被拒绝。朝中稍有革新思想的人士，都被加以"朋党"的罪名而受到贬斥。

然而就在这一派文恬武嬉的萎靡风气中，陕西边外的党项贵族羽翼渐丰，宝元年间的三川口之败，党项骑兵的铁蹄踏破了仁宗君臣的偷安梦，他们睁开眼睛，看到的是一幅衰微破败的景象：几十万大军训练久弛，终日"饱食安坐以嬉"[3]。边防体制混乱，兵将不相知，事权不一，令出多门，庞大的边防军分散在 5 路 24 州军的几百个寨堡中，互不相属，都直接受朝廷控制，消息不灵，调度失宜。于是一怒之下，

---

[1] 李焘：《续资治通鉴长编》卷 105，天圣五年九月庚戌条，中华书局，2004 年，第 2448 页。

[2] 李焘：《续资治通鉴长编》卷 104，天圣四年八月戊子条，第 2420 页。

[3] 吕祖谦：《历代制度详说》卷 11《兵制篇》，《吕祖谦全集》第 9 册，浙江古籍出版社，2008 年，第 137 页。

仁宗撤换了主持陕政的范雍，将他贬官，改命知制诰韩琦安抚陕西。韩琦推荐他的知交、当时正外贬知越州（今浙江绍兴市）的范仲淹做搭档。于是范仲淹"一夜飞渡镜湖月"，从东南沿海水陆兼程赶到了西北高原。

当时已52岁的范仲淹在宦海里已经经历了25年的沉浮，却还是锐气未挫。就在来陕前四年，他还因抨击当朝宰相吕夷简"进用多出其门"的任人唯亲作风，触怒当道，与一批志图革新的同行一起被打成"朋党"，全部被赶出朝廷。但是他不改初志，仍"以天下为己任"。这时皇帝虽然重新起用了他，但经略西北却不是个美差。当时西北边事已成了一副烂摊子，两年之内连续撤换了范雍、夏竦、夏守赟等人，当其位者贬多升少。所以有人说：要想治边事，还是在朝中出主意的好，边臣是做不得的！更麻烦的是这时他的对头吕夷简仍在朝中执政，要想有作为，谈何容易！

然而范仲淹仍欣然受命了，这不仅是因为他那"先天下之忧而忧，后天下之乐而乐"的社会责任感，而且也因为陕西是他的祖籍[1]，而他在此前曾任过河中府（府治在今山西永济县，当时该府属陕西路）通判，对陕西并不陌生。

范仲淹抵陕之际，陕西正当危急存亡之秋，朝廷对他期望甚殷，一月之内三变其任：先命他知永兴军，尚未到任又改命为陕西都转运使，不久又改为陕西经略安抚副使。这时"延州诸寨多失守，仲淹自请行"[2]，于是又加知延州。

范仲淹到延州后干的第一件事就是改革军事体制。当时有个规定：边将按级授兵，总管领万人，钤辖领5000人，都监领3000人；敌人来犯时不管来敌有多少，一律以官卑者先出战。如此僵硬的制度严重束缚了宋军的手脚，使他们无法随机应变。范仲淹断然废止了这个陋规，

---

[1] 范仲淹祖籍邠州（今彬县），但后家徙江南，遂为苏州吴县人。
[2] 《宋史》卷314《范仲淹传》。

他说:"将不择人,以官为先后,取败之道也。"[1]于是他大胆改变兵不识将、将不专兵的"祖宗之法",把全路军队1.8万人配隶六将,授与职权,平时责成诸将负责训练,战时按敌情轻重派出相应规模的军队,轮番御敌。经过他的改革,陕西军队面貌一新,"约束既定,总领不二,劳逸又均,人乐为用"[2],很快扭转了危局。西夏人对范仲淹也十分敬畏,相戒说:"无以延州为意,今小范老子(指范仲淹)腹中自有数万甲兵,不比大范老子(指范雍)可欺也!"[3]后来神宗朝的"将兵法",便滥觞于此。

范仲淹还主张革新边防战略思想。当时宋廷愤于李元昊"悖嫚"无礼,却并未认真研究过边情。延州大败后一时颇有些恼羞成怒,不设法进行踏实的边防建设,却沉醉在"五路进讨,直捣巢穴"之类的虚妄计划之中。朝中主政的吕夷简,与范仲淹搭档主持陕事的韩琦,当时都是"大举进讨"论者。范仲淹根据他对边情的了解,坚决反对这种"轻兵深入"的不负责任的冒险主张。为此他不但一时为"取攻策"的皇帝所不满,为书生意气的同僚韩琦所埋怨,就连当初一起被打成"朋党"的友人也不理解。他们中的尹洙受韩琦之托到延州来劝说范仲淹,范仲淹仍"坚执不可"。尹洙只好叹道:"公于此乃不及韩公(指韩琦)也。"[4]

韩琦不顾范仲淹的反对,声称:"大凡用兵,当先置胜败于度外",仍然令宋军取"进讨"的态势。范仲淹只好在自己的防区内行其是,要求"暂留鄜延一路"不参加"进讨",得到了朝廷的允许。结果,次年宋军果然在"进讨"中遇伏好水川,几乎全军覆没,韩琦闻败大哭,范仲淹叹息说:打仗非儿戏,"难置胜负于度外也"。[5]在血的教

[1]《宋史》卷314《范仲淹传》。
[2]徐度:《却扫编》卷上,上海古籍出版社,2012年,第124页。
[3]李焘:《续资治通鉴长编》卷128,康定元年八月庚戌条,第3036页。
[4]魏泰:《东轩笔录》卷7,中华书局,1983年,第82页。
[5]魏泰:《东轩笔录》卷7,第82页。

训面前，朝廷与韩琦终于接受了范仲淹的意见。范仲淹遂提出"严边城，实关内"的积极防御主张，着眼于长期、认真的边防建设。他认为："今边缘城寨有五七分之备，而关中之备无二三分。若昊贼知我虚实，必先胁边城。不出战，则深入乘关中之虚，小城可破，大城可围，或东沮潼关，隔两川贡赋，缘边懦将，不能坚守，则朝廷不得高枕矣。为今之计，莫若且严边城，使持久可守；实关内，使无虚可乘。西则邠州、凤翔为环、庆、仪、渭之声援，北则同州、河中府扼鄜、延之要害，东则陕府、华州据黄河、潼关之险，中则永兴为都会之府，各须屯兵三二万人。若寇至，使边城清野，不与大战，关中稍实，岂敢深入？复命五路修攻取之备，张其军声，分彼贼势，使弓马之劲无所施，牛羊之货无所售。二三年间，彼自困弱。待其众心离叛，自有间隙，则行天讨。此朝廷之上策也。"[1]应该说范仲淹此语有其言过其实之处。完全回避野战，只守城而不守野，只顾点而不顾片，也会造成另一些问题，而"二三年间彼自困弱"的设想也未免过于乐观。不过，范仲淹的战略就其基本点来说无疑是正确的，这就是对夏作战不可能速决，要作长期准备；在战略态势上应取积极防御，不要轻言"直捣巢穴"；在战术上应扬长避短，不轻易与夏军打非我所长的野战，而应侧重筑城制敌。他后来又把这归纳为"择利进筑，因以牵制元昊东界军马"[2]。

范仲淹的这些主张，标志着宋朝军事思想的一大变革。这是他对种世衡等优秀将领御敌经验的总结，也是他自己实践的结果。在范仲淹的亲自主持下筑成的堡寨有12座。其中的大顺城与种世衡修的清涧城一样，是陕西"筑城战"的代表作。大顺城位于庆州（今甘肃庆阳县境）西北后桥川口的马铺寨地方，地当子午岭上的战略要冲，与当时在西夏控制下的战略据点白豹、金汤二城近在咫尺。范仲淹采用隐

[1] 李焘：《续资治通鉴长编》卷127，康定元年五月甲戌条，第3012页。

[2] 李焘：《续资治通鉴长编》卷130，庆历元年正月戊午条，第3081页。

蔽、保密、出敌不意的办法，突击抢筑，"旬日而城成"[1]。西夏发觉后立即来攻，但已无及。此后在整个宋夏对峙期间它始终未被攻破，成为屏障庆州并向夏境纵深推进的桥头堡。后来宋军就是从这里逐步推进，不仅收复了白豹城和金汤城，而且一直前推到定边军、神堂堡一线（今吴旗、定边间）。

此后很长一个时期，宋朝边臣边将不断更换，但由范仲淹奠定的那些基本军事原则一直沿袭下来。在这些原则的指导下，陕西边防面貌发生了很大变化：

宋朝沿用"筑城迫城，移寨攻寨"的战略，步步为营，向前推进，逼着西夏逐步后撤，至少不再轻易南进。在以后的 70 多年间，宋夏对峙线尽管屡有进退，但总的趋势是向北推移的。在此期间，宋朝把陕北变成了一个寨堡密布、纵横成网的大纵深防御地带。其最大纵深如以从鄜州[2]到银州[3]计，可达 200 公里以上。堪称为可与万里长城并列的我国历史上又一军事建筑奇观。直至今日，人们还可以在陕北黄土高原的一些山巅、河畔、谷口、塬上，看到当年巍然雄峙的一些城堡的遗迹，如白豹城（今吴旗县西南）、金汤城（今吴旗县南）、顺宁寨（今志丹县西北）、龙安寨（今安塞县北）、义合寨（今绥德县东义合）、嗣武寨（今米脂县西北）、通秦寨（今佳县通秦镇），等等。

为了沟通各个据点，便于行军与运粮，更有效地实现积极防御，北宋还逐渐修筑了许多战略通道，重要的有：顺宁寨经金汤城、白豹川通往庆州的通道，绥德城经由葭芦寨、宁河寨、通秦堡通往麟州的道路，绥德城经由义合寨、吴堡寨（今吴堡县）过黄河至汾州（今山西汾阳）的道路，保安军经由荔原堡通往柔远寨（今甘肃华池县）的道路。以

---

[1] 《宋史》卷 314《范仲淹传》。
[2] 范仲淹在鄜城新筑防御重镇，当时定名康定军（以设于康定元年得名），后因形势好转，防线北移而废弃。
[3] 以永乐城和北宋末一度复设的银州为界。

及一些后方的后勤补给通道，如京兆府通过黄龙山直达延州的南北大道和由洛川、鄜州通达大庆关过黄河进入今山西地区的东西大道等。

屯田储粮　种世衡在清涧兴营田的经验，为范仲淹所推广，在陕北筑城护耕，"大兴营田，且听民得互市，以通有无"[1]。范仲淹身后在陕西从边地到内郡都得到大力发展的、以授田制维持各种乡兵组织的制度，从经济角度看，实际上也就是一种大规模的屯田、军垦活动。如当时的关中大儒吕大忠所说："汉之屯田，唐之府兵，善法也。弓箭手近于屯田，义勇近于府兵，择用一焉，兵屯可省。"[2]因而乡兵的普及实际上也就是屯田制的普及。

经营马政　自唐代以来，关中牧场缩小，作战所需的马匹未能大量繁殖。宋代养马牧场也东移到太行山及中原各地，在陕西的只有同州的沙苑（今大荔县境），因此难以满足战争的需要。为此宋朝曾在河东、陕西、川峡三路收购民间及游牧部落的马匹。在今陕西境内的收购区有麟、府、银、绥、夏、延诸州及保安军。就近收购马匹，便于支援边防建设。

招抚属羌　范仲淹也是北宋在陕西推行"抚羌"政策的奠基人。他指出："元昊巢穴，实在河外。河外之兵，懦而罕战，惟横山一带蕃部，东至麟、府，西至原、渭，二千余里，人马精劲，惯习战斗，与汉界相附。每大举入寇，必为前锋。故西戎以山界蕃部为强兵，汉家以山界属户及弓箭为善战，以此观之，各以边人为强，理固明矣。"[3]他改变了前任范雍等人任意欺凌乃至屠戮属羌的所谓"打虏"陋政，重用善于"抚羌"的种世衡等人，自己也身体力行。当李元昊势大时，子午岭一带有属羌酋长600余人为元昊所诱，"约为向导"。事情败露后，

---

[1]《宋史》卷314《范仲淹传》。

[2]《宋史》卷340《吕大忠传》。

[3] 范仲淹:《范文正公政府奏议》卷下《奏陕西河北和守攻备四策》,《范仲淹全集》,四川大学出版社，2007年，第590—591页。

范仲淹没有施以简单的惩罚，而是亲临其境，晓以大义，并"犒赏诸羌，阅其人马"，还为诸羌部制定了一部内修文明、外利边防的成文"法典"：如冤仇已经调解仲裁，而仍私为报复，以致伤人，则罚 100 只羊及 2 匹马。杀人者斩。负债争讼听告官为理，如私自拘押平民债务人为人质的，要罚羊 50 只、马 1 匹。西夏贼马入境，不随同本族追击的，每户罚羊 2 只，并留其首领为人质。如夏军大规模来犯，则应避入本寨坚守，官府负责供给粮食。拒不入寨，每家罚羊 2 只。全族不入寨的，要留首领为人质，等等，这部融合了游牧部落习惯法与宋朝成文法为一体的汉羌战时约法为诸属羌所接受，成为后来宋廷赖以"抚羌"的规范。范仲淹也得到了羌人的信赖。正如他向宋廷报告的："羌人颇亲爱臣，呼臣为'龙图老子'"，"诸羌皆受命，自是始为汉用矣"。[1]

庆历元年（1041 年），宋廷依从朝野的呼吁，罢免了夏竦的陕西经略安抚招讨使一职。夏竦为人贪懦，一心盯着中枢之位，"及任以西事，颇依违顾避。"[2]"尝出巡边，置侍婢军中，几至军变"。西夏方面也很鄙视这个无能无德的对手，李元昊曾出示悬赏他的首级，开价仅钱三贯，表示对他的嘲弄。[3]在他的措置下，"师惟不出，出则丧败；寇惟不来，来则伤残"[4]。夏竦的罢免，使范仲淹、韩琦减少了掣肘，提高了事权，被允许"凡军期申覆不及者，皆便宜行事"[5]。此后一年多时间里，范仲淹、韩琦团结协作，边防日渐巩固。夏人对范仲淹很是敬畏，相戒曰："无以延州为意，今小范老子（指范仲淹）腹中自有数万兵甲，不比大范老子（指范雍）可欺也！"[6]而宋朝陕西军民则编唱了这样的顺口溜："军中有一韩，西贼闻之心骨寒；军中有一范，西贼闻

──────────

[1]《宋史》卷 314《范仲淹传》。

[2] 李焘：《续资治通鉴长编》卷 134，庆历元年十月甲午条，第 3190 页。

[3] 李焘：《续资治通鉴长编》卷 140，庆历三年四月乙巳条，第 3364 页。

[4] 李焘：《续资治通鉴长编》卷 133，庆历元年八月乙巳条，第 3170 页。

[5] 李焘：《续资治通鉴长编》卷 139，庆历三年正月辛卯条，第 3342 页。

[6] 李焘：《续资治通鉴长编》卷 128，康定元年八月庚戌条，第 3035 页。

之惊破胆！"[1]

范仲淹在陕数年，除主持边备外，还关心人才荐举、资源开发等事务。名将种世衡、狄青，名儒张载等一大批"千里马"都曾受知于他这个伯乐。行伍出身的狄青勇冠三军，但文化素质不高，范仲淹送他一部《左氏春秋》，告诉他："将不知古今，匹夫勇耳。"狄青于是"折节读书，悉通秦汉以来将帅兵法，由是益知名"，[2]终于位登枢府，成就了从士兵到元帅的佳话。张载以一个21岁的小伙子求见范仲淹，大谈兵事，范仲淹从交谈中发觉他适于从文，便告诫他："儒者自有名教可乐，何事于兵？"并劝他读《中庸》。[3]张载于是潜心业儒，终于成为一代关学大师。范仲淹还在陕西官场中发现了一些政治人才，如孙沔、李绚等，他们后来在"庆历新政"中都发挥了作用。此外，他还在陕北军中推广使用石油制品，推广快速筑城与找水之法，等等。

然而，范仲淹在陕数年的活动，其意义还不仅仅限于陕政本身。正是他在陕期间所目睹的军政积弊、边防危局，坚定了他推行新政的决心。而他治陕的军政之绩，又使他赢得了足以主持新政的声誉。

这时，朝中要求改革的呼声日高，许多官员纷纷上书，抨击"因循不改，弊坏日甚"的体制。[4]庆历三年（1043年）正月，陕西转运使孙沔上书，激烈指斥保守派宰相吕夷简，说他"黜忠言，废直道"，"自大名入朝秉政，于兹三年，不更一事。以姑息为安，以避谤为智。西州将帅，累以败闻；北敌无厌，乘此求赂。兵奸货悖，天下空竭。刺史牧守，十不得一。法令变易，士民怨嗟。隆盛之基，忽至于此！"[5]在舆论压力下，吕夷简于三月被罢相。宋仁宗在这样的气候下"遂欲更

---

［1］王称：《东都事略》卷59《范仲淹传》，齐鲁书社，2000年，第469页。

［2］《宋史》卷290《狄青传》。

［3］《宋史》卷427《张载传》。

［4］李焘：《续资治通鉴长编》卷137，庆历二年闰九月壬午条，第3297页。

［5］李焘：《续资治通鉴长编》卷139，庆历三年正月丙申条，第3346页。

天下弊事"[1]。四月，范仲淹、韩琦同日擢除枢密副使。蔡襄称"士大夫贺于朝，庶民歌于路，至饮酒叫号以为欢"[2]。不久之后范仲淹又被任命为河东宣抚使。这年八月，范仲淹回朝就任参知政事（副相），从而开始了为期一年多的"新政"。

范仲淹的"新政"包括"十事"，即"明黜陟、抑侥幸、精贡举、择长官、均公田、厚农桑，修武备、减徭役、覃恩信、重命令"。但实际上，一年多时间内这些事大多还来不及着手，范仲淹等人实际上做了的，主要是整顿吏治、黜庸任贤一项。这年十月，范仲淹与同行经过研究，派出一批改革派官员到各路出任转运按察使，授权他们考察各地官吏，并即行任免。这批官员中的一些人就是范仲淹等人在陕西结识的。如被派任京西路转运按察使的李绚，原任陕西邠州通判。李元昊兵围延州时，全陕震惊，邠州这时城垣破败，李绚立即发民修缮城防，当时州里那些惯于循规蹈矩以文牍为务的官吏纷纷反对，认为动工修城需要先打报告，逐级批复，才能着手。李绚认为边防要紧，不管那一套，就干了起来。他的这种雷厉风行敢于任事的作风，赢得了范仲淹的赞许。李绚被派遣按察京西后，果然不负所望。当时京西路内有一大批从"二府"（指北宋军、政两界的最高机构——政府即中书，枢府即枢密院）高位上退居二线改任府州官的资深大员，如前枢密副使，尚书左丞范雍时知河南府，前参知政事，枢密使王举正时知许州，前枢密副使任中师时知陈州，前给事中任布时知河阳。李绚经过考察，认为他们都不称职，"皆以不才奏之"[3]，一时引起轩然大波。人们都惊讶他居然敢在太岁头上动土！

但是在积重难返腐败已深的北宋，范仲淹的新政刚迈出了头一步就陷入了泥潭之中，权益受到损害的佞臣、幸臣、庸臣和奸臣们纷纷

---

[1] 李焘：《续资治通鉴长编》卷140，庆历三年三月癸巳条，第3359页。

[2]《宋史》卷320《蔡襄传》。

[3]《宋史》卷302《李绚传》。

上书攻击新政，其至造谣诽谤，陷害范仲淹等人。诸路转运按察使的工作也成了攻击的重点，李绚等都被指为"苛察"，处境日益困难。

庆历四年（1044年）六月，对改革派心怀不满的夏竦捏造谣言，污蔑范仲淹等企图废立皇帝。宋仁宗虽不相信这一耸人听闻的谣言，但他在保守大臣们的包围下，对新政的信心已经动摇。范仲淹等人对此很不安，遂向皇帝提出要再次巡边。宋仁宗立即同意，任命范仲淹为陕西、河东宣抚使。于是，入朝不满一年的范仲淹便被打发出了朝廷，重回陕西。

这时的范仲淹还心存幻想，企图安定了边情后再回朝继续推行新政。他在赴陕途经郑州时看望了退休家居的吕夷简。已经脱离了宦海的吕夷简问范仲淹为何匆忙出京？范答道："暂往经抚两路，事毕即还。"吕夷简这时百感交集，对这个昔日的政敌、此时已经与自己一样失败了却还不自知的范仲淹说了大实话："君此行，正蹈危机，岂复再入？若欲经制西事，莫如在朝廷为便。"范仲淹愕然无语。[1]

这年八月，范仲淹再主陕政。这时边境局势渐趋稳定，但麟、府因新遭兵燹，荒芜残破，许多人建议放弃此地。范仲淹坚决反对，他主持修复故城，招还3000多户难民，免其租税与商税，还废除了酒类专卖的禁令，以帮助边民重建家园。

然而，范仲淹再也回不了朝了。正如吕夷简所料，自他离朝后，保守势力又包围了宋仁宗。不出一年，杜衍、韩琦、欧阳修等新政的支持者都被贬出朝，李绚等诸路漕司也纷纷被指为"苛察"而或罢或贬。昙花一现的庆历新政，至此彻底失败。皇祐四年（1052年）范仲淹在抑郁中撒手人寰。这时他已离开陕西多年，但陕西人民仍然十分哀痛，甚至出现了"羌酋数百人，哭之如父，斋三日而去"[2]的感人情景。范仲淹虽然失败了，但他那"论天下事，奋不顾身"的精神，他那"非

---

[1] 苏辙：《龙川别志》卷上，中华书局，1982年，第83页。
[2] 《宋史》卷314《范仲俺传》。

112

宾客不重肉，妻子衣食，仅能自充"的廉洁作风，在陕西人民心中留下了深刻的印象。至今延安嘉岭山下还保留着范仲淹手书石刻"嘉岭山"三字与"范公井"等遗迹。人们也更不会忘记他在陕西留下的那苍凉悲壮的千古诗篇：

> 塞下秋来风景异，衡阳雁去无留意，四面边声连角起。千嶂里，长烟落日孤城闭。
>
> 浊酒一杯家万里，燕然未勒归无计，羌管悠悠霜满地。人不寐，将军白发征夫泪！

二 范祥与盐法改革

着眼于军事、政治改革的"庆历新政"流产以后仅几年工夫，又一次改革在陕西悄悄地兴起。因为这次改革仅在财政范围内进行，因而并未引起剧烈的政治风波。不过它对陕西与整个北宋社会的影响，并不比那倏尔而逝的庆历新政小。这就是庆历八年（1048 年）范祥的盐法改革。

古代社会是自然经济时代，盐是那时少数几种需要从市场上购买的大宗必需品中最重要的商品，因此盐法盐政在当时财政体制中占有极为重要的地位。我国历代著名的理财家无不在盐政上显露自己的才华。汉之桑弘羊，唐之刘晏是这样，宋代的范祥也是这样。

范祥（？—1060 年）[1]，字晋公，邠州三水（今旬邑县）人，进士及第后长期在陕西任官，历任乾州推官、知庆州、知华州、提举陕西银铜坑冶铸钱，制置解盐使。后入朝，升任度支员外郎、权转运副使等职。他在陕西曾参加过抗夏战争，是早在王韶以前首先倡议经略熙

---

[1] 郭正忠：《范祥卒年考》，《宋盐管窥》，山西经济出版社，1990 年，第 55 页。

河地区的人。宋仁宗皇祐年间（1049—1054年），他未经朝廷允许，主动在熙河地区修筑古渭寨（今甘肃陇西县）作为据点。朝廷以他妄生边事，将他贬官。后来宋神宗时熙河之役获得大胜，古渭寨成为宋朝用兵的前进基地并升为通远军，范祥的开创之功才得到追认。

但范祥一生主要的事业在于财政方面。他是宋代最杰出的理财家。他"晓达财利，建议变盐法，后人不能易。小有增损，人辄不便"[1]。他的盐政改革对后世影响很大，因而被今日学者推崇为中国历代治理盐政最著成效的人之一。[2]

而范祥的盐法改革之所以产生于庆历年间的陕西，也有其时代与地域上的背景。我们已经谈到过北宋陕西社会的战时特征及专制国家权力对社会生活各个领域的一元化控制，这一特点也体现在盐政方面。就以同处边防的北方而论，神宗时的章惇曾指出："河北与陕西皆为边防，而河北独不榷盐。"[3] 从宋初以来，河北一直在盐政中实行民营为主和相对的自由贸易（自然是在一定的行销区内）体制，国家垄断程度较低。而陕西则相反，是全国榷盐制实行得最严格的地区。盐政收入是西北边防经费的主要来源之一。而国家规定行销于陕西的河东解盐，是官府使用徭役的方法进行生产的宋代最大的"国营"盐场之一所产，其垄断化程度本已高于一般"民产官收"的榷盐体制。官府对食盐的运、销同样控制极严。在范祥以前，陕西食盐运销的经营方式主要有两种。

第一种是官产、官收、官运、官销的禁榷制。政府垄断食盐产销的全过程而禁止商人插手，其目的在于控制财源，避免盐利流入私商之手。但这种方法有三个大弊：一是在腐败的官僚制度下，衙门式的

---

[1]《宋史》卷303《范祥传》。

[2] 戴裔煊：《宋代钞盐制度研究》，第210页。

[3] 苏轼：《苏轼文集》卷48《上文侍中论榷盐书》，第四册，中华书局，1986年，第1400页。

114

"国营"盐业常常管理混乱，经营亏损。二是食盐运销采用征发徭役的方式，给人民带来沉重的负担。关中地区是政府大兴盐利以支持边防费用的重点地区，这种负担尤其难以忍受。三是官运官销制下盐利主要归地方，卖盐息钱为地方经费所取给。而宋代的边防费用属于中央财政，因此官运官销制下边防经费将难于解决。

第二种是官产、官收、商运、商销的入中制。政府控制盐产，而由商人经营运销。为了边防军事需要，这种方法往往是令商人往边地运送粮草及军用物资，政府付给盐引作为报酬。然后商人凭此到规定的盐产地领取食盐，运销牟利。这种方法与禁榷制同样是垄断性的专卖制度，所不同的在于它是间接专卖，官方的收入主要不是得自由地方开设的食盐专卖店，而是得自中央主管的专卖证书（盐引）销售所得，因而利归中央而不归地方。它最大的好处是把盐政与解决军需供应直接挂钩，但却往往造成入中估价过高的弊端。由于奸商与官吏贿通勾结，营私舞弊，入中物资的价值常常几十倍于原价，造成官盐的大量流失，政府收入受到损害。而贱价食盐充斥的结果，使商人领到盐后也难以找到销路，最后是公私皆亏，同样劳民伤财。

面对这种困境，陕西的宋朝政府往往是禁榷生弊而改行入中，入中生弊又改行禁榷。大致而言，北宋初年陕西即有入中之制，到真宗咸平六年（1013年）度支使梁鼎清禁通商，以纠"高抬价例，倍给公钱"之弊，而改行禁榷。仁宗天圣八年（1030年）又由盛度建议，恢复入中。康定元年（1040年）又禁榷如故，但因当时正值与李元昊作战，军需紧急，不得已又弛禁而改入中。结果是"猾商贪贾乘时射利，与官吏通为弊，以邀厚价，凡橡木一对，定价一千，支盐一席。岁亏官钱不可胜计"[1]。无奈，到庆历二年（1042年）又以范宗杰制置解盐，在陕西再一次恢复禁榷，结果造成了更为严重的灾难："禁榷之后，差役兵士车牛，及逐州衙前等搬运盐席往诸州，官自置场出卖。以致兵士逃

---

[1] 徐松辑：《宋会要辑稿》食货23之40，第6510页。

亡死损,公人破荡家业,比比皆是,所不忍闻","嗟怨之声,盈于道路,前后臣僚屡言不便。乞复旧法通商,以救关中凋弊"。[1] 禁榷制再次破产了。

不难发现以上这几次折腾的周期越来越短,变动的频率越来越高,真可谓朝令夕改,军、民、商及办事人员都怨气冲天。陕西的盐政危机已到非改弦更张不可的时候了。

这时,担任提举陕西坑冶铸钱使的范祥向朝廷上书说:"两池之利甚博,而不能少助边计者,公私侵渔致之。倘一变法,岁可省度支缗钱数十百万。"[2] 当时正是庆历新政期间,范祥得到韩琦等的支持,于庆历四年(1044年)二月奉命与陕西转运使程戡共同主持盐政改革。然而不久,"新政"失败,程戡又与范祥的主张不合,改革遂被搁置。直至庆历八年(1048年),范祥才被任命为制置解盐使,得以实施他的改革计划。

范祥根据自己从事财政工作与边防军需工作的经验,提出并罢入中与禁榷,一面更新盐法,实行钞盐制。具体作法是:废除以粮草入中边地之法,停止运送官盐的徭役,改令商人在沿边州军支付现钱,根据州军远近规定不同价格,然后按价发给盐引,商人凭引领盐自由运销。同时开放食盐市场,军需物资也改由沿边州军以现钱采购雇运。

当时西北地区走私西夏青白盐入塞的情况十分严重,宋政府出于财政与军事的考虑严加禁止,但内地盐远而贵,西夏盐近而贱,走私进口有大利,所以屡禁不止。范祥一方面重申禁令,另一方面组织商人向边地"入中"内地食盐,由边地官府出售,平抑盐价,而商人凭引返回解池,再领取食盐行销内地。这样,走私盐的利润大减,禁止便容易多了。

为了使商人输钱于边州后换得的盐引(改革后时人称为盐钞)能

[1] 包拯:《包拯集校注》卷 2《言陕西盐法(一)》,杨国宜校注,第 131 页。
[2] 《宋史》卷 181《食货志·盐上》。

保持一定的价值，范祥特别注意控制盐钞的发行量，按当时解池产盐岁课37.5万大席之量，有多少盐发多少钞。从而杜绝了"虚钞"的泛滥。此外，为了使盐价稳定，范祥还以发行盐钞的收入为本，在汴京的盐政机关都盐院内设立了平准机构，由陕西转运司自遣官员主持，盐价低于每斤35钱时购进，"敛而不发，以长盐价"；高于每斤40钱时则"大发库盐以压商利"。务"使盐价有常，而钞法有定数"。[1]

范祥改革的意义是十分明显的。首先，他虽然没有根本改变食盐专卖之制（在当时历史条件下这是不可能的），但却使它变得更为灵活。尤其是这一改革对历史上长期形成的极不合理的食盐行销区官定界限是个大冲击。像今汉中一带过去被划为川盐专销之区，陕盐入境例有严禁。改革后蕃篱被打破，"旧禁盐地一切通商，盐入蜀者亦恣不问"[2]。这样川、陕盐就可以有在市场上竞争的余地。其次，范祥的改革把商品货币关系部分地引入了边防财政中，商人输钱于官，官府雇伕购粮，过去入中制下的以物易物，禁榷制下的徭役调发，虽不会完全消失，但地位已明显下降，这是符合封建社会后期经济发展大趋势的。第三，范祥用经济手段稳定盐价，抑制走私，控制钞额，这虽然不算很成功，但却是个良好的方向，比过去官府只靠划地为牢，严刑厉禁来进行干预要远为进步。最后，最直接的一点是，范祥的改革如果经营得法，会增加政府收入，改变或至少缓解陕西边防财政的窘境。

但与当时的任何改革一样，范祥的改革也是一波三折，阻力重重。这首先是由于废除入中后舞弊机会减少，"豪商猾吏悉所不乐"[3]。其次国家的盐税收入也暂时有所下降，而在一些地区，因禁榷制度废除后贱价官盐减少，盐价一度有所上涨。还有，宋朝官场上的倾轧、扯皮，

---

[1] 沈括：《梦溪笔谈》卷11，中华书局，2015年，第117页。
[2] 李焘：《续资治通鉴长编》卷165，庆历八年十月丁亥条，第3970页。
[3] 李焘：《续资治通鉴长编》卷167，皇祐元年十月壬戌条，第4017页。

也给新法带来极大困扰。当庆历八年范祥开始变法时，上距他初次受命而不果已有四年之久。而这时朝廷给他的职衔是提点陕西刑狱公事兼制置解盐，他考虑到前次与程戡合作失败的教训，提出提点刑狱一职并非理财者之衔，要求改授转运使以便拥有财政实权。然而朝廷却认为盐政本来就是个严刑设禁之事，因而不准所请。宰相陈执中还对范祥说：论资你正好合任提点刑狱，还有什么说的？[1] 结果，变法过程中因范祥事权不足，不断与陕西漕司和主计官员发生矛盾，横生了许多枝节。

皇祐元年（1049年），因才进行不到一年的改革使陕盐"岁入稍亏于前"，侍御史知杂事何郯便提出停止改革，说是"事有百利，始可议变，变不如前，即宜仍旧"[2]。朝廷派户部副使包拯出使陕西与漕司商议盐法，"包青天"在陕西经过调查，认为范祥的变法是"先有小损而终成大利"，应该坚持下去。[3] 朝廷中主持财政的三司使田况也支持范祥，于是范祥被加授陕西转运副使，改革得以继续。

然而一波未平，一波又起，不久判三司磨勘司李徽之再次提出新法不便，于是朝廷专门召集会议，三司的首脑与范祥、李徽之均参加，经过辩论，"议者率以祥为是"。朝廷遂决议新法暂时继续下去，过两年再"较其增损"，看效果如何。[4] 这时已是皇祐三年（1051年）十月了。

然而还未满两年，皇祐五年（1053年）四月范祥即因"擅筑"古渭寨一事被贬官落职，朝廷任命陕西转运使李参代范祥制置解盐。李参也是个理财家，但在盐政方面却与范祥相左。他接管盐政后又恢复了入中法，结果没几年虚估之弊再长，盐引价值大跌，"岁损官课无虑百万"[5]。于是到嘉祐三年（1058年）七月，应三司使张方平与御史中

---

[1] 魏泰：《东轩笔录》卷9，第99页。

[2] 李焘：《续资治通鉴长编》卷167，皇祐元年十月壬戌条，第4016页。

[3] 包拯：《包拯集校注》卷2《言陕西盐法（一）》，第131页。

[4] 徐松辑：《宋会要辑稿》食货23之40，第6510页。

[5] 李焘：《续资治通鉴长编》卷187，嘉祐三年七月壬辰条，第4518页。

承包拯的要求，范祥又官复原职，继续推行钞盐新法，直到嘉祐五年（1060年）范祥去世。

钞盐法经过种种波折，克服重重阻力，终于坚持了下来，并且逐渐渡过了"阵痛"期，取得了日益明显的成效：开放食盐市场后，盐价渐趋稳定，商人乐于从事，国家盐税收入也从庆历六年（1046年）的147万缗上升为皇祐三年的221万缗，增长50%以上。而边防军需运费则节省了80%，这在宋代历史上是从未有过的。范祥改制前，由于盐利不足，宋廷每年要支出榷货务缗钱以补充军费。范祥主持盐政后，榷货务缗钱不复出，而制置司的收入虽有波动，但"量入计出，可助边费十之八"[1]。因此神宗时沈括说：范祥之法"行之数十年，至今以为利也"[2]。

范祥死后，继任的薛向继续推行他的改革，得到了王安石的大力支持，薛向成为熙宁变法中的风云人物，而由范祥倡导的改革也就成了熙宁变法在陕西的重要内容之一。上承庆历，下接熙宁的范祥盐法改革，堪称陕西北宋时期两次改革浪潮之间的一部有声有色的幕间曲。

三　熙丰变法在陕西

北宋中期以后，虽有范仲淹、范祥等人一再企图改革除弊，变法自强，并在一定范围内进行了改革的实验，但并未扭转整体上社会危机不断深化、社会矛盾不断加剧的趋势。到宋英宗时期（1064—1067年），北宋中央财政的危机状况进一步恶化，财政收入从真宗天禧末年（1021年前后）的15085万缗下降到治平二年（1065年）的11613万余缗，即少了近1/4，而支出却由12677万缗上升为13186万余缗。收

---

[1]　戴裔煊：《宋代钞盐制度研究》，280—281页。
[2]　沈括：《梦溪笔谈》卷11，第117页。

支相抵，从盈余 2407 万缗恶化为亏空 1573 万缗。[1] 国既贫，兵更弱。于是朝廷内外要求改革的呼声则更高了。

这样，到宋神宗继位后，便起用我国历史上著名的改革家王安石，以"天变不足畏，人言不足恤，祖宗之法不足守"的精神，开始了两宋 300 年间最认真的一次改革努力。这就是熙宁年间（1068—1077 年）的王安石变法，或称熙丰变法。

地处抗夏前线的陕西军民，对北宋积贫积弱的状况感受最深，要求富国强兵的愿望也最强烈。但另一方面，已经为军需边费的负担和专制国家的聚敛压得难以喘息的陕西军民，为变法付出的代价也最大，受新法扭曲、变质之害也最深。因此无论是变法派还是反对变法派，在陕西都有深厚的社会基础。陕西在当时的全国性变革中，既开风气于先，又蓄颓势于后，其间曲折，耐人寻思。

陕西早在熙宁以前就出现了不少改革的尝试。范祥变易盐法就是突出的一例。熙丰新法中的许多内容，都滥觞于陕西，或与陕西有某种人事上的渊源关系。例如：

李参与青苗法　李参（1006—1079 年），字清臣，郓州须城（今山东东平县）人，平生不喜炫耀才学，而敢于任事，当时号称能吏。宋仁宗庆历八年（1048 年）至皇祐五年间任陕西转运使，在范祥改革盐法时他是个反对派。然而李参也自有一套理财的办法。当时朝廷在陕西大量驻军，粮食不足，李参便想出一个办法：令民间自估其当年粮产量多少，官府根据此算出其资金需求及偿还能力，在青黄不接时先贷给一笔钱，到谷熟时按时价以谷还官。这笔贷款便号为"青苗钱"。这个办法既可用官府借贷以助生产，也可因贷款生息增加政府收入，还可免去采购的麻烦，直接从农民那里得到廉价粮食以增加储备。实

---

[1]　马端临：《文献通考》卷 24《国用考二·历代国用》，中华书局，2011 年，第 700 页。

行数年后，据说官仓粮食皆满，军队的供应也因而解决。[1]

宋神宗即位前已听说过这件事，很欣赏李参的才干，特地把他的名字写于殿柱上，以便提醒自己予以重用。即位后，神宗即与王安石商定，再次派李参回陕西以知永兴军，主持陕政，但李参并未就任，后来任枢密直学士，熙宁七年致仕。李参在熙宁政坛上并没有多少活动，但他的"青苗钱"法却直接启发了王安石。王安石建立推行理财新法的机构"制置三司条例司"后，首先便"制置"出了均输法与青苗法两项改革，而且在条令中明言青苗法是"依陕西青苗钱例"而行，把李参的经验推广于全国的。

但王安石推行的青苗法也有他自己的创造，所以他又说："今新法乃约《周礼》太平已试之法，非专用陕西预散青苗条贯也。"[2]他已不像李参那样仅仅着眼于军粮供应，而是企图用青苗法来抑制民间富人的兼并活动。按他的设想，官府在青黄不接时借钱给农民，秋后加息2/10还官，利率比民间高利贷低，这样国家既增加了收入，农民也可免于私人高利贷的盘剥。而青苗钱在贷放中采用"抑配"，即强行按贫富程度摊派的办法，还可迫使富人借钱出息，从而借此削弱他们的经济力量与兼并的危害。然而这种"抑配"之制是当年"陕西青苗钱例"所无的，也正是它引起了许多副作用和广泛的争议。

薛向与均输法　薛向（1016—1081年），万泉（今山西万荣县）人，其祖父薛颜就曾在真、仁之世监华州（今华县）酒税，后任三司盐铁判官、陕西转运使等，可以说是出自一个理财世家。薛向历任永寿县主簿，权京兆府户曹兼监税，邠州司法参军，监在京榷货务，知郴州，河北提点刑狱兼提举籴便事，三司度支判官，是久任陕西的老资格财务官员。嘉祐五年（1060年）他继范祥之后接任陕西转运副使、

---

[1]　李焘：《续资治通鉴长编》卷174，皇祐五年四月庚午条，第4204页。

[2]　见徐松辑：《宋会要辑稿》食货4之25，第6051页；韩琦：《上神宗论条例司画一申明青苗事》，赵汝愚编：《宋朝诸臣奏议》，上海古籍出版社，1999年，第1220页。

制置解盐，把范祥的改革继续完善、深化，相继罢去了征榷制下所定的州县盐课，降低沿边盐价以与青白盐竞争，作小钞以与大额盐钞配套发行，并把范祥时代由陕西漕司在京开办的平准盐价钞价机构增设于永兴军。大体上是"行范祥之所未及行"[1]，因而使范祥开创的改革取得了更大的经济效益。史称他主持陕西漕司八年，"所入盐、马、刍、粟数累万。民不益赋，其课为最"[2]。因而到熙宁初年，他便成了以"民不加赋而国用饶"为方针的理财新政的样板。从嘉祐五年他任陕西转运副使直到治平四年（1067年）因城绥州一事被贬降，在陕西漕司的任上"前后两任，首尾八年，职司久任，无如向者"[3]。

王安石在嘉祐五年任度支副使时，曾保荐薛向说："伏见权陕西转运副使薛向，精力强果，达于政事，河北便籴，陕西榷盐，皆有已试之效。"他认为薛向"既掌解盐，又领陕西财赋，则通融便转于事为便"，建议让薛在本职之外，又委以马政及监牧诸事，"许全久任"[4]，成为当时罕见的事权集中的理财官。这表现出王安石对薛向才能的赏识。

王安石执政之后即招薛向入朝参与制定均输法。熙宁二年七月，均输法作为"熙宁第一新法"率先出台，薛向被任命为淮南、两浙、江南东西、荆湖南北六路发运使，全面负责推行均输新法。

现在我们已无从知道薛向在制定均输法的过程中出了哪些点子。但是很明显，均输法所体现的那些经济思想与操作方式，与薛向治理陕西财政的思想与方式是吻合的。无论是均输法那"民不加赋而国用饶"的宗旨和薛向治陕"民不益赋而课为最"的做法，还是均输法与钞盐法的实行程序，都十分相似。钞盐法之要在于改实物入中之弊为输纳现钱，然后政府以所入钱根据需要采购军需物资。而均输法之要

---

[1] 戴裔煊：《宋代钞盐制度研究》，第287—280页。

[2] 《宋史》卷328《薛向传》。

[3] 徐松辑：《宋会要辑稿·食货》24之3，第6512页。

[4] 王安石：《临川先生文集》卷42《相度牧马所举薛向札子》，中华书局，1959年，第448页。

在于改实物贡赋入京之弊为赋税货币化，然后发运司以朝廷拨给的钱根据需要"从便变易蓄买"各种需用物资，并可以"徙贵就贱，用近易远"，以节省采购和运输费用，达到"便转输，省劳费，去重敛，宽农民，庶几国可足用，民财不匮"的目的。[1]可见，均输法无非是把钞盐法用以征集军用物资的那套办法搬过来并扩展为用以征集朝廷日用物资，以节省费用，提高效率。而均输法的另一个目的，即防止"富商大贾乘公私之急"以牟利，这与钞盐法之防止"猾商贪贾乘时射利"也如出一辙。因此，薛向治理陕西财政的经验对均输法的实行显然是有影响的。当然，"均输"思想在我国源远流长，而范祥、薛向的理财术也不是无源之水，因此说范、薛搞的是小范围的均输实验，或说薛向任发运使后搞的是放大了的"钞盐"，都并非夸张之谈。

市易法　　在变法的高潮出台的市易法，也起源于陕西诸路。熙宁三年（1070年），陕西秦凤路经略司机宜文字王韶在本路设置市易司，"借官钱为本，稍笼商贾之利"[2]。王安石执政的宋廷立即表示支持，并指示秦凤路经略司以川交子兑成货物拨给市易司进行贸易。此举在宋廷内外引起了一阵风波，李若愚、文彦博、曾公亮、冯京等一大批官员表示反对，改革派阵营中的韩绛、陈升之等虽然不反对设立市易务，但认为不宜设在陕西诸边，认为在这种地方设立繁华的国营商业中心会"启群羌窥觊心"[3]，招致蕃人入侵。王安石大不以为然，他认为："今蕃户富者，往往蓄缗钱二三十万，彼尚不畏劫夺，岂朝廷威灵乃至衰弱如此？"他还主张，要联络生羌，把他们招来做生意恰恰是个途径。"蕃部得与官市，边民无复逋负，足以怀来其心，因收其赢以助军费，更辟荒土，异日可以聚兵。"[4]于是在王安石的支持下，全国第一个按

---

［1］《宋史》卷186《食货志下·均输》。

［2］徐松辑：《宋会要辑稿·食货》37之14、15，第6812页。

［3］《宋史》卷186《食货志下八·市易》。

［4］《宋史》卷186《食货志下八·市易》。

新政的宗旨设立的市易务在当年范祥"擅筑"的古渭寨开张，从而也就揭开了"市易法"的序幕。

有了陕西的经验后，宋廷于熙宁五年（1072 年）三月正式向全国颁行市易法，并成立了开封市易务，以后又陆续设市易务于镇洮军（今甘肃临洮县）、杭州、黔州、成都、凤翔、大名、真定、永兴军、安肃军、秦州、瀛州、定州、越州、真州，再及于广州、郓州等地。这样，继均输法之后，又一个限制富商大贾操纵物价牟取暴利，并借以增加政府收入的新法由陕西推向了全国。

陕西行市易法不但在全国为最早，而且后来也最活跃。见于《宋史·食货志·市易》章的 18 个市易务中，陕西诸路竟占了 5 个。

募役法　　纳钱免役的募役法是理财诸新政中很重要的一种。它于熙宁二年（1069 年）十二月公布"条目"，以便"博尽众议"[1]。第二年冬首先在首都开封府试行，罢衙前（一等重役户）830 人，畿县放乡役数千人。初步取得成功之后，才于熙宁四年（1071 年）十月正式向全国推行。[2]陕西在这一过程中并不属于先行者。

但是募役法的许多原则早在熙宁以前就已在陕西可见端倪。原来在钞盐法之前的禁榷时代，运盐之役是陕西民户差役，尤其是衙前一类重役的主要用项。所谓"官自辇运，以衙前主之"[3]，"量民资厚薄，役令辇车转至诸郡，道路靡耗，役人竭产不能偿，往往弃圳亩，舍妻子亡匿，……寒暑往来，未尝暂息，关内骚然。"[4]"衙前等搬运盐席往诸州，……其衙前估计家业，每值一贯者，即管课般盐两席，虽家业已竭，而盐数未足。"[5]钞盐新法的重要内容之一正是要通过改入中为

---

[1]　马端临：《文献通考》卷 12《职役考一》，中华书局，第 346 页。

[2]　李焘：《续资治通鉴长编》卷 227，熙宁四年十月壬子条，第 5521 页。

[3]　《宋史》卷 181《食货志·盐上》。

[4]　李焘：《续资治通鉴长编》卷 146，庆历四年二月乙未条，第 3533—3534 页。

[5]　包拯：《包拯集校注》卷 2《言陕西盐法》，第 131 页。

纳钱易钞，官府以所得之钱雇人搬运，从而"尽弛兵民辇运之役"[1]，"宽得诸般差扰劳役"[2]。可见，范祥以来在陕西实行多年的财政改革，是包含着改差役（尤其是衙前一类重役）为雇役的精神的，或者说是向这个方向迈出了重要的一步。因此熙宁募役之法也得以在陕西较为顺利地推行。

农田水利法 熙宁二年十一月颁行的农田水利法，严格地说不属于"变法"的内容，因为它并未涉及什么体制方面的改易动作。它只是王安石执政的北宋政府重视农业生产的体现，是一种封建王朝劝课农桑的行为。但它反映了王安石"因天下之力以生天下之财"的思想，对推动农田水利建设，增加社会财富有着积极作用。陕西军民对此的响应是积极的，尤其在关中内郡，这一时期兴起了水利建设的高潮。如熙宁五年（1072年），提举陕西常平沈披修复了京兆府武功县的古老水利设施六门堰。同年，另一位提举陕西常平杨蟠议修郑白渠，朝廷遣都水丞周良孺来陕测量，王安石请求捐常平息钱兴作，宋神宗更表示"纵用内帑，亦何惜也"，次年便派赞善大夫蔡朦主持修建。[3]熙宁七年（1074年），知耀州阎充国募流民修治漆水堤。同年又因都水监丞王孝先的建议，在同州朝邑县界畎黄河，淤安昌等处的盐碱地，等等。[4]当时还有些民间人士倡修水利而得到朝廷授官奖赏，如金州西城县（今安康市境内）民葛德出私财修筑长乐堰，引水灌田，被授予本州司士参军。[5]但这种事当时只见于陕南，社区自治功能薄弱的关中极少见到。

此外，新法中的另一些"理财"内容则因客观条件不同，在关中引起的反响不大。如免行钱法只是对首都开封而言的，在关中并未实

[1] 李焘:《续资治通鉴长编》卷165，庆历八年十月丁亥条，第3971页。
[2] 包拯:《包拯集校注》卷2，第131页；并见李焘:《续资治通鉴长编》卷167，皇祐元年十月壬戌条，第4017页。
[3] 《宋史》卷95《河渠志五》。
[4] 《宋史》卷95《河渠志五》。
[5] 李焘:《续资治通鉴长编》卷254，熙宁七年六月纪事，第6217页。

行。方田均税法在地权集中、民间分化剧烈的京东、河北等路曾引起巨大的反响，而陕西虽是方田均税法推行的重点地区，熙丰间普行方田的五路（京东、陕西永兴军、河北、秦凤、鄜延）中就有三路属陕西转运使管区，但因为朝廷对陕西诸路人户、田产的控制一向较为严密，民间土豪势力较小，地权也较分散，时弊主要不在于民间赋役不均，而在于官府聚敛无度，取民太重，所以方田均税之举在陕西并未产生重要影响，既未见显著效果，也没有强烈的反对呼声。

至于以整顿军事为目的的"强兵"新法，则毫无疑问陕西不仅是首当其冲，而且也是首开其端的。一般所称熙丰"将兵之法"实际上包含两个内容，一是精简、整编军队，二是改不固定的总管—钤辖—都监体制为固定的帅司—将两级指挥体制。这二者都是由陕西而推向全国的。

熙宁二年（1069年），宋廷按"不任禁军者降充厢军，不任厢军者免为民"[1]的原则在陕西首先开始裁兵并营，陕西诸路原有的马步军327营，裁并整编后减为270营。50岁以上老弱兵卒均被裁减，并进行定员：马军每营300人，步军每营400人。不久，这一方法由陕西推向全国诸路，其他各路的马步军545营，均按陕西例整编裁并为355营。继禁军之后，厢军也于熙宁四年（1071年）十二月开始整编，全国共编为840个指挥，总兵额减至22.7万人。禁军总兵额在熙宁末年为56.8万，禁、厢军总计兵力约80万，比宋英宗时期减少36万，即约裁减了1/3。经过这样的大整编，宋军比原先精干，军事素质有所提高，那种编制膨胀、臃肿不灵，士兵"终日游嬉廛市间，以鬻伎巧绣画为业，衣服举措，不类军兵"[2]的状况有了改变。

整编后的陕西宋军在宋朝全国军事战略中的地位进一步提高。整编前，陕西宋军兵力占全国总兵力的37.5%（仅指禁军而言，下同），陕西一地的兵力相当于全国其他地方兵力总和的60%。而整编后，陕

---

[1] 马端临：《文献通考》卷156《兵考八》，中华书局，第4670页。
[2] 苏舜钦：《苏舜钦集》卷10《上范公参政书》，上海古籍出版社，2011年，第121页。

西宋军兵力占全国总兵力的 43.2%，陕西兵力相当于全国其他地方兵力总和的 76%。宋朝兵力部署逐渐由宋初集中于首都附近，变为集中于西北，以至于到了宋末就常常出现陕军勤王、陕军东征之举。

熙宁整军新政的更重要的内容是改更成法为置将法。这实际上是把庆历年间范仲淹在陕西推行的军事改革加以发展，使宋军从"兵不知将，将不知兵"的局面改变成"兵知其将，将练其士卒"[1]。熙宁年间，陕西又在这方面先走一步。时任泾原路经略安抚使蔡挺在原依路、州而设的钤辖、都监、监押等军职之外，又设立了依军而设的"将"一职。诸将上隶帅司，不与州县相涉，所部固定相属，便于训练与统率。诸将的驻地也固定，并且一般不与州县治所重叠而多设治于寨堡，以利于平时屯田、操练，战时设防、出征。[2] 蔡挺的这种创新大受神宗与王安石称赞，不久他便被提拔到中央担任枢密副使。熙宁六年（1073年）夏，朝廷在当时军政最腐败的河北地区推广蔡挺在陕西置将练兵的经验，派有战争经验的军官对那里的禁军"分番勾抽训练"。次年，已调任枢密副使的蔡挺要求将此定为制度并推行于诸路，获得批准。从这年九月直到元丰四年（1081年），宋廷陆续把全国正规军分隶各地的 92 将，并以数字顺序排列，将其分为三组：

开封府、河北、京东、京西为一组，共设 37 将，编号为第一至第三十七将。其中，第一至第十七共 17 将在河北 4 路，第十八至第二十四共 7 将在开封府，第二十五至第三十三共 9 将在京东，第三十四至第三十七共 4 将在京西。这是拱卫首都及防辽的军队。

淮南东、淮南西、两浙西、两浙东、江南东、江南西、荆湖北、荆湖南、福建、广南东、广南西 11 路为一组，共设 13 将，编号为第一至第十三，其中除荆湖南路设第八、九两将，广南西路设第十二、十三两将外，其余 9 路均各设 1 将。这是内地驻防军队。

---

[1] 马端临：《文献通考》卷 153《兵考五》，中华书局，第 4580 页。

[2] 参见史念海：《河山集·四集》，第 48 页。

陕西单独为一组，共设 42 将，陕西 5 路各自从第一将往下编号。其中鄜延路 9 将（第一至第九）、泾原路 11 将（第一至第十一，以下类同）、环庆路 8 将、熙河路 9 将、秦凤路 5 将。这是防御西夏的军队。[1]

显然，在这个编制序列中，陕西被置于特殊的地位。它不仅置将之数高达全国总数的 46%，比其兵力总额在全国兵力中的比重还高，比担负抗辽重任的河北 4 路置将数要高出一倍半，而且陕西内部的 5 路都各自单独成一序列，与河北 4 路共编一序列的情况殊异，所谓"鄜延、环庆、泾原、秦凤、熙河又自列将焉"[2]。这无疑反映了在熙丰军事改革中陕西在全国军事中的地位的进一步上升。

此外，熙丰"强兵"新法中的保甲、保马诸法在陕西也得到了推行，尤其是保甲法，它与陕西诸路原有的"乡兵"组织十分契合，在河北等地，宋廷曾力图解散当地具有某种地方自治色彩的乡兵组织如弓箭社等，以保甲武装取而代之。但在陕西，由于原有乡兵组织完全是政府控制而没有任何地方自治色彩，因此不存在这一问题。王安石热衷于保甲法，其最主要的动机并非如同以前有些著作所说是为了防止"农民起义"，而是企图通过这种政府严密控制下的保甲编制实现社会军事化，"鼓舞百姓豪杰使趋为民兵，则事甚易成"。这种"民兵"应当既不像土豪寨主武装那样影响中央对地方的控制，又不像现有的募兵制下的正规军那样花费巨大难于供养，从而逐渐形成一种类似唐代府兵制那样"兵农合一"而又效忠朝廷的"理想的"兵制，以取代现存兵制。可以说，在当时全国各地，只有陕西乡兵组织较接近于王安石理想中的保甲兵，能够指望其"与募兵相参，则可以消募兵骄志，省养兵财费，事渐可以复古"[3]。然而这样的制度对社会发展会构成怎样的威胁，那就是另一回事了。

[1] 《宋史》卷 188《兵志二》。

[2] 《宋史》卷 188《兵志二》。

[3] 李焘：《续资治通鉴长编》卷 221，熙宁四年三月丁未条，第 5392 页。

总而言之，熙宁新政中的绝大多数内容，或本来就源出自陕西而由陕推向全国，或与陕西以往的改革有人、事方面的渊源，或因其与陕西战时社会的地域特征相契合而在陕西得到了比较有力的推行。只有少数内容如免行钱等，本来不是针对陕西这样的地区而制定，因而也就在陕西无所反响。因此，说陕西是熙宁新政推行的重点地区，是一点也不过分的。

四　"新政"的变质与陕西的反变法浪潮

　　熙宁新政是北宋最有声势的一次改革浪潮，而陕西是新政推行程度最高的重点地区之一。然而，熙宁新政在陕西也如其在全国一样，并未实现其"富国强兵"的目标。这是为什么呢？以往人们常说，这是因为"保守派"破坏了新政。这无疑有部分的道理，但并未抓住问题的实质。事实上从宏观上看，神宗以后北宋政局虽然几度出现反复，但总的来说是"变法派"在政治斗争中取得了最后胜利，北宋政权正是在他们手里而不是在"保守派"手里覆没的。我们说王安石变法"失败"了，这并不是说变法派在政治斗争中失败了，也不是说各种"新法"被取消了，而是说"新法"走向了它的反面，变法运动未能实现富国强兵，反而导致了社会矛盾的激化，这也就是所谓新法的"变质"。而新法之所以会"变质"，当然不能仅仅归咎于保守派的反对，而应该在新法本身找原因。

　　我们知道，王安石变法比此前的改革尝试深刻之处，就在于王安石不是就事论事地只在整顿吏治、训练军队、清理财赋之类问题上做文章。他认为宋朝之所以国不富兵不强，根子在于"兼并"，在于国家权力对社会的控制程度还不够高，因而"阡陌闾巷之贱人，皆能私取予之势，擅万物之利，与人主争黔首而放其无穷之欲"，造成国家权力在财政和军事两方面都软弱无力，即所谓积"贫"积"弱"。所以他把"摧抑兼并"看成是新政的核心，而把不能"抑兼并"看成是以往的"俗儒"们所搞的改革未能成功的根本教训，即他在《兼并》诗中所说的：
"三代子百姓，公私无异财。人主擅操柄，如天持斗魁。取予皆自我，
兼并乃奸回。奸回法有诛，势亦无再来。""俗儒不知变，兼并无可摧。
利孔至百出，小人私阖开。"[1] 因此，熙宁新政的全部立法都是从强化
国家权力对社会的一元化控制着眼的：均输、市易、青苗等法，是为了
"利出一孔"；将兵、保甲等法，是为了令出一门；《三经新义》之类的
著述，是为了学出一家，等等。因此我们也就不难理解，何以熙宁新
政中的许多内容会源出高度军事化了的陕西战时社会，尽管王安石和
他最亲密的同事大抵并非陕西人，而陕西的士大夫也多是王安石所抨
击的"俗儒"而非王门信徒。

其实，"俗儒"们也并不是不想"抑兼并"的。像著名的"保守派"
蓝田吕氏兄弟中的吕大钧，就"尤喜讲明井田"，"谓治道必自此始"[2]。
然而他们认为"抑兼并"主要应该靠宗法伦理的道德堤防，而不是靠
国家机器的行政强制。有趣的是，实际上我国 2000 多年来封建专制国
家都是同时用国家权力的强制与宗法伦理的堤防双管齐下来实现"抑
兼并"和维护大一统专制制度的，但是这两者的代表人物却往往互相
指责对方纵容了"兼并"："法术势"的崇拜者指责"俗儒"的心慈手软
导致了"兼并无可摧"，而"俗儒"则攻击法家的功利主义"信并兼之
法"，"尊奖兼并之人"！

北宋陕西社会如前所述，本来就是个国家权力对社会的控制异常
强烈的战时社会，社会上的种种弊端与腐败现象正是专制权力过分地
侵犯民间社会而造成的。生活在陕西的"俗儒"们对这种强国家弱社
会的畸形状况深有感受，因而他们对"国家自为兼并"的权力功利主
义大都比较反感，尽管由于他们信奉的宗法伦理本身是为专制主义服
务的，所以他们提不出解决问题的办法。但另一方面，变法派想依靠

---

[1] 王安石：《临川先生文集》卷 4《兼并》，中华书局，1959 年，第 114 页。
[2] 《宋史》卷 340《吕大钧传》。

强化专制权力的干预来实现"抑兼并",殊不知专制权力本身就是"兼并"的祸根!因此他们的种种"新法"最终都走向了自己的反面,就不是偶然的了。以军制改革而言,熙宁新法用种种办法消除了宋初兵制事权分散之弊,然而由于其出发点是强化而不是削弱皇权对边军的控制,遂使宦官监军统军之弊又发展起来,由李舜举、王中正、李宪而童贯,终至不可收拾。"兵将不相知"的兵政腐败减少了,然而另一种形式的兵政腐败却增加了。同类的变化也发生在"新政"的其他领域。

如青苗法,它的目的在于增加国家收入,使农民免于私人高利贷盘剥,同时还可通过"抑配"迫使富人借钱出息,以削弱其"兼并"势力。然而,青苗法的上述目标是自相矛盾的:当时政府掌握的本钱有限,即使全部贷给贫户也不能满足其借贷需要,高利贷仍有广阔的市场。而按照"抑配"原则,富者多贷,贫者少贷,实际上绝大部分青苗钱都用于强制富户认贷出息,真正用于使贫户免于高利贷盘剥的资金微乎其微。而如果放弃"抑配"(这正是反对派强烈要求的),则不仅"抑兼并"的目的达不到,还往往因贫户无法还贷而逃亡,国家要冒损失本钱的风险。这又与青苗钱目的之一在于增加国家收入的初衷相违。

而根本的问题还在于:当时陕西社会的兼并之害,其根源是人身依附条件下封建权势的欺压。但青苗法恰恰是在权势者手中付诸实施的,这使它不能不遭到严重的扭曲。司马光在与吕惠卿辩论青苗法时说:青苗钱,朝廷放不得!平民放青苗钱取息,尚能蚕食贫户使其破产,何况县官靠法令威逼?吕惠卿反驳说:此事富民为之害民,县官为之可利民。应该说这样的反驳是很无力的。就连变法派中的曾布也承认当时有"挟官府而为兼并之事"[1]呢!司马光无视当时严重的社会危机而一

---

[1] 李焘:《续资治通鉴长编》卷251,熙宁七年三月丁巳条,第6134页。

味主张守旧不变，这固然不足取。但他以"臣，陕西人也"[1]的身份，指出青苗法在陕西实行的结果是"见其病不见其利"，过去法令不许为官放债，官府尚且有以此害民的，何况现在法令鼓励乎！[2]这的确也是事实。陕西实行青苗法多年，许多地方的官府在举放青苗钱时将陈霉之米折高价贷出，而强令农民以新麦贱价抵偿本息，结果数月之内"取利约近一倍"，剥削之酷不亚于私人高利贷！更有甚者，贪官污吏利用"抑配"之权上下其手，贪污受贿，敲诈勒索。有的官府一面放贷，一面张设酒肆诱引借钱人前来吃喝，甚至"令娼女坐肆作乐以蛊惑之"[3]，以此来自肥。这就使青苗法在陕西很快成为不得人心的大弊政。它所打击的只是无权势的平民富户，贫户不仅没有获利，反而在"民无贫富，两税之外皆重出息什二"的状况下陷于更困难的境地，获利的只是权势者与贪官污吏们。

　　市易务仗着官营的垄断地位，以权牟利，"务多收息以干赏"，强行摊销滞货，抢购俏货，"率皆贱买贵卖，重入轻出，广收赢余"。[4]均输法更把"徙贵就贱，用近易远"的初衷变成了大官倒："虽不明言贩卖，既已许之变易，变易既行，……非良不售，非贿不行。是官买之价比民必贵，及其卖也，弊复如前。"[5]免役法原说是改差为雇，上户出钱代役，而下户可免。然而官府征免役钱务求其多，给雇值却务求其少，权势所在，何求不得？结果一方面"监司、守令之不仁者，于雇役人之外多取羡余，或一县至数万贯，以冀恩赏"，另一方面因雇值太少，人皆"不愿受雇"，于是州县只好摊派，"阳循雇名，阴用差法，不若立法明差之为便"。更有甚者，由于户等混乱，有权势者上下其手，无权者"超升等第"，有势者弄权得免，以至于实行结果是："纵富强应

　[1]　司马光是陕西夏县人，夏县今在山西境，但宋时属陕西永兴军路。
　[2]　《宋史》卷176《食货志上·常平》。
　[3]　王林：《燕翼诒谋录》卷1，中华书局，1981年，第23页。
　[4]　李焘：《续资治通鉴长编》卷251，熙宁七年三月丁巳条，第6134页。
　[5]　《宋史》卷186《食货志下·均输》。

役之人，征贫弱不役之户，利于富不利于贫"。而陕西"永兴、秦凤比之他路，民贫役重"[1]，受害就更大了。

相对于保守派空谈道德的说教而言，变法派对功利的强调有其进步意义。但功利欲与专制权力结合而产生的权力功利主义却容易产生破坏性。熙宁新政在没有权力约束机制的情况下鼓励官吏求利，结果不免是"朝廷破坏规矩，解纵绳墨，使得驰骋自由，唯利是嗜"[2]，使吏治的败坏更加严重。熙宁年间陕西涌现了一批为吏干练但却品行不端的官僚，前面提到的薛向即为一例。他虽理财有方，但却有虚报课额、贪功作弊的恶习，曾因篡改陕西漕司报表被司马光抓住马脚。[3]然而王安石居然说："非薛向不知解盐，乃朝廷不察，薛向故以欺朝廷尔"[4]，为薛向开脱。

这种作风使许多本来的好事也给办坏了。前面提到的陕西沿边争筑"鬼城"的事即为一例。再如农田水利法，让那些好大喜功、谎报干赏的官吏主持，便多成了有名无实，劳民伤财，甚至变"水利"为水害的蠢举。熙宁年间关中的几项大工程类皆如此。如沈披修六门堰，规模极宏，却"大抵迂阔少效"。王孝先主持于同州朝邑县淤黄河碱地为田，结果非但淤田不成，反使河水"灌注朝邑县长丰乡永丰等十社千九百户，秋苗田三百六十余顷"。[5]郑白渠的修筑大概也没有成效，所以到元丰三年（1080年），负责其事的杨蟠、蔡朦等都受到处分。[6]

熙宁以前本来颇有成效的陕西钞盐制，到熙宁时期也因主办人贪功过甚，放弃了范祥当年因盐行钞的原则。在陕西发行盐钞的折博务

---

[1] 《宋史》卷186《食货志下·役法》。

[2] 《宋史》卷186《食货志下·均输》。

[3] 徐松辑：《宋会要辑稿·食货》24之3，第6512页。

[4] 李焘：《续资治通鉴长编》卷264，熙宁八年五月癸酉条，第6464页。

[5] 《宋史》卷95《河渠志·河北诸水》。

[6] 徐松辑：《宋会要辑稿·食货》7之31，第6132页。

到熙宁五年（1072年）已达9个，以后又增至14个。[1]熙宁六年（1073年），陕西沿边共入纳钱523万余缗，给盐钞902716席，而民间实用仅428601席，多一半皆是"虚钞"。虚钞已如此严重，主事者仍嫌不够，于是"虽有条约，须纳钱方给钞，以钱市粮草。缘官中阙钱，监籴之官务办年计，不免止以钞折兑粮草"，等于是又回到了范祥改革前的状况。[2]盐钞因"膨胀"而贬值后，再以钞折兑粮草，粮价随之而大涨，官府财政不堪负担。于是又由朝廷以实钱收购虚出之钞，减少盐钞的流通量，以求钞价回升。但到元丰二年（1079年），宋神宗也被迫承认："都内凡出钱五百万缗，卒不能救钞法之弊"[3]。于是钞盐制度也变质而败坏了。

上述诸法大都还是本意用以"抑兼并"的，尚且变质而为"官中自为兼并"的弊政，那些本意上就不具有抑兼并功能的新法，如保甲、保马诸法就更扰民了。司马光提到陕西等路行保甲法的情况时说："事既草创，调发无法，比户骚扰，不遗一家。又巡检、指使，按行乡村，往来如织。保正、保长，依倚弄权，坐索供给，多责赂遗。小不副意，妄加鞭挞。蚕食行伍，不知纪极。中下之民，罄家所有，侵饥削骨，无以供亿。愁苦困弊，靡所投诉。流移四方，襁属盈路。"[4]我们不能仅仅把这看成是"保守派"对新法的无端诽谤，因为事实上，熙宁、元丰年间的确正是北宋一代陕西第二个农民起义与民间造反活动频繁的时期。

总而言之，熙宁新政的确是一次企图去积弊而图振兴的可贵的努力，比起抱残守缺不思进取的保守派来，王安石等改革派的抱负是可嘉的。然而由于他们企图用以挽救社会危机的手段——专制权力对社

---

［1］徐松辑：《宋会要辑稿·食货》55之20，第7262页。

［2］李焘：《续资治通鉴长编》卷258，熙宁七年六月壬辰条，第6214页。

［3］李焘：《续资治通鉴长编》卷296，元丰二年正月丙申条，第7202页。

［4］《宋史》卷192《兵志六·保甲》。

会的控制——恰恰正是造成危机的根源，因而他们的改革非但是扬汤止沸，而且简直是厝火积薪了。

因此，熙宁新政在陕西也就引起了众多的非议。有趣的是，这一时期关中内郡与沿边五路形成了鲜明的对比，关中士大夫，从张载、赵瞻、蓝田吕氏兄弟直到司马光，大都是反对新政，至少不支持新政的"俗儒"，关中当局，如知永兴军一职，也常常为保守派所把持。而这一时期的陕北诸路经略安抚使们，如韩绛、蔡挺、吕惠卿、沈括等，却大都是变法派名臣，于是两地往往各行其是，构成一种奇特的政治格局。关中大儒们曾几次抵制了变法派的决策在关中的实行。

熙宁三年（1070年），司马光在朝中与王安石势成水火，甚至不愿与王安石同列朝班，于是要求外任。同年九月，司马光到京兆府担任知永兴军事。十月，陕西宣抚使韩绛代王安石行边，贯彻新政，对西夏采进取之势，并移文关中，选拔诸军骁勇之士和招募市井少年编为义勇乡兵，遣戍边郡，又下令百姓为前线制作干粮、征调民伕整修城池楼台，一时人情汹汹，"关辅骚然"。司马光不从，上疏神宗称："公私困敝，不可举事。而京兆一路皆内郡，缮治非急。宣抚之令，皆未敢从。"[1]他还拍胸脯说：如果因此致使兵饷缺乏，他甘愿承担责任。韩绛奈何司马光不得，于是永兴军"一路独得免"。司马光在关中与新法唱对台戏，直到次年四月他被调知河南许州为止。

关中大儒赵瞻（1019—1090年），周至人，当时与张载齐名。早在王安石之前，他就在侍御史任上上疏宋英宗，抨击"积久之弊"。王安石执政之初对他寄予厚望，曾建议提拔他任要职，以便为变法效力。然而赵瞻所主张的除弊之策仅限于庆历新政式的吏治整顿之类，对王安石"抑兼并"的一套新法很为反感，尤其对起源于陕西的"青苗法"深恶痛绝。熙宁初，他在陕西任知商州、提点陕西刑狱时，一直抵制青苗法。熙宁三年（1070年）神宗根据王安石建议调他入朝准备重用，

---

[1]《宋史》卷336《司马光传》。

他却在面见神宗时严厉抨击青苗法为唐末乱世搜刮民财的苛法。于是他与王安石决裂，无法在京任职，很快被外任为陕西转运副使、知同州。他回到关中后依然抵制新法。不久，变法派为扩充财源，又令他主持发行交子（纸币），他再次拒绝，指出发行纸币需要"本钱足恃"，反对"多出空券"[1]，搞通货膨胀。于是他与变法派关系更加紧张，不久便请还乡里，担任提举凤翔太平宫的闲职去了。

吕大防（1027—1097 年）是北宋关中著名的士大夫之门蓝田吕氏中最出名的一人。他也和赵瞻一样有过先呼吁改革而后又对"抑兼并"的新政持敌视态度的经历。熙宁六年（1073 年）他被贬官回陕，知华州，恰值华山发生山崩，吕大防以此上疏，"援经质史，以验时事"，说这是上天示警，劝神宗及变法派"畏天之威，于时保之"，对新政进行反省。元丰初年，他改知永兴军，这时天上出现了慧星，他又借天说人，上疏陈"三说九宜"，对新政提出强烈批评，并代表当时的反对派，要求朝廷"广受言之路，宽侵官之罚，恕诽谤之罪，容异同之论"。不久，五路伐夏之役兴，朝廷向关中"调度百出"。他没有像当年司马光那样顶牛，而是百般周旋，"务在宽民"，战争结束后永兴军"民力比他路为饶，供亿军需亦无乏绝"。[2]

很难对这些关中士大夫抵制新法的行动予以简单的否定或肯定。在当时社会危机日益深化的历史条件下，他们或因循守旧，不思改革，或只想作些细枝末节的除弊工作而不愿寻求从根本上改弦更张之道，这种保守态度当然是不足取的。而像司马光那样反新法反到如此极端的地步，以致于一切与新法有关的人与事他都要对着干，就更不可取了。但是尽管如此，我们也很难仅因为他们反对新法便把他们列为"大官僚地主"的代表，并同时封他们的对立面为"中小地主"的代言人。事实上保守派也是想消除"兼并"的，他们在反对新法时常持的理由

---

[1]《宋史》卷 341《赵瞻传》。

[2]《宋史》卷 340《吕大防传》。

便是新法"利于富不利于贫"。更重要的是，当新法在实践中已经被专制权力扭曲为一种"官自为兼并"的苛政时，他们对它的抵制无论是基于什么样的理论，客观上都具有减轻苛政危害的作用，因而是受到关中人们赞扬的。应该承认，这些人在当时的陕西社会上的口碑就比他们的许多对立者要好。后来在北宋末经过几度政坛上的反覆之后，"变法派"最终获胜，司马光、吕大防、赵瞻都被定为"元祐奸党"而遭到官方的彻底否定，但陕西人民（不仅仅是陕西士大夫）对他们一直持有同情与尊重。当时，朝廷曾通令全国各郡县都刻立《元祐奸党碑》，长安石工安民也被找来刻此碑，安民拒绝说："民，愚人，固不知立碑之意。但如司马相公者，海内称其正直，今谓之奸邪，民不忍刻也。"京兆府官员大怒，威胁要将他治罪，他被迫刻石，但又哭着要求不要把自己的名字刻于石末（当时立碑例刻石工之名以为记），以免遭后人唾骂。闻者无不感叹。[1]关中人心由此可见一斑。

---

[1]《宋史》卷336《司马光传》。

第四章　宋金战争中的陕西（上）

一　陕军勤王与娄室入陕

正当蜕化了的"变法派"在北宋及陕西境内再度掌权，对内大整"元祐奸党"、大肆聚敛民财，对外与西夏再度发生麻烦的时候，北方的形势发生巨变：东北地区兴起了女真人建立的金国，并日益强大起来。宋金结成"海上之盟"，联合灭辽。然而不久，在灭辽之役中看透了北宋的腐败与虚弱的女真贵族又大举发动了侵宋战争。辽阔的北方大地，陷入了更为惨烈的兵燹战火中。

拥有全国兵力 40% 以上的陕西宋军，在北宋王朝危亡之际，几度奉诏东调勤王。

徽宗宣和七年（1125 年），金军第一次大举南侵，宋廷于这年冬召熙河经略使姚古、秦凤经略使种师中率部入援。次年五月，姚、种在增援太原途中于寿阳石坑被金军击溃，种师中战死，姚古被宋廷撤职流放。

钦宗靖康元年（1126 年）一月，宋廷再调种师道率领泾原、秦凤两路宋军赴汴京勤王。种军沿途揭榜，自称"种少保领西兵百万来"。种家将的第三代种师道是种世衡的孙子，此时已 76 岁，年老多病，已经退休，这时又重被朝廷起用。他以垂暮之年，鞠躬尽瘁，在汴京主持勤王抗金军事，在朝中抗战派李纲等人和汴京军民的支持下，种师道一度稳定了汴京的局势，迫使金军解围。但在朝中投降派的排挤下，种师道已无力回天。这年十月，种师道在金国再度围城前病逝。他与数月前为国捐躯的弟弟种师中都死在抗金前线，"二种"加上哲宗时在熙河前线阵亡的种朴，谱写了种家三代人抗敌报国悲壮历史的最后篇章。种师道死后才两个月，汴京陷落，二帝"蒙尘"，种家军的历史与北宋一起结束了。

与种家将率领陕西宋军主力东出潼关勤王的同时，当时属河东路的麟府宋军也在折家将的率领下直渡黄河增援山西战场。宣和七年冬，西路金军进攻雁门关，河东第二将折可存、河东第一将部将折可与赴援，在崞县（在山西）被围，全军覆没。可存、可与皆被俘，可与不屈牺牲，可存从应州（山西应县）俘虏营中逃回，病死在宋境。

与崞县之败同时，麟府宋军主力2万人由知府州折可求率领，取道岢岚、宪州（今山西静乐县）救援太原。在太原以西的交城与金军大战，宋军远来，劳不敌逸而败。次年正月，折可求与其侄折彦质率部至汴京与种家军会合，共捍京师。金军暂时解围后，勤王军被遣归。七月，折可求率军再解太原之围，屯兵汾州，与金军大战于文水。宋军大败，数万人被歼，可求兵溃子夏山。九月太原陷落，可求率麟府军残部退回河外，基本丧失了战斗力。

靖康元年十一月，金军再次包围汴京，宋廷又令陕西制置使钱盖、陕西宣抚使范致虚率兵勤王。钱盖勤王兵号称10万，在东进途中接到已向金人投降的宋廷停止进军的命令，遂滞留在颍昌府（今河南许昌），进退失据。次年春汴京城破消息传来，全军不战而溃，钱盖逃走。

钱盖师溃，范致虚仍然进军。他倾全陕宋军的主力号称20万，率环庆经略使王似、熙河经略使王倚，会合西道副总管孙昭远，又令部将杜常、夏俶征发民兵（乡兵）随征。一时浩浩荡荡，水师沿黄河出三门峡，陆军分道出潼关和武关，三路并进，摆出一副收复京师、中兴宋廷的架势。当时在汴京沦陷后潼关已为金河南驻军接管，范致虚夺回潼关后，自潼关跨渭河沿黄河西岸筑起一道"长城"，直达龙门，似乎是进可攻、退可守了。

当时，宋廷的确对陕西寄以厚望。不仅再三再四地调陕军勤王，还多次讨论过迁都关中，至少是"驾幸关中"的问题。靖康元年正月，刚刚"受禅"继位的宋钦宗就想放弃汴京，宣称"朕将往陕西，起兵以复都城"，后为李纲所劝止。种师道勤王至汴，也上疏"请幸长安，以避其锋，以守御（汴京）事付将帅"。这年十一月金军再次围城时，宋钦宗又想效法唐玄宗，留太子守汴而自己西逃，"据秦雍，领天下兵亲征，以图复兴"。宋将张叔夜又建议钦宗"暂诣襄阳，以图幸雍"[1]。范致虚及其后任唐重、沿河安抚使郑骧等也曾多次请求宋廷迁秦。从后来金军几次进军陕西都是大掠一番后退走，直至绍兴十年（1140年）才最后定下占有陕西建立持久统治的情况看，女真贵族在长达10余年的时间内还未决定真正统治陕西。宋廷退缩关中，依靠陕西军队苟延残喘一段时间，并不是没有可能的。如果那样的话，历史上出现的可能就不是北宋、南宋，而是"东宋""西宋"了。然而一登基就想逃跑的宋钦宗，到了这时甚至连逃跑的勇气也没有了，只能坐在汴京城里束手待毙，让金人弄去"北狩"。

而这时的范致虚虽然摆出一副战守两备、志图中兴的样子，还斩杀了持宋钦宗在金人裹胁下手书止援诏书前来诱"和"的金使，率军继续东进，但他"勇而无谋"，"儒者，不知兵"，[2]又不信任将帅，却把一个叫赵宗印的和尚奉为神明，言听计从。宗印招募一批僧人为军，号"尊胜队"，又招童子为一军，号"净胜队"，装神弄鬼，诸将皆怨。范致虚又遍招陕西沿边五路帅臣，而泾原席贡、秦凤赵点、鄜坊张深三路皆不至[3]，只有环庆王似、熙河王倚如期率部来会。貌似强大的陕西宋军，已经开始解体了。

这年冬，范致虚督军进入河南，金守臣高世由对金帅粘罕说："遣

---

［1］《宋史》卷353《张叔夜传》。

［2］《宋史》卷362《范致虚传》。

［3］《宋史》卷453《孙昭远传》。

斥候三千，自足杀之。"果然，范致虚的大军开至邓州（今河南邓县）千秋镇，被金将娄室以骑兵一冲，即不战而溃，死者过半。范致虚斩了率先逃跑的部将杜常与夏俶，率余军退入潼关，留孙昭远、王似、王倚守陕州（今河南三门峡市）。次年即南宋开国的建炎元年（1127年），范致虚又与僧宗印领兵出武关，至邓州，金将银朱来攻，范致虚与宗印都不战而逃，军溃。这年冬，金军攻伊阳（今河南汝阳），孙昭远败死。号称20万的陕军最后一次东进，就这样完结了。

种家将、折家将的先后溃败，钱盖、范致虚的一再丧师，使陕西宋军实力丧尽，关中的大门实际上等于向金人打开了。

建炎元年冬，攻占了河南、山西的金军粘罕派遣其悍将娄室从禹门口踏冰渡河，攻入关中，拉开了宋金陕西争夺战的序幕。这时经过连续四次"勤王"之后的陕西几乎已无兵可守，娄室挥军进入韩城、华州，又至同州，宋朝通判以下官员都逃走，只有知同州兼沿河安抚使郑骧不去，城陷，郑骧投井自杀。

金军长驱而至京兆府，继范致虚之后任经略使的唐重先请宋廷迁都关中，继请派宗室重臣入关中统帅诸路帅臣御敌，最后又请宋廷授权自己节制五路兵马，宋廷均置之不理。唐重知道事不可为，致书与父亲诀别。这时城中兵不满千人，唐重遣提举永兴军路军马程迪招民兵入城共守。金军攻城。唐重等以微不足道的兵力，居然坚守古都十余日。建炎二年（1128年）正月长安地震，金军乘机入城，宋河东经制副使傅亮以精锐数百人夺门而出，向金军投降，唐重与程迪及副总管杨宗闵、转运使桑景询、提点刑狱郭忠孝、判官曾谓、经略司主管机宜文字王尚各率亲兵与金军巷战。程迪"身被创几遍，绝而复苏，犹厉声叱战不已"[1]，唐重的部将请掩护唐突围，唐重说："死吾职也！"[2]于是唐重与程、杨、桑、郭、曾、王等全部战死。

---

[1]《宋史》卷447《程迪传》。
[2]《宋史》卷447《唐重传》。

长安古城陷落了，但唐重等人宁死不屈的精神却永垂青史。唐重之守长安，也与当时的李彦仙守陕州、韩浩守潍州、向子韶守淮宁等一样，成为南宋初官民誓死抗金、与城共存亡的一个千秋典范。

娄室攻陷京兆府后，又分掠关中各地，东起潼关，西至秦、陇相继沦陷，娄室部将斡鲁破宋刘光烈军于冯翊。但是金军在从凤翔西进巩州（今甘肃陇西县）时被宋熙河经略使张深击退，并在新店、熟羊城两度受到宋军袭击，张深的部将张严甚至一直追敌至凤翔境，结果在凤翔城西五里坡遇伏牺牲。宋将刘清臣弃凤翔逃走。娄室遂陷凤翔。

至此，娄室以女真军的一支偏师长驱直入，仅一个多月时间就占领了东起潼关、西至巩州的关中全境。但金军这次用兵纯属击溃陕西勤王宋军之后的"乘胜追击"之举，并未打算久据关中。而且此时关中南北两翼的陕南陕北都还在宋朝手里，关中地区也出现了许多"义军"，娄室无心恋战，遂在大掠之后于三月间退出关中。宋将王择仁尾随其后，"收复"了京兆府，关中暂时又重归宋有。

二 史斌起义与关中再陷

北宋灭亡后的十多年内，是中国历史上一个极为动荡的时期：南宋立足未稳，"偏"而不"安"，金军穷追，苗、刘兵变，人民起义此伏彼起，"军贼"土匪纷如蝟毛，朝中和、战歧议，忠、奸斗争，政治腐败，冤狱屡起。而北方的金朝也是内争纷纭，阋墙时见，新土未定，义军蜂起，对南宋是存还是灭，对中原、陕西是弃，是并还是立为藩属，都还在大政未定之际。陕西更是如此，自北宋灭亡之后，张浚来陕以前，宋朝在陕西实际上没有一个统一的领导体制。新立的小朝廷暂时还顾不上西北，诸路将帅各自为政，军政的混乱与人民的苦难都倍于平时。而金朝对陕西也还没个长远打算，纵兵几进几出，形成拉锯之势。就在这一片混乱中，南宋控制下的地区发生了宋金对峙时期陕西最大的一次人民起义——史斌起义。

史斌原是北宋末著名的农民起义首领宋江的部将，据某些史家考证，他就是传说中宋江麾下的好汉九纹龙史进的原型。[1]宋江受招安后，他成为宋军的下级军官，两宋之际正驻扎于陕南。南宋建炎元年（1127年）夏秋之后，金军攻占了潼关以东地区并准备侵入关中，中原人民大批涌入关中，并汇合关中人民大批逃向陕南，企图入川避难。宋朝兴州（今略阳县）知州向子宠却如临大敌，屯兵把守关隘，不让难民入境。几十万难民被阻于关下，进退无路，饥饿流离，大批死于关前。史斌自随宋江受招安后一直有东山再起、重举义旗的打算，这时见宋朝官吏如此不顾人民死活，遂决意起义。

这年七月，史斌在兴元府（今汉中）境内号召难民起兵反宋，走投无路的难民一呼百应，纷纷揭竿而起。史斌率领他们一举攻下兴州，并改变宋江不肯建号，为受招安留后路的做法，在兴州建号称帝，以示与宋决裂，一时"诸郡多应者"。史斌在人民支持下攻占凤州、武休（今留坝县），企图进占兴元府，为宋将章知己所扼。又顺嘉陵江南下利州（今四川广元），企图进军四川。宋川陕宣慰副使卢法源慑于义军声势，令诸将坚壁自守，不敢出战。史斌无法攻破剑门天险，便回师北上，进入关中。

这时正值娄室所部金军在大掠关中后暂时退走，关中各州县人民组织义军攻杀金所置守令，纷纷收复州县。史斌也收复了华州，并入据长安。但当地附宋抗金的义军并不同意史斌反宋，企图为宋"平叛"。而史斌却不自知，仍以他们为友军。建炎二年（1128年）四月，义军将领张宗谔到长安，诱使史斌解散部众，史斌居然没有表示异议。正当张宗谔准备为宋"除患"时，曾经在金军入陕之际退到秦岭以南去的宋军却来向义军"收复"失地了。宋泾原军统制曲端遣部将吴玠突袭史斌，史斌猝不及防，逃到长安附近的鸣犊镇，为吴所擒。而曲端

---

[1] 参看华山：《〈水浒传〉与〈宋史〉》，《宋史论集》，齐鲁书社，1982年，137—155页。

则竟然连附宋抗金的张宗谔也不放过，袭而杀之，史斌也被押解到长安杀害。于是曲端等便以"收复"关中之功向朝廷邀赏了。

　　除了人民起义以外，南宋陕西军政界的内部纷争也持续不断。京兆府第一次沦陷时，陕西漕、宪二司主官均殉难，南宋东京留守宗泽于是承制授鄜延路经略使王庶为权陕西制置使、节制陕西六路军马，以期统一陕西的军政事权。但是王庶与他的两位前任唐重与范致虚一样无法调动诸帅，这时曲端在陕西宋军中开始崭露头角，他是泾原路经略使席贡手下的统制官，金军退出关后他在诸将中抢先进入这片政治真空地带，关中义军无论是反宋的（如史斌）还是附宋的（如张宗谔）都被他一一吃掉，于是羽翼渐丰，不把席贡放在眼里。王庶这时正愁诸帅难制，想笼络曲端为己用，于是奏请授曲端为节制司都统制，在节制使领导下调度六路军队，席贡等反而在实际上成了他的下属。然而诸路将帅既不买他的账，而他也不买王庶的账，王、曲矛盾日深。

　　就在他们勾心斗角之际，金人又卷土重来了。建炎二年（1128年）七月下旬，金王朝在经过一番讨论之后，决定派讹里朵与粘罕率金军主力南征，计划穷追宋高宗，消灭宋王朝。另派娄室仍为偏师，再攻陕西，以牵制川、陕方面的宋军。于是时隔仅四个多月，女真骑兵又一次践踏了关中大地。

　　八月，娄室入潼关，在华州、同州连败宋军，部将讹特剌破宋军于渭水，攻取下邽（今渭南市北），金监军绳果取蒲城。九月，金军再次攻陷永兴军，宋经略使郭琰弃城退保南山中的义谷。这时王庶想部署反击，召曲端会兵永兴、耀州间，曲端拒不从命，王庶无奈，令席贡另派庞世才来会，而调曲端回泾原，并派节制司部将贺师范会诸军于耀州，企图夺回永兴军。正当王庶准备前往耀州督战时，曲端忽然翻悔，声称自己要指挥这场战役，阻止王庶前来。这时贺师范轻敌冒进，在八公原遇敌败死，诸将溃逃，曲端乘机夺取了泾原军的指挥权，更不把王庶放在眼里了。

　　金军侦知王、曲不和，十月间乘机出兵进攻鄜延。曲端统帅泾原兵驻淳化，任凭王庶几十次来人来函调他赴援，他一概不理。王庶无奈，远招陕南兴元府的宋军来援，援军刚到甘泉，延安已陷。鄜延一路州郡都陆续失守。王庶丢了地盘，不得已带领节制司诸官属到曲端控制区去"劳军"。曲端对这位落难的上司极尽凌辱，两人为延安失守责任的事吵了起来。曲端一怒之下要杀王庶，幸得南宋朝廷派来的抚谕使谢亮劝阻。王庶好汉不吃眼前亏，向曲端赔了不是，曲端夺了他的节制使印信，扣留了他的官属，才把王庶放走。王庶从此把曲端恨之入骨。而曲端夺了王庶的大印后，俨然以节制使自居，向诸帅发号施令，诸帅不予理睬，陕西宋军内部更加混乱了。

这时金军在攻克延安后继续北进，绥德、清涧相继于十一月间陷落。麟府军统帅折可求自两年前勤王败归后就一直在观望，眼见金军势大，渐怀二心。娄室又捉获其子折彦文，让他作书招降父亲。折可求遂于是月以麟、府、丰三州及九堡寨降金。折家为宋朝世守河外百余年，可求的从兄弟可与、可存都死在抗金战争中，而他本人却终于腆颜事敌，成了金初仅次于刘豫的第二大傀儡头领！

至此，南宋在今陕北的统治大部崩溃，只有一座孤城，这就是黄河边上的晋宁军（今佳县），尚在为宋坚守。晋宁军与其北的麟、府、丰三州当时均归宋河东路管辖，在太原失守后，这里就成了河东路仅存的一块宋土。守将徐徽言英勇善战，曾渡河东收岚（今山西岚县）、石（今山西离石）等州，北复麟、府之地，陕西、河东两路的金人都为之不得安宁。

折可求降金后，晋宁军陷入金军的包围。折可求与徐徽言是儿女亲家，娄室便派折可求来劝降。徐徽言登城痛斥其降敌罪行。折可求说：你为何对我无情？徐徽言张弓骂道：你对国家无情，我还对你有何情？休说我无情，此箭更无情！说罢一箭而中，可求负伤逃去。徐徽言以大义激励将士死守，从这年十一月一直坚持到次年（建炎三年，1129年）二月。"当是时，环河东皆已陷，独晋宁屹然孤堣，横当强敌，势相百不抗。"黄河对岸山西境内山谷中百姓为徐徽言忠义所感，组成义军增援晋宁，"浮筏西渡，与金人鏖河上，大小数十战"[1]。最后，孤城粮尽矢绝，水源被切断，徐徽言把守城器械聚而焚之，以免资敌。金军攻入城内，徐徽言仍据守衙城坚持了一昼夜。最后聚家眷纵火自焚，被部下救免，遂被俘。

娄室亲自劝徐徽言投降说：二帝已北去，你为谁而守呢？徐答：我只愿以死报太祖太宗于地下，不知其他！娄室又称：若肯屈就，可委任你世守延安，甚至把整个陕西封给你也行。徐大骂道：此膝岂能向你们这些鼠辈而屈？娄室以刃相向，想逼其退避，徐徽言挺胸迎刃不为动。又劝饮酒，徐徽言又举杯向娄室砸去。折可求再来劝降，更被他骂得狼狈而出。娄室计穷，终于将徐徽言杀害。后来粘罕闻知，大为感叹，并斥责娄室擅自杀害"义人"而予以处分。

徐徽言守晋宁，比上次金军入陕时唐重之守西安，尤为英勇悲壮。娄室两度入陕，都是在旬月间横扫关中，没想到在这小小孤城之下竟然受阻三个月之久！晋宁的坚守不仅在精神上对陕西军民的抗金斗争是很大的激励，在军事上也是很有价值的：当娄室被阻挡在晋宁城下的那三个月里，宋军得以乘金军主力滞留陕北，连续收复了鄜、坊（今黄陵县）、华诸州及京兆府。

娄室平定了陕北，留降将折可求守绥德，部将婆卢火守延安，自率军又从陕北南下重新收拾被南宋夺去的关中州县，建炎三年（1129年）四月再取鄜、坊二州，十月，京兆府、巩州皆降。娄室第三次夺得了关中，但仍未能稳定占领。不久因李彦仙为宋据守潼关以东的陕解诸州，威胁到娄室军与中原金朝后方的联系，娄室遂移兵出关去围攻陕州。关中各地又陆续重归于宋。

总之在建炎元年冬至三年冬的这两年间，宋金双方在陕西反复拉锯，却都没有一个稳定的战略思想与长远打算。娄室就像猴子掰苞谷，每攻必克，却又旋克旋弃，宋军则敌来我避，敌弃我取，而且常常为

---

[1]《宋史》卷447《徐徽言传》。

取敌之所弃而自相火并。王择仁"复"长安，而郭琰逐走之，张宗谔入京兆，而曲端剿杀之。长安城在这两年之内不仅三陷于金，而且在为宋所有时也是乱哄哄你方唱罢我登场，唐重、王择仁、郭琰、张宗谔、史斌、曲端、王庶与吴玠都曾成为它的主人。这就是宋金陕西战争第一阶段（1127—1129年）的特点。

三 张浚入陕与富平之败

建炎四年（1130年）起，宋金陕西战争进入第二阶段。这一时期双方的对陕政策都比前一阶段大不相同了。

金朝方面，这时对陕西的屡取屡弃已感到不耐烦。"先遣娄室经略陕西，所下城邑叛服不常，其监战阿卢补请益兵。帅府会诸将议曰：兵威非不足，绥怀之道有所未尽。诚得位望隆重、恩威兼济者以往，可指日而定。若以皇子右副元帅宗辅往，为宜。以闻。诏曰：'娄室往者所向辄克，今使专征陕西，淹延未定，岂倦于兵而自爱耶？关陕重地，卿等其戮力焉。'"[1]这表明：金朝经过对前一阶段战事的反省，已决定：（1）不能继续容忍"关陕重地""淹延未定"，"叛服不常"，而要稳固地据有关中。（2）之所以陕西至今"淹延未定"，主要不是金军兵力不强，而是由于金朝未尽"绥怀之道"，为此，就要建立正常的统治秩序。（3）金朝已认定娄室不足以治陕，遂派女真宗室中位最高权最重的讹里朵（完颜宗辅）与最善战的兀术（完颜宗弼）主持陕政，以期"恩威兼济"，平定关陕。娄室原来独力征陕，这时已仅仅是金朝征陕大军中的一部，可见金朝已把陕西看成了征宋战争的主战场。

南宋方面，于建炎三年五月任命当时朝中最有威望的重臣张浚为川陕宣抚处置使。张浚认为"中兴当自关陕始"，把陕西看作是扭转全

---

[1]《金史》卷3《太宗纪》。

国战局的关键。当时宋朝还有人提出：天下大势犹如常山大蛇，"秦蜀为首，东南为尾，中原为脊"，"以东南为首，安能起天下之脊哉？将图恢复，必在川陕。"张浚甚至有一次建议宋高宗"驾幸"陕西，并得到高宗原则上的同意，派出吕颐浩到武昌设立中间站"为趋陕之计"。宋金双方都把陕西视为根本。

这年十月，张浚来到陕西，坐镇陕南兴元府，开始调兵遣将。张浚的威望远非王庶、唐重所能望其项背，陕西诸帅群龙无首的状况消失了。张浚以刘子羽参议军事，作为主要谋士，以赵开为随军转运使，负责后勤补给。两人皆为出色的人选。只有在处置使之下统领各路军马的宣抚处置司都统制一职颇令他费踌躇。当时陕西宋军中论战绩要算曲端为最，可是自他要杀王庶之事传到朝廷后，很多人便疑心他谋反。张浚考虑再三，还是保荐他担任了此职，同时又把他的部将吴玠由都监升为统制，使其独当一面。

建炎四年四月，金军娄室部在攻陷陕州之后，又一次长驱入潼关，先后攻陷三原、淳化、乾州、邠州等地。吴玠在彭原阻击金军，先得小胜，后来金军大至，吴玠向曲端求援，曲端却不肯发兵，致使吴玠兵败。而娄室也旋即退走。这时，张浚与曲端也发生了分歧。张浚从全国战局出发，鉴于当时兀术所领金军主力仍在两淮，随时有可能再次过江南侵，因而主张提前在西北战场发动攻势，以牵制金军西顾，减轻东南战场对宋的压力。而曲端却认为"金人新造之势，难与争锋。宜训兵秣马，保疆而已，俟十年乃可一战"[1]。张浚对他的这种态度很不满意，加上吴玠等人诉说曲端不援彭原之过，张浚遂下决心罢免了曲端的都统制一职，由他自己亲任指挥之责。其实，如果仅就陕西战场的局部形势看，曲端的分析并非全无道理，当时西北宋军远未作好大规模进攻的军事准备，野战更非宋军所长。虽然未必要十年后方可一战，但马上就大举进攻，确有孤注一掷之虞。因此，当时张浚身边

---

[1]《宋史》卷369《曲端传》。

的人大都不赞成发动进攻。八字军名将王彦认为"陕西兵将，上下之情未通；若不利，则五路俱失。不若且屯利、阆、兴、洋（今川北陕南一带），以固根本。敌入境，则檄五路之兵来援，万一不捷，未大失也。"[1] 吴玠则主张宋军"宜各守要害，须其弊而乘之"，而不宜匆忙进攻。[2] 张浚最信任的谋臣刘子羽也力争不可战。但张浚回答说："吾宁不知此？顾今东南之事急，不得不为是耳！"[3] 为了全国抗金的大局，即使是孤注，张浚也决心一掷了。

这年七月，金军主力中最慓悍的兀术一军终于从东南远调西北，会合娄室一军，在讹里朵的指挥下投入陕西会战。张浚则派吴玠于八月间再占京兆，接着又收复了鄜延诸军。九月间，张浚在邠州设立前敌指挥所，调集熙河路刘锡、秦凤路孙偓、泾原路刘锜、环庆路赵哲四经略使，以及临时受命统带鄜延路军的吴玠，其陕西五路骑兵六七万，步兵十余万，号称40万之众，向东挺进，九月二十四日，与讹里朵、兀术、娄室率领的金军主力相会于富平，展开了宋金战争史上前所未有的大战。会战的双方可以说是势均力敌，旗鼓相当：宋军兵力"数倍于敌"，但军事素质则金军占优势；战区地势金高宋低，于宋不利，但"前阻苇泽，敌有骑不得施"[4]，金军也有他的困难。而陕西人民则给予宋军以全力支持，"诸路乡民运刍粟者，络绎未已。至军，则每州县自为小寨，以车马为卫，相连不绝。"[5]

开战之初，娄室率金军人人背负柴捆土袋，很快填平了阻碍金骑的沼泽地带，向宋营发动冲锋。刘锡、刘锜率领熙河、泾原宋军则从左翼杀入敌阵，把兀术的左翼金军重重包围，兀术几不能支，悍将韩

---

[1]《宋史》卷368《王彦传》。

[2]《宋史》卷366《吴玠传》。

[3]《宋史》卷370《刘子羽传》。

[4]《宋史》卷366《吴玠传》。

[5] 李心传：《建炎以来系年要录》卷37，建炎四年九月癸亥条，中华书局，2013年，第838页。

常被一箭中目，"怒，拔去其矢，血淋漓，以土塞创，跃马奋战，遂解围，与宗弼（兀术）俱出"。[1]

就在金军左翼告急的时刻，娄室率领的右翼金军突入了赵哲的环庆军军营，贪生怕死的赵哲立即丢下部队逃窜，环庆军失去主将，首先崩溃，其他各路宋军见右翼已失，也惊恐败退，于是宋军兵败如山倒，金军则转危为安，大获全胜。张浚从邠州一直败退数百里，到秦州（今甘肃天水）才站住脚。宋军人马军资损失不计其数。金军乘胜四出追击，攻势持续了数月之久。十月，耀州、凤翔府相继降金。十一月，讹里朵攻下泾州。渭州、原州宋军败降。宋泾原路统制张中孚等一大批将领降金。十二月，熙河路路治熙州投降，熙河宋军全部崩溃。这时娄室病死，讹里朵以阿卢补继之为左翼都统，兀术为右翼都统，分头招降各地。到次年春，巩、洮、河、乐、兰、廓、西宁、积石等州和定远等城寨，先后降金。陕西五路大部沦陷，秦岭以北的今陕西大部省境都为金军所征服。张浚从秦州败退到兴州，"簿书辎重，悉皆焚弃"，[2] 又再退入川北的阆州（今四川苍溪县境）。当时甚至有人主张把制置司迁到远离秦岭千里、长江三峡边上的夔州（今四川奉节县）。一场大战遂以宋朝的惨败而结束。[3]

富平之战可以说是整个宋元时期今陕西境内发生的最大一次战役。此前虽然也有过所谓"五路伐夏"这类大举，但那是大范围的战略行动，从未有过像富平之战那样五路十几万兵马都投入一次大规模战斗的。就一次战斗而言，富平之战恐怕是陕西有史以来最大的恶战之一。它的直接结果对南宋可以说是一场灾难：损兵折将之外，秦岭以北的国土全部丧失。此后虽然宋军北入关中或金军南下陕南的事屡次发生，但从总体上来说，宋、金隔秦岭对峙的长达一个世纪之久的历史时代

[1] 《金史》卷77《宗弼传》。

[2] 李心传：《建炎以来系年要录》卷39，建炎四年十一月纪事，第875页。

[3] 周密：《齐东野语》卷2《富平之战》，齐鲁书社，2007年，第15页。

从此开始。

然而从全国的大局看，富平之战对南宋方面也有积极的影响。首先它是宋金开战以来第一次由南宋方面主动进攻的大规模作战，这对此前宋朝在金军攻击面前难有招架之功，更无还手之力的状况而言堪称一次转折。从这一点看，无论富平之战的结局怎样，仅它能够发动这一点就是有重要意义的。

其次，从全国战局看，富平之战也确实如张浚原先所考虑的那样，把金军主力吸引到了西北，从而缓和了南宋心脏地带东南诸路的压力。金军主力兀术部自此役后就长期留在西北战场，东南只有挞懒一军，难有大的作为。因此清代史家曾评论富平之役的得失说："川陕虽挫，而东南遂高枕无事矣。"[1]

四　蜀口三战

富平之战后，南宋政府摆脱了女真铁骑再次渡江的威胁，有了喘息之机。临安小朝廷利用这个机会大力"安内"，在从建炎四年秋到绍兴四年秋（1130—1134 年）的四年间，不断派出包括岳飞、韩世忠等名将在内的大军，到处征讨"群盗"，结果，除了洞庭湖区的杨幺一军外，到这个时期结束时，其他较大的农民起义军都已相继被镇压。

而金朝方面，自建炎三、四年的大规模南侵以后，女真贵族已感到仅用"兵威"不可能解决南方问题，因而逐渐改取"和战并用，东守西攻"的战略，在中原地区主要利用刘豫伪齐政权作为屏蕃，支持它对抗南宋并为金朝火中取栗。同时放回秦桧，利用投降派来牵制南宋抗战力量。而在西北，则集中主要军事力量与南宋争夺"蜀口"（秦岭战略通道），力图从秦陇攻入四川，控制长江上游，扼住南宋的咽喉

---

[1]　全祖望:《鲒埼亭集外编》卷37《曲端论》。

而制其死命。

这样，陕西战场便在一段时间内成了宋金战争的核心战场。

富平兵败后，陕西六路中只有阶、成、岷、凤、洮五州，以及凤翔的和尚原、陇州的方山原两个军事据点仍为宋军控制。张浚退入阆州时，诸将不知宣司所在，一时茫然无措。张浚立即派刘子羽回陕联络，很快恢复了指挥系统，诸路宋军尚有十余万，集结在三个地区：关师古的熙河兵在岷州大潭（今甘肃岷县境），孙偓、贾世方的泾原、凤翔兵在阶、成、凤三州，吴玠所部在凤翔大散关东的和尚原。虽经大败，但陕西宋军并未回到张浚入陕前那种群龙无首的状态。张浚想尽一切办法维持制置司的权威。富平之战刚结束，就在秦州召集诸将，斩了率先逃跑的赵哲，罢斥了指挥无方的刘锡。绍兴元年（1131年）六月，张浚任命吴玠为陕西诸路都统制，又把原来担任此职的骄将曲端处死。曲端虽有一定的军事才能，但他跋扈过甚，吴玠、王庶等人都一致要求处置他。于是张浚抓住说是曲端所写的两句诗："不向关中兴帝业，却来江上泛渔舟"[1]，指控他攻击皇帝，再加上其他一些罪名，遂将他置于死地。其实从这两句诗看来，它与张浚本人"中兴必自关陕始"的思想是相通的。杀曲端完全是出于制置司"立威"的需要，时人多以为是个冤狱。不过从客观效果看，它对稳定大败之后的军政秩序起到了一定作用。

于是，绍兴元年春以后，南宋方面大崩溃的趋势得到遏制，到这年初冬，遂有了和尚原之捷。

和尚原之捷的功臣是南宋陕西抗金名将吴玠，并由此而开创了此后很长一个时期"吴家将"主持川陕抗金大业的局面。吴玠（1093—1139年），陕西德顺军陇干县（今甘肃静宁县）人，十余岁时入宋泾原军，抗夏有功，到北宋灭亡的那一年，已从行伍升至泾原路军第三副将。南宋建炎二年春娄室首次入陕，分其部谋侵泾原，吴玠在青溪岭（今

---

[1] 李心传：《建炎以来系年要录》卷43，绍兴元年三月丁亥，第930页。

甘肃泾川县西南）击败之，追击 30 里，"金人始有惮意"[1]。建炎四年的彭原之役，吴玠虽因曲端不援而最终受挫，但也给金军很沉重的打击，金将"撒离喝惧而泣，金军中目为'啼哭郎君'"[2]。有趣的是，吴玠作为曲端的部将，正如曲端作为席贡的部将、席贡作为范致虚的部将一样，对其上司是很不买账的，而这几个部将的才能，也的确是一个超过一个。张浚入陕后，才把他荐拔为独当一面的大将，所以后人有认为此一荐拔之功即足以当其富平战败之过了。

富平败后，吴玠收集散卒，来到和尚原"积粟缮兵，列栅为死守计"。和尚原在今宝鸡市南，扼秦岭故道北口，"最为要冲，自原以南，则入川路散；失此原，是无蜀也"[3]。当时在宋军尚存的五州二原之地中，和尚原最为孤悬。有人劝吴玠退守汉中，他说："我保此，敌决不敢越我而进，坚壁临之，彼惧吾蹑其后，是所以保蜀也。"[4]因为孤悬，后勤保障困难，但附近沦陷区凤翔府一带的百姓感其孤军抗敌之志，"相与夜输刍粟助之。玠偿以银帛，民益喜，输者益多。金人怒，伏兵渭河邀杀之，且令保伍连坐。民冒禁如故"[5]。在人民的支持下，和尚原得以粮足栅固。

金军为了打开入汉中的门户，于绍兴元年（1131 年）五月，由金将没立（金主完颜晟侄）从凤翔、乌鲁折合从阶（今甘肃武都县）、成（今甘肃成县）两路合击和尚原。当时，吴玠的数千"散卒"驻守原上，朝问隔绝，许多将士的家属留在金占区，人心动摇，甚至有人密谋劫持吴玠投降敌人。吴玠侦知，即召集将士勉以忠义，当场与众将士歃血为盟，誓死抗敌。在稳定了军心之后，吴玠出兵邀击没立，不让两敌会合。没立受阻，绕道攻箭筈关（今岐山县东），也被吴玠的部将杨

---

[1]《宋史》卷 366《吴玠传》。

[2]《宋史》卷 366《吴玠传》。

[3] 李心传：《建炎以来系年要录》卷 134，绍兴十年三月丙戌，第 2508 页。

[4]《宋史》卷 366《吴玠传》。

[5]《宋史》卷 366《吴玠传》。

政击退。于是只有乌鲁折合一军抵原下，吴玠乘其布阵未成，俯冲下原，乌鲁折合大溃而逃。

金帅兀术得报大怒，十月间亲自上阵，"会诸道兵 10 余万，造浮桥跨渭，自宝鸡结连珠营，垒石为城"，与宋军对垒。吴玠命宋军以劲弓强弩，轮番迭射，号曰"驻队矢"，金军在密集的箭雨下伤亡惨重，不得不撤退。这时吴玠军伏兵齐发，绝其粮道。金军且战且走，行 30 里而至山口，又遇上宋军的伏击。金军大败。"俘馘首领及甲兵以万计。宗弼（兀术）中流矢二，仅以身免，得其麾盖。自入中原，其败衄未尝如此也。"[1]

和尚原之战是宋军在陕西战场上的第一次大捷，也是整个宋金战争中有数的大捷之一。经过几年侵宋战争消耗的兀术军遭此重创，"其徒销折，十存三四，往往扶舁呻吟而归。至于兀术，尚以箭疮，帛攀其臂。兀术之众，自此不振"[2]。因此，爱国诗人陆游把它与东线战场的黄天荡战役相提并论，写下了"楼船夜雪瓜州渡，铁马秋风大散关"的著名诗句。

和尚原之战后，金朝以撒离喝为陕西经略使，取代兀术，屯兵凤翔，伺机南侵。南宋方面以吴玠弟吴璘代守和尚原，吴玠改屯河池（今甘肃徽县），王彦驻金州（今安康市），另有关师古一军在熙河。绍兴二年（1132 年）冬，金军再夺蜀口，是为饶风关之战。

这次撒离喝记取了兀术的教训，避开和尚原正面，而出奇兵从秦岭东段迂回。撒离喝让降将李彦琪驻秦州牵制吴玠，自率主力绕商於（今河南淅川县西）、上津（今湖北陨阳县境）而偷袭金州。王彦军寡不敌众，金军遂长驱直逼汉中。刘子羽急令宋将田晟守饶风关（今石泉、西乡两县间）以阻击之，并急招玠入援。当时有人劝吴玠说：金军势众，饶风关又地属汉中，不是你的防区，你无守土之责，何苦远驱

---

[1] 李心传：《建炎以来系年要录》卷 48，绍兴元年十月乙亥，第 1008 页。

[2] 宇文懋昭：《大金国志》卷 7，崔文印校证，中华书局，1986 年，第 114 页。

赴敌，代人受祸？万一不胜怎么办？吴玠说："既为国家，何分防地！"遂亲率精锐，以急行军由河池一日夜飞兵 300 余里，于绍兴三年（1133年）二月初五赶到饶风关，比撒里喝早到仅半天！吴玠旋即派人给撒离喝送去一筐柑子，并附书曰："大军远来，聊奉止渴，今日决战，各忠所事。"撒离喝大惊，"以杖击地曰：尔来何速耶？"[1]

次日，金军开始强攻，"一人先登，则二人拥后，先者既死，后者代攻。"吴玠军矢石俱下，金军"死者山积，而敌不退"，一连攻了六昼夜。这时宋军内一小校因犯纪律受过责罚，怀恨降敌，引金军由小道抄到关后高地，居高而袭击守关宋军。吴玠被迫弃关西撤。金军遂进占了陕南宋军的大本营兴元府城。

兴元守将刘子羽焚城而走，与不到 300 个士卒上了险峻的潭毒山（今宁强县境）据守。金军在兴元无所食，后勤又不继，发生饥荒，甚至杀战马及"签军"（强征的汉军）为食。遂不得不撤退。刘子羽、吴玠乘机出兵邀击，金军丢盔卸甲，越秦岭而逃。到五月间，王彦收复金州，金军全部被赶出陕南。饶风关之战于是以金军"虽入三郡，而失不偿得"[2]告终。

饶风关之役，金军虽胜犹败，很不甘心。于是又把兀术调回。绍兴三年（1133 年）十一月，兀术夺取了宋军因粮尽而弃守的和尚原，吴玠退守仙人关（今甘肃徽县东），并在关东北 10 里筑垒，号曰杀金平，与仙人关掎角相恃，阻敌南下。绍兴四年（1134 年）二月，金帅兀术率撒离喝、韩常及伪齐刘夔部共 10 万人来攻，自元帅以下都携家眷前往，以示破釜沉舟，必胜乃已。金军自铁山（甘肃徽县南 30 里）凿山开道，循秦岭东下，直扑关前。吴璘闻报，也由防地七方关（今略阳县西）赶来支援，途中遇金军，转战七昼夜，终于与吴玠会合。

---

[1] 李心传：《建炎以来系年要录》卷 63，绍兴三年二月辛卯日纪事，第 1237—1238页。

[2]《宋史》卷 366《吴玠传》。

金军至关下，兀术列阵于东，韩常列阵于西，撒离喝与刘夔居中策应，并力进攻。首扑吴玠营垒，不胜，又用云梯攻打吴玠部将杨政的营垒。杨政用撞竿捣碎云梯，并以长矛刺杀，将敌击退。敌又分兵两股合攻吴璘。吴璘苦战多时，士卒疲惫，退守第二隘。敌人随至，人披重甲，铁钩相连，鱼贯而上。宋军势危，吴璘拔刀画地，厉声大呼："死则死此，退者斩！"[1] 将士闻言，人人感奋。吴璘又运用宋军的长技"驻队矢"密集射敌。金军死者层积，敌人又践尸而登，但终于未能得逞。次日，敌人又拼力攻吴璘营垒的西北楼，统领官姚仲登楼死战。楼已倾斜，姚仲以帛为绳，拽使复正；敌又用火烧楼，姚仲用酒扑灭。

这时，吴玠部将杨政、田晟来援，用强刀大斧夹击左右，敌人不支而退。入夜，吴玠令人四下放火，擂鼓助威，派王庆、王武二将，分紫白旗冲入金营。金兵惊溃，韩常中箭，遂全军北遁。吴玠先已派部将张彦袭击敌后方的横山寨，又派部将王俊设伏河池，邀敌归路，又大败之。

金军这次败后，退回凤翔，终于放弃了南进四川的企图，"授甲士田，为久留计，自是不复轻动矣"。

和尚原、饶风关、仙人关三役，史称"蜀口三战"。当时的陕南在地理上属于四川（蜀），因而通往陕南的秦岭诸隘是为"蜀口"。蜀口保卫战的胜利，最终确立了宋、金隔秦岭而治的形势。而吴玠、吴璘兄弟也因此名声大振。仙人关之役后，南宋即升吴玠为川陕宣抚副使。绍兴九年（1139 年）正月，又升为四川宣抚使。就在这年六月，吴玠积劳成疾，在仙人关防地病逝，年仅 47 岁。此后吴玠、吴璘之子吴挺、孙吴曦也先后担任四川宣抚使或类似职务，开府兴州，形成了又一个世守边地的将门之家。

---

[1]《宋史》卷 336《吴玠传》。

五　伪齐治陕始末

金初屡次对宋用兵，夺得了北起燕云南至淮汉的宋朝半壁江山。直到海陵王迁都之前，女真贵族统治集团对于如何处理这一大片土地始终是有争议的。大体而言，河北、河东之地在北宋亡时已从法理上割让给了金朝，金初对这片土地的争论只在于用什么制度来治理，以及这片土地在金国应处于什么地位（是否应迁都于此）。而山东、河南、陕西之地则不同，金初对这些地区用兵，名义上是对"背盟"的宋朝的惩罚而不是兼并。在很大程度上保留着部落传统与奴隶制遗风的女真贵族这时多还只知掠夺而不知经营，不想也无力直接统治这一大片地区。因此倾向于扶植代理人建立傀儡政权，进行间接统治，政治上为其附庸，经济上供其掠夺，军事上为其仆从。北宋灭亡时，金朝扶植了张邦昌的伪楚政权，建炎年间金军再度南下后，虽然穷追宋帝，必欲亡之，但还是打算"俟宋平，当援立藩辅，以镇南服，如张邦昌者"[1]。

那么谁来作这个"藩辅"呢？原宋朝的一班降臣展开了竞争。当时女真统治者看好的两个人选，一是山东的前宋知济南府刘豫，一是陕西的前宋知府州折可求。折可求得到陕西金军统帅撒离喝的支持，而刘豫则极力巴结金朝宗室重臣挞懒与粘罕，以金银财宝买通了他们周围的人为之说项。金朝的汉族重臣高庆裔也支持刘豫。于是折可求成为这场争当傀儡的角逐中的失败者，金朝为了安抚他，升麟府为路，以折可求为经略使。

南宋建炎四年（1130年）九月，金朝册封刘豫为"子皇帝"，国号大齐，建都大名府（今河北大名县），仍因宋之称呼为北京。这个政权

---

[1]《金史》卷77《刘豫传》。

对金称子称臣，奉之为父为主，用金朝年号（后经金朝批准，建元阜昌），境内遍驻金军，是个名副其实的儿皇帝、傀儡政权。然而当时急于对金求和的南宋却仰承金人之意，一度承认了这个伪政权："宋人畏之，待以敌国礼，国书称大齐皇帝。"[1]

伪齐一成立，就派遣它的"伪军"参加各个战场的金军攻宋之役。为了酬答它的"忠顺"，金朝于宋绍兴元年（1131年）十一月正式以陕西六路之地"赐"齐。次年十二月，刘豫派其子刘麟"宣抚"陕西，并率军随金帅撒离喝参加蜀口争夺战。刘麟招降纳叛，设官置署，在陕西建立了"齐"的统治，直到绍兴七年（1137年）十一月金人废掉刘豫为止，伪齐在陕西的主要作为如下：

（1）侵宋扩地。在陕西战场上，大抵争夺蜀口是以金军为主，伪齐军辅之。而在其他方向则以伪齐军为主，尤其是对西部熙河路。在经过多次反复后，伪齐军于绍兴四年（1134年）四月在左要岭一役中最后击溃了熙河宋军，宋熙河路兵马总管关师古投降，伪齐授予鄜延路经略使，当时与李成、孔彦舟号称伪齐的三大将。关师古降后，"洮岷之地尽尽归（刘）豫"[2]。金、齐消除了来自西界的宋军威胁。在此前后，伪齐还收降并录用了一大批陕西六路前宋军将帅、官守。如：宋泾原路统制、权安抚使事张中孚以原州降，伪齐用为泾原路经略安抚使，后升陕西诸路节制使；泾原路副将张中彦（中孚弟）以德顺军降，伪齐用为泾原路都总管，旋即先后升秦凤、泾原路经略使；泾原经略司干办赵彬在泾州降，伪齐用为泾原、环庆帅；泾原路都监李彦琪叛宋降齐，伪齐用为秦凤路经略使；宋知商州董先降，伪齐用为统制；鄜延路副将李永奇降，伪齐用为庆阳将，并授其子世辅知同州，等等。[3]

[1]《金史》卷77《刘豫传》。

[2]《宋史》卷475《刘豫传》。

[3] 参见《金史》卷3《太宗纪》；卷4《熙宗纪》；卷77《刘豫传》，卷79《张中孚传》《张中彦传》；《宋史》卷26至29《高宗纪》；卷486《外国传·西夏》；卷367《李显忠传》及卷475《刘豫传》。

（2）设官守，开科举。伪齐的政治制度一沿北宋成例。陕西六路各设经略安抚使，而于京兆府设陕西诸路节制使以统之。与宋制不同的是原属河东路的麟、府诸州与晋宁军似乎已经作为一个新的路而与河东脱钩，加入了陕西诸路的行列。至今仍保存完好的《吴堡摩崖刻石》纪年是伪齐的"阜昌八年"。而金朝直接统治的河东路是不使用这种纪年的。这无疑是宋朝称为"河外"的这一地区逐渐"陕西化"的历史进程的重要一步。伪齐消失后麟府路不再存在，但其中的葭州（原晋宁军，今佳县）在重归河东一段时间后终于在金末的兴定二年（1218年）划属延安府[1]，体现了对"陕西化"进程的承认。

古长安城里的陕西诸路节制使例兼知京兆府，名义上是伪齐陕西地区的最高负责人。但作为一个傀儡政权，它的实际权力当然比当时尚无固定治所的金朝陕西元帅府要小得多。

伪齐政权沿宋制，实行科举，进士三年一科，《宋史》记载有1134年（伪齐阜昌五年）、1137年（阜昌八年）两次"策进士"[2]，但陕西地方志中只有阜昌四年罗诱一榜[3]，另一榜或许因为某种原因未在陕西录取。

伪齐在政治上标榜"自今不肆赦，不用宦官，不度僧道，文武杂用，不限资格"，这无疑是针对北宋末期的一些弊政而言。但实际上连刘豫的儿皇帝都是靠贿赂金朝权贵得来的，其他可想而知。

（3）搜括民脂民膏。伪齐体制既仍北宋之旧，冗官冗兵冗费之弊自然不会稍减于昔，而其"立国"的中原、陕西之地都久经兵燹，凋弊之极，要应付军政费用、满足权贵欲壑、孝敬女真"父皇帝"，只有加紧搜括，以致于"赋敛烦苛，民不聊生"。[4]伪齐不仅继承了北宋种

---

[1]《金史》卷26《地理志》。

[2]《宋史》卷475《刘豫传》。

[3]（乾隆）《西安府志》卷42《选举》。

[4]《宋史》卷475《刘豫传》。

种传统搜括方式，还发展了北宋末变了质的"理财新法"。史载金朝废伪齐后曾宣谕其民曰："自今不金汝为军，不取汝免行钱"[1]，可见伪齐实行保甲兵与免行钱等"新法"扰民之状。

如上一章所言，以富国强兵为名强化专制国家人力与产权控制，是新法变质的基本特点。它的典型即陕西的乡兵之制与北宋末河南等地的"西城括田"之制，这一套也在伪齐治下发扬光大了。"籍乡兵十余万为皇子府十三军"[2]"以什一法括民田"，都是这期间陕西的苛法。所以当绍兴九年（1139年）金朝一度归还陕西之地给南宋时，南宋即宣布"给还伪齐所没民间资产"[3]。《金史·张中孚传》谈到当时陕西的情况："齐国建，以什一法括民田，籍丁壮为乡军。（张）中孚以为泾原地瘠无良田，且保甲之法行之已习，今遽纷更，人必逃徙，只见其害，未见其利也。竟执不行。时齐政甚急，莫敢违，人为中孚惧，而中孚不之顾。未几齐国废，（泾原）一路独免掊克之患。"[4]泾原以外的陕西诸路，当然就饱受"掊克"之苦了。

除了这些聚敛方法外，伪齐还有许多更为令人咋舌的暴政，如专设有盗墓的官，名曰"淘沙官"。他们把"两京冢墓发掘殆尽"，使伪齐的国库与权贵的私囊都充实了不少。在如此横征暴敛之下，陕西人民被逼得纷纷卖儿卖女，然而伪齐当局居然"令民鬻子依商税法，许贯陌而收其算"[5]，堂而皇之地开征起买卖子女税来！

如此残酷的压榨，使得陕西的伪齐当局在南有宋、北有夏，两面用兵还要纳贡于金，境内经济又严重破坏的情况下，府库居然还颇为充盈。以至于后来金人一度打算把陕西归还南宋时，还专门大发夫役，

---

[1]《宋史》卷475《刘豫传》。

[2]《宋史》卷475《刘豫传》。

[3]《宋史》卷29《高宗纪》。

[4]《金史》卷79《张中孚传》。

[5]《宋史》卷475《刘豫传》。

把"陕右系官金银钱谷转易北去"[1]。伪齐被废时，经金朝派员清点，其汴京的库藏尚有"金一百二十余万两、银一千六百余万两，米九十余万斛，绢二百七十万匹，钱九千八百七十余万缗"[2]，甚至比王安石变法前作为太平年月统一王朝的北宋一年的岁入总额（通常为1亿多贯石匹斤两）还要多！

伪齐的倒行逆施使得民怨沸腾，而伪齐在军事上的无能也令金朝不满，女真贵族集团越来越发现立这么个傀儡国并不合算："先帝立豫者，欲豫辟疆保境，我得按兵息民也。今豫进不能取，退不能守，兵连祸结，休息无期。从之则豫收其利而我实受弊，奈何许之！"[3]于是在宋绍兴七年（1137年）十一月，金朝兀尤、挞懒到汴京，用突然袭击的手段绑架了刘豫父子，废掉了伪齐，为时八年的一场傀儡戏就这样收场了。

在这场傀儡戏告终之际，金朝又采取了一个对陕西有重大影响的断然措施：除掉第二号傀儡头目折可求。

在封伪齐时金朝把河外三州一军合为新置的麟府路，使折可求从宋朝的知州升为统辖一路的经略使，而且这麟府路也与他路不同，其下属各州、军以至城寨多由折氏族人掌权。如折可求之子折彦文为晋宁军知军、折可求之侄折彦若为吴堡寨寨主兼将等等。这与北宋时除府州外折氏并不直接管理其他河外州军不同，也与伪齐境内流官治理的其他各路相异。显然，当时金军与伪齐军主要用于与南宋作战，陕北的驻守与对西夏的防御在很大程度上要借重折可求。因此当刘豫失宠以后，折可求便再度为取而代之进行活动。陕西金帅撒离喝原来就支持他，这时更明确表示金朝在废刘豫之后将立折可求为新的代理人。当时手握重兵的元勋挞懒与折氏关系密切。他坐镇西

[1] 李心传：《建炎以来系年要录》卷122，绍兴八年秋纪事，第2276页。
[2]《宋史》卷475《刘豫传》。
[3]《宋史》卷475《刘豫传》。

京大同府，直接控制河东一路，并在朝中势倾群臣。同时挞懒素来对主要依靠粘罕的刘豫不满，是废刘豫的决策者之一。因而折可求又想走他的门子。在刘豫被废后，绍兴八年九月，折可求便跑到大同谒见挞懒去了。

然而折可求没想到，这时金朝已打算用伪齐旧地同南宋作一笔"归地"的交易了。因而并不想在刘豫之后另立新的傀儡。但老奸巨猾的挞懒又考虑到撒离喝已许诺于折氏，怕此时变卦，折可求会心怀怨恨，于是便与撒离喝密计，在酒里下了毒，折可求在归途的半路毒发而死。[1]

十年来，折可求为虎作伥，背弃了折氏为宋世守边疆的初志，为投靠新主不惜出卖亲家徐徽言，结果却落得个兔未死而狗先烹的下场。

为"儿皇帝"之梦，折可求不仅自己死于非命，也断送了折氏的祖业。宋绍兴九年（1139 年），西夏乘麟府军群龙无首之机攻入河外，陷府州。为泄百余年来折氏代代与西夏为仇之恨，"夏人夷折氏坟垅而戮其尸"[2]，其破坏之惨状至今在府谷县天平山折氏陵园区内仍历历可睹。[3] 折氏遭此铲平祖坟的大辱，"怨入骨髓而不得报"，驻守晋宁军的折可求之子折家嫡传继承人折彦文便时时图谋向西夏复仇，夺回府州，因而与西夏屡开边衅。这时，曾为与南宋议和断送了折可求性命的金朝统治者，此时又出于联夏侵宋的大计而拿折氏的利益作牺牲了。金朝决定把折氏旧地送给西夏，金夏以黄河为界结为盟好。为防折氏捣乱，金廷下令迁折彦文到山东守青州。彦文只得服从，举族东迁。

---

[1] 可求之死，《西夏书事》卷 35 系于 1139 年（绍兴九年），挞懒主之。戴应新《折氏家族史略》从其说（见 31 页）。但李心传《建炎以来系年要录》卷 122 引张汇《节要》及《两国编年》，系此事于绍兴八年九月，主之者萨里干（即撒里喝）。考诸情势，应以《系年要录》为是。

[2] 《金史》卷 128《张奕传》。

[3] 戴应新：《折氏家族史略》，第 49—52 页。

至此，自唐末以来世守今陕西东北一隅数百年之久的折氏势力便不复存在了。

六 "归地"风波与李世辅归宋

刘豫被废黜，原伪齐治下的陕西之地如何处置，又成了问题。

宋、金战争进行到绍兴七年（1137年）时已进入一个新阶段，宋朝在十年战争中已逐渐锻炼出东线的岳家军、西线的吴家军（吴玠、吴璘兄弟）等几支劲旅，金人虽然仍据有军事优势，但已不能视侵宋为探囊了。"始金人犯中原，有掳掠，无战斗，计其从军之费，及回日所获数倍。自立刘豫后，南犯淮，西犯蜀，生还者少，而得不偿费，人始患之。"[1]从1114年阿骨打起兵反辽以来连续打了20多年仗的女真人，开始琢磨这仗是否还值得没完没了地打下去。

同时，伪齐的先立后废，表明扶植傀儡与宋为敌的政策是不成功的。废齐之后如果再立新的傀儡（如折可求之类），则其人是否比刘豫有能耐姑且不说，首先刘豫那兔死狗烹的结局就会令人心寒，"后者必鉴豫之得失，不无二心"[2]。

然而让金人直接统治伪齐的旧地，也有诸多难处。当时女真贵族集团封建化程度还不高，其中许多保守的部落酋长们对治理汉地不感兴趣，在他们看来与其费那个精神，还不如归地于宋，而狠狠敲诈一笔赎价和"岁贡"，若这还不够享受之需，以后还可以再去抢一回嘛！

即便那些想治理汉地的金人，也还面临许多棘手的问题。对于河南来说，主要是凋弊过甚，赤地千里，得之不仅无油水，还要花钱屯守。

---

[1] 李心传：《建炎以来系年要录》卷43，绍兴元年春纪事，第924页。

[2] 徐梦莘：《三朝北盟会编》卷197炎兴下帙之97，上海古籍出版社，1987年，第1421页。

这一点甚至连南宋都不无顾虑。后来金人"归地"时，前主政陕西的王庶就认为花巨额代价去从金人那里接过这个包袱"非徒无益，而又害之也"[1]。而对陕西来说，除了经济凋敝之外还有西夏问题，当年就是这个问题几乎把偌大个北宋拖垮，而此时的西夏比北宋时还难对付。金朝如果接管陕西，就有御夏之累，因此也不能不有所顾虑。

最后，金朝最高决策集团内部的个人利害关系，也使得一些人倾向于归地。当时"归地派"的代表人物挞懒本与粘罕有隙，而伪齐以粘罕为主要靠山，对挞懒不大买账。伪齐治下的山东久为挞懒垂涎，在他这里"回易、屯田，遍于诸郡，每认山东为己有"。粘罕一死，"挞懒专权，遂力主议取山东，诸将恐（刘）豫生心，不若废豫以取之。挞懒止有意于山东，河南只得归之于宋"[2]，而陕西同样也是挞懒抢自伪齐以取所欲之后，剩下的余物，自然也就宜还宋为便了。

因此，金朝在废刘豫、杀折可求之后，经过激烈的争论，"归地"派暂时取得了优势。而在南宋方面，由于"归地"是以南宋称臣纳贡为条件的，抗战派自然不愿接受。但当时宋朝真要只凭军事手段恢复中原也非易事，而以宋高宗为代表的投降派本来就是畏金如虎，即使金朝不"归地"，他们也愿意纳贡称臣以求"和"，何况现在还有归地之报。

于是宋金双方的主战派都暂时被压制下去，双方的主和派则开始了讨价还价。伪齐被废后只有一个多月，金朝就放回宋使王伦，提出愿以归还"梓宫"（已死去的宋徽宗的棺木）、太后和河南诸州，换取南宋称臣纳贡。宋高宗也投桃报李，双方信使往来，从绍兴七年（1137年）十二月到九年（1139年）正月进行了一年多秘密谈判。金朝最初提出的只是归还河南，但谈判期间陕西形势发生剧变，使金方主动把归还陕西提上议事日程了。

---

[1]　李心传：《建炎以来系年要录》卷120，绍兴八年六月条。
[2]　宇文懋昭：《大金国志》卷10，第149页。

这个戏剧性的变化起源于一个传奇式的人物李世辅。李世辅（归宋后受赐名曰李显忠，1109—1177年）恐怕是那个时代独一无二的先后在北宋、金、齐、西夏、南宋五个政权中带过兵的名将，但他之所以有如此的经历，并不是看风使舵的结果。他出身于种世衡所筑的清涧城里一个宋军将门之家，其先世是银州羌人，由唐以来世袭苏尾九族巡检，久已汉化。他的父亲李永奇是鄜延宋军的一名副将。他17岁随父从军，正值娄室侵陕，遂在王庶帐下参加抗金作战。一次外出侦察时他发现17名金军夜宿陶窑，他钻进去一举将17人全部杀死，其战马除带回二匹作为战利品外，全部折断马足，俾不为敌所用。王庶得知，大为惊叹。从此他便以"年小胆气不小"闻名，并被提升为副将。

北宋灭亡，关中沦陷后，李永奇一家被隔在陕北不及南迁，不得已于绍兴元年（1131年）二月降金，并参加过金军攻打庆阳的战斗。[1]但他们父子一直心怀故国，隐忍待机而报之。伪齐治陕，授他们父子以军职，不久刘豫调李世辅率骑兵赴东京，行前父亲密嘱他寻机归宋，不要顾及家人性命。他到东京后即遣人以蜡丸密书与宋联系。

这时李世辅的武艺受到刘麟（刘豫子）的赏识，被提拔为南路钤辖。兀朮前来视察，伪齐令他陪兀朮出猎淮滨，[2]他便派人探寻淮河可以渡马处，打算劫持兀朮，过淮投宋。后因故未能动手。

回陕后，他出任伪齐同州（今大荔县）知州。李永奇又教他找机会抓一敌酋，过秦岭投宋，并相约到时李永奇在延安起兵响应。绍兴七年（1137年）十月，金元帅撒离喝到同州视察，李世辅果然设计将他劫持，南奔至洛河边，预先安排的渡船却未能赶到。这时金军追来，李世辅见无法渡河，便与撒离喝折箭为誓：李放撒一命，撒不得报复李家亲属。

---

[1]《宋史》卷26《高宗纪》绍兴元年二月丁丑："鄜延将李永琦叛，犯庆阳府"。

[2]《宋史》本传说此事在兀朮废齐之后，考李世辅起兵时在绍兴七年十月，时齐尚未被废，且其时他的身份尚是"伪齐知同州"（《宋史·夏国传》），他出猎淮滨更在此前。

旋即把撒离喝释放，并派人通知李永奇率家人出走。李永奇闻讯出延安城，金军追及马趐谷口，并违约背信，把李永奇全家200口人全部杀害。[1]

李世辅悲愤至极，与金兵死战，仅余26人逃到西夏境内，在夏廷作秦庭之哭，要求西夏借兵复仇，发誓要生擒撒离喝，取陕西五路归夏。夏崇宗犹豫不决。这时夏国有豪酋叛乱多年，久为夏国患，于是便请李世辅去征讨。世辅率3000骑兵，突入叛军营垒，一举擒获叛首。夏崇宗不由得刮目相看。

李世辅入夏一年多，逐渐取得了夏人的信任。这时恰值伪齐被废，辖境内人心浮动，夏崇宗感到时机可乘，真的希望李世辅能为西夏夺得陕西。于是发兵号称20万，任命李世辅为静难军承宣使，鄜、延、岐、雍等路经略安抚使，[2]以文臣王枢、武臣嗉讹为陕西招抚使相随之，于绍兴九年（1139年）正月[3]大举攻入陕北。

这一事态的发展大大加快了陕西"归地"的进程，史称："达赉（挞懒）元帅同四太子（兀朮）提重兵来废刘豫，未取明言割地事，尚称欲自有之，……先次计置般运帑藏尽数过河，次遣张通古、肖哲来，皆是元议定事。初约俟肖、张奉使回，见得可否，方于河南出示割界文字。忽于今年（1139年）正月间，陕西帅司申报夏国大军压境，并密封夏国榜来。时四太子方在东京，虑腹背受敌，几乎失措，大急，先发割界文字前往陕西，方解其事。"[4]于是，陕西归地很快成为定议。

---

[1] 《宋史》卷367《李显忠传》。

[2] 《宋史》本传谓李世辅为"延安招抚使"，今从《宋史》卷486《夏国传》及李心传《建炎以来系年要录》卷129。

[3] 李世辅伐金，《宋史》本传系于二月十四日，《系年要录》卷125引《金中杂书》系于正月间，卷129又系于六月壬申。考《宋史》本纪及夏国传均以李世辅至宋境在五月丙午，其发兵必前于此。又归地和议成于正月，诸书所载无异。则李世辅起兵对金急弃陕西构成影响，必在此以前。疑李世辅传檄讨金当在正月前，发兵在正月，而二月十四为其到延安之日。

[4] 李心传：《建炎以来系年要录》卷125，绍兴九年正月丙申引《金中杂书》，第2369页。

对南宋来说，本来即使不归地或只归河南地，宋高宗也愿意求和，现在岂不更喜出望外！对金朝来说，本来弃陕已是准备付出的代价，如今正好把西夏入侵之棘手的事推给南宋，又何乐不为！

而久怀故国的陕西人民，以及伪齐废后尚惶惶然不知前途如何的地方官吏，对此就更为积极，不等宋金间办完具体交割手续，许多地方就已闻风而动，易帜归宋。因此当李世辅率军于二月十四日来到延安城下时，鄜延路总管赵惟清便在城头告诉他："鄜延路今复归宋矣，已有赦书。"李世辅见到南宋的赦书，想到自己一家为归宋而遭到的艰险与不幸，百感交集，与众大哭跪拜。于是他以旧部800余骑来见随行的夏将啰诈，说明自己已与延安军民归宋，请夏军回归本国。啰诈恼怒说：当初你求我国来取陕西，今日到此，又打发我们回去吗？世辅见他不肯罢休，抽刀便砍。啰诈逃走，调来所部夏军进攻李世辅。李世辅率旧部大战，一举击败夏军。于是在延安张榜招兵，用宋年号，进军关中，到鄜州时已有部众4万余。李家的仇人撒离喝在耀州闻讯，连夜逃之夭夭。

这时南宋四川宣抚使吴玠派人告诉李世辅：宋金已达成和议，不可生事（指进攻关中），请你率旧部过来。于是李世辅遣散了新兵，率旧部3000余众经凤翔南下，在五月间到达宣抚司驻地河池（今甘肃徽县）。吴玠感叹地对他说："忠义归朝，惟君第一！"[1]

至此，李世辅历尽艰辛，终于回到宋朝怀抱。不久他来到临安，宋高宗对他大加褒奖，赐名显忠。从此李世辅——李显忠便作为南宋军中的陕籍将帅、后起之秀而崭露头角，成为一代抗金名将。

像李世辅那样由宋而金而齐而夏又复归宋的经历，的确是十分特殊的。但他以及他一家人心怀故国的精神，却代表了当时陕西人民的普遍愿望。也正是这种民心向背，促使金人同意归陕于宋。所以尽管南宋朝廷在绍兴九年（1139年）的和议中接受了纳贡称臣的屈辱条件，

---

[1]《宋史》卷367《李显忠传》。

而使该和议见讥于时论，蒙羞于史册，但对陕西人民来说，和议满足了他们回归故国的愿望，因而是受到他们欢迎的。

七　庚申之役与陕西分裂局面的形成

绍兴九年正月初五日，宋金双方同时向自己的臣民宣布和议告成。南宋方面显得更为高兴，宣布大赦，大封功臣。而金朝方面则反应较为冷淡，只向河南、陕西发布了诏谕申明"割地归宋之意"。二月间，南宋任命朝官莘周、楼炤与地方官知金州（今安康市）郭浩为接收大员——陕西宣谕使。三月，宋使王伦与金朝的代表兀尤在开封办理了"归地"的交接手续，并议定了"官守随例当留关中"的原则。[1] 宋方根据这个原则宣布："新复州军官吏并不易置，蠲其民租税三年，徭役五年。"于是，陕西各地的金、齐原任地方官员纷纷向宋廷递呈检讨书，然后由宋廷一一原职留用：金鄜延路经略使关师古上表待罪，宋廷命他知延安府；金秦凤经略使张中彦上表待罪，宋廷命他知渭州；金陕西诸路节制使张中孚上表待罪，宋廷命他知永兴军，节制陕西诸路军马。[2] 六月，宋廷"以新复州县官吏怀不自安，降诏开谕"，七月又"命详验刘豫伪官，换给告身"换发一张委任状之后，陕西各地的"伪官"便纷纷变成大宋的朝廷命官了！

至此，富平之战后沦陷了九年的秦岭以北陕西地区，包括关中与陕北在内，一度又重归宋的版图。通过这个"己未和议"，金朝得到了"面子"和钱帛，宋朝得到了土地和人民。过去的正统史家从朝廷的"面子"高于一切的价值观念出发，对这一和议是讥贬备至的。这种讥贬正如当时南宋抗战派对它的抨击一样不能说没有道理，但并不全面——

---

[1]《金史》卷79《张中彦传》。
[2]《宋史》卷29《高宗纪》。

至少从陕西人民的角度看是如此。从"面子"上说，己未和议对南宋诚然是个不平等的屈辱和约，但若说这个和约使南宋沦落到伪齐那样的地步则未免太过甚其词了。除了"称臣""册封"这些名义之外，我们至少要看到伪齐境内驻满了金军，而己未和议后的南宋境内，包括南宋新获得的陕西、河南等地都已没有金军一兵一卒，首先这一区别就具有实质意义。伪齐完全是个废立由人的傀儡政权，而南宋则是"面子"有亏，主权无损的。如果抛开正统观念，那么南宋在己未和议中以"面子"换土地的做法与西夏当年以向宋"称臣"来换取宋朝默认它蚕食鲸吞宋朝州县的做法并无实质区别。为什么西夏这样做被认为是占了大便宜而南宋这样则是吃了亏，北宋当年如此待夏被认为是屈辱而金国如此待南宋却被认为是在耀武扬威呢？

有人说陕西等"归地"残破凋弊，金朝是故意给南宋扔包袱。这种说法若能成立，那么任何收复失地的打算都将成为一种罪过了。还有人说金朝归地是为了诱使宋军离开秦岭、淮河之险而部署到北方平原，便于金军骑兵聚而歼之。这种说法之不符合史实[1]姑且不论，就算事实如此，也不能说和议本身有什么问题。和议只能解决领土归属之类的问题，与军队究竟应该部署在何处更适宜的军事问题是两码事。反过来说，假如和议规定宋军不许部署在秦岭、淮河以北，这种和议反而更好一些吗？

还有人说和议中"官守随例当留"的谅解有问题，并认为正是这一点造成了次年金朝毁约后陕西州县纷纷投降的恶果。这种说法有部分道理，允许金、齐官员留任无疑是南宋为了使和议易于达成、达成后也易于实施而作出的让步。但第一，这种让步在很大程度上只是一种姿态，事实上南宋不仅在"归地"上立即任命了一批来自南方的官员占据要害，如以杨政为熙河经略使，吴璘为秦凤经略使，郭浩为鄜

---

[1] 参见张星久：《试论绍兴九年金人归还陕西、河南的原因》，《宋史研究论文集》，浙江人民出版社，1987年，第397—407页。

延经略使，田晟为泾原经略使等等，而且金、齐旧官虽然多留原地、原官品级，但事权已大减，像关师古、张中孚、张中彦等的帅司职衔都已被免去。而且，由于各地都派遣了南宋将军统率的军队，这些人实际上都处在受监视的状态。其实，对南宋的这种姿态并不需要给予多么重视，那些"伪官"是不受信任的，只要时局稍稳，他们就难免要面临秋后算账。像关师古和张家兄弟到这年八月至次年三月间就都被免去原职，召回临安，改充闲散（张中孚为醴泉观使，中彦提举祐圣观等），如果不是后来金军获胜，迫使南宋把二张等人放回金朝，他们恐怕难免于张邦昌的下场。

实际上，南宋一面作出留用旧官的姿态，一面早在宣谕使刚到陕西的绍兴九年四月就已"诏新复诸路监司、帅臣按劾官吏之残民者"[1]，为以后的清洗作准备。而后来那些留用官之所以在金军毁约入侵时又纷纷降金，恐怕正是与他们在归宋后"怀不自安"的惶惑心理有关。不过，南宋再失陕西主要还是宋军顶不住金军攻势的结果，并不是那些文官们纷纷降金就把陕西又丢给了金人的。

对己未和议，当时在宋、金双方内部都存在着分歧，而金朝内部斗争尤剧。这是因为金朝当时正值走向封建化的关键时期，当太宗、熙宗嬗递之际，皇权继承制度尚未完善，新派与旧派的矛盾、中央集权与贵族会议制的矛盾、封建化与部落传统的矛盾，和太祖与太宗两系子孙争权夺位、贵族之间的个人利害冲突混在一起，使这一时期的金朝政局动荡，政策也因而显得多变。在"归地"问题上，以挞懒、宗隽、宗磐为首的一派认为："我以地与宋，宋必德我。"而以宗干、宗宪为首的另一派则认为："我俘宋人父兄，怨非一日，若复资以土地，是助仇也，何德之有？"[2]但是这两派中的任何一派也没有提出将欲取之必先予之的诡计，更谈不上诱宋军北上而歼之的阴谋。实际上他们

---

[1]《宋史》卷29《高宗纪》。
[2]《金史》卷74《宗翰传》。

之间的斗争主要还是皇权之争，对宋政策只是他们互相攻击的口实之一。在绍兴八年前后，挞懒、宗磐一派得势，于是便有割地之议。然而，在和议达成后，金朝政局发生变化。绍兴九年七、八月间，金廷中原先掌权的挞懒一派成员先后在宫廷政变中被杀，其罪名原来只说是宗磐等"谓为先帝之元子，常蓄无君之祸心"，"煽为奸党，坐图问鼎"。[1]后来才提出他们里通南宋、割地资敌的指控。[2]但显然，真正导致他们被杀的原因是前者而不是后者。

挞懒等既被诛锄，金朝对宋政策随即发生剧变。如果抛开政坛风云变幻的偶然因素，那么这种剧变的基础在于当时金强宋弱的局面并未根本改变。己未和议无可厚非，但己未和议也是不足恃的。南宋小朝廷不图改革自强，只知苟且偷安，军政不修，腐败日深，这样任何和议也不能使它免于被动挨打的局面。

当时南宋陕西的负责官员对金军毁约是有预感的。和议达成时，宋廷派来的陕西宣抚使楼炤曾认为关中、陕北已归我有，秦岭设防当无必要，因而主张撤守仙人关，移蜀口诸军去镇守关中、陕北。吴璘对此持异议，他指出："金人反复难信，惧有他变。今我移军陕右，蜀口空虚。敌若自南山要我陕右军，直捣蜀口，我不战自屈矣。""金大兵屯河中府（今山西永济），止隔大庆（指大庆关，今大荔县黄河畔）一桥尔。骑兵疾驰，不五日至川口。吾军远在陕西，缓急不可追集，关隘不葺；粮运断绝，此存亡之秋也。"[3]楼炤与接替吴玠任宣抚使的胡世将都采纳了他的意见，因此在兵力部署上仍采取重蜀口而轻"陕西"（指关中与陕北）的态势，以 4 万人出屯熙、秦，6000 人守鄜延，其余重兵包括吴家军主力都仍部署在陕南与秦岭诸口。

事实上，当时宋朝出于对金人的不信任，许多人都怀疑金人有诱

---

［1］ 洪皓：《松漠纪闻》卷下，上海古籍出版社，2012 年，第 57 页。

［2］《金史》卷 77《宗弼传》。

［3］《宋史》卷 366《吴璘传》。

宋军北上而歼之的用心，因而无论在陕西还是在河南，宋军部署于新收复地区的兵力都是很薄弱的。从积极方面说，这使得后来金军再犯时宋军都保有退路，免遭截割与围歼，但从消极方面说，这样的部署实际上不可能有效地保卫新区，因而一旦战端再起，这些地方便望风而陷了。

绍兴九年末，挞懒集团败亡后，宋方陕西当局已预感到战争再次迫近。绍兴十年（1140年）三月，胡世将多次报告宋廷，"屡言金人必渝盟，宜为备"。当月宋廷免去张中孚等留用官员之职，把他们调赴临安，并任命郭浩接管知永兴军、陕西诸路节制使之职，还授权川、陕当局"军事不及待报者，听随宜措置"。[1]陕西实际上已处于临战体制。

这年五月，金朝毁约南侵，向南宋夺回"旧疆"，再次挑起了宋金战争，这就是庚申之役。金军此次兵分两路，兀术取河南，撒离喝取陕西。在陕西战场，撒离喝采取的正是南宋方面已有所料的战略，即横切关中，把陕西宋军隔在渭北而求围歼之。但宋军却无力阻止敌人实现这一并不出乎意料的计划。撒离喝从河中府渡河，铁骑长驱而进，不几天便连克同州、京兆，陷凤翔，从东到西扫过关中平原，把南宋川陕守军拦腰截断。于是庚申之役便围绕渭北宋军全师南撤这一战略意图展开。

五月下旬，金军前锋珠赫贝勒部到达凤翔石壁寨，遭到吴璘部将姚仲的反击，金军败退武功。六月上旬，吴璘、杨政致书撒离喝，约日会战。会战开始，撒离喝派骑兵3000人直冲宋营，宋将李师颜以骑制骑，将敌击败。金军退守扶风。李师颜等乘胜追击，撒离喝亲自出战于扶风西南的百通坊，再次被姚仲等部宋军击败。

与此同时，被隔在渭北的鄜延宋军在郭浩指挥下解耀州之围。郭浩又派郑建充调集渭北其他宋军攻下醴州（今礼泉县），与渭南的吴璘形成呼应之势。

---

[1]《宋史》卷29《高宗纪》。

撒离喝在南线未得手，又转旗北向，尽发凤翔金军北攻泾州，遇到宋将田晟的顽强反击。金军迂回至田晟军后进行夹击，田晟军一部分惊溃而败，但其中坚右护军万余人仍力战不馁，终于杀退金军。撒离喝只得又退回凤翔，不再出战。宋军也无心久留渭北，遂乘机经宝鸡退入仙人关。战争至此告一段落。庚申之役从军事角度看，双方都达到了原先的有限目标：金军夺回了"旧疆"，而宋军得以全师而退，保存了有生力量。战役的结果是双方又回到己未割地之前隔秦岭对峙的局面。但从政治角度看它却具有很重要的意义：从富平之战到庚申之役（1130—1140年）逐渐形成了陕西的南北分治之势，庚申之役后这种分裂的大势就被稳定下来。金军从富平之战前的劫掠与惩罚式作战，经过富平之战后举棋不定（委之于齐，归之于宋还是自据而有之）的时期，到这时终于定下了金朝直接治理陕西的大计；而南宋则从富平之战时保卫全陕的决心，演变为己未和议时对陕西欲取还却、似守非守的状况，到这时终于基本上放弃了收复陕西（秦岭以北地区）的努力，转而确保"四川"（秦岭以南地区）。南宋设在汉中地区的战时军事行政机构，几经易名，也从叫"四川陕西宣抚司"为主，变成叫"四川宣抚司"为主了。

第五章 宋金战争中的陕西（下）

一 庚申之役后的秦岭战线

绍兴十年（1140 年）夏的"庚申之役"后，宋金双方都在秦岭南北作长久之计：金朝设立了陕西四路，逐步建立了总官府体制；南宋也设立了利州东、西路。直至金亡，这种南北分治的局面基本稳定。

但川陕战场在宋金对峙格局的重要性并未改变，此后几十年内，宋金关系的大局稍有波动，秦岭上就会有所反映。这期间的主要战事有：

腊家城之战   绍兴十一年（1141 年）八月，金将胡盏、习不祝合兵 5 万，占据腊家城作为据点，出屯刘家圈，准备侵宋。

吴璘得讯，研究破敌之计，创立"垒阵法"："每战以长矛居前，坐不得起；次最近弓，次强弩，跪膝以俟；次神臂弓。约贼相搏于百步内，则神臂先发，七十步，强弓并发，次阵如之。凡阵以拒马为限，铁弓相连。俟其伤，则便代之；遇更代，以鼓为节，骑两翼以蔽于前，阵成而骑退，谓之垒阵。"诸将初次听说这样的战法，都犹豫不信，窃窃私语说：我们的部队会毁在这个怪阵里吧！

不久，宋军与敌对垒于剡家湾，吴璘即用"垒阵"攻之。但胡盏与习不祝均老于用兵，据险自固，前临峻岭，后控腊家城，深沟高垒，坚不出战，自称"宋军不敢轻犯我营"。吴璘下战书约战，金朝二将得书大笑说：吴璘不过外强中干，故作姿态罢了。

吴璘到夜半传令，派姚仲、王彦夜袭敌营，衔枚疾走，约定上岭而后发火。二将至岭，寂无人声，军已列阵，万炬齐发，火光冲天，敌人才从梦中惊醒，惊慌失措。原来，吴璘已了解了两个敌将的性格：胡盏善战，轻敌好动；习不祝善谋，多虑沉毅。所以他先以兵挑胡盏营，胡盏果然大呼出战。吴璘便用上"垒阵法"，更休迭攻，并亲自上阵指挥。宋军士气大振，一举破敌。吴璘以骑兵追击，杀敌600余，活捉700人，还有万余人投降。胡、习二将逃回腊家城，再不敢出。吴璘发兵围城，百般进攻，到九月二十八日，城即将被攻破，朝廷却下诏令吴璘班师。原来这时宋金已达成新的和议。于是吴璘功败垂成，宋将杨政、郭浩也各自撤兵。[1]

这次宋金间达成的和议，与金朝主动议和并向宋"归地"的己未和议不同，它是宋高宗与秦桧一伙出于极阴暗的自私心理，在宋军作战胜利，几乎攻取了河南全境的情况下媚敌求和的结果，并不反映双方的实力均衡。此次和议则是既辱国，又割地。为了求和，宋高宗与秦桧在朝中害死了抗战名将岳飞，在陕西他们也杀害了坚持抗金的地方官邵隆。

邵隆时任商州知州已10年。任期内商州曾几度易手，他都带领军民苦战夺回。绍兴十二年（1142年）宋金达成的和议规定，宋在西线割商、秦二州之半和和尚、方山二原给金。商州城亦在割让之列。当时邵隆方在商州"披荆榛瓦砾以为治，招徕流散，屡败金人，终不肯离商而去"。值和议成，割商与金，邵隆被改任为邻境金州的知州。他痛恨割地，怀念商州父老，"常怏怏，尝以兵出虏（金）境"。秦桧闻知，暗地派人毒杀他，害死了这位爱国抗敌的地方官。[2]

辛巳之役与任天锡北伐　　"绍兴和议"之后，宋金间有20年未发生大的战事。到绍兴三十一年（1161年）金海陵王完颜亮又大举南

---

[1]《宋史》卷366《吴璘传》。
[2] 宇文懋昭：《大金国志校证》卷11，第164页。

侵，妄图灭宋，史称"辛巳之役"。

与完颜亮在东线的进攻同时，金朝以徒单合喜为陕西经略使，燃起了两线的战火。徒单合喜以重兵扼大散关，进攻黄牛堡（今凤县、宝鸡界，秦岭要隘）。这时吴璘已60岁，刚刚接任四川宣抚使，全面主持四川（实为陕南）军政。他以老病之躯，部署宋军四路反击：姚仲取巩州（今甘肃陇西），王彦出关中东部，惠逢取熙河，杨从仪攻大散关。其中，王彦部将任天锡的北伐，在军事上堪称杰作。

这年九月，宋金州守将遣统制任天锡、郭湛领精兵向敌后作远距离穿插。任、郭率领为数不多的宋军，沿着历来军旅罕经的小道，由金州经洵阳（今旬阳县）攻入金朝商州境，先后攻克丰阳（今山阳县）、商洛（今丹凤县西北商洛镇）和商州城，活捉金商州守将完颜守能。由商州越芦灵关进入河南境，一举攻克朱阳（今河南灵宝县西南）和虢州（今灵宝县），逐走金朝虢州守将萧信，从而出人意料地出现在远离其他战区数百上千里，深入敌后的崤函战略通道上，切断了金朝控制下的中原与陕西两大地区的交通。在以后的两个月内，任天锡等以虢州为中心分兵四出，向北攻取陕州（今三门峡市），向西攻入潼关，连下华阴、华州和渭南，直逼金朝在西北的统治中心京兆府。另分兵一路沿洛水东进，连取长水（今河南洛宁县西）、永宁（今洛宁县东北）、寿安（今河南宜阳县）、嵩州（今河南嵩县），直入当年宋朝的西京河南府（今洛阳市）。[1]于是任天锡在近三个月内，以不多的兵力控制了潼关东西的大片地区，使金朝关河失险，东西道梗，长安、洛阳两座古都同时告警，正集兵凤翔以西地区与宋军争雄的西线金军主力腹背受敌。金朝统帅们在蒙头转向好久以后才反应过来，调兵向虢、华、陕诸州反扑。

在此同时，西线宋军主力与金军争夺秦、陇、洮、兰诸州，于绍兴三十二年（1162年）二月攻下战略要地、吴氏兄弟的家乡德顺军（今

---

[1] 参见史念海：《河山集·四集》，第324—330页。

甘肃静宁县东），吴璘"入城，市不改肆，父老拥马迎拜不绝"[1]。今陕西境内的大散关、和尚原等军事据点，以及陇州等重镇，也被宋军控制。

正当西线宋军继续扩大攻势之时，新即位的宋孝宗又从千里之外下诏令吴璘班师。吴璘遂于隆兴元年（1163年）正月弃德顺军南归河池。这时孝宗觉得不妥，又下诏让吴璘"进退可从便宜"。然而战机已失，宋军且在班师途中受到金军的追击，损失惨重，秦凤、熙河、永兴三路复为金取。[2]孝宗在南宋诸帝中号称有为，然而那从北宋以来相沿不改的皇帝对军事瞎指挥乱干涉的毛病仍然为弊如此。

开禧北伐与吴曦叛乱　　隆兴二年（1164年）宋金再立和议，从此秦岭战线又进入长达40年的相对平静时期。这个时期先有虞允文宣抚四川，后有吴挺（吴璘之子）统兵陕南，他们都是著名的抗战派。在他们治下，陕南边备严谨，军政尚无大弊，金人因此不敢南侵。

吴挺死后，他的儿子吴曦继续统帅"吴家军"。从吴玠、吴璘、吴挺到吴曦，吴家三代四帅，统兵70余年，威震一方，于战功炟赫之余，也如封建时代的一般勋贵门阀一样内蠹丛生。吴曦是个野心勃勃的纨袴子弟，他在秦岭巴山之间坐井观天，居然做起了皇帝梦。绍熙四年（1193年）南宋朝廷考虑到边帅世袭之弊，曾调吴曦到首都临安任职，但他不愿离开自己的土围子，遂贿赂宰辅大臣，求还四川（陕南），居然获得允许。于是他又任兴州（今略阳）都统制。他以种种手段博取朝廷的信任，到开禧二年（1206年）又升为四川宣抚使副使，开府河池。当时开府兴元的宣抚使程松统兵3万，而他这个副使却统兵6万，朝廷又允许吴曦节制财赋，于是他的权力越来越大了。

这时，南宋宁宗在位，权相韩侂胄志在恢复，发动了南宋历史上最后一次对金攻势，史称"开禧北伐"。那时候，金与南宋两个王朝都

[1]《宋史》卷366《吴璘传》。

[2]《宋史》卷366《吴璘传》；《宋史》卷34《孝宗纪二》。

已腐朽，但金背后有蒙、夏，战略地位更险，南宋则承 240 年积弊，腐败程度更深，韩侂胄壮志可嘉，但才略平平，尤拙于知人，不知是出于崇敬名门还是受了吴曦的好处，他一直很器重吴曦，曾作主放吴曦回川掌兵。开禧北伐时，他又把西线的重任全托付给吴曦，让他在原职之外又加兼陕西、河东招抚使，盼望他兵出秦岭，收复陕晋。然而韩侂胄万万没想到吴曦会以叛乱投敌相报！开禧二年（1206 年）四月，即北伐诏书下达前一个月，吴曦已经秘密遣使金廷，约定献出关（大散关）外阶（今甘肃武都县）、成（今甘肃成县）、和（今甘肃西和县）、凤（今凤县）四州地，求金朝封他为蜀王。金廷答应支持他割据，并让他在北伐时按兵不动，使金军得以集中兵力于东线，击退了北伐宋军，并且大举反攻。

不久，金军在西线也越秦岭南下，收取吴曦所献之地。宋军中下层将领进行了抵抗，但都被吴曦制止，和尚原、河池、七方关等当年吴家将立下显赫战功之地，竟都被这个不肖子孙拱手送敌。这年十二月，吴曦接受了金廷颁发的金印、诏书，受封蜀王。宣抚使程松仓皇逃走，所部都被吴曦兼并。开禧三年（1207 年）正月，吴曦正式称王于兴州，建宫殿，置百官，与金以铁山划界，还准备"行削发左衽之令"，让军民都改女真装束。消息传开，陕南军民群情悲愤，就连吴家的不少人也痛哭出声。吴曦召陕南知名人士为官，结果杨震仲服毒自杀，陈咸剃发为僧，史次秦自瞎双目，还有许多人或拒绝伪命，或弃官出走，或谋起兵反抗。在这种情势下，下级官吏兴州合江仓官杨巨源、中军正将李好义等，约合吴曦部将张林、朱邦宁，集众 70 余人于二月的一个深夜劈开"宫"门，直冲入寝室，杀掉了吴曦及其死党。吴曦称王叛乱仅 41 日，便受到了应有的惩罚。吴氏家族的势力也随之而覆灭。

但是由于杨巨源、李好义认为自己是小人物，不足以服众，于是把随军转运使、吴曦封的"丞相长史"安丙推出来为首，使他窃取了平叛之功，被宋廷任命为四川宣抚副使。

这时陕南军民抗金情绪高涨。杨巨源、李好义等平叛英雄又投入了抗金斗争，率军民收复了吴曦出卖给金朝的四州之地，凤州、大散关等地也被陕南军民夺回。然而接掌了陕南大权的安丙却下令要军民"谨守故疆，不得侵越"，使抗金军民"士气皆沮"。[1]金军乘机反扑，又控制了大散关。安丙还在宋军内部挑动内讧，铲除异己。他与收复大散关的孙忠锐有隙，遂令杨巨源伏兵杀孙忠锐，然后又诬指杨巨源谋反，把杨下狱害死，并谎报朝廷说是自尽。李好义也被他指使人下毒杀害。陕南军民平叛、抗金斗争的大好形势，就这样在驱虎进狼的悲剧中被断送了。

这一年十一月，宋廷中的奸臣与投降派制造"玉津园事变"，杀害了韩侂胄，并以其首级献给金朝求和。"开禧北伐"终于以彻底失败告终。

金末侵宋之役　　金朝在南面击退了宋朝的"北伐"，北方却日渐感到了蒙古人南下的威胁。宋嘉定七年（1214年）金宣宗弃中都南迁汴京。金朝已临近灭亡。这时，金廷内展开了对宋政策之争，以胥鼎为代表的一派主张联宋抗蒙，而以权相术虎高琪为代表的一派，则主张弱者欺负更弱者，北边损失南边补，以侵宋扩地来挽救濒危的金朝。结果术虎高琪一派获胜。于是在开禧之役10年之后，金军又向蜀口发动了大规模进攻。

宋嘉定十年（1217年）十二月，金军在西线从秦、巩、凤翔三路南侵。次年二月，金将完颜赟攻破大散关，三月，宋利州统制王逸率领抗金民兵10万人大举反攻，夺回大散关，阵斩完颜赟，另一金将包长寿只身逃走，金军遭到惨败。然而这时宋沔阳（今略阳）都统制刘昌祖却下令王逸解散民兵，宋军因而溃败。四月，金军再度南下，刘昌祖焚城而逃。金兵入成、和、阶诸州，掠去粮9万斛，钱数千万。又攻大散关，宋将王立逃走。兴元都统吴政打败金兵，到大散关，斩

---

[1]《宋史》卷402《李好义传》。

逃将王立，并向朝廷奏报刘昌祖的罪行。宋廷罢免刘昌祖。

嘉定十二年（1219 年）春，金军再越秦岭，吴政在黄牛堡御敌牺牲，金军南下攻破大安军（今宁强县），又连陷成州、凤州、洋州和兴元府。陕南的重要城镇几乎全被攻破。宋四川制置使董居谊作为四川宋军最高统帅竟然弃职而逃。只有都统张威出兵抗金，在大安军邀击来敌，大获全胜，金军被赶回岭北。

次年，宋四川宣抚使安丙致书西夏，约定联合夹击金军。九月，西夏军 20 万围巩州。安丙命张威、王仕信出兵助攻，结果失败。安丙罢免张威，斩王仕信，停止了进攻。

持续四年（1217—1220 年）的这次陕南战事，可以说是金朝灭亡前的垂死挣扎，金军深入陕南腹地，直抵今川陕界上。陕南的各个城市，包括利州东、西二路的首府在内都曾被攻破。这是宋金陕南战争史上少见的。但实际上金军未能久占任何一地，弱者欺负更弱者的结果是自己变得更弱，更快地为强者——新兴的蒙古人所消灭。到嘉定十七年（1224 年）金朝末主哀宗即位，倾全力抗蒙救亡，并向宋军民告谕今后"更不南伐"。宋金秦岭战争至此停止了。

而这时，秦岭以北已经响起了蒙古军的马蹄声，岭南岭北的宋、金两国军民，不久都相继投入了一场更为悲壮的反征服斗争。

二　金夏陕北角逐

北宋灭亡之后，继而统治关中、陕北的金人也继承了北宋原有的边防问题，开始面对党项贵族的挑战。同时残辽势力也渗入其间。金朝在陕西两面作战，南侵宋，北御夏，战略地位比北宋更不利，西夏问题于是也更尖锐了。棘手的西夏问题，曾是金一度把陕西交给伪齐，后来又归还南宋的重要原因。

北宋灭亡时，西夏先是趁火打劫侵占宋境，后又借金、夏结盟反宋而要求金让步，因此得到不少好处。金天会四年（1126年）[1]，已经背辽臣金的西夏在金军灭宋时也出兵陕西，四月陷宋震威城（今榆林市北），杀宋知州朱昭，随后又攻破麟州建宁寨，杀宋知寨杨震。这年正月，宋同知枢密院事聂昌在河东为金人劫持，为金办理宋割地事，因金之要求，被迫把河外三州（麟、府、丰）割给当时已成金的藩邦的西夏。夏人派军来取，时值折家军勤王京师，无人抗击，三州遂被夏人所占，并设官置守。这时河外仅存的宋晋宁军军民大愤，都说："弃麟、府、丰，晋宁岂能独全？"[2]于是知军徐徽言率部北上，乘夏人立足未稳，一举收复三州。夏人所置官守投降后被礼送出境。

同年三月，金人以宗主身份为同时称臣于金的两个藩邦伪楚（张邦昌）与夏划分疆界，在陕北一段，定以麟、府二州南境的洛阳沟东至黄河西岸、西经暖泉堡（今佳县、米脂间）、米脂谷至累胜寨，接环庆路威边寨（今吴旗县西）向西入泾原路界。这条界线以北当时有宋的河外三州及晋宁、绥德二军的部分寨堡，定边军城及保安军的部分地区，都被划归了西夏，[3]使夏境全线向南推进了数十里以至百里以上。这条界线当时仅为纸上谈兵，并未实现，但它因此而成为金夏间一大悬案，西夏软硬兼施不断索要，最后大体上达到了目的。

为了达到这些目的，西夏与金在陕北也时有冲突。最初当金伐辽时，当时尚臣服于辽的西夏派李良辅率军援辽抗金，在宜水（今榆林市北）与金娄室、斡鲁军交战，夏兵大败。这是两国冲突之始。不久金夏结成反宋同盟，但陕北沿边宋朝的一些地方势力降金后，一方面为金守边，一方面又与夏有历史上的积怨，从而难免把金也卷入其中。这尤以麟府折氏为典型。聂昌割让河外后，由于折可求降金而为金守，伪齐时势力更有所扩大，夏人只能望河外而兴叹。天眷二年（1139年）

[1] 本节使用金朝纪年。

[2] 《宋史》卷447《徐徽言传》。

[3] 《金史》卷26《地理志下》。

金人毒死折可求并以陕西归宋，西夏遂乘乱入据河外三州。从而与尚为金镇守晋宁军的折氏子孙为仇，多年构兵不解。直到皇统三年（1143年）后金朝迁徙了折氏，问题才得到解决。

同时，金朝也不愿让步于西夏太多。尤其是在辽与北宋相继灭亡后，金借助于西夏的需要大减，于是原来答应给西夏的好处又反悔不给了。金夏结盟反辽时，金许以辽西部天德、云内等州地（今内蒙古境内），但辽亡后金人却食言不给，还把已进驻该地区的夏军民也赶了出去。为抚慰夏人，金又答应以宋朝陕西边地给夏以补偿天德、云内之失。但到北宋既亡，金军的将帅们又拒绝履行诺言。宋建炎年间娄室进军陕北，在威戎城（今子洲县境）与依约前来占领该地的夏军李遇部发生冲突，最后双方虽握手言和，地却迟迟未给夏人。

金、夏之间的另一个问题是双方的叛逃者，尤其是具有辽、宋或伪齐残余影响的叛逃者的介入。西夏缺乏人才，一向面向陕西实行招降纳叛政策，重用降人，有时甚至达到几乎以国柄相许的程度。从北宋时的张浦、张元、景询以迄于金，愈演愈烈。如天会四年（1126年）宋西安州知州任得敬降夏后，一度成为专擅朝政、挟君自重的权相，几乎把西夏闹得亡国。这样一来，各种背景的降人往往利用西夏作为达到自己目的的手段，使西夏与邻国的关系复杂化，多次在陕北造成事变。如天眷三年（1140年），投夏为夏州都统的前辽朝贵族萧合达据夏州起兵，联络阴山与河东的契丹人，图谋拥立耶律氏后裔，恢复辽朝。他一度据有今陕北境内夏、盐二州大片土地，夏、金双方都十分惊慌。西夏依靠任得敬平定了萧合达之乱，而任得敬却又外通南宋，企图"分国"并附宋攻金。此前还发生过金朝的仇人李世辅投西夏为帅，又借西夏兵力大举伐金的事。稍后，金、夏之间又发生了慕洧事件：在天眷二年（1139年）前伪齐环庆路经略使慕洧，当己未和议金朝复归陕西于宋之际，因仇恨宋朝，举家投奔西夏，西夏任之以枢密使的高位，并使之统领山讹（西夏最精锐野战军）。于是在己未和议期间他便屡次出兵扰边，给宋朝制造麻烦。而撒离喝重新夺取陕西之后，慕洧又想回归金朝，西夏发觉后将其处死。结果引起金朝的强烈抗议，导致金、夏关系紧张。

总之，西夏给金造成的麻烦并不减于北宋，因此粘罕就说："陕西与西夏为邻，事体重大，兵不可罢"，"河北不足虑，宜先事陕西，略定五路。既弱西夏，然后取宋"。[1]金前期，尽管金、夏关系时有反复，但总的来看主要是金向西夏作出让步。金初许给西夏的陕北诸地，金朝后虽反悔，但西夏自行夺取之后，金朝也都默认而不再与争。到金皇统六年（1146年），金朝再次割地酬夏。至此，与北宋末年相比，西夏新扩张了河外、定边军等陕北地区，熙河一带的西宁、乐、廓、积石等四州（今甘、青间黄河北岸地），泾原一带的会州、怀德军、德威城等地，其版图之大，为西夏历史上的最盛期。

但尽管如此，西夏对金并未怀有什么感恩之情，相反地，由于金朝"诸帅弃盟，军入其境，多掠取者"，西夏则与金的死敌西辽耶律大石相约"取山西诸郡"，[2]彼此间的戒心从不曾解。整个金、夏对峙期间，西夏都经常与金的敌人南宋、西辽以及原来的蒙古互相联络。天会十年（1132年）"金、夏交恶，夏国屡遣人来吴玠、关师古（按：关时尚未降金）军中"。正隆四年："夏国副相屈移，尝两使南朝（按：指南宋），以为衣冠礼乐非他国比。怨金人叛盟，夺其所与地。此其情可见。壬子岁（即天会十年）粘罕尝聚兵云中以窥蜀，夏人谓将图己，举国屯境上以待其至"[3]。大定二十五年（1185年）夏国又与西辽通好，据说还曾许西辽"假道于夏以伐金"[4]。到后期，西夏联宋侵金、附蒙侵金更是常事了。

金、夏关系就陕北的情况而言可以分为三个时期。

---

［1］《金史》卷74《粘罕传》。

［2］《金史》卷73《完颜希尹传》。

［3］《宋史》卷486《外国传》。

［4］《宋史》夏国传与孝宗纪均载此事，原文说是许耶律大石。但大石实卒于1143年，此当为西辽之通谓也。

自夏背辽附金至金朝向西夏第二次割地为第一阶段，即当 1124—1146 年间。这一时期金朝力量强大，但对陕西的政策，包括是否要据有陕西在内，都尚在逐渐成熟之中，对陕西边防的政策更是如此。因而此期间金、夏或是代理人不断因地界一类问题在陕北发生摩擦。而代理人战争往往比两国直接冲突的规模更大。如夏军曾为攻击金的代理人折氏而进犯晋宁军，夏的代理人李世辅也曾统率大军打到延安城下。金、夏两国本身在这种情况下反而被代理人所利用。

　　从金朝割地到大安三年（1211 年）西夏神宗即位为第二阶段。这一时期金夏双方都有了"长远之计"，力量对比也较为均衡，因而关系趋于成熟，保持着一种不冷不热的相对和平状态：不再发生被代理人所利用而打仗的事，同时也没有建立紧密联盟以对付共同敌人的需要。金、夏间的一些冲突主要发生在西边的熙河一带，陕北基本无大冲突。作为这种相对和平的象征，陕北的地名也出现了改"军"为州，改"城"为县的趋势。如保安军、绥德军改为保安州、绥德州，晋宁军先改为晋宁州，后又改葭州，清涧城改为清涧县等。

　　从西夏神宗即位直至西夏濒亡前与金朝恢复和议时为第三阶段，即 1211—1225 年。这一时期西夏在蒙古的侵袭下已江河日下，它与金朝一样采取了弱者欺侮更弱者的办法以图自存。金朝企图北边损失南边补，西夏则企图西边损失东边补。一个侵宋扩地，一个则是侵金扩地。因而这一时期金、夏间在陕北发生了延续十余年空前激烈的战争。其激烈的程度不仅为此前的金、夏关系中未见，甚至延续百年的宋、夏陕北战争也比之相形见绌。以下对比可以说明这一点：整个宋、夏对峙的百余年间，西夏深入最远的只到达延安、渭州（今甘肃平凉市）一线，另有少量游骑进入过鄜州境。而这个时期西夏大军一直深入到泾州、邠州，实际上已经踏进了关中的大门，深入程度比宋夏战争大了 1 倍。[1]

_____

[1]　这是仅就西夏独自进犯而言，至于夏蒙联军在此期间已打到凤翔等地，深入关中腹地了。

在百年宋夏战争中，夏军兵临延安城下不过两次，可是在这十余年的金、夏之战中，夏军就曾三度饮马延河。《金史·西夏传》对此评价说："自天会议和，八十余年与夏人未尝有兵革之事。及贞祐之初，小有侵掠，以至构难，十年不解。一胜一负，精锐皆尽，而两国俱弊。"[1]

这一阶段陕北境内的金、夏战事主要有：

大安三年（1211年）西夏神宗即位后，即以两年前蒙古军围攻西夏首都而金朝拒不尽宗主之责出兵救援为由，不再向金朝求册封。这年冬，西夏趁蒙军围攻金中都，金廷无暇西顾之机，挥军从庆原一路长驱直入，连陷泾州、邠州，包围平凉府。金朝凤翔总管府判官韩玉率军来援，挫败夏军。然而陕西安抚司的官员妒忌其功，竟诬称韩与西夏通谋。时华州民李公直起义兵勤王，也被京兆统军诬为谋反而遭冤杀，李公直在事前曾有一信给韩玉，此信落入安抚使之手，便以证韩玉也是谋反者。韩玉被囚死狱中。关中称冤，人心解体。[2]

次年三月，金朝主动派使臣封夏神宗李遵顼为夏国王。夏方直到年底才遣使谢封，但仍继续进攻金朝。这年三月进攻葭州，次年又连续攻破保安州、邠州与巩州，兵围庆阳府。贞祐二年（1214年）八月，夏军大举入犯，同时进攻庆阳、原州、延安等重镇。次年十月，又攻破临洮府、保安州，再次兵临延安城下。贞祐四年（1216年），西夏出兵配合成吉思汗的蒙古军大举攻金，第三次围攻延安，并南进至鄜州。

在西夏连续不断的进攻面前，金朝决定反击。贞祐三年（1215年）金廷向陕西宣抚司发放空白敕札（委任状），授权"凡夏人入寇，有

---

[1]《金史》卷134按此段计年有误，金夏前一阶段和平时期未及80余年，而在贞祐以前的卫绍王时代，金、夏已经开战。

[2]《金史》卷110《韩玉传》。

能临阵立功者，并听迁授"[1]。同时调兵遣将，于次年向西夏全线反攻，分路取盐、宥、夏、威、灵诸州，但都被夏军击退，劳而无功。

兴定元年（1217年），西夏除应蒙古之征派兵与蒙军在西线攻金外，还于九月独自进攻绥德州。

这年十二月，蒙古人因西夏不从征调，突然围攻夏都中兴府。西夏感到威胁，于次年致书金朝要求议和，但同时又派兵由葭州攻入鄜延路。结果议和不成。西夏这时又企图联宋侵金。这时正值金朝也在像西夏那样向弱者扩地，入侵南宋，因而南宋欣然同意联手攻金。兴定四年（1220年），西夏与宋陕南驻军联合向西线的会州、巩州发动进攻，但是宋军不是失约不至，就是一击便垮，巩州之役以失败告终。夏神宗大失所望，对联宋失去了兴趣。但就在宋、夏联军进攻西线的同时，夏军仍然独自在陕北攻金。兴定二至四年间，金朝的葭州、绥平寨（今绥德县西南）、安定堡（今子长县西）等地年年都遭到西夏的进攻。

兴定五年（1221年）起，西夏又实行附蒙侵金的战略，从这年到元光二年（1223年）年年派兵随从蒙古人进犯葭州、绥德、凤翔等地。但这时蒙古灭夏的企图日益明显，西夏为虎作伥是越来越难作下去了。金元光二年年底夏神宗退位，继立的献宗逐渐缓和对金政策。金正大二年（1225年）八月，各自都已濒临灭亡的金、夏两国达成和议：夏不再对金称臣而改称弟，金、夏约为兄弟之国，各用本国年号，双方互相支援。这是西夏200多年历史上第一次不向别人称臣而订立的和议，也是整个宋、辽、夏、金时代唯一的不称臣、不纳贡也不割地的"平等条约"。然而这时"兄弟"实已是难兄难弟，既顾不得要别人向自己称臣，也实在无力支援别人了。此后它们各自进入了垂死挣扎时期，西夏苟延了不到两年，金朝苟延了八年多，便先后被蒙古人灭亡。

---

[1]《金史》卷14《宣宗纪》。

三　分裂时期的陕西社会

宋绍兴十年（1140年），金军撕毁已未和议重占陕西后，今陕西省境便进入了一个分裂时期。秦岭以北即当时所称的"陕西"属金，秦岭以南，即当时所称的"四川"属宋，而夏则在陕北沿边占有一块比其在北宋时更大的地盘。在封建化的总趋势下，三个地方分别形成了各具特点的社会体制。

金朝据有的"陕西"当伪齐时一切制度均沿北宋时例，只是腐败程度增加了不少。由金朝直接统治后，在袭用宋制的基础上又有了不少改变。宋时的陕西"沿边"与"内郡"颇有差异，例如沿边诸路各置帅司实行一元化领导，而内郡的永兴军路则不置帅司，只置基本上不统军的"知永兴军"一职。到了金朝，随着秦岭战场的开辟，陕西已不再有"沿边"与"内郡"之别，像凤翔那样的北宋内郡，到了金朝由于蜀口用兵，已经完全要塞化了，其军事行政一元化的程度比北宋的沿边还高。从北宋末起，在各路帅司（经略安抚使）之上就加设了陕西诸路宣抚（或制置、节制）使，统一领导沿边与内郡的军政，等于是诸路帅司之上的总帅。入金后此制逐渐完善，形成了诸路总管府——宣抚司的一元化管理体制，而且权力逐渐向后者集中。宣抚使号称代表中央，行尚书省事，因而一开始就有行省之称，到金后期其制愈完善，其权愈重，行省一名也用得愈多，终于发展成元代诸路之上的行省制。在金中叶，全国的宣抚司只有陕西路宣抚使司一处，可见其重要。

除了宣抚司外，金前期，包括伪齐治陕时期，全陕的军政权力实际上最终是归元帅府执掌的。伪齐治下陕西所有官制都依宋制，官员也都是汉员而无女真人，但他们都要听命于女真重臣主持的元帅府，是傀儡政权。

金朝陕西的兵政仍沿北宋后期的置将法，只是置将更多，在全国也更突出。金朝把陕西六路省并为四，即京兆、鄜延、庆原、熙秦，但北宋六路只置 42 将，金朝四路却置了 49 将：鄜延 9 将（与宋相同），庆阳 10 将（比宋庆、原二路合计少 9 将），临洮 14 将（比宋之熙河多 5 将），凤翔 16 将（比宋之秦凤多 11 将），[1] 与北宋时相比，可以看出面临蜀口的凤翔一路比宋时置将多了两倍有余，与西夏、南宋同时接壤的临洮一路则增加了一半以上。这与当时的实际军事形势是相符的。这 49 将的治所现在有 14 将可考：临洮路第十将驻兰州定远关，第八将驻阿干县质孤堡；鄜延路第二将驻绥德州清涧县米脂寨，第四将驻克戎寨，第六将驻延安府门山县安定堡（今子长县西），第五副将驻德安寨；庆原路第二将驻荔原堡西（今甘肃华池县与陕西志丹县交界处），在它以西依次置有第四、第三、第八、第七、第九、第六、第五将。[2]

当时金朝全国置将的地方只有陕西与河东，而河东总共只置了 3 将，很可能这 3 将也设在今属陕西的河外地区。[3] 可见金朝实际上几乎只在陕西保留了置将之制。这因为只有陕西当时同时与西夏、南宋这两大敌人相邻，其军事地位特殊。不过金朝所置的将已经逐渐成了边防巡逻队性质，"掌提控部堡将、轮番巡守边境"[4]。野战军职能已由元帅府指挥下按猛安、谋克编制的女真军和其他军队承担了。

金朝在陕西驻军之多还可以从以下情况看出：金朝全国 38 个"边境置兵之州"，陕西占了 17 个，几达半数。金前期在海陵王时全国设山西、河南、陕西三统军司"分统天下之兵"[5]，陕西有其一。设在京兆府的陕西路统军司和它以前的陕西元帅府一样，经常干预民政，俨然是一方的太上皇。

金廷直接统治陕西后带来的又一变化是女真人及其猛安谋克制度

［1］《金史》卷 57《百官志·边将》。
［2］《金史》卷 26《地理志下》。
［3］《金史》卷 57《百官志三》。
［4］《金史》卷 57《百官志三》。
［5］《金史》卷 44《兵志》。

的移入以及它的蜕变，还有与此相关的括地苛政。"括地"之风，起自北宋末，伪齐时更盛。金的括地则始于大定十九年（1179 年）。括地就是国家圈占民田，是典型的以"抑兼并"为名而行"官府自为兼并"之实的弊政。到明昌六年（1195 年），金廷特地宣布"罢括陕西之地"[1]。何以陕西独罢括地，史书语焉不详。（金朝其他地方的括地一直延续到贞祐三年即 1215 年）从逻辑上看不外两种可能：或者陕西连年兵燹，徭繁赋重，人民逃死不暇，荒地盈野皆是，已经用不着括了；或者是括地本以平民地主为主要对象，因为权贵势要无人敢"括"，而贫民细户又括不出多少地来。陕西在宋元时平民地主占地比例不大，括地遂难以推行。但不管是哪种原因，都并不意味着陕西人民的日子比仍进行括地的其他地方好过。而在此之前陕西已经括过十多年地，加上伪齐时所为，"民之茔墓井灶悉为军有"[2]的灾难也受得够多的了。

除括地养军、实行猛安谋克屯田之外，金朝在关中还大开卖官筹粮之道。皇统三年（1143 年），金廷就"诏陕西富民纳粟补官"[3]。花了财得官，当然要尽力搜括，赚回"成本"并更图大发，其吏治的腐败可想而知。

陕西人民在金朝统治下处境悲惨，民族压迫、贪官污吏的盘剥、穷兵黩武的负担，逼得他们纷纷反抗。大定十二年（1172 年）九月，"鄜州李方等谋反，伏诛"；同年十一月，"同州民屈立等谋反，伏诛"；兴定五年（1221 年）十一月，"蒲城县民李文秀等谋反，伏诛"，等等。[4]这些简略的记载背后隐藏着一个个今天已难为人所知的悲壮故事。金朝在陕西镇压"谋反"的方式极为残暴，不仅杀害了许多造反的英雄，也滥杀大批无辜。早在大定二年（1162 年），金廷就感到陕西当局"捕

［1］《金史》卷 47《食货志二》。
［2］《金史》卷 47《食货志二》。
［3］《金史》卷 51《食货五》。
［4］《金史》卷 16《宣宗纪下》。

贼"过滥，"诏陕西：昨因捕贼，良民被掳为贼者，厘正之"。[1]然而越到后期，统治者越是杀红眼了，以至到了金末，连华州李公直这样的"勤王义民"都被冤杀。

秦岭以南的地区，自唐代中叶分剑南道为东西两川、置剑南东川和剑南西川两节度使以来，就有了"两川"之称。到宋代，"两川"之地被划分为成都府路、梓州路、利州路与夔州路四路，于是又有了"川峡四路"或"四川"之称。今陕南大部分地区属利州路，因而今陕西境内的宋金对峙，便成了"四川"与"陕西"的对峙。陕南不仅地属当时的"四川"，而且在南宋的部分时候还可以说是"四川"的道府所在。因为当时的"四川"与"陕西"一样，是好几个路的总称，本身不算一级行政区划。但因非常时期的军政需要，往往在诸路之上设宣抚、制置、宣谕等使或"大使"以统之。宋金长期战争，"非常"遂成为平常。南宋初年一方面尚存争夺陕西之念，另一方面陕西诸路残存的"五州二原"之地尚未改属他路，因而这时秦岭以南总管诸路军政的领导机构往往以"川陕"为名，如范直方、郑刚中、虞允文、王之望为川陕宣谕使，张浚、吴玠、王似、卢法源、胡世将为川陕宣抚处置使、宣抚使或副使，等等。而这些官员的治所一般都在陕南的兴元府（今汉中）、兴州（今略阳）或河池（今陕甘界上的甘肃徽县）等处。后来因复陕无望，"陕西"所余诸州也正式归并"四川"诸路，因而秦岭以南的方面大员便渐改称为四川宣抚使了。四川宣抚使的法定治所虽在成都，但实际上在多事之秋，往往在靠近前线的陕南开府、兴元、兴州与河池仍为他们常驻之地，尤其是兴元府。因而这里也就成为"四川"诸路的实际上的军事行政中枢所在，是四川的战时首府。宋四川宣抚使所驻的兴元，与金陕西诸路节制使所驻的京兆，也就成了秦岭战线南北双方的大本营。而宋末四川土皇帝吴曦叛乱并建立伪蜀政权时，也改兴州为"开德府"并定为伪都。

---

[1] 《金史》卷6《世宗纪》。

南宋也是今陕南汉中、安康、商洛三地区在行政上连为一体之始。历史上正如汉中一般从属四川一样，商州一般从属关中，而安康则属于其东面的襄宛地区。南宋时永兴军路只有商州（后来是半个州）未陷于金，而以襄宛地区为中心的京西南路也一度只有金州（今安康）未陷，于是它们便很自然地归并于以兴元府为中心的政区了。绍兴三年（1133 年）十一月，川陕宣抚司分陕西之地，自秦凤至洋州，以吴玠主之；金、房至巴、达，以王彦主之。[1] 这可以说是后世陕南划分汉中、兴安（安康）两大府的滥觞。

南宋治下的陕南，军事行政一元化的战时体制与北宋及与南宋其余地区相比，仍呈不断强化的趋势。北宋时各路的宪司（提点刑狱）通常以文臣担任，但南宋陕南的利州路及利州东、西路，都以武将提点刑狱，实行军法审判。南宋初年管军的制置使与管民的安抚使经常互兼，后来局势稍缓，为防事权过重，遂规定制置使治军，安抚使治民，两者不得兼任。然而四川是个例外，四川安抚使一直兼任制置使，使这里的当局具有浓厚的军政府色彩。南宋尽管由于各路普设帅司，转运使的地位有所下降，但在一般情况下转运使至少还能"移牒宣司，势均礼敌"，然而在四川，由于宣抚司事权的不断集中，终至达到"以总计（都转运使，诸路转运使的上级）隶宣司"[2] 的程度，甚至宣抚副使都可以"节制按劾"都漕大人了。

与金朝的陕西诸路宣抚司一样，南宋设在陕南的宣抚使也具有地方大员与中央代表、巡视官的双重身份，被视为在地方行三省之事，因此陆游曾有"往者行省（宣抚使）临秦中，我亦急服叨从容"[3] 的诗句。这也是日后"行省"制的雏形。

南宋统治下的陕南，在经济方面似乎比金朝治下的关中略强，这

---

[1] 李心传：《建炎以来系年要录》卷 71，绍兴三年纪事，第 1381 页。

[2] 《宋史》卷 475《吴曦传》。

[3] 陆游：《剑南诗稿》卷 14《夜观秦蜀地图》，《陆游集》，中华书局，1976 年，第 405 页。

部分是因为陕南秦巴天险，蜀道难行，不像关中那样易于取得外界的补给，因而大军屯驻的供应不得不尽可能多地取给于当地。所以陕南军政当局对农业及水利都多所讲求。陕南古代最大的水利工程山河堰，就是由抗金名将吴璘主持修复的。"璘至汉中，修复褒城古堰（按即山河堰），溉田数千顷，民甚便之。"[1]吴璘修堰的功绩，曾由杨绛铭为《修复山河堰记》碑，立于褒城东门外褒河东沿大路边，直到1936年修建宝汉公路时才被炸毁。由统兵大将主持水利施工，在当时是罕见的，这除归之于吴璘个人关心民生而多施惠政以外，恐怕也反映了当地经济的军事化。当时的山河堰灌区可能主要是一片军屯地区。

从另一个角度看，在这种条件下陕南人民所受的剥削，尤其是封建国家的苛敛，也必然十分严重。宋朝传统的体制性腐败，在陕南这种军事化社会中表现得也是十分惊人的。据说吴玠成名之后"颇荒淫"，"晚年颇多嗜欲，使人渔色于成都，喜饵丹石，故得咯血疾以死"。[2]作为一代名将，陕南军政界的佼佼者，吴玠尚且如此，一般的官场中人就更可想而知了。因此毫不奇怪，在民族矛盾如此尖锐而官方的军事镇压机器如此强大的陕南，南宋时期仍然不断爆发农民、士兵的反抗斗争，尤以士兵的起义最为突出。所谓"陈淮、李宝、陈显、权兴弄兵巴山""关外五州流民不下数十万，溃卒满野，以青、黄、红、白巾为帜，时出钞掠"。[3]这其中尤以宋宁宗时期的权兴、张福、莫简起义影响最大。

嘉定十二年（1219年）三月，"兴元军士权兴等作乱"[4]。宋廷出兵镇压并诱降。权兴放下了武器。然而不久，权兴的部下军士张福、莫简于闰三月再度发难。当时宋廷调这些士兵到大散关外去戍守，按惯

[1]《宋史》卷366《吴璘传》。

[2]《宋史》卷366《吴玠传》并卷末赞。

[3] 魏了翁：《鹤山全集》卷79《知达州李君墓表》，四部丛刊景宋本。

[4]《宋史》卷40《宁宗本纪》。

例每人发给绢 1 匹、钱 18 贯 300 文，而军官贪污了其中的每人 300 文，引起公愤。士兵们推张福、莫简为首，揭竿造反，[1]有"千人之众，足以披靡群辟"[2]。他们以红巾包头，"号红巾队"[3]，从汉中南下，攻下利州（今四川广元市），四川制置使聂子述闻风而逃，总领财赋杨九鼎藏在马槽中被搜出处死。一路上"吏或死或逃，无敢抗者"[4]。起义士兵"破狱纵囚，欲杀克钱吏"[5]，但他们却拥护清官。宋廷派出有清廉之声的知遂宁府李壁来招安，张福等都说"李公正人，我亦知之"，打算投降，然而却发现官军已经围了上来。义军愤怒，攻下府治，焚烧官府，惟独李壁的衙门不烧，说是"李公且来居此，吾不忍毁"[6]。最后起义者退据茗山，被官军包围，粮尽力竭，被迫投降，张福、莫简都被杀害。

我们看到这场起义在许多方面都与南宋初年同样发生于陕南的史斌起义很相似，都是在一个战时社会里，由士兵发动，为反对军政腐败而举行的起义。这类起义在陕南一再发生，深刻地反映了南宋陕南封建军政体制的严重危机。同时这次起义的一个符号特征——以红帕裹头，号红巾队，可能有着某种宗教意义。它是白莲教以及一个多世纪后元末红巾军在陕南活动的先声。

关于西夏统治下的陕北横山地区的社会状况，因史料阙如，我们还不能详加了解。但是从这一带曾相当长时间地由任得敬等汉族军阀经营这一点看，它与边内的金、宋社会的距离也在缩小之中，而它的那种"统军司"兼治军民的体制，无疑也具有战时性质，当然，其中也可能体现了游牧部落军民合一传统的影响。

［1］ 方回：《桐江集》卷 8《先君事状》，委宛别藏本。

［2］ 魏了翁：《鹤山全集》卷 15《沧州郡削强之弊》。

［3］《宋史》卷 403《张威传》。

［4］ 叶适：《水心文集》卷 11《潼川府修城记》，《叶适集》，中华书局，1961 年，第 195 页。

［5］ 方回：《桐江集》卷 8《先君事状》，委宛别藏本。

［6］ 真德秀：《真文忠公集》卷 41《李公神道碑》。

第六章　蒙古帝国统一陕西和陕西军民的抗蒙斗争

一　蒙夏联军入陕与第一次延安之役

13世纪初，分占今陕西境的宋、夏、金三国都开始走下坡路，国势日衰。而北边又一个新兴少数民族蒙古族，则在其卓越的领袖、一代天骄成吉思汗的领导下，完成了由分裂混战走向统一建国的过程，并随即展开了人类有史以来最为壮观的大规模对外征服。在几十年时间内，蒙古骑兵如疾风闪电，摧枯拉朽，纵横欧亚大陆，所到之处，一顶顶皇冠落地，一个个王朝覆没，西至多瑙河，东极太平洋，北起冰原，南达爪哇的几乎整个欧亚地区，都先后升起了蒙古人的战旗。分据陕西的夏、金、宋三个王朝，也次第为蒙古所灭。在这期间，蒙古军以20年时间（1216—1236年），从入陕北，到破阳平关，于几进几出之后，最终占有了全陕，从而结束了自唐末以来开其端而北宋亡后更显然的陕西的分裂局面。

蒙古人对夏、金两国的征服，几乎是平行地进行的。1205年，还在蒙古建国前的部落兼并战争中，孛儿只斤·铁木真（即后来的成吉思汗）便在消灭乃蛮部军队后追击其酋亦剌哈桑昆而侵入西夏境内，攻破夏国的力吉里寨、夏落思城等地。1207—1209年，刚刚建国的蒙古人又向西夏连续发动两次攻势，攻下兀剌海、克夷门等名城，并包围夏都中兴府五个多月，迫使西夏屈服投降，并献公主给成吉思汗以求和。从此西夏实际上已成为蒙古人的附庸。

1210年（金大安二年）[1]成吉思汗征夏得胜一回汗廷，便停止向金朝进贡，拒不奉金诏，从而宣布与金决裂。次年，成吉思汗率众誓师克鲁伦河，大举南下，发动了侵金、灭金之战。从1211—1214年（大安三年至贞祐二年），蒙古军两次纵横金境，从华北到东北，攻破了金西京大同府、东京辽阳府，兵围金中都，蹂躏了除中都、真定等11城之外的金朝华北、山东、辽东全部国土。金朝被迫签订城下之盟，并于1214年（贞祐二年）弃中都南迁。

当时，金廷内曾有"徙都长安"之议，并派元帅赤盏以重兵入陕为屏障计，[2]后来虽然决定南迁汴京，但仍然加强了西北的军事力量，西夏因此深为不安。而蒙古在掳掠了金朝东半部之后，又把目标放在了西边。于是蒙古裹胁西夏，联兵侵入陕北，开始了侵陕、并陕的战事。

1216年（贞祐四年）夏，蒙古将军三木合拔都率1万骑兵，督西夏军攻至延安城下。金朝以乌古沦庆寿为元帅左监军兼陕西统军使，在延安抗击蒙夏联军。蒙夏军攻城不下，转攻延属各地。八月，联军中的夏军攻安塞堡（今安塞县北），被乌古沦庆寿击败。又攻鄜州，乌古沦庆寿与战于州境的仓曲谷，州城得以不陷。

三木合拔都以西夏军为饵缠住乌古沦庆寿，自率蒙古军绕鄜、延而南下，继续深入金境，于九月间攻入坊州（今黄陵县），随即进入关中。京兆大震。金廷闻讯，派签枢密院事永锡率军增援陕西。但是金宣宗这时已对守陕毫无信心，对永锡说：如果敌人势大，你就把守潼关，不让敌人过关东进就行。同时下令把驻扎关中东部同、华二州的陕西军队都拨给永锡指挥。这实际上是个主动撤守关中的计划。陕西当局知道后激烈反对。尚书左丞相兼都元帅仆散端这时行省陕西，上奏说："潼关之西皆陕西地，请此军隶行省，缓急可使。"[3]金宣宗又加

---

[1] 本章起用公元纪年，并附各被兵诸国纪年。至忽必烈建年号后统一附蒙元纪年。

[2] 《宋史》卷486《夏国传》。

[3] 《金史》卷101《仆散端传》。

以批准。于是，一支军队被派给两家。永锡到河南渑池后即以兵不至，迟迟不西进。正当金廷朝令夕改、指挥失措时，蒙古军已于十月穿过关中，攻至潼关。拨给陕西行省的同、华驻军皆坐视不救，而关东的永锡又无兵可援。潼关守将、金陕州宣抚副使兼西安军节度使泥庞古蒲路虎领兵御敌，被蒙古军击毙，守关金军溃散。蒙古军遂攻入河南。金廷以潼关兵败，把永锡撤职下狱。

此后三木合拔都继续东进，由虢州、陕州、汝州，至十一月初打到开封府杏花营，离金朝刚刚迁至的汴京城只有 20 里。这次蒙古军只以次要将领，率 1 万人的小部队，于刚刚攻占中都之后便向金朝的新都汴京发动试探性攻击。这时金朝各地的勤王军纷纷赶至。三木合拔都也无心攻城，在完成探路任务后便经山西一路掳掠退回蒙境去了。而陕西金军这次算是抗蒙胜利，乌古沦庆寿等人皆受升赏。在蒙军打到汴京又撤兵北归后，陕西金军才于十一月中旬"收复"潼关，并于次年大兴土木增修潼关防御体系。显然，金朝已经在作放弃陕西的打算了。

二　木华黎经略陕西

三木合拔都侵陕后次年，成吉思汗以主力西征中亚，南方夏、金之事尽委悍将木华黎。木华黎（1170—1223 年）是蒙古元勋、军事家，自幼为铁木真家奴，深受宠信，与博尔术等三个亲将号为成吉思汗帐下的"四杰"。成吉思汗西行后，他受封为太师、国王，承制行事，全权经略南方。此后六年间，蒙古帝国在汉地的军政事务，都由木华黎代管。

1221 年（金兴定五年）冬，木华黎把经略重点放在了陕西，引大军由东胜州渡黄河南下，途经西夏时，又征夏军塔哥甘普部 5 万余人相属，联军而进。这次蒙军动用了主力，有据地之意，已非前次三木合拔都以轻骑探路者可比。而金朝方面，这时也全面检讨了国防政策，改变了准备弃陕而守潼关的战略，在兵力部置上由"重东轻西"转而为"重西轻东"，把河北、山东地区委任给当地汉族地主武装如武仙、张柔等部，而把金军主力二三十万用于西线。木华黎也把他麾下的南方集团军蒙古军1.4万人，蒙古探马赤军1万多，契丹、女真、汉军8万多共计10万以上的绝大部分[1]投入陕西。于是三秦大地一变而为金蒙战争的主战场，战事之激烈，与上次大不相同了。

这年十月，木华黎率军由夏境攻入葭州，金将王公佐弃城逃走。葭州是金夏接壤的要冲，陕北与河东联络的咽喉。木华黎采纳了汉将石天应的建策，令石权行台事，以兵5000留葭州，造舟建浮桥联络河东以资饷，作驻守之计。这是蒙古对陕用兵史上的一大转折，那种一路掳掠、得地不守的老办法被放弃了。

木华黎率军由葭州南下，攻绥德，破马蹄、克戎两寨，在绥德与夏军会合后于十一月间再次进军延安。金元帅知延安府完颜合达与金将纳合买住统兵据守。这时绥、鄜等数十城相继陷落，延安已成孤城。完颜合达是金朝抗蒙名将，很有魄力而且长于谋略。他看准围城联军中的夏军是个薄弱环节，就在一个寒冷的冬夜，率军袭击西夏军营。夏军大败，被金军追杀40里，溃不成军。完颜合达乘胜反攻蒙古军，以兵3万出城东。木华黎先命蒙军衔枚潜进，埋伏在城东西谷中，次日，派部将蒙古不花以骑兵3000人攻金营，金军迎战，蒙骑丢弃旗鼓佯败而走，完颜合达中计，率兵追入山谷，这时伏兵齐发，鼓声震天，金兵大乱，被杀7000多人。完颜合达苦战破围而出，率残部逃回延安城内，鼓励军民继续坚守。蒙军围攻延安两个月之久，多次猛攻均被击败，诱敌又坚壁不出，木华黎只好留军围之，自率军继续南下。

十二月间，蒙军由鄜州攻入关中，攻占京兆，京兆府官民百万之

---

[1] 黄时鉴：《木华黎国王麾下诸军考》，见《元史论丛》第1辑，中华书局，1982年，第71页。

众由同知府事完颜霆率领，退入南山诸谷避兵。蒙军旋又退出，准备取道陕北进取山西。闰十二月，蒙军再破鄜州，金权元帅右都监蒲察娄室战死，保大军节度使完颜六斤战败，投崖自杀。鄜州行元帅府事纥石烈鹤寿突围出城，被蒙军追及。纥石烈鹤寿据土山力战，兵败而死，其部下骁将张铁枪被俘。木华黎劝他投降，张铁枪厉声说"事已至此，惟求一死"，不屈被杀。蒙军由鄜州经丹州（今宜川县境）渡黄河攻入山西。

1222年（金元光元年），木华黎在山西相继攻陷太原等地后，又于十月间从禹门口渡河再次进入关中。这时，金升河防重镇韩城县为桢州，知州女奚烈斡出按行省部署，弃州城而率军民据金胜、青龙、周安诸堡扼险抵抗。蒙军进攻金胜堡，女奚烈斡出率金军以及金朝民兵"花帽军"出堡抵抗，中箭负重伤，卧床不起。花帽军提控张某主张投降，女奚烈斡出说：我们既食官禄，岂可负国！只有力战至死而已。夜间张某执刀入室，再次威胁知州投降。女奚烈斡出伤重无法反抗，但仍坚拒说，你可自便，我终不屈，结果被杀。张某遂以堡降蒙。桢州军事判官王谨率部分军民守周安堡，与蒙军激战十多天，兵败被俘，也不屈而死。桢州各堡于是全部陷落。[1]

十一月，蒙军又分头进攻同州、蒲城。金定国军节度使李复亨、同知定国军节度使事讹可兵败，皆自杀身亡。关中东部重镇同州失守。蒙军乘胜又破蒲城，转而南下，向陕西诸路的首府京兆发动进攻。

这时，完颜合达已因上年守卫延安之功升任参知政事，行省于京兆，集结西北金军主力20万固守古城，并受命统一指挥陕西全境战事。木华黎遂分派部将兀胡乃、太不花统兵6000屯守京兆城郊，牵制金20万大军，又派部将按赤统兵3000截断京兆至潼关的交通，自率蒙军主力西攻凤翔。[2]

[1]《金史》卷122《女奚烈斡出传》。
[2]《元史》卷119《木华黎传》。

由于宋金长时期在秦岭西段对峙，西府重镇凤翔在有金一代备受重视，城郭屡加增筑，常年驻屯大军，储存的给养远供西北诸战场，其在军事上的重要性超过京兆府，为金朝在西北的第一要塞。凤翔若失，西北皆不可保。因此金蒙双方集结兵力数十万，在此后的九年间连续在凤翔进行了三次大战，其激烈程度为整个金蒙战争中所罕见。木华黎此次攻城为第一次凤翔之战，蒙古倾南线之军而攻之，金朝则以完颜合达坐镇京兆，指挥西府战事。他以汉人将领完颜仲元与蒙古汪古部人马庆祥领兵守卫凤翔。完颜仲元本名郭仲元，金中都人，以起义兵抗蒙有功，赐姓完颜，所部是以民间抗蒙武装的精锐整编而成的花帽军，勇敢善战。十一月间木华黎遣蒙军先锋蒙古不花部挺进凤翔，马庆祥与部将胥谦受命出城抵御，行前命画工为他先绘好遗像，以示必死的决心。金蒙在浍水交战，马庆祥失利，蒙古军以骑兵包抄，截断了他们回城的退路，并四面围攻。马庆祥、胥谦鼓励将士为国尽忠，力战到最后，弓矢用尽，已失去作战能力。蒙古军包围数重，令其投降，马庆祥、胥谦与众将士无一屈服，全部壮烈殉国。[1]

蒙古军乘胜，由木华黎亲自率领把凤翔围得水泄不通。到 1223 年（元光二年）初，西夏也派步骑 10 万助蒙，蒙夏联军数十万，合围凤翔，东至扶风、岐山，西至汧阳、陇州，数百里间营栅相连。金廷也视凤翔为必争之地，派左监军赤盏合喜率军增援。完颜仲元让赤盏合喜主城守，自己亲冒矢石。为激励将士，又宣布凡立功者都破格升官。于是在蒙军攻城最急时，几位有功将士都被授予四品以下官，其中颜盏虾麻被授予通远军节度使。将士见状，人人鼓勇。围解后合喜、仲元向金廷请擅自封官之罪，金宣宗嘉其战功，一律都予追认。[2]

面对拼死相拒的凤翔军民，蒙古军百计皆穷，攻城月余，徒劳无功。西夏军见蒙古人受阻，知道没有便宜可占，也自行撤军。木华黎无可

---

［1］《元史》卷 124《马庆祥传》。
［2］《金史》卷 103《完颜仲元传》；卷 113《赤盏合喜传》。

奈何，叹道："吾奉命专征，不数年取辽西、辽东、山东、河北，不劳余力。而前攻天平、延安，今攻凤翔皆不下，岂吾命将尽耶？"[1]于是退驻渭水之南，遣部将蒙古不花越秦岭攻破南宋的凤州为掳掠计。到这年二月，蒙古军终于全师撤退，凤翔围解。木华黎东归至山西闻喜，病死军中。

木华黎作为蒙古侵金前期的统帅，勇悍绝伦，几乎攻无不克，然而在陕西战场却迭挫于延安、凤翔两城之下，大大挫伤了蒙军锐气。而金朝则深受鼓舞，金廷把凤翔之捷通报全国，完颜合达、完颜仲元声名大振。不久，陕西金军乘木华黎之死而发动反攻，收复了关中各地和山西南部，金朝又获得了一个喘息时期。

三 凤翔失守与关中沦陷

1227年（金正大四年）四月，成吉思汗亲统大军灭亡西夏，在夏境全陷、仅余首都中兴府孤城苟延旦夕之际，成吉思汗留下部分兵力围城，自率主力再次南下进攻陕西。凤翔"义兵"将领马肩龙率领民间武装战死德顺州。蒙军又攻临洮府，金临洮府总管陀满胡土门兵败被俘，不屈而死。金朝末主哀宗大惧，召集众官商议对策。陕西行省奏上三策：上策是哀宗亲征陕西，督主力与蒙军决战；中策是哀宗驻陕州，派军援关中；下策是弃陕西，保潼关。金廷商议后只取了半个中策：援助陕西金军固守，但金哀宗不出京。不久，哀宗又派使向成吉思汗乞和，被成吉思汗拒绝。

六月，成吉思汗挥军经清水县，再次进攻凤翔。在凤翔城下，已患重病的成吉思汗叹道："使木华黎在，朕不亲至此矣！"[2]然而他亲

---

[2]《金史》卷112《移剌蒲阿传》。

第六章 蒙古帝国统一陕西和陕西军民的抗蒙斗争 201

至此也没有用，凤翔还是久攻不下。成吉思汗又遣军兵逼京兆。这时，屯兵于泾、邠、陇三州间的金节度使杨沃衍与凤翔义军将领汉族人刘兴哥以兵出邠、陇，威胁蒙古军的侧后方，屡次获胜，声势大振。这年七月，成吉思汗病死在清水县军中，蒙军被迫撤退。第二次凤翔之战又以金军获胜而告终。

1228年（正大五年），蒙古军再度进犯。完颜合达遣部将完颜陈和尚以骑兵400人，在大昌原（今长武县以北）大破8000蒙古军，获得金朝抗蒙战争中前所未有的全胜，使金国军民大为振奋。金哀宗下诏奖励，授陈和尚定远大将军。

1229年（正大六年）八月，蒙古诸部贵族在克鲁伦河畔举行"库里尔台"大会，推举成吉思汗第三子窝阔台继承了汗位。雄心勃勃的窝阔台统率蒙军主力，开始了灭亡金朝的最后攻势。攻势开始前，窝阔台派使臣斡骨栾到陕西行省来招降。金枢密院副使、陕西行省移剌蒲阿怕他泄露行省的机密，迟迟不肯遣归。这时蒙军再次兵入大昌原，又被金军击败，蒙将朵忽鲁败逃，庆阳围解。移剌蒲阿小获胜利，志骄意满，对蒙古使臣说："我已准备军马，能战则来！"[1]使臣回报，窝阔台闻言大怒，与其弟拖雷率众大军入侵，一军攻山西，一军入关中。蒙古军纵横于京兆、同、华之间，连续攻破金军据守的诸山寨栅60多座，并于1231年（正大八年）正月第三次包围了凤翔。

这时关中经蒙古军往来蹂躏，已残破不堪。完颜合达、移剌蒲阿都退屯潼关之外的阌乡（今河南灵宝县西），已难以顾及凤翔守军了。蒙古军一面围攻凤翔，一面出兵频频进攻潼关、蓝关（今蓝田县境），正月间蒙军速不台部还攻破小关，进攻河南的卢氏、朱阳等县。金潼关总帅纳合买住向陕西行省求援，行省派完颜陈和尚、夹谷浑两军来援，才把蒙军赶回陕西境内。但是金军的大军都在关东作战，凤翔守军的处境日益艰难了。

---

[1]《金史》卷112《移剌蒲阿传》。

这年四月，金哀宗屡遣使催促完颜合达、移剌蒲阿解凤翔之围。完颜合达遂率军自潼关进攻渭北，企图诱蒙军来援，以减轻凤翔的压力。这时正值窝阔台亲统大军由山西入陕，完颜合达不敢硬碰，刚进至华阴便乘夜退出潼关。援救凤翔的最后努力终告失败。当月，蒙古军攻陷凤翔。这座西府重镇，前后坚守九年之久，历经三次大规模围攻，木华黎、成吉思汗、窝阔台等蒙古汗、王亲临城下，至此终于不守。凤翔一陷，全陕尽没，完颜合达等尽迁京兆之民于河南，陕西从此并入了蒙（元）版图。

延安、凤翔军民在蒙古军肆虐华北、国土残破的情况下长期坚持抗蒙，成为金朝的西北支柱。在这里抗蒙有功的完颜合达、移剌蒲阿、赤盏合喜、杨沃衍、完颜陈和尚等人后来都成为金朝的最后栋梁。凤翔沦陷后，蒙古军迅速由宝鸡越秦岭入汉江，从南面包抄金境。凤翔失守后 11 个月，完颜合达等人和他们统帅的长期转战西北的金军精锐在河南钧州三峰山之役全军覆没，两年后金朝便告灭亡了。

金朝侵入陕西前后刚好一个世纪，其直接统治陕西则有 91 年。金朝的统治是残暴的，但与成吉思汗、窝阔台两代的蒙古军队相比，金朝毕竟已是个封建化了的中原王朝，人民还是愿意支持它抗御蒙古奴隶主贵族的。而金朝的女真、汉等各族将士守土卫国，体现了中华各族人民不畏强暴，反抗压迫的传统，他们的业绩与宋朝军民抗夏、抗金的事迹一样，值得陕人骄傲。

四　丁亥之变与蒙军假道陕南

1223 年（宋嘉定十六年）初，秦岭以南的宋朝军民第一次看到矫健的蒙古战马在栈道上驰过。正在围攻凤翔的蒙古国王木华黎，派部将“顺便”翻越秦岭牛岭关，闯进凤州城里大掠一番而去。人们当时还没想到，一个比女真人更严重的威胁，已经在秦岭上出现了。

不久，成吉思汗率军灭夏，又从宋夏交界处逼近了"四川"。当时蒙军绕经黄河上游，攻陷西夏河外的积石州（今青海贵德县西），并由此沿南宋边境入金界。这次"破西夏，逾积石，践蜀地"[1]之举，曾引起当时任南宋参知政事的蜀人李鸣复的警觉。

不久，蒙古军的入侵便开始了。1227年（宝庆元年），二月八日，一支蒙古骑兵借口"取金夏"[2]，越过铎龙桥进入宋境，攻陷阶州（今甘肃武都），包围西和州；另一支仅50余骑的蒙古兵则南攻文州（今甘肃文县）石靴关，城内军民皆"空城而出"。这就是所谓的"丁亥之变"。

边报传到设在沔州（今略阳县）的南宋四川制置司，官员们竟然不知来犯者究竟是谁家的人马，"或云女真诈，颇讶叠州族"。后来打听出一些眉目了，又皆传"蒙古不可与战，以此官军望风不出"。西和被围困一月之久，制置司也不派兵援救。待阶州蒙军稍有退意，宋将程信即"以捷音报"，南宋陕南最高大员四川安抚制置使郑损闻报大喜，即下令所部由沔州前进至七方关（今略阳以北与甘肃徽县交界处），但刚走到石门（略阳县西）便听到败报：蒙古军回师一击，大败程信于阶州东部的皋兰城，南宋"西边良将"麻仲、马翼、王平俱败死。郑损闻讯大惊，失措之中竟下令放弃五州，退保三关。所谓五州，当时是指南宋秦岭外围防线的阶、成、西和、凤四州与天水军（州级行政区），三关是兴元府武休关（今留坝县南）、沔州仙人关与七方关，为五州之后南宋重兵屯守的第二道防线，也是和尚原、大散关等地不守之后陕南最主要的屏障。郑损之令一下，关外五州宋军全部撤退，地方上则下令"坚壁清野"，焚城毁寨，徙民入关。甚至远离蒙骑300里外的凤州、河池，也因退保武休、仙人两关而"遂委焚荡，为祸最惨"。五州之民流离关前，"怨声盈路"。而武休关守将李大亨、仙人关守将程信

---

[1] 李鸣复《乞严为广西之备疏》，载傅增湘原辑、吴洪泽补辑：《宋代蜀文辑存校补》卷82，重庆大学出版社，2014年，第2702页。

[2] 李曾伯：《可斋杂稿》卷25《丁亥纪蜀百韵》，文渊阁四库全书本。

和七方关守将吴桂，在接到封锁三关之命后也竞相"闭原""护谷""对垒"，置关外人民于不顾。郑损本人更自陕南逃到川北，三月十八日，制置司机构、眷属都由沔州南迁至利州（四川广元），一路大摆威风，"大帅行司随帐以一万人计，旌旗鼓吹，蜀人前所未见"[1]。利州之民惊恐四散，一时"十室空五六"。[2]

于是，这场在蒙古灭金过程中由于一小股游骑阑入宋境而造成的"丁亥之变"，竟然几乎使得陕南大局不可收拾。这与秦岭以北，正在与成十万的蒙古大军艰苦抗争、死守凤翔的金朝形成了对比。同是濒临末世的腐朽王朝，南宋的衰朽程度实甚于金。只是由于成吉思汗于当年七月死于清水，蒙军自撤，才未造成更大的灾难。

成吉思汗临终前，曾对诸将提出了"假道于宋"以灭金的方略："金精兵在潼关，南据连山，北限大河，难以遽破。若假道于宋，宋金世仇，必能许我，则下兵唐、邓，直捣大梁。金急，必征兵潼关。然以数万之众，千里赴援，人马疲敝，虽至，弗能战，破之必矣。"[3]于是他死后，其继承人便一面加紧攻取关中，一面逼宋"假道"。

蒙宋间几次通使，"假道"计划确定后，蒙古更以"四川"为主要和议对象，一再遣使入蜀。1230年（绍定三年）十月，蒙使至凤州，"遣嫚书城下"，书中提出了"借师""贷粮""假道"的要求。次年正月，蒙使速不罕、裴回兴与赵原再至，"往武休议和，事甚秘"。"又出嫚书索粮二十万斛"。[4]

与速不罕到武休关"议和"的同时，蒙军"别大赤辈已纵骑焚掠，出没自如"[5]。就在凤翔的战火还未熄灭之际，蒙古军已于1231年（绍定四年）三月十三日乘宋军无备入兴元府境。宋将田燧战死。蒙军肆

[1] 李曾伯:《可斋杂稿》卷25《丁亥纪蜀百韵》。
[2] 李曾伯:《可斋杂稿》卷25《丁亥纪蜀百韵》。
[3] 《元史》卷1《太祖纪》。
[4] 魏了翁:《鹤山集》卷82《郭公墓志铭》，四部丛刊景宋本。
[5] 魏了翁:《鹤山集》卷82《郭公墓志铭》。

无忌惮，四月二十七日陷凤州，五月六日破武休关，进逼兴元，宋利州东路安抚使、知兴元府郭正孙战死。又一路蒙军则在元帅按竺迩率领下由凤翔攻陷西和州，活捉守将强俊，宋军败退仇池（今甘肃成县西）。

对蒙古"假道"的要求，南宋朝廷并无拒意，只是一来公文旅行，程序繁复，二来宋廷仍坚持其打肿脸充胖子的"面子"外交，州郡可弃，字句必争，以为蒙使来书中的"讲和"一词不好，"欲正其名曰'通好'"[1]。于是协议一时尚未达成。但是继郑损而任四川制帅的桂如渊早已知道宋廷之意，因而一切"惧拂虏意"。他拒绝了郭正孙提出的"饬将练兵，以备不虞"的意见，下令"诸将毋得擅出兵沮和好"，并在协议未成的情况下就再次撤回关外宋军"入保七方"，还"督汉中趣办牛羊酒"，[2]提前为引狼入室作好准备。

蒙古人已不耐烦于公文旅行，于这年八月由拖雷率 3 万骑兵从宝鸡越大散关，强行假道汉中，十四日破西和，杀知州陈寅。到月底，武休、仙人、七方三关全部被攻破，蒙军首次进入了陕南及全川的战时首府兴元府。

三关既破，蒙古人再次派速不罕到陕南，正式向南宋提出"假道，且约合兵"的要求[3]。南宋军民对蒙军一再入境焚掠早已恨之入骨，于是不顾当局的禁令，在十月十七日诱杀蒙使速不罕于青野原。

拖雷闻讯大怒，指控南宋"食言背盟"，挥军猛攻，于是局势急转直下，蒙古大军涌进陕南，分兵攻宋诸城堡，长驱入汉中，进袭川北。宋军望风崩溃，沔州、大安军（今宁强县）失守。蒙古兵沿嘉陵江而下，川北利（四川广元）、阆（今四川阆中）、果（今四川南充）三州 140

[1] 李鸣复：《轮对状》，载傅增湘原辑、吴洪泽补辑：《宋代蜀文辑存校补》卷80，第 2665 页。

[2] 魏了翁：《鹤山集》卷82《郭公墓志铭》。

[3] 《元史》卷115《睿宗传》。

余处城寨相继破陷。连云危栈，剑门天险，都被蒙古铁骑"长驱深入，若蹂无人之境"[1]。

不久蒙使向宋要粮，元帅按竺迩面见桂如渊，强硬地声称："我欲假南郑道"，"师压君境，势不徒还，谓君不得不吾假也"。[2]桂如渊只有唯唯诺诺，一口应承"输刍粮"饷军，并"使百人导之"，使蒙古大军得以穿过陕南而出现在金人南面腹背的豫南地区，与西、北、东三面的蒙军一起，聚歼金军，会师汴京，实现了假道伐金的战略计划。

而南宋的川陕封疆大吏桂如渊，比他的前任郑损跑得更快，这时早已由陕南入四川，由嘉陵入长江，"浮家之巨舰，先下三峡"[3]了。直到蒙军越境远去，他才又溜了回来，而陕南经此浩劫，已是满目疮痍，不可收拾了。

五　陕南易主，全陕统一

"丁亥之变"与"辛卯假道"，虽然没有立即导致蒙古久占陕南，但留给南宋的，已经是个困于"关险之失""仓廪之失""将士之失"和"民人之失"的烂摊子。南宋朝廷只沉溺于联蒙灭金、"端平入洛"的虚假胜利之中，视陕南"如破釜坏甑，任其残缺而莫之省"。[4]继桂如渊之后任四川安抚制置使的李塈、黄伯固、赵彦呐，曾采取过一些

[1] 李鸣复：《策全蜀安危疏》，载傅增湘原辑、吴洪泽补辑：《宋代蜀文辑存校补》卷80，第2663页。

[2] 元明善：《雍古公神道碑铭》，《全元文》第24册，卷762，江苏古籍出版社，2001年，第391页。原载《永乐大典》卷10889。

[3] 李鸣复：《策全蜀安危疏》，载傅增湘原辑、吴洪泽补辑：《宋代蜀文辑存校补》卷80，第2663页。

[4] 吴泳：《鹤林集》卷18《论蜀事四忧三忧及保蜀三策札子》。

收拾之策，如李朝任用程公许"节浮费，疏利源"[1]，赵彦呐擢拔高稼"葺理创残，招集流散"，"缮营垒，峙刍粮，比器甲，开泉源"，[2]等等。但是，历史不会再给南宋以更多的时间了。

而蒙古在秦岭以北的统治却日渐稳固，经济、军事实力不断增强。特别是蒙古"科民牛具"，大规模"开耕凤翔荒田"，更具有重要意义：由于凤翔正当"征蜀所涂"，其"师旅去来，馆馈之须"，无不仰给凤翔屯田。在蒙古的管理下，凤翔很快便成了征蜀蒙军的供给基地。[3]

另一方面，这一时期蒙古用于川陕战场的军队也大为增强，除了蒙古骑兵外，还汇集了降蒙的"西夏、女真、回回、吐蕃、渤海军"[4]。尤其是巩昌汪民一军，对南宋威胁最大。"秦、巩之豪"汪世显是汪古部人，原依金朝秦巩总帅完颜仲德。完颜仲德金末败死后，汪世显据有了他苦心经营"以图巴蜀"[5]的秦巩24城版图，"据高制远，统郡县数十，胜兵数万"[6]，而且还联络着"回回、西夏十八族"[7]。金亡之际，汪氏曾投靠南宋四川当局，对川地极为熟悉，加上从完颜仲德时代起长期就以四川为意，因而他的降蒙，使蒙古入川军如虎添翼，而使南宋的川陕边事雪上加霜。

蒙、宋联手灭金的当年，两国便反目成仇。窝阔台宣布要兴兵灭宋，"躬行天讨"[8]，当年（1234年）采取的第一个行动便是派悍将塔海绀卜

---

[1]《宋史》卷415《程公许传》。

[2]《宋史》卷449《高稼传》。

[3] 姚燧：《武略将军知弘州程公神道碑》，《全元文》第9册，卷322，第704页；魏了翁：《鹤山集》卷16《奏论蜀边垦田事》。

[4]《宋史》卷449《曹友闻传》。

[5] 姚燧：《牧庵集》卷21《李公神道碑》。

[6] 虞集《汪氏勋德录序》，载苏天爵编：《元文类》卷35，商务印书馆，1936年，第467页。

[7] 佚名：《昭忠录·曹友闻》，中华书局，1985年，第3页。

[8]《元史》卷119《塔思传》。

征蜀。次年，即 1235 年（宋端平二年），窝阔台的次子阔端更率大军大举攻入陕南。宋蒙（元）战争的主战场四川战场，便以陕南争夺战而开始了。

阔端率军于这年八月大致沿着今宝成线所经，越大散关由凤州进入河池，进逼陕南第二大城、南宋利州西路治所、四川制司行辕所在的沔州。当时沔州虽号称四川的"门户"，却"既无城郭可以保民，又无财赋可以募士；布米之政不足以赡众，丁夫之脆不足以抗敌"[1]。但知州兼利州西路提点刑狱高稼却决心死守。高稼是当时陕南少有的廉洁而干练的官员，曾为稳定"假道"之后陕南破败之局作过不小贡献。当时许多人都劝他退保内地，或移守山寨，但他一概拒绝说："稼必坚守沔，无沔则无蜀矣，自谓此举可以无负知己。"[2]蒙古军至，沔州无城墙，高稼遂依山为阻，升高鼓噪，盛旗鼓为疑兵，居然击退了蒙军第一次攻势。九月间，蒙军再度攻城，沔州军溃，高稼拒绝了僚属保其突围的请求，壮烈殉国。

蒙古军攻下沔州后，又把四川安抚制置使赵彦呐包围在青野原。赵彦呐是个"大言亡实"、好说空话的人。[3]当高稼决心守沔时，他说这是"吾志也"，表示与高稼共患难，蒙军攻城时，他却跑掉了。蒙古军把他包围后，南宋因"制置使未知存亡，诸军无主"[4]，相率溃退。只有七方关守将、利州都统制曹友闻与其弟曹万前来救援，二曹夜半率军衔枚疾进，夜袭蒙营，经过拼死搏战，终于救赵彦呐出险。

阔端率蒙军由沔州入川大掠后，这年冬退兵回陕，但"尚留哨骑出没并边，或伏草间以待麦熟"。在蒙军小部队骚扰下，不到三个月，号称"西陲才勇之人"的南宋三个太守董鹏飞、时当可、陈琚相继被

---

[1] 吴泳：《鹤林集》卷 37《西陲八议》。

[2] 《宋史》卷 449《高稼传》。

[3] 《宋史》卷 413《赵彦呐传》。

[4] 《宋史》卷 409《高定子传》。

蒙古活捉。[1]到次年即 1236 年（端平三年）三月，利州西路阶、岷、叠、宕等州 18 族之众一起投降蒙古，陕南边防已土崩瓦解了。

这年八月，阔端以塔海为元帅，汪世显为先锋，率蒙古及各族精兵号称 50 万大军，开始了对陕南的最后扫荡。蒙军经今川陕公路一线，由大散关入凤州，经凤州东南 35 里的土关隘，攻破武休关，大败宋都统李显忠军，再度攻陷了兴元府城，又攻陕南最后一个州城大安军。

当时陕南宋军中能战的只有名将曹友闻一军。曹友闻根据敌众我寡的形势，认为大安军城附近地势平坦，正适于蒙骑发挥特长，不利于宋军步战，建议赵彦呐据守沔阳（今勉县东）。然而自以为是的赵彦呐拒不听劝，反而以上级身份，一天发来七道令牌，催促曹友闻退保大安。曹友闻不得已，只好与弟曹万引兵上鸡冠隘（今勉县西南龙门山），决定以阳平关为战场，采取深入敌后设伏，乘夜出奇，内外夹击的战术迎战蒙军。九月二十一日，蒙古将八都鲁与塔海率大军压来。曹友闻令曹万据鸡冠隘多张旗帜以示坚守，自选精锐万人潜入敌阵后，奋入阳平关，于二十七日乘敌军攻隘时杀出，曹万也率鸡关隘守军出堡夹击，"内外两军皆殊死战，血流二十里"。苦战至次日，汪世显军在击溃了宋大安城的守军之后与阔端会师，蒙军益众。而时降大雨，宋军绵甲经水湿后活动不便，势渐不支。到黎明时曹氏兄弟残军会合，为蒙军"以铁骑四面围绕"，曹友闻知不免，一剑刺死战马，以示决不逃生，随即与敌血战。曹氏兄弟与全军将士都壮烈牺牲。[2]陕南宋军最后一支精锐覆灭了。

阳平关之战结束了蒙宋在陕南的 10 年（1227—1236 年）角逐，南宋陕南驻军被消灭，通向四川内郡的"蜀口"完全被蒙古军打开。正

---

［1］ 吴昌裔：《论三边防秋状》，载傅增湘原辑、吴洪泽补辑：《宋代蜀文辑存校补》卷 85，第 2790 页。

［2］《宋史》卷 449《曹友闻传》。

如汪世显在这次战役之后所说："吾已撤彼之藩篱，行寝其堂奥矣。"[1]
阳平关之役 20 多天后，蒙古军便长驱入川，占领了成都，从此宋蒙之
战就转而在四川盆地内展开了。

宋蒙陕南之战，应该说宋朝方面有许多有利条件。首先是陕南蜀
道天险，蒙古骑兵本来不易施展其技。宋金战争中，宋朝在关中平原
敌不过金骑，然而金骑却难以驰骋于秦巴群山，蜀口以此得保百年。
而蒙古入陕后，在关中平原对金作战尚需时 15 年（1216—1231 年），
在陕南却如同摧枯拉朽，"昔人所谓天狱，所谓天险，所谓大小漫天寨，
肆行如履平地"[2]。关中平原上的凤翔，陕北川道上的延安，金人都坚
守了数年之久，然而陕南宋朝却几无坚城，雄关峻垒也都一攻即破。
这其中原因很复杂，但南宋的腐败是主要的。

南宋陕南当局与人民为敌，整个战争期间多次发生"拒民"现象。
"丁亥之变"时，郑损弃五州而锁三关，"三关以外并无官军，民皆流徙。
有老小入关，而关兵不纳，怨声盈路"。在忍无可忍之际，关外百姓激
于义愤"皆聚为盗贼，有所谓括地风、穆黑子之类"[3]。蒙军"假道"时，
有大批为蒙古所驱赶的中原民投奔南宋，当时兴元知府郭正孙认为"不
纳，必反为虏导"。陕南宋军也同情这些民户，"阴给资粮"，以待桂如
渊决定，而桂如渊竟下令驱赶。这些投奔故国的中原之民大失所望，
遂附蒙为乱，"三关之外，生聚一空"[4]。当时，知沔州高稼曾提出要建
立"官军守原堡，民丁保山寨，义兵为游击"[5]的抗敌体制，但在"群
盗沸如鼎，流民凑如帽"[6]，官民尖锐对立的条件下，他的主张根本不

———————

[1] 苏天爵：《元名臣事略》卷6《总帅汪义武王》，姚景安点校，中华书局版，1996 年，
    第 89 页。
[2] 吴泳：《鹤林集》卷18《论蜀事四失三忧及保蜀三策札子》。
[3] 李曾伯：《可斋杂稿》卷25《丁亥纪蜀百韵》。
[4] 魏了翁：《鹤山集》卷82《郭公墓志铭》。
[5] 《宋史》卷449《高稼传》。
[6] 李曾伯：《可斋杂稿》卷25《丁亥纪蜀百韵》。

可能被采纳。而那种"拒民激变"的现象几乎成为一种模式,从南宋初的史斌一直到此时都相沿不改,使得陕南宋朝统治在其最后关头从人民那里获得的支援,甚至还不如秦岭以北的金朝抗蒙当局。

其次,陕南宋朝当局在战略上消极防御,动辄逃跑,在军事体制上僵硬死板,多所掣肘。陕南当局"立为纵敌深入,然后邀击之说",实则只纵不击,使敌步步深入,雄关失险。"外三关不守,而保内三关;内三关不守,而保汉、沔;汉、沔不守,而保三泉",终至断送全局。[1]而在作战指挥乃至后勤补给上又沿宋之故弊,"一兵之遣,一镪之支,皆仰朝廷"[2]。制置司首脑类多刚愎自用,对将领瞎指挥乱干涉,调度无方,措置乖戾。像曹友闻那样的将领,有勇有谋,"敌甚畏之",就因制置的七道令牌把他置于被动。而当他浴血苦战时,"制司远遁,竟不遣援",以致他兵败牺牲。曹友闻生前仿佛预感到自己的命运,他曾叹息道:制帅"掣肘,以此误蜀,蜀必亡,吾与俱亡矣!"[3]

陕南的刀光剑影消失了,它不仅意味着宋朝对今陕西省境的统治最终结束,意味着蒙古帝国对陕西的统一最终完成,而且意味着自唐末战乱以来陕西一个战祸频繁的时代基本结束。

---

[1] 吴泳:《鹤林集》卷20《论坏蜀四证及救蜀五策札子》。

[2] 度正:《性善堂稿》卷6《条奏便民五事》,文渊阁四库全书本。

[3] 佚名:《昭忠录·曹友闻》,第3页。

第七章　忽必烈汉法治关中

一　京兆宣抚司的建立

连续十余年的金蒙陕西争夺战在 1231 年（金正大八年，蒙窝阔台三年）终于降下帷幕。在宋夏、宋金、金夏战争中饱受蹂躏的三秦大地经过这次兵燹，更加千疮百孔，民不聊生。仅以人口而论，在金末拥有居民 278626 户的京兆府路（大体包括关中中、东部及商洛地区）到蒙古征服后的 1252 年（蒙哥汗二年）只剩下了 33935 户，户口损失达 88％。而战争最激烈的凤翔府更从 62302 户锐减为 2081 户；陕北的鄜延路从 205809 户锐减为 6539 户，[1]损失均达 97％之多。从陕北高原直到汉江谷地，到处是白骨露于野，千里无鸡鸣的凄凉景象。

蒙古征服者确立了对关中的统治后，为了将它建成对南方进一步用兵的后方基地，保证军队的供应，便开始经营陕西。

经营陕西的第一步当然是设立治陕的机构。而那时的蒙古国尚处在"马上得天下，马上治天下"的阶段，早期的蒙古治陕官员都是军将，而且多为世袭的万户、千户等等。其中为首者的官职为"镇抚陕西总管京兆等路事"，又作"京兆府（等）路都总管"，汉人多简称为"镇抚"。最有名的镇抚（可能也是首任镇抚）是田雄（1189—1246 年）。田雄字

---

[1]　据《金史》《元史》两《地理志》有关府、路项下记载。其中金之京兆府路大体上即元之奉元路，金之鄜延路即元之延安路。

毅英，金末北京（今内蒙古宁城县西）人，原为金军都统，1211 年（元太祖六年）降蒙，后以汉军千户从木华黎经略汉地，曾被委任为山西隰、吉二州长官，是木华黎改变弃地不守的政策后任命的首批守土官之一。从木华黎时代起，他参加了蒙军在陕西（包括陕南）的历次征战，包括攻占凤翔、兴元。他于 1233 年（窝阔台五年）即关中战事结束两年后被任命镇抚陕西。"时关中苦于兵革，郡县萧然。雄披荆棘，立官府，开陈祸福，招徕四山堡寨之未降者，获其人，皆慰遣之，由是来附者日众。雄乃教民力田，京兆大治。"[1]那时陕西尚未完全平定，尚有"四山堡寨之未降者"，而田雄则是"披荆棘，立官府"，在陕西建立蒙古国地方机构的第一人。而所谓"京兆大治"云云，则是相对于此前腥风血雨的时代而言的。其实此时的田雄仍然带兵打仗，是多次出征四川的重要战将。治理地方还不是他的主要职责。当时其他的治陕官员大抵亦皆如此。田雄于 1246 年（贵由汗元年）死后，他的儿子田大明袭父职任京兆等路都总管。[2]大概这也是按当时军将（千户、万户等）的世袭方式办的。镇抚一职后来至少一直保留到至元年间，[3]但其时它已成为纯粹的军职，在地方上的地位已不重要了。

军帅治陕时期在经济、民政方面也有一些作为。主要是在筹集军粮方面，在这几年里，凤翔一带成为一个颇有成就的屯田中心。同时在陕南仍为宋境的情况下，军帅们发展出一种"抢劫经济"，即因粮于敌，抢劫陕南之粮以赡关中之军。在田雄镇陕的头几年中，蒙古军几乎年年到陕南大抢一回，使陕南"关之内外七十余仓"[4]为之一空。其中仅利（今四川广元）、沔（今略阳县）、兴元（今汉中）三仓，"每月各支家粮万石"；而鱼关（今略阳以北虞关）仓"计取财赋，几收十分

---

[1] 《元史》卷 151《田雄传》。

[2] 《元史》卷 151《田雄传》。

[3] 例如，至元初年李庭所撰《创建瀍石桥记》(《寓庵集》卷 5) 列衔在规措大使之下就有镇抚一职。

[4] 魏了翁:《鹤山集》卷 44《重建总领所记》。

之四。制司诸庄储积又不与焉"。[1]把陕南弄得满目荒凉，"根本扫地，公私赤立"[2]。

然而 1237 年（窝阔台九年）以后，这种"抢劫经济"因陕南已被蒙古帝国兼并，无法再因粮于敌而难以为继了。因而只知杀鸡取蛋不知养鸡下蛋的军帅治陕方式，也就遇到了危机。

1240 年，即关中战争结束九年之后，蒙古派来了首批文职官员，窝阔台大汗任命梁泰为宣差规措三白渠使，在云阳县（今泾阳县北）设立衙门，着手对战争中被破坏的关中最大灌溉系统三白渠进行修复。由于当时陕西尚无文职行政系统，这个机构直隶于蒙古汗廷，俨然成为蒙古在陕西的行政代表。但它的一切人力物力调拨都只能通过蒙古驻陕军来进行。蒙古将领塔海绀不奉命把"军前所获有妻少壮新民"2000 户，木工 20 人及大量物资拨归梁泰以供修渠之用。经几年施工，部分地恢复了灌渠。金蒙战争以来"渠堰缺坏，土地荒芜"，"虽欲种莳，不获水利，赋税不足，军费乏用"的状况得到了初步改观。[3]

在修渠过程中，规措使逐渐成为一级常设职官，称为"六州规措大使"[4]。六州者，可能是金末京兆府路所辖的商、同、华、虢、耀、乾六州，也可能指蒙元国初京兆府路之六府州（前六州去虢州，加京兆府），总之是个在路一级活动的准政权机关。以后宣抚司、行省相继建立，规措使司仍然继续存在了一段时间（大约直到至元初年为止），其活动范围且扩大到行省所辖全境，活动内容则逐渐转为筹措军需，称为"陕西四川规措军储转运使"[5]。在当时文献中，规措使列衔在"镇抚""引盐提领"等官之前，地位颇高。

在宣抚司建立前，规措使作为陕西唯一的文职衙门，网罗了一些

---

[1] 吴泳：《鹤林集》卷 18《论蜀事四失三忧及保蜀三策札子》。

[2] 吴泳：《鹤林集》卷 20《论坏蜀四证及救蜀五策札子》。

[3] 《元史》卷 65《河渠志·三白渠》。

[4] 李庭：《寓庵集》卷 5《创建灞石桥记》，收入《全元文》第 2 册，第 142 页。

[5] 《元史》卷 163《马亨传》。

汉族儒臣，如1244年被聘为议事官的金末进士、奉先（今蒲城县）人李庭[1]，1250年前后任幕僚的王琛等。除了修渠兴农外，他们于兵荒马乱之中还勉强做了一些文治方面的恢复工作，如整修文庙，复立金末动乱中"悉以摧扑"的开成石经（今西安碑林的主要部分）等。[2]

但是像这样的恢复工作，在蒙古统治陕西的头20年间尚属凤毛麟角，而更多的却是进一步的破坏。游牧出身、惯于劫掠的蒙古部落军事贵族此时尚未学会建立正常的封建统治秩序。所谓"惟以万户统军旅，以断事官治政刑，任用者不过一二亲贵重臣耳"[3]。当时的陕西，直接由蒙古驻军将领通过其下的千户、百户等军官实行部落式的统治，人民均被视为"军前所获"的"驱口"，任其蹂躏荼毒。征服者对他们滥施横暴，公行抢劫，杀夫夺妻，无恶不作，还把他们置于军队监押之下，"毋致在逃走逸"[4]。甚至文人儒士也都当作奴隶来役使。这种野蛮落后的压迫和奴隶制式的剥削方式严重地破坏了陕西原有的封建经济，以致于战争结束22年之后杨惟中宣抚关中时，他所看到的仍是"兵火之余，八州十二县，户不满万，皆惊忧无聊"[5]，一片凋弊景象。

这种状况直到关中成为忽必烈的封地后才有所改变。

在灭金侵宋的过程中，蒙古贵族对于如何统治中原的问题一直存在着争论：是维护部落传统，把游牧民族的宗法奴隶制强加于内地，还是实行"汉法"，继承内地封建制度的遗产？后来成为元世祖的忽必烈，

---

[1] 李之勤先生谓李庭1244年为"陕西行省的议事官"，1247年为"陕西行省大员廉希宪、商挺等的'讲议'官"（见李之勤：《关于元代刘斌兴建灞桥的重要历史文献》，史念海主编：《文史集林》第1辑（人文杂志丛刊第4辑），三秦出版社，1985年，338页）。恐有误。1244—1247年间尚无陕西行省，而廉希宪当1244年时年仅13岁，他与商挺入陕都在此后10年左右，而且初无行省之称，详后。李庭等人当时供职的应属规措使衙门。

[2] 骆天骧：《类编长安志》卷10《石刻》，第283页。

[3] 《元史》卷85《百官志》。

[4] 《元史》卷65《河渠志·三白渠》。

[5] 《元史》卷159《商挺传》。

在蒙古贵族中比较有远见。他从青年时代就结识中原文士，倾向于以汉法治汉地。1251 年蒙哥大汗即位后，他以拥戴之功受命主管漠南汉地军政诸事，继续搜罗中原人才。在他身边形成了一个包括赵璧、王鹗、窦默、许衡、姚枢等著名儒士在内的汉人幕僚集团。

　　1253 年，蒙哥大汗把征服得来的土地分封诸王，让忽必烈在南京（指金朝的南京，即开封府及其所在的河南地区）与关中两地自择其一。在常人看来，自唐末以后长期为京畿所在的南京地区比衰落的关中更有吸引力，但忽必烈的谋士姚枢却从河南地近腹里，推行汉法易受掣肘的考虑出发，向忽必烈建议："南京河徙无常，土薄水浅，舄卤生之。不若关中厥田上上，古名天府陆海。"[1] 身为河南人的姚枢不存衣锦荣归之念，没有鼓动主子选择自己家乡作为"龙兴"之基，却支持他经营关中。后来的事实表明这确实是很有眼光的。忽必烈采纳了姚枢的意见，从此关中便成为他即位以前推行汉法的试验田，陕西的历史因而揭开了新的一页。

　　这年春，忽必烈在京兆（即长安）设立临时行政机构——从宜府，开始改变陕西自金末以来有军无政、将校横行的混乱局面。当时蒙古军贵族在京兆广建府第，豪侈相尚，权势烜赫，不把新设立的行政机构放在眼里。为了减少推行汉法的阻碍，忽必烈下令他们离开京兆，移驻陕南的兴元（今汉中）等地。陕西驻军的给养问题是军帅纵兵扰民的借口。为了解决这一问题，忽必烈奏请蒙哥把河东解州盐池拨归陕西以供军费，并沿用宋金以来盐政与军需相结合的"入中"之法，招募商民运粮入陕，越秦岭转嘉陵江水路供应四川前线，由官府发给盐引作为报酬，同时在凤翔一带开办屯田以补充军需。这样，最为棘手的军事后勤问题首先通过"汉法"得到了解决，也为其他方面汉法的推行创造了条件。

---

[1]《元史》卷 158《姚枢传》。

1253 年夏，陕西地区正式的行政机构——京兆宣抚司[1]——在古城长安设立。开明的蒙古贵族孛兰与汉族官僚杨惟中为宣抚使，商挺为郎中，开始全面推行汉法。杨惟中等首先禁止蒙古军事贵族恣意妄为，其中有个最残暴的郭千户，杀人之夫而夺其妻，杨惟中毅然将他逮捕处死，刹住了军帅横行的风气。接着推出一系列措施。政治方面，着手整顿吏治，奖廉惩贪，明确尊卑等级，擢用埋没的人才，制定行政规程和各种册籍，实行俸禄制。经济方面，奖励农桑，减轻关中常赋之半，招商开市，通其有无，设立交钞提举司，发行纸币以补充财政，等等。正如姚枢后来总结的，"其法，选人以居职，颁俸以养廉，去污以清政，劝农桑以富民。不及三年，号称大治。诸路之民望陛下（指忽必烈）之治，已如赤子之求母。"[2]

这些汉法很快收到了效果。据说仅一个月工夫"惊忧无聊"的人民便安定下来，当年便实现了"关陇大治"[3]。如此立竿见影，不免有些神乎其神。但无论如何，忽必烈在关中初试汉法是获得了成功的，它使陕西成为蒙古征服区内最早恢复正常封建秩序的地区，也为后来安西路在元朝成为中国西半部政治中心奠定了基础。

二　廉希宪治陕

所谓"汉法治陕"，实际上就是以儒家之法治陕。而儒家之治是人治而非法治，因此汉法的推行，仰赖于忽必烈所任用的一大批儒臣者居多。如僧子聪（刘秉忠）、王鹗、姚枢、许衡等等，都对忽必烈行汉法多所裨益。然而具体在陕西推行汉法政治的臣僚中最有代表性的，

---

[1]《元史》卷 4《世祖本纪一》；卷 146《杨惟中传》作"陕右四川宣抚使（司）"。
[2] 姚燧:《牧庵集》卷 15《姚公（枢）神道碑》。
[3]《元史》卷 4《世祖本纪一》；卷 159《商挺传》。

却是一个少数民族的政治家廉希宪。1254 年夏，忽必烈征大理后凯旋北归，还驻六盘山，改京兆宣抚司为关西道宣抚司，任命他的亲信廉希宪代杨惟中为宣抚使，名儒姚枢为劝农使，商挺为宣抚副使，进一步在关中推行汉法。从这时起直至元中统四年（1263 年），廉希宪是元朝统治陕西地区的主要负责人。他精明能干，孜孜求治，使陕西的汉法政治更加完善。

元初名臣廉希宪（1231—1280 年），字善甫，是汉化的畏吾儿（即维吾尔）人，其父布鲁海牙喜汉学，窝阔台时官拜廉使，因仿以官为姓的华夏古风，令子孙皆姓廉氏。廉希宪幼习汉儒经史，19 岁入侍忽必烈王府，常向忽必烈宣传《孟子》的性善义利之学。忽必烈给他起了个绰号叫"廉孟子"，可见他从文化上及政见上说完全是汉族儒臣的代表，但在种族上他又属比汉人高一等的所谓"色目人"，有一般汉臣所没有的种族特权，因此在汉法的推行中他便起到了一般汉臣所难以起到的作用。

廉希宪到关中，头一件事就是大兴儒学。除了随他同来关中任劝农使的名儒姚枢外，他又请求以当时北方最负盛名的理学家许衡为京兆提学使。这样，"元初三大儒"（姚、许和窦默）就有两人在陕西任职。廉希宪日与许、姚咨访治道，商讨济世安民之术，并下令各郡县都建立学校，"教育人才，为根本计"[1]。一时关中士风振奋，读书进取蔚成风气。蒙古军人横行时期那种斯文扫地，以目不识丁为荣的时尚为之一变。后来许衡离任，关中士子群起挽留，一直送至临潼而别。在许衡讲学的基础上出现的鲁斋书院，历元、明而负盛名，成为后来明清陕西书院教育之先河。

廉希宪不仅从外省请来许、姚，而且尤重视在陕西招揽人才。他曾几度登门延请关中名儒萧䕫入府。萧䕫（1230—1307 年）字惟斗，是金、元之际陕西最大的理学家。军帅横行时代他在终南山中隐居读

---

[1]《元史》卷 126《廉希宪传》。

书 30 年，博学多识，除儒家典籍外，对天文、地理、律历、算术之学都深有造诣。后人有谓"元有天下百年，惟萧惟斗为识字人"[1]。这除了反映知识分子对蒙元统治的不满外，也可见他在士林中声望之高。但在廉希宪入陕前他却只是个默默无闻的隐君子。廉希宪对他极为推崇，先是向忽必烈推荐，征召他入藩府为幕客，萧㪺称病不去，后来廉希宪又几度要他出山任陕西儒学提举或荐至朝廷任国子监司业，都被他婉言谢绝。但萧㪺虽未出山，廉希宪的连续延请却使他名满天下，而崇文重儒，尊敬学者的影响也及于社会。据说当时有人夜行城郊，遇强盗，欲加害。这人诡称："我就是萧先生"，强盗居然也肃然起敬，不敢相犯。[2]

儒家思想发展至宋代，已成为阻碍历史进步的一种精神桎梏，而在元代那种"九儒十丐"的大气候下，廉希宪所推崇的那些文人也不可能对儒学思想体系有多少发展。但在蒙元的特定历史条件下，儒学事业的主要意义不在于它在思想史上能提供多少东西，而在于它对封建传统与部落传统、汉法政治与蒙古贵族旧习惯势力的斗争所起到的作用。蒙元统治者中保留的浓厚部落传统具有强烈的奴隶制残余色彩，它是比理学更为落后的东西。在这种情况下，廉希宪崇文重儒，奖学尊道的努力是有积极意义的。

与崇文重儒相适应，廉希宪在政治上继续实行抑制军帅豪强的政策。他入陕后力主"抑强扶弱"[3]。所谓"强"，指的是军帅、贵族及其狐假虎威的走狗；所谓"弱"，则主要针对处于"九儒十丐"地位的知识分子而言。杨惟中宣抚陕西后，军帅公然为非作歹、无法无天的气焰被基本刹住了。但他们把被征服者视为"驱口"的状况并未改变。早在窝阔台时，蒙古最高当局就曾下令不得俘掠儒生为奴，并在汉人俘户中进行考试，中试者均释放为儒户。但这项规定长期被关中的蒙

---

[1]《元史》卷 189《萧㪺传》。

[2]《元史》卷 189《萧㪺传》。

[3]《元史》卷 126《廉希宪传》。

古豪帅们置若罔闻。廉希宪上任后才在忽必烈支持下严令把俘掠的儒士一律释免，编入儒籍。此举不但有利于兴儒学，也是对军事贵族权势的一种遏制。对于军帅们俘虏一般民户为"驱口"的现象，由于是蒙古统治者的成规，廉希宪当然无力制止，但他曾一再强调不能把"降民"当成俘户，禁止俘掠，违者，千户以下与犯人同罪，并取缔奴隶市场，"禁诸人无贩易生口"。[1]这样，就尽可能地减轻了军帅们及其所带来的奴隶制残余的危害。

在经济上，廉希宪支持姚枢为劝农使，"教民耕植"[2]，同时进一步扩大在凤翔等地的屯田规模，还在陕北绥德等地开辟了新的屯田区。这一时期在陕北建立了比较正规的田赋制度，对当时繁重的军事供应负担也设法有所减轻。1256年，蒙古最高当局为筹备伐宋之役，下令京兆路征发军需布万匹、米3000石、帛3000段及大量兵器，并运至平凉军事集结地。宣抚副使商挺认为："运米千里，妨我蚕麦"，决定不征发人民，而让在关中任职的平凉籍官吏组织其私属承运，宣抚司付给报酬，以省民力。有时军需急如星火，宣抚司不得不"借民钱给军"[3]，但一般也采用抵充次年赋税的办法予以弥补。由于廉希宪及其领导的陕西地方当局比较爱惜民力，所以尽管这期间蒙、元军队几次以陕西为基地从事大规模征伐，陕西的农业生产与人民生活仍能维持，乃至有所恢复和发展。

对蒙古征服带来的许多生产关系、经济制度方面的落后因素，廉希宪等人都予以限制，并力图消除。除了如前述对豪强军帅俘占"驱口"的风气加以遏制外，廉希宪还于元中统元年（1260年）奏请释免了被括为解州盐户的军役奴。蒙军入陕后曾把大批关中人民遣戍灵州（今宁夏灵武县），作为农奴役使于屯田，廉希宪也说服忽必烈，把他们全

---

[1]《元史》卷126《廉希宪传》。

[2]《元史》卷158《许衡传》。

[3]《元史》卷4《世祖本纪一》。

部释放回陕为民。蒙古征服后从西域引进了"斡脱钱",即具有浓厚敲诈勒索性质的强制性官高利贷,不少蒙古及色目贵族以此为聚敛之道,成为元初扰民的弊政之一,素为崇尚汉法的人士所厌恶。蒙哥在位时曾派守旧派蒙古贵族阿兰答儿等来陕,在大兴"钩考"之狱,陷害宣抚司官员的同时,又大放斡脱钱,肆意搜刮。忽必烈即位后,于中统二年(1261年)派爱亦伯等会同陕西宣抚司"检覆不鲁欢、阿兰答儿所贷官银"[1]。虽未废止这项弊政,但通过整顿,也使其危害得到了一定程度的减轻。

陕西在南宋灭亡前,一直是蒙元同临安小朝廷控制下的四川对峙的前线。作为蒙元大臣,廉希宪对伐宋、灭宋事业是竭尽心力的。但作为倾慕中原文化的有识之士,他对南宋人民以及官员并不存歧视与偏狭之见,并在战事间隔期内尽力维持双方的正常交往。他曾致书南宋四川制置使余玠,相约互不轻启边衅。据说,余玠"得书,愧感自守,不敢复轻动"[2]。陕西元军俘获宋臣张炳震、王政,廉希宪以二人母老,把他们释放回川。同时廉希宪对被南北分割的家庭也表现得十分宽厚。宋将家属有在陕西的,廉希宪都以礼相待,并岁给其粮以资赡养,陕西人有在南宋为官的,允许其子弟越界前往探亲。这自然造成了不少"叛逃"现象。但后来南宋四川守将刘整降元,把以前自陕叛元投宋入川的人士数百名尽行逮捕解送元朝,廉希宪仍把他们全部释放。这种怀柔政策一方面赢得了不少南宋军民的好感,减轻了元军南下的阻力,另一方面也使陕川间在20余年对峙状态下得以保持一定的社会联系,有利于陕西经济的恢复。

总之,廉希宪以一个年仅23岁的少数民族政治家来到陕西,在满目疮痍、百废待举而各种社会矛盾又十分尖锐复杂的环境下,显示了卓越的才能。他先后任关西道宣抚使、陕西四川等路宣抚使、京兆等

---

[1]《元史》卷4《世祖本纪一》。
[2]《元史》卷126《廉希宪传》。

路宣抚使、陕西四川行中书省右丞等职，在忽必烈的信任与汉族儒臣及陕西地主阶级士大夫的支持下，推行汉法，在文化、政治、经济乃至南北关系等方面都颇有作为。这期间，作为汉法试验田的陕西成为蒙元境内治理得最好的地区之一，从而也为汉法在全国的推行创造了条件。

三 "钩考"风波

汉法在关中的推行并不是一帆风顺的。在蒙哥时代，守旧派蒙古贵族仍有很大势力，他们对汉法极为不满，力图恢复"祖制"。而蒙元时期位居蒙古人之下，汉人之上的色目贵族也力图在蒙古统治者的庇护下以西域商人集团的"回回法"来与汉法相抗衡。这种文化上、制度上的冲突与各族统治者内部争权夺利的争斗相交错，使得元初陕西政坛风波迭起。其中，蒙哥时代的"钩考"事件与忽必烈即位之初陕西阿里不哥党羽谋叛事件，是对汉法的前途乃至蒙元统治的前途都有重大影响的两次较量。

忽必烈受封关中后，以此为基地，南掠四川，灭大理，西入吐蕃，略鄯善，势力大增。同时他又以延揽儒士、推行汉法而得到北方地主阶级的广泛支持。这一切引起了远在漠北的蒙哥大汗的疑忌，惟恐他尾大不掉，危及自己的地位。蒙哥身边一些不满汉法的守旧派贵族乘机进谗，煽动蒙哥蕲除忽必烈的势力，其中以深得蒙哥信任的当朝重臣、中书省左丞相阿兰答儿和参知政事刘太平二人最为活跃。于是，蒙哥于1257年命阿兰答儿行中书省事于陕西，[1]让他与刘太平等对忽必烈任用的官吏进行审查。

---

[1] 《元史》卷159《赵良弼传》："遂以阿兰答儿为陕西省左丞相，刘太平参知政事。"按当时尚无常设的行中书省制度，阿兰答儿不是以行省丞相，而是以中书省丞相身份入陕的，其权势之大可以想见。

这时忽必烈尚在南征途中，阿兰答儿、刘太平等拿了蒙哥的尚方宝剑闯入关中，来势汹汹。他们在京兆设立了整人的机关——钩考局，任用大批酷吏分领其事，借检查陕西及河南的钱粮赋税征输情况为名，对京兆宣抚司的官员进行别有用心的"钩考"。他们捕风捉影，大开告讦，罗织罪状达 142 条之多，包括"专擅不法"，侵吞钱粮等等。受牵连者上至宣抚司主官，下及与宣抚司有来往的民间商人。钩考局滥兴大狱，严刑逼供，"恣为威酷，盛暑械人炽日中，顷刻即死"[1]，几天就打死 20 多人，还声称到结案时除刘黑马、史天泽二人要请示朝廷外，其余人都将一律处死。关中一片恐怖。

京兆宣抚司的官员对阿兰答儿的迫害做了各种形式的抗争。京兆榷课所长官马亨，金末为吏，窝阔台时曾助耶律楚材行汉法，此时调任京兆，为宣抚司主管财政税课，他督运岁办课银 500 铤到忽必烈藩府交纳，适与阿兰答儿相遇于途。马亨如果前往拜见，这笔课银必然被专找茬子的阿兰答儿没收；如果避而不见，则他本人必被治罪。马亨认为："与其银弗达王府，宁获罪焉。"于是绕道避过了钩考大员，把银子运到王府。阿兰答儿闻知果然大怒，派人闯入王府把马亨抓了起来，刑讯逼供。马亨坚不屈服，抗辩不已。钩考局"穷治百端，竟无所得"。毕竟是从王府里抓的人，无端打死了也不好交代，于是只好给他安了个账目不清的罪名，"以支竹课分例钱充公用及儌公廨莘运脚价为不应"，罚了他一笔款后释放了。[2]

宣抚司的主官更不好对付。廉希宪以色目贵族、汗廷亲信的身份对抗钩考局，抗辩说："宣抚司事由己出，有罪固当独任，僚属何预？"[3]而宣抚司参议、汉人赵良弼[4]则千方周旋，"力陈大义，词气恳

---

[1] 苏天爵：《元名臣事略》卷 11《枢密赵文正公》，第 228 页。

[2] 《元史》卷 163《马亨传》。

[3] 《元史》卷 126《廉希宪传》。

[4] 赵良弼是女真人，但按蒙元制度，女真人也被视为"汉人"，以与南宋的"南人"相区别。

款"[1]。他们一硬一软，互相配合，弄得阿兰答儿等人既不好逞威蛮干，又不愿善罢甘休，"钩考"便陷于停顿。

这时，忽必烈已从南方回来，知道了钩考的事，十分气愤。他不能容忍阿兰答儿在他的封地上整他所信用的人，削弱他的势力。但跟随他的姚枢却冷静地看到阿兰答儿背后有蒙哥的支持，而以忽必烈当时的地位，与蒙哥对抗是不利的。于是他劝忽必烈以妥协来求得解决。他说：大汗是君，是兄长，大王虽贵为皇弟，毕竟是臣，这事难与计较，否则会遭祸的。不如让王府的妃主们自回朝廷，准备久居，大汗自然会消除疑忌的。忽必烈采纳了他的意见，尽量对蒙哥表示尊重。他把妻子儿女都送到和林作为人质，并授意属下尽可能做好陕西等地钱粮赋税的征输，甚至对"其贫不能输者，帝（忽必烈）为代偿之"[2]，使阿兰答儿等找不到岔子。这年十二月，忽必烈亲自前往漠北朝见蒙哥。蒙哥对忽必烈的政策并无多大意见，只是担心他势大逼主，于己不利。如今见忽必烈如此恭顺，也就不再猜疑。两人相抱而泣。不待忽必烈解释，蒙哥便自己撤销了钩考局。阿兰答儿本想借题发挥，铲除汉法支持者，但蒙哥既已作罢，只得悻悻而归。这场风波暂时被化解了。

四　阿里不哥党羽的败亡

1260年蒙哥汗去世，忽必烈即位，建元中统。不久又立国号，蒙古国成为元帝国。就在这开国之际，守旧派贵族与代表汉法的势力在陕西再度爆发了冲突。但此时形势已不同往日，汉法已经成了气候，守旧派贵族则日趋没落，双方力量对比发生了变化。如果说在"钩考"风波中，忽必烈一方只能用软的一手来求得妥协，那么这一次就是以

---

[1]《元史》卷159《赵良弼传》。
[2]《元史》卷4《世祖本纪一》。

铁腕手段来对付了。

蒙哥死后，漠北一部分守旧派蒙古宗王反对忽必烈在汉地继位，拥立蒙哥的另一弟弟、留守和林的宗王阿里不哥为汗。阿兰答儿、刘太平等都成了阿里不哥的党羽。阿里不哥一派本以漠北为基地，但要与忽必烈较量，就非伸张势力于汉地不可，于是他们又盯住了陕西。

这时正值忽必烈即位，廉希宪等一批建藩关中时的能臣都因辅佐开国事宜而去了开平，陕西的汉法势力一时群龙无首。而蒙哥原先统率的蒙古军队主力在蒙哥死后由四川撤回到陕西六盘山（今宁夏境）休整驻防。这支军队的统帅哈剌不花、浑都海等也都是阿里不哥的人。于是，阿里不哥便派刘太平与他的另一亲信霍鲁怀以行尚书省事的身份来到京兆府，声言备办粮饷，企图控制关中，然后与六盘山蒙古劲旅会合，盘踞秦、蜀。如果这一企图得逞，他们便可据陕西而以兵东下，同自漠北南下的阿里不哥夹击忽必烈。

忽必烈与廉希宪察觉到事态的严重性，立即在开平研究对策。1260年（中统元年）四月一日，忽必烈在即位七天后即下令以八春、廉希宪、商挺为陕西四川等路宣抚使，赵良弼参议司事。这是中统初年汉地一级行政区"十路宣抚司"中最先落实任命的一路，显示出忽必烈解决陕西问题的决心。接着，忽必烈与廉希宪立即一方面调兵遣将，准备对付漠北的阿里不哥军；另一方面迅速派赵良弼回京兆监视刘太平等人的动静，并严禁其离开关中到六盘山活动；同时遣使安谕六盘山蒙军，力图暂时稳住哈剌不花、浑都海等人。商挺对廉希宪分析六盘山方面有三种可能的动向：对他们来说全力东进、占领关中是上策；屯兵六盘，待机发难，是中策；北归和林与阿里不哥会合，是下策。商挺并断定他们会取下策的。[1] 果然，哈剌不花、浑都海所部蒙古将士思归漠北，迟迟不愿东进；而刘太平则在动身前往六盘山途中被严令阻止。这样，忽必烈方面便赢得了平叛的时机。

---

[1]《元史》卷 159《商挺传》。

这年五月，赵良弼自陕西来报，探得刘太平等谋反。不久在六盘山的蒙古断事官阔阔出也遣人来告：浑都海杀害了忽必烈派去的安谕使朵罗台，决心为逆，并派人通知其在留川蒙军中的死党、成都守将密里火者和青居守将乞台不花，要他们各起兵来援，同时约刘太平、霍鲁怀同日在关中动手。忽必烈立即令廉希宪、商挺再以陕西四川宣抚司正、副使的身份赶回关中处置。廉、商到达京兆时，刘太平与霍鲁怀在与六盘山方面定约后已先三日回到城里策划叛乱。当时陕西军事力量的对比极不利于忽必烈一方，要想取胜只有抢先动手，可是廉、商却没有得到这方面的授权。这时廉希宪感到情势危急，便当机立断，不待忽必烈批准，便先发制人，派万户刘黑马、京兆治中高鹏宵、华州尹史广率兵逮捕刘太平与霍鲁怀，并将其在京兆的余党一网打尽。报到开平，忽必烈考虑到刘太平等是先朝元老，下诏赦免。廉希宪看到京兆西面的六盘山、南面的四川遍布其党羽，担心留下后患，便抢在赦诏公布之前把刘太平、霍鲁怀处死于狱中，造成了既成事实。随即又"矫诏"派刘黑马到成都捕杀密里火者，汪惟正到青居捕杀乞台不花。就这样，廉希宪在没有得到授权的情况下，依靠以汉人为主的一批文武，接连"擅杀"了几名蒙古大帅，一举消除了响应叛乱的隐患，六盘山孤掌难鸣了。[1]

然而六盘山叛军毕竟是曾由蒙哥亲率、横行四川、所向无敌的蒙古精锐，即使没有响应者，也还是个重大威胁。这时叛军开始东进，而关中此前并无兵备，宣抚司处境仍然危急。此刻廉希宪再次显示了随机应变、先斩后奏的果断精神。他采取非常措施，不待朝廷下旨，便擅自封驻扎在巩昌（今甘肃陇西）的汉军将领汪惟良为统帅，授予虎符银印，命其率部御敌。在民族偏见极深的蒙元时代，由主要是汉人主持的宣抚司在未经蒙古最高当局许可的情况下任命汉将率汉军去与拥戴蒙古宗王的蒙帅及蒙军主力对阵，这确实是需要极大胆略的冒

---

[1]《元史》卷126《廉希宪传》。

险行为。但事实证明，正是这一决策，挽救了忽必烈在陕西的统治——实际上也就是挽救了忽必烈政权本身。

在调动汪惟良部的同时，廉希宪还紧急征发准备更戍四川的役卒以及"在家余丁"，并动用府库资财赶制军衣，组成一支军队，命蒙古将领八春率领。廉希宪交代他：你率领的是未经训练的新军，而六盘山敌军是精锐，不能与他们硬拼。你们只需虚张声势，使他们不敢东下，大事就成功了！八春依计而行，六盘山叛军果然不敢轻进。

驻四川蒙军将领纽邻，与六盘山叛军浑都海等原来同属蒙哥统帅的蒙军嫡系，此时也企图起兵响应浑都海，结果为八春所逮捕。八春把这伙党羽共50余人监禁于乾州（今乾县），而押送纽邻等为首二人至京兆，请宣抚司处死。廉希宪这时却没有像对待刘太平等那样断然无情，他对僚属说：如今浑都海已不能乘势东来，用不着那么慌张了。而现在众心不一，情绪混乱，潜藏着不满，如军人见他们的将校被执被囚，可能会惊惧生变，为害不浅。不如因其惧死，把他们宽大释放，使他们感恩效力，把这支部队拨归八春属下，才是上策。果然，在纽邻被捕后处于惊恐不安中的蒙军将士听说他们的首领已被释放，一片欣慰，军心顿时安定，而纽邻也表示愿意立功赎罪。于是宣抚司又得到数千精锐骑兵，实力更强了。

六盘山叛军既不敢全力东进，经过一段时间的犹豫后终于撤往西北，以图与阿里不哥会合。这年九月，阿里不哥派阿兰答儿领兵南下，在西凉府（今甘肃武威）与浑都海军合兵一处，再次大举东犯。元军抵抗失利，陕甘大震，忽必烈一方的西土亲王执毕帖木儿辎重尽失，逃到关中。形势再度严重起来。许多人提议放弃关中及四川，退守陕南，廉希宪坚决反对。这时忽必烈派遣诸王合丹、合必赤率大军前来征讨，陕西军队八春、汪惟良部与之配合，分三路发起反攻。次月，元军在删丹（今甘肃山丹）与阿里不哥军会战，将其歼灭。阿兰答儿与浑都海都被俘，在京兆枭首示众。

陕西阿里不哥党羽叛乱的被平定，对忽必烈与保守的蒙古宗王的斗争全局起了决定性的影响。从此反忽必烈的势力被全部逐出汉地，只能成为漠北的游魂，难以有大的作为了。到1264年（至元元年），阿里不哥终于势穷请降，忽必烈的统治巩固下来，实行汉法的趋势从此成了蒙元统治的主流。以廉希宪为首的宣抚司官员在这场斗争中表现突出，特别是年仅29岁的廉希宪本人几次先斩后奏的决策都显示了卓越的魄力与远见。事态平息后，廉希宪曾上疏"自劾停赦行刑（不顾忽必烈的赦诏而处死刘太平等）、征调诸军、擅以（汪）惟良为帅等罪"，请求处分。忽必烈不但未予责备，还极力称赞说：经书上说的"行权"，正是这样的啊！并赐与金虎符，使节制诸军，下诏称："朕委卿以方面之权，事当从宜，毋拘常制，坐失事机。"[1]这充分显示了这位开国君主的知人之明。

五　马可·波罗眼中的陕西

阿里不哥党羽的叛乱平息后，陕西社会进入了元初的恢复与发展时期。至元年间（1264—1294年）设立了陕西屯田府，在京兆以西展开大规模屯田。继窝阔台时期部分修复了三白渠之后，此时又修复了陕西第二大灌溉系统——丰利渠（即今泾惠渠）。随着农业与人口的恢复，城市与手工业、商业也重新活跃起来。作为陕西政治经济中心的京兆府（1279年改称安西路）城也重修了城垣，并把城垣的四角改成了向外突出的圆形墩台，具有蒙古人带来的西域文化色彩。其中的一处即西南城角一直保存至今，成为古城的特色之一。此外，还在古城东北修建了宏伟的安西王府宫城。

随着元朝大一统局面的实现，通往西域的交通又活跃起来。古长安作为中西文化交流中心与欧亚大陆商道上的枢纽的地位部分地得到

---

[1]《元史》卷126《廉希宪传》。

了恢复。当时的陕西，各国、各族的居民、商旅杂居，各种文化和宗教并存，各地的商人云集。这时的京兆府城当然已无法恢复以往帝国首都的宏伟气势，但隋唐时代妨碍经济生活的封闭式的坊市制已不复存在，城里出现了沿街开店的商业街区如"药市街"等等。[1]它体现了一种新的、活跃的气氛，比起此前坊墙夹道，街无店铺，恢宏有余而繁华不足的长安来，显然热闹多了。

这一时期来到陕西的众多外国人中，最著名的便是威尼斯旅行家马可·波罗了。他于1275年到1278年间的某个时候[2]从大都前往西南途经陕西，在其《游记》里向我们展示了这一时期陕西社会的风貌。

马可·波罗从河津[3]渡黄河进入陕西，三天后到达澄城[4]。他对该地有如下记载：

> 这里的居民都是佛教徒。他们经营的贸易相当广泛，并从事各种制造业。这一带盛产丝、生姜和许多药材。这些药材是我们所在的那个世界几乎不知道的。他们也编织金线织物和各种丝绸织品。[5]

---

[1] 李好文：《长安志图》。

[2] 马可·波罗到中国的时间是1275年5月，而他到陕西时安西王忙哥剌尚在位。忙哥剌死于1278年（见《元史·世祖本纪》）。他的陕西之行显然只能在这两个日期之间。

[3] 原文Thaigin，旧译为"太津"，或谓即山西吉州。误。据马可·波罗的叙述，Thaigin乃晋陕古道上黄河边的一个渡口。而吉州既不临黄河，也不在晋陕道上，读音也与Thaigin相去太远。更何况金元之际尚无吉州地名，今吉县地当时称耿州，此一名称更与Thaigin不相及。

[4] 原文Ka—chan—fu，旧译"开昌府"。误。金元时并此地名。按其读音与地望，应即澄城，即今澄城县。

[5] 本节所引《马可·波罗游记》均据福建科技出版社1981年陈开俊等译本，并参照张星烺、冯承钧、李季的旧译本，择善而从。若干地名之译转系根据笔者的研究结果。

由澄城到京兆府城行程八天，途中"继续遇到许多城市和商业城镇，并且路过许多果园和耕地。那里有大量的桑树，促进了丝的生产。居民大都信奉佛教，但也有聂斯托利派的基督教徒、突厥族人与撒拉逊人"[1]。

八天后，就到了"王国内宏伟著名的京兆府[2]城"。马可·波罗说：

> 在古代，这是个幅员辽阔、非常强盛的王国的首府，是许多世袭君王的长驻之所，并且以制造兵器著名。现在这座城市是在大汗的儿子忙哥剌管辖之下。他的父亲已经把这座城市的统治权交给了他。
>
> 这是一个大商业区，工商繁盛，其制造业闻名遐迩。这里盛产生丝、种种金锦丝绢，其他品种的丝绸这里也都有生产。这里照样还能制造各种军需品。各类食品也很丰富，凡人生必需之物，城里都有，并且售价适中。居民大部分是佛教徒，但也有一些基督教徒、突厥族人和撒拉逊人。[3]

马可·波罗尤其对当时刚建成不久的安西王宫惊羡不已，称赞其"构造整齐匀称，堂皇华丽的程度，简直无以复加！"

越京兆府西行，"一路上有许多美丽的城镇和城堡。那里的居民以经营工商业为生，也生产大量的丝"。三天后到达虢县（今宝鸡县）[4]境内，开始进入"山巅和峡谷地带"，即秦岭山区。就连这片当时开发

---

[1]《马可·波罗游记》第2卷，第41章。

[2] 原文 Ken—Zan—fu，旧译"西安府"，误。西安府之名始于明代，元代只有安西路，亦为1279年即马可·波罗访陕事后才设立的。马可·波罗记陕时京兆府之名尚未取消，而 Ken—Zan—fu 亦与"京兆府"音近。

[3]《马可·波罗游记》第2卷，第41—42章。

[4] 原文为 Kun—Kin，旧译"关中州"，误。陕西无此地名，读音亦不类。据《游记》，Kun—Kin 乃由关中平原进入秦岭山区之门户，征诸地理形势及读音，当为虢县。

程度很低的地区，在马可·波罗看来似乎也并不荒凉：

> 这地带并不缺少人烟，人们信奉佛教，从事农业。由于森林密布，所以这里的人也以打猎为生。林中有许多野兽，如虎、熊、山猫、黄鹿、羚羊、赤鹿以及其他各种动物，可以获得很好的收入。穿越这个地带要走 20 天的路程，道路蜿蜒盘旋在群山、峡谷和密林之中。但是，也有许多城镇，能够为旅客提供便利的膳宿之所。[1]

在秦岭山中穿行 20 天后，马可·波罗进入汉中盆地，他谓之曰："蛮子境内的利州"[2]。所谓"蛮子"是蒙古当局对南宋的蔑称，利州则是南宋在陕南设的路名，马可·波罗经此地时这一名称尚未撤销。在马可·波罗眼里，"这里土地平坦，人口稠密，居民依靠商业和手工业为生。这里盛产生姜，商人们将生姜行销到契丹省内的各地，牟取暴利。这地区的小麦、稻米和其他谷物也十分丰富，并且价格合宜。"[3]马可·波罗接着记载：

> 这片人烟稠密的平原，一直延伸至两个驿站远的地方。接着，又是高山、峡谷和森林。再朝西径直骑行 20 天，继续发现这一地区仍有人烟。他们也是信奉佛教，他们依靠地里的庄稼和山上的猎物过活。这地方除有上述的各种野生动物外，还有大量的麝这类的动物。[4]

这里谈的是汉江盆地及其以南的大巴山区的情况。显然，在他看

---

[1]《马可·波罗游记》第 2 卷，第 41—42 章。

[2] 原文 Achbaluch Manji。

[3]《马可·波罗游记》第 2 卷，第 43 章。

[4]《马可·波罗游记》第 2 卷，第 43 章。

来，大巴山区与秦岭山区一样，也是个充满生气的地方。至于汉中平原就更不用说了。

《马可·波罗游记》和古代的许多其他同类作品一样，常常包含某些过分的渲染与不可信的奇闻轶事，但总的来看还是真实可贵的。在金蒙陕西之战的战火熄灭40多年后，经过了20多年汉法治陕的实践，在马可·波罗的笔下，我们已看不到那哀鸿遍野、满目废墟的战争创伤。《游记》中的陕西，社会经济已经得到进一步的恢复和发展，尤其是商品经济和过境贸易的活跃给他留下深刻的印象，以至于这个来自欧洲当时最发达的商业中心威尼斯的旅行家也对陕西的"工商繁盛"啧啧称羡。而且经济活动已不限于关中、汉中这样的平原地区而向秦巴山地渗透。马可·波罗还真实地记载了元朝实现大一统后民族融合与各种文化的交流在陕西的发展。在他的笔下，关中的汉、蒙乃至中亚（所谓"突厥"）、西亚（所谓"撒拉逊"）迁徙来华的色目人各民族相处得很好，佛教与基督教、伊斯兰教（元代所称的"也里可温"与"答失蛮"）也和平共存。这个行色匆匆的西方来客没有发现其中存在着的民族矛盾、民族歧视与民族压迫，但元代的宗教宽容政策与诸文化交融的现实却反映得十分真实。毫无疑问，这一切都与汉法治陕的成功是分开不的。

六　汉法治陕的局限性

元初治陕虽然取得了一系列成果，但是它的局限性也十分明显。本来，在我国历史上由少数民族统治者入主中原而建立的王朝中，元朝是汉化程度最浅、游牧部落传统保留得最多的一朝。这从忽必烈迄元末的统治者都不起汉名、不用汉语就可见一斑——这种对汉文化的抵制是从北魏直至辽、金、夏、清都没有的。在制度方面，有元一代始终都杂用汉法、"祖制"和"回回法"（色目人传入的西域制度），因而所谓汉法的胜利都只是相对而言的。忽必烈的汉法治陕也不例外。作为雄才大略的开国君主，忽必烈对汉文化的开明态度不仅远胜乃兄及其父祖，也超过他的一些后世子孙，但他推行的汉法仍有很大的保留，而且前后曾几度摇摆。中统初年，他主要依靠汉地建基立业，对汉臣与汉法较为倚重；中统三年（1262 年）李璮叛乱后，他对汉臣的猜疑渐增，诛王文统，任用阿合马，逐渐转向倚重色目人，"回回法"的比重也有所增加。这样，汉法在陕西的推行就不可能彻底，不可能完全回到中原传统体制的轨道上，而仍然保留着民族征服带来的某些野蛮色彩。

在财政经济方面，元初陕西由蒙古军帅任意掳掠变为实行赋税制，自是一大进步。但这时实行的仍是带有游牧部落人头税特点的丁税，而排斥晚唐以来中国长期推行的以土地、资产为征课重点的税制。这自然使陕西人民的人身束缚状态远较唐宋时代为严重。其中在窝阔台时代首先行之于陕西、河南 2 地的"五户丝户"制是一种分民不分地的人身隶属制度。通过这一制度，陕西人民大都被分配给蒙古诸王、公主、驸马及功臣作为私属。忽必烈时代这一制度不仅保留下来，还由陕、豫推行于北方各地。它与斡脱钱制、包银制等源于"回回法"的种种苛敛不仅加重了人民的苦难，而且深为主张中原传统制度的士大夫所诟病。

元初陕西的农业中，屯田占了相当大的比重。元政府不断扩大屯田管理机构，至元十一年（1274 年）设立陕西河渠营田使司，1287 年（至元二十四年）又设立屯田总管府，以后又设置了"管理甘陕等处屯田户达鲁花赤"官职，并以色目官员充任。到至元末年，屯田已遍布关中，仅长安四周就达 48 屯之多。其中渭南 16 屯，屯田 1222 顷有余，屯户 811 户；临潼（或作栎阳）9 屯，屯田 1020 顷有余，屯户 786 户；泾阳 9 屯，屯田 1021 顷，屯户 696 户；周至（或作终南）9 屯，屯田 943 顷，屯户 771 户。[1] 元初这里户口、田亩不多，以上规模是相当可

---

[1]（乾隆）《西安府志》卷 14《食货》。

观的。关中屯田的发展一方面显示出农业经济的恢复，另一方面相对自由的民田减少而受到管束的屯田屯户的增多，也是陕人的人身地位下降的一个表现。与以后的明屯田不同，元代陕西屯田并不与军制紧密联系，屯户主要也不是军户，而是"安西王府所管编民""安西王府协济户"，以及部分"南征新军不能自赡者"；屯田目的主要也不是解决军需，而是为"岁可得谷，给王府之需"，[1]实际上是一种半农奴制的王府庄园。

蒙古军事贵族掳掠人口而形成的"驱口"制，在汉法治陕的过程中虽然受到一定程度的抑制，但并未消失。元初关中的人口及劳动力中驱口及其他形式的奴隶或准奴隶仍占一定比重。但同时元朝大一统与和平的实现也消除了诸多壁垒，促进了自由人口的流动与劳务市场的形成。因此元代关中出现了雇佣劳动、徭役劳动与奴隶劳动并兴不悖的现象。不但官方、王府与军队广泛地使用这各种劳动形式，私人与民间也如此。如至元年间由制车匠起家的商人刘斌在著名的灞桥兴建工程中，就同时使用了"二三百"受雇的"募工""役夫二百"和"驱男四百指（即40人）"。官府还为他"发新收南口（新近被掳的南方人）长充役作"，一些地方大员也"遍谕所属"依附民，"乘彼农隙"到工地服役。[2]当时的许多兴造都是这样由募工、役夫与驱口共同承担的。

在政制方面，"汉法"治陕并没有从根本上影响蒙古贵族的特权与优越地位，而且后来这种优越地位还有所发展。李璮、王文统事件后，忽必烈对廉希宪、商挺和赵良弼等人也不那么放心了。中统三年（1262年）兴元府（今汉中）判官费寅（一作费正寅）乘机以私怨诬告廉、商诸人，把中统初年廉、商等人在紧急复杂形势下的一些先斩后奏之举又翻了出来。忽必烈立即下令把廉、商、赵都召到大都去诘问，"益

---

[1]《元史》之《世祖纪》及《兵志》诸条；《续文献通考》卷4，《田赋四》；（乾隆）《西安府志》卷14《食货》。

[2] 李庭：《寓庵集》卷5《创建灞石桥记》，第142页。

有疑二臣（按指廉、商）意，切责（赵）良弼，无所不至，至欲断其舌"[1]。虽然这位开国君主还算有知人之明，不久就弄清了真相，没有造成冤案，但他就此改组了陕西行省，不再让廉、赵回陕（商挺只是在十年后才以王相身份再次入陕），而任命蒙古贵族祃祃、塔刺海和汉化色彩较淡的女真人粘合南合来代替他们。汉族儒臣在行省机构中的人数比例与权力都降低了。至元以后，陕西行省的丞相、平章一般都由蒙古人担任，间或有色目人（如赛典赤与纳速剌丁父子）也不像廉希宪那样高度汉化。在路、府一级，宣抚司时代已设有蒙古人担任的断事官，如八春、阔阔出等人，但当时他们只是协助主官（廉希宪等）工作的。至元以后则达鲁花赤（断事官）成为定制，变成凌驾于同级主官之上的蒙古监督者。至于蒙古军帅凌辱汉族文官的事，就是在宣抚司时代也没有完全消除。中统元年八月，忽必烈曾"诏：都元帅纽璘所过毋擅捶掠官吏"[2]。这个纽璘（邻）就是上节提到的那个因党附浑都海差点被杀了头而又由宣抚司宽大处理了的蒙古将军，他在栽了跟斗之后尚且如此，其他未"犯错误"的蒙古功勋将帅更可想而知。

廉希宪等人虽然以崇文重儒著称当时，但终忽必烈一世始终拒绝实行科举制度。直到元仁宗时才从延祐元年（1314年）始行科举，但也并未成为仕途的主流。因此陕西的士风一直未能达到前代水平。以京兆府（路）为例，唐代进士名籍可考者有101人，宋代93人，金34人，而元代只有30人。[3]

科举既不能成为仕途的主流，由胥吏而为主官所荐拔，便成为汉人入仕的主要途径。这自然使元代的吏治存在严重问题，夤缘巴结、徇情枉法之弊层出不穷。历代对减少腐败有一定效果的某些"汉法"，在元代常难以实行，或者实行得很不严。如行政官回避制度，在我国

[1]《元史》卷159《赵良弼传》。
[2]《元史》卷4《世祖纪》。
[3]（乾隆）《西安府志》卷42《选举》。

经历朝发展，到明代已严格实行本省人不在本省境内为官之制，宋、金没有那么严格，但至少在本府本县为官还是禁忌的。而元代陕西却有不少本地人由胥吏就地荐升为官的。如扶风人辛荣于至正年间被拔为本县知县[1]、三原人窦复初被选为京兆府同知、咸宁人宋书被荐为本府武功税监[2]，等等，而蒙古官如万户、达鲁花赤还有不少是世袭的。

　　然而，最能反映元代汉法治陕的局限性和蒙元政制缺陷的，莫过于元代陕西独特的省、藩二元政体了。它导致了有元一代陕西发生的一系列社会震荡。

————————

［1］（康熙）《陕西通志》卷18下《名宦》。
［2］（乾隆）《西安府志》卷41《征荐》。

第八章　由省、藩二元政治到行省集权

一　陕西行省的建立

陕西是我国近古省制的发源地。忽必烈于中统元年（1260 年）三月即位，八月即在京兆宣抚司的基础上，又立陕西四川等处行中书省于京兆。廉希宪、商挺等原宣抚司官员即为新设的行省官员。这是蒙元作为定制而设立的具有行政区划意义的第一个行省。[1]

行省制的建立及其始建于陕西都有其历史渊源。我国传统封建主义中央集权国家都有担心地方尾大不掉的心理，为此一般都用两种办法来解决。其一是分割地方事权，设立平行而不相统属的若干地方机构以便于它们互相制约，各自受命于中央。其二是派遣京官作为中央代表视察与监督地方，并给予其超越原有地方机构权限的处置权，以便代表中央对地方实行控制。但是，这两种办法都有其难以避免的缺陷，因而形成了两种周期性的循环。这两种循环加上我国传统官制中官僚队伍不断膨胀的趋势，便促成了行省制度的建立。

首先是地方事权的分割必然影响统治效率，造成体制运转不灵，尤其是在出现非常事态的情况下更是如此。这就迫使中央不得不一次次地合并地方事权，建立地方集权体制，直到中央又感到"外重内轻"的威胁为止。秦代最初建立中央集权统一国家时实行地方分权制，郡

---

[1]　此前一个月曾立燕京行省，但旋即罢废，其辖区改为中书省直辖。

守、郡尉、郡丞互不相属，各自听命于中央的相应机构。但这一体制日久生弊，于是到汉代即有州牧之设，地方大权集于一身。汉末州牧纷纷割据，至隋唐时期州一级又实行了分权。迨及中唐，节度使集中了地方权力，渐变而为藩镇。因而到北宋，便再次分割地方事权，在路一级平行地设立了漕司、宪司、帅司和仓司。然而这种体制首先在西北抗夏斗争中，后来在靖康之后的全国非常状态下显示出诸多弊端，因此地方事权又有再度集中的趋势。北宋时陕西的帅司已经相当集权，南宋、金的制置、宣抚、节制诸使就更明显，行省制度，就是这个趋势的进一步发展。

其次是中央派驻地方的视察、监督官员在有了对地方事务的处置权以后，实际上就已取代了其监督的对象而成为新的一批地方官，其"中央代表"的角色很快会淡化以至消失，尤其是当非常设的巡视官一旦变成常设职后更是如此。于是他们又会成为新的一轮被巡视、被监察的对象，朝廷又会担心他们事权太重有尾大不掉之虞，从而派出新的一轮"中央代表"去予以监督。例如两汉的州刺史原来只是代表朝廷到地方检查工作的监察官员，后来逐渐常设化，便成了郡县官之上的又一级地方大吏，"州"也就从监察区变成了郡县之上的一级行政区。到唐宋时，朝廷又在州之上设立了道、路之类的监察区，派京官巡视监督。然而随着时间的推移，到宋朝"路"已经衍化为州之上的一级行政区，漕、帅、宪、仓诸司也衍化为地方官了，于是中央又要派代表到地方去"行中书省事"，去"宣抚""节制"诸路。这样就又在路之上逐渐衍化出一层行政组织来。等到这些"行中书省事"者成为地方上离不开的方面大员时，他们实际上行的已不再是中书省的事，而是地方上的事了。

而随着传统官僚制下难以避免的"组织增生"，一级地方官越设越多，就需要再设上一级为数较少的官员以分统之。秦时的郡数仅以十计，到汉代已数以百计，于是便在其上设 13 州刺史分统数百郡。及至唐宋，州的数目已增到百数，于是在其上又设十余道或路以统之。再到元代，路的数目也已升为三位数，于是中央——中书省就不得不派出为数较少的一批代表去分统它们以"行省事"了。

陕西的行省制度也是这几种趋势的共同结果。而宋金时代陕西战时社会及其行政——军事一元化体制的特点，则使合并、统一地方事权的趋势在陕西先行一步，行省制之首见于陕西就不奇怪了。宋代陕西的路不但事权不够集中（虽然比其他地方已集中了不少），而且数量也在增加，北宋初年的一个关西道到末年实际上已发展为由一个知军和五个帅司分统的六个路，而陕南所从属的四川地区（峡区除外），也由一个西川路变成了益、梓、利三路，其中的利州路到南宋末实际上也已分为利西、利东与金房开达三路。[1]因此在路上加设一级行政区划便成为必要。

在宋金对峙时代，金朝、伪齐设的陕西诸路节制司或宣抚司，以及南宋设的四川（或川陕）宣抚司或制置司实际上都已是行省的雏形。它们都统管好几个路，实行地方事权的集中，而且也都由朝廷执政大臣外派担任其首官。因此秦岭南北双方都已把此职称为"行省"，只是在南宋它仍与"宣帅"之类一样属非正式称呼，而在金后期，行省已逐渐成为正式称呼了。虽然其全称当时还是"行尚书省"而非"行中书省"，实际已无多少区别。

因此，行省制至少在陕西当（南）宋、金之时已有其实，而且也在相当程度上有了其名，元初不过是把其名与实都予以进一步规范化而已。也可以说，行省制是宋金时期尤其在陕西表现得最为典型的那种战时社会的行政体制，在和平时期在全国范围内的定型与规范化，当然，它也同时体现了我国长时期历史上地方官制演变中如上所述的一些规律。

蒙元建国初期由于带有草莽色彩，加上蒙古办事人员汉文化水平

---

[1]《元史》卷60《地理志三》："金州，……宋升为金房开达四州路。"从史实上看，这已不是所谓只管军事的路了。

很差，因此在设官置爵上具有重实轻名、重事权而轻头衔的特点。职爵的称谓往往不十分严格，如从木华黎这个"国王"到忽必烈封王关中时的蒙古诸王大都既无名号（如秦王、晋王，等等），也没有明确的等级（如亲王、郡王或一字王、二字王等）。而官制也是如此。可能因为当时通行蒙文公文的缘故，官名由蒙文回译为汉文就难以统一，中统元年所设的"十路"宣抚使，或称为"十道"宣抚使；而京兆宣抚使、关西道宣抚使与陕西四川宣抚使，其实也是一职数称；与此相类的还有"镇抚"与"都总管"，等等。因此中统元年把陕西四川宣抚司改为陕西四川行省，多半也只是原职的一种异称而已，其实际职能与权限并无实质性变化。

尽管如此，陕西四川等处行中书省的设立毕竟正式确立了行省制的地位，尤其对于这一制度在全国的推行来说它具有重大的意义。

在此后一个时期，陕西行省的名称、辖境、上属、治所甚至存废都有过一段时间的波动。就名称而言，它先后正式称为陕西五路西蜀四川行中书省（又名秦蜀五路四川行中书省，1260—1262 年）、陕西四川行中书省（1262—1270、1272—1281、1284—1286 年）、陕西四川行尚书省（1270—1271 年）、安西行中书省（1280 年）、陕西等处行中书省（1281—1284、1286、1293—1308、1312 年以后）、陕西等处行尚书省（1287—1292、1309—1311 年）等名，1312 年后才固定称为陕西等处行中书省。就辖境而言，它在头二十年里一直兼辖有四川，1284—1286 年间再并四川，其间还一度辖有过今甘肃、宁夏，但 1286 年后基本稳定为只辖陕西 4 路 5 府 27 州之地（今陕西全省及甘肃、内蒙古部分地区）。就上属而言，它在 1270—1271、1287—1292、1309—1311 年间三度归属尚书省，其余时间都归中书省。就治所而言，它于 1260 年设治京兆，1265 年移治兴元，1266 年再移利州（四川广元），1268 年还治京兆，1271 年又治兴元，1280 年以后才固定治所于安西路城（由京兆府改名）。此外，它还在 1271 年一度罢废，辖境合并于腹里（中书省直辖区），次年起直到 1280 年又归安西王相府管辖，

1280 年复置行省后才稳定下来。

陕西行省在元初的这种不稳定状态，有一部分应归之于技术性原因，但另一部分原因，则与当时存在的省、藩二元体制有关。

二　安西王府与省、藩二元政治

在由宋、金的宣抚司制发展而来的行省制之外，元初的陕西却又存在着另一套具有蒙古部落特点的权力机构，这就是安西王府。

蒙古帝国时代的宗王典兵、封土与王位继承中的贵族推议、兄终弟及、叔侄相承等现象都源自部落传统，入元后在相当程度上仍得以保留，从而成为元代政治包括陕西政治不稳定的根源之一。忽必烈以在陕西推行汉法闻名，但他之被封于关中，本身却是蒙古传统之举。他并未意识到这一点。但他对陕西却一直是极为重视的，这不仅因为陕西是他即位前的"潜邸"所在，是他赖以积蓄力量夺得汗位的"龙兴之地"，而且也因为陕西对于控御整个西部中国所具有的特殊战略地位，尤其在对南宋用兵期间更是如此。当时"诸将皆筑第京兆"，力图在此有一席之地，不少名臣宿将如姚枢、杨奂、杨果、贺仁杰、李德辉、纳拉速丁，等等，以及前述的廉希宪、商挺诸人，都在这里经营过。忽必烈即位后，也把关中作为特殊地区来看待，并接受刘好礼"陕西重地，宜封皇子诸王以肃之"的建议，于立元国号的次年即至元九年（1272 年）把他的第三个皇子忙哥剌封为安西王，建藩于京兆，开始了安西王国的贵族统治。

忙哥剌为忽必烈正后所生，他的长兄早逝，次兄继位为皇太子，因而就血统次序而论，他在当时的宗室诸王中是最尊贵的，而他本人的才干也得到忽必烈与太子真金的器重。因此他受封关中后，不仅位高，而且权重，既锡爵食封，又受土临民，复主政掌军，其权势之烜赫，在元初是独一无二的。尤其在对宋战争期间，安西王府在朝廷支持下成了控制西北和西南的独当一面的势力，所辖军队多达 15 万人。至元十一年（1274 年）元朝三路大军南下灭宋，四川一路的军政事务即归安西王府节制。至元十年（1273 年）起，忙哥剌又进封秦王，权势更大。他仿元廷纳钵之制，冬驻京兆，夏驻六盘山，在两处都营建起宫殿建筑，设立权力机关，其中在六盘山的夏宫曰开成宫，在京兆的主宫曰安西宫，[1] 因此民间习惯上以其宫名仍称之为安西王。

安西宫是忙哥剌晋封秦王的那一年所建，遗址在今西安城东北 3 公里的浐河以西，当地人称之为"达（鞑）王殿"，又称"斡儿朵"，即蒙语"宫殿"或"行宫"之意。此宫之所以修建在长安城外，显然是因为韩建"缩城"之后的长安城太小了，容纳不下与忙哥剌身份相称的大型宫殿群。于是安西王宫便成了城外之城。它与唐大明宫处在东西一条线上，雄踞龙首原东去之余脉。当年建城时，忙哥剌任赵炳为兼营司大使，"遍访周、秦、汉、唐故宫废苑，遗踪故迹"[2]，才选择了这个形胜之地作为宫城。据调查，安西宫城的形制为一南北向的长方形，城的四角向外突出，成半圆形，与今西安城西南角保留的元代墩台相似，是一种不同于中原传统的西域城垣形制。宫城北面无门，东、西、南三面各开一门。现在尚留有城中央一高大的夯土台基，高出地面 2 至 3 米，今称为"殿台子"，是安西宫的正殿。

当时的安西王宫，不仅地理位置优越，而且设计精巧，富丽堂皇。它"包络原野，周四十里"，"巍殿中峙"，"壮丽视皇居"。据马可·波罗记载，安西宫极其壮观："在一大平原中，周围有川湖泉水不少；高大墙垣围之，周围约五哩。墙内即王宫所在，其壮丽之盛，布置之佳，罕有可比。宫内有美丽殿室不少，皆以金绘饰。""军队驻扎宫之四周，游猎为乐"。从今天的遗址看，这一记载并不夸大。

手握重兵而居住在城堡里的安西王，与京兆城中代表朝廷集中地

———————————

[1]《元史》卷 108《诸王表》。
[2] 骆天骧:《类编长安志》引，黄永年点校，三秦出版社，2006 年，第 2 页。

方事权的陕西行省形成了一种尴尬的二元化权力体制。一方面，行省按规定"与都省（即中书省）为表里"，"掌国庶务，统郡县，镇边鄙"，"任军民之事"。"凡钱粮、兵甲、屯种、漕运、军国重事，无不领之"。[1]另一方面安西王又雄为一方之诸侯，根本不把行省放在眼里。从实际情况看，安西王府（正式地说应该是秦王府）的权力远远高出行省之上。以至于京兆府也在至元十六年（1279年）改名安西路，甚至陕西行省也一度被改名安西行省，[2]俨然成了安西王的办事机构了。而安西王府自成立之日起便设有王相，治理封地内军民诸政，于是安西王相府便成了与行省并立的第二政府。当时凡行省管辖范围内的事，安西王通过王相府都可以去管。而行省管不了的事，如对宋用兵之时设在四川的与行省平行的机构行枢密院，安西王府也能加以节制。甚至在陕、川分省之后，陕西行省已管不了四川，而安西王府仍能管。在这种情况下，王府几乎已成了行省的名不正言不顺的上司。

不仅如此，安西王还刻意模仿"开国规模"，按照元代以大都、上都为"两都"的体例，也在"安西王国"搞了个"两路"之制：以京兆府视大都，号为"大路"，而以王府夏宫所在的六盘山区原州城（今宁夏固原）设立开成府及开成府路，以比拟元朝的开平府，"仍视上都，号为上路"[3]。元朝以大都为正都，设置各种机构，上都为皇帝夏季驻地，每岁巡幸至此，百官分置随从。与大都并称"两都"。安西王也以京兆为"正都"，设置相府诸司，而以上路为藩王夏季驻地，每岁巡视至此，王府诸司随从。与京兆并称"两路"。俨然是一个与大元帝国相仿的"小元帝国"！这样的气势之下，陕西行省的职权难免要被取代。

为了解决这种"两个政府并存"的窘境，元朝曾在至元八年（1271年）撤销行省，把京兆地并入腹里直隶中书省管辖，但不久又以鞭长

---

[1]《元史》卷91《百官志七》。

[2]《元史》卷163《李德辉传》。

[3]《元史》卷60《地理志三》。

莫及，又交由安西王相府治理。这样，在至元九年—十七年间（1271—1280 年）陕西就只有王相府而无行省。然而考虑到以藩王专制一方会带来的危险，忽必烈又于忙哥剌死后在至元十七年（1280 年）复立行省，同时撤销王相府。但安西王的权力并未被剥夺，取消王相只是撤掉一个办事机构而已，安西王仍然有权在西北、西南的广大地区尤其是在陕西境内发号施令。

这种行省与藩王平行执政的"省藩二元政权"在元代只见于陕西和云南，而元初的陕西又表现得更为明显。从制度根源上说，这种政体体现了中央集权官僚制的"汉法"与藩王封建贵族制的蒙古"祖制"间的深刻矛盾。但制度是由人执行的，正如忽必烈当年能以一个按传统方式受封的蒙古藩王在他的领地内大行汉法一样，首任安西王忙哥剌也以他个人的行为缓和了这种体制内的矛盾。就忙哥剌本人来说，他与皇帝有父子之情，又没有什么非分的野心，因此虽手握一方军民之权，却并无割据称雄甚至窥视"神器"之念。同时他在政见与观念上也与忽必烈一样，在当时的蒙古统治者中属于倾向汉法者。甚至于在忽必烈后来因王文统事件而疏远汉臣，在陕西行省之位上也多任用蒙古、色目大臣的时候，安西王相却任用了一批汉族儒臣，如李德辉（1272 年任）、赵炳（1277 年任）以及汉法治陕的老功臣商挺（1272 年任）等。

因此，在忙哥剌时期，陕西这种不正常的体制并未导致严重的恶果。当商挺为王相时，他向忙哥剌献"十策"："睦亲邻，安人心，敬民时，备不虞；厚民生，一事权，清心源，谨自治，固本根，察下情"[1]。忙哥剌对此十分欣赏。当时安西王府官吏和军士多有仗势横行、扰民乱政的，赵炳以法治之，忙哥剌也表示赞许，并告诉赵炳这类事无须向他作请示，可以自行依法处置。当时，朝廷以解州盐课拨归王府供作经费，而因课额过重，民间积欠达 20 多万贯。王府官吏为此苛征不

---

[1]《元史》卷 159《商挺传》。

已，民怨沸腾。赵炳建言："与其哀敛病民，孰若惠泽加于民乎！"忙哥剌也接受了他的意见，下令免征。[1]

这样，由于忙哥剌个人的开明，也由于当时王相府基本上由主张行汉法的人士主持，因此这个时期体制上的缺陷并未酿成大患，忽必烈当年的各项政策在忙哥剌称王陕西的时期大体上仍然得到了贯彻。

然而即使在这个时期，安西王府内的蒙古军事贵族传统保守势力也已经在王府权势的土壤上开始膨胀。当时这主要表现为汉臣控制的王相府与蒙古军事贵族控制的六盘山夏宫机构的冲突。

忙哥剌时代的安西王府有两个活动中心，即冬王府京兆安西宫与夏王府六盘山开成宫，所谓"赐京兆为分地，驻兵六盘山"[2]是也。六盘山自从成吉思汗时代以来，就一直是蒙古军事贵族休兵牧马养精蓄锐的大本营。那里远离汉文明中心，风气闭塞，民尽游牧，官皆军豪，保守势力易于滋长。早在忽必烈即位之初，这里就曾成为阿里不哥保守势力的重要活动中心。忙哥剌受封后，在为政方面较多地听取京兆王相府里儒臣们的意见，但在军事方面却不能不倚重六盘山的蒙古军帅们，因而双方的对立日益发展。忙哥剌在藩之时，他尚能保持二者力量的平衡，但一旦他离去，就要发生问题。1277年（至元十四年），因北方宗王叛乱，忽必烈调兵征讨，忙哥剌也奉诏北上。他一走，就发生了"六盘守者构乱"的事件，赵炳等人自京兆率兵讨伐，二十多天就平息了叛乱。然而仅几个月后，次年春季"六盘再乱"，京兆府的儒臣们又调兵予以镇压。[3]乱平之后，忙哥剌也班师归藩，没过多久，便于当年十一月病死。

忙哥剌一死，"省藩二元政治"的体制性缺陷便暴露出来，陕西的形势很快变化了。

<hr>

[1]《元史》卷163《赵炳传》。

[2]《元史》卷7《世祖纪四》。

[3]《元史》卷163《赵炳传》。

三　安西王府的覆灭与行省集权

至元十七年（1280 年），忙哥剌的长子[1]阿难答继承了安西王位。当年陕西复立行省，省、藩关系进一步复杂化了。

阿难答不同于其父，他与当朝皇帝包括忽必烈及其后的元成宗、元武宗都已没有父子之亲。从某些迹象看来，忽必烈对这个孙子似乎不是很满意：当忙哥剌妃为阿难答请袭时，忽必烈答以"年少，祖宗之训未习"，拖了两年才允许他袭爵[2]，而且始终只允许袭安西王而不许袭秦王，并收回了秦王印。然而阿难答并不服气，"其后犹称秦王"[3]。陕西行省的复立似乎也反映了朝廷对王府的掣肘之意。

而阿难答与其母妃，则和六盘山蒙古军事贵族集团关系密切。阿难答袭爵后，他们母子就到了六盘山，并在那里制造了赵炳冤案。当时，王府运使郭琮、郎中郭叔云与赵炳有隙，遂与住在六盘山的阿难答母子及"六盘守者"诬告赵炳"不法"，于是由母妃决定，安西王下旨，六盘山军人动手，把赵炳全家拘禁。[4]赵炳本人被"囚之六盘狱"。忽必烈得知，立即派宫使驰往陕西营救赵炳。但六盘山集团却抢先下手，把赵炳毒死在平凉崆峒山囚禁地。显然，这是对他两次平定六盘山叛乱进行的报复。忽必烈闻讯十分愤怒，下令追究"擅杀"之罪。但出于种种考虑，他没有过分为难阿难答母子，只是把责任推到郭琮、郭叔云和王府一批中下级人员身上，把他们全都处死。而这些王府人员

---

[1] 据《元史》卷108《诸王表》及卷14《世祖纪十一》。而据拉施德《史集》，则说是第三子即幼子。见《史集》第二卷，商务印书馆，1985年，第283—284页。

[2] 《元史》卷159《商挺传》；卷108《诸王表》。按：据《史集》第二卷382页推算，阿难答时年约12岁。

[3] 《元史》卷108《诸王表》；卷14《世祖纪十一》。

[4] 《元史》卷159《商挺传》；卷163《赵炳传》。

临刑前乱咬乱攀，词连商挺，于是商挺也被朝廷下令逮捕，多年以后才获得平反。另一个儒臣王相李德辉也在此前病死。就这样，王相府中的汉族儒臣集团不复存在了。

阿难答排斥了王相府中的汉人，转而全力地依靠色目人与蒙古军事贵族中的守旧派。与他的父亲相反，阿难答对汉文化不感兴趣，而是个狂热的伊斯兰教徒，据说他年幼时曾为一色目人抚养长大，所以他从小信仰伊斯兰教。受封安西王后，在其军中大倡伊斯兰教，使所部15万军人中回教徒占了一半。他还下令对辖区内蒙古儿童进行回教的割礼。据波斯史家拉施德的记载：阿难答和他周围的人都是木速蛮（穆斯林在元代的称谓），"但他们的地主和农民仍为偶像教徒"。对于他的做法，"大汗（按指元成宗铁木耳）很为生气，并派遣了鹰夫长只儿哈朗和赤儿塔合兄弟俩，要他们去阻止他履行祈祷和戒律，不让木速蛮去见他，并敦促他向寺庙中的偶像磕头烧香。阿难答拒绝了"，并且"他走了极端，在这方面表现过分了"，以致于发展为强制推行伊斯兰化，"打碎了偶像，捣毁了寺院"。"大汗由此动了怒，便下令把他囚禁起来"。然而他依然我行我素。大汗无可奈何，而"他再一次统辖了唐兀惕（指西北地区）的军队和地区，并全面地掌管着它：虽然该处也有大汗的大臣和必阇赤主管税关，但大部分税收都被用于他的军队，并且丝毫也不再向底万上缴了"。[1]

这番描述虽不无夸张之词，但也反映了一些基本史实。解放后在安西王宫遗址中发现的"阿拉伯数码幻方"[2]等实物，表明了色目文化在安西王府中的突出地位。阿难答推行"回回法"，得到色目官员的支持，因而与信奉喇嘛教的元成宗发生矛盾，也与元朝当时以汉法、蒙古法为主体的守成政治难以协调。而安西王府不把"大汗的大臣和必阇赤"即行省官吏放在眼里，分割税入，拥兵自重，把贵族统治凌驾

————————

[1] 拉施德：《史集》第二卷，第379—382页。

[2] 夏鼐：《元安西王府址和阿拉伯数码幻方》，《考古》1960年第5期，第24—27页。

于中央政府派驻地方的机构之上，逐渐形成对中央集权的潜在威胁。

汉文史料也反映了这方面的信息。当至元十七年（1280 年）元廷罢安西王相府并复立行省后，阿难答仍私设王相。至元二十四年（1287年）忽必烈发现后，下令收缴王相印，改立无行政实职的王傅。同时从阿难答弟按檀不花处追缴了秦王印，废除了按檀不花所设的王傅。[1]这时阿难答所用的王相与王傅都已不再是商挺、赵炳那样的儒臣，而是像明里、撒儿塔黑那样的蒙古、色目贵族了。[2]

但是围绕阿难答的野心而爆发的矛盾，除了具有中央集权与地方割据倾向的矛盾意义外，更重要的还是无论中央或地方都存在的汉法、蒙法与回回法的矛盾。在忙哥剌时代安西王府内部王相府与六盘山的矛盾是如此，在阿难答时代的元廷中也是如此。阿难答的反汉法倾向，使以成宗皇后伯岳吾氏（或译伯要真氏）和左丞相阿忽台为代表的势力中意于他。大德十一年（1307 年）元成宗铁木耳病死，无嗣。阿难答在伯岳吾后与阿忽台等的支持下企图夺取帝位，从而引发了一场内乱。

成宗病危时，阿难答得到内线的报告，从安西赶到大都，图谋先奉伯岳吾氏临朝称制，然后自己再登基为帝。但他们的计划受到右丞相哈剌哈孙等蒙、汉官员的反击。哈剌哈孙一面封闭府库，收百官印，称病怠工，拖延时间，一面密报成宗的两个侄儿海山（即元武宗）与爱育黎拔力八达（即后来的元仁宗），请他们火速回京。当伯岳吾氏原定临朝称制之日的前一天，爱育黎拔力八达赶到，与哈剌哈孙里应外合，发动政变，逮捕了阿难答，处死了他的党羽，囚禁了伯岳吾氏。不久，蒙古贵族们在上都集会，推举海山为帝。阿难答被押至上都处死。

安西王篡位事件是元代层出不穷的宫廷政变中的一次。但斗争双方并非没有高下可分。安西王的失败标志着比较落后的"回回法"与

---

[1] 《元史》卷 14《世祖纪十一》。
[2] 拉施德：《史集》第二卷，第 382 页。

贵族政治的重大挫折，以"汉法"为主流的中央集权统治取得了重要胜利。此后元朝在爱育黎拔力八达统治时期出现了自忽必烈之后又一次汉法治国与崇文尊儒的局面。

历时 37 年的安西王府在这次事件后虽未被废除，但长期无人承袭王位，已处于名存实亡的境地。16 年后，至治三年（1323 年），阿难答的儿子月鲁帖木儿怀着对汉法的仇视，参加了守旧派蒙古贵族谋刺英宗的"南坡之变"阴谋，因而被阴谋者迎立的泰定帝允许袭封安西王。[1] 但这仅是权宜之计，"欲安反侧"而已。月鲁帖木儿尚未来得及就藩，没有做上一天那浐河之畔宏大的"鞑王殿"的主人，便被过河拆桥的泰定帝追论"逆党"，夺爵流放云南，不久便"伏诛"身亡。[2] 忙哥剌一系至此绝嗣，安西王府至此彻底消失了。此后，那座"鞑王殿"似乎再没有封王居住，与月鲁帖木儿同时代的李好文便称它为"安西故宫"了。但直到元末至正十七年（1357 年），还有人占住过安西王宫，[3] 证明那时宫殿尚在，它的毁圮当在元末大乱之中。

自阿难答败亡，陕西地区也就结束了省、藩二元体制，地方事权尽归陕西行省。为消除安西王府的影响，皇庆元年（1312 年）元朝下令将安西路改名奉元路，意思是让陕西军民官吏永远汲取阿难答谋逆被诛的教训，世世代代尊"奉"大"元"。于是长安古城也被世人改称奉元路城了。到至治三年（1323 年），元朝又把六盘山区的开成府、开成路降为散州，取消属县，于是安西王国的"上路"也不复存在了。

省、藩二元体制消失后，元朝仍然把陕西地区和奉元城当作控扼西北以至整个西部中国的枢纽重地来经营，中央各机构多有在此设分

---

[1]　诸书多谓月鲁帖木儿袭封乃英宗所允，此乃据《元史·诸王表》"至治三年封"而言。实则是年八月南坡祸作，泰定帝继立后当年并未改元。故"至治三年封"者，乃泰定帝所封，非英宗封也。泰定帝对阴谋者先赏后诛，过河拆桥，皆在当年内。详见《元史》有关纪、传。

[2]　《新元史》卷 114《忙哥剌传》。

[3]　《新元史》卷 183《王思诚传》。

支机构者。除元初曾设过的"行户部"等外，大德元年（1297年）又将全国最高监察机构御史台的两个行台之一从云南行省中庆路（今昆明市）迁治京兆，改称陕西诸道行御史台，简称"西台"，分监陕西、四川、云南、甘肃四行省。它与设在建康（今南京市）的"南台"（江南诸道行御史台）并为元代两大地方监察机关，分管帝国的东西两部。这样，陕西及奉元城不仅是西北的行政中心，而且成了整个西部中国的监察中心。另外，行台、行省并置奉元，也有助于在一定程度上消除地方事权集中于行省可能带来的副作用，对行省起到一定的监督作用。同时它也预示了后来在明代出现的从地方集权向地方分权制发展的又一轮循环。

四　元代陕西社会

作为一个统一王朝，元代在我国历史上只占了90年的时间，但蒙元对陕西的统治，如果从蒙军全部攻占金陕西地算起，到明军入陕推翻蒙元统治为止，则长达139年（1231—1369年）。在这百多年的岁月中，陕西社会又发生了一些变化。

在人口构成上，元初陕西是个大变动时期。这一时期不仅原有的女真、契丹、党项、属羌、吐蕃、汪古等族在伴随着血与火的民族融合过程中逐渐在陕西大地上消失了，而且汉族居民的构成变化也很大。原有居民大量死亡逃徙，外来移民源源涌入，人口统计数字常常大起大落。如在京兆一路，忽必烈初年，由于安插了大批从南方（主要是四川）掳回的"南驱放良"户与"归顺"户，使原有居民几乎增加了一半。[1]跟随石天应、田雄、郭仲元等金元之际河北河东汉军入陕作战后落籍陕西的为数也极为可观。如明代关中著名学者朝邑韩邦奇、

---

[1]　王恽:《秋涧先生大全文集》卷85《论关陕事宜状》，四部丛刊本。

邦靖兄弟和泾阳王徵，其祖先据说都是元初从关东迁入的金牌万户[1]。大体而言，元代陕西汉族移民主要来自两个方向：从四川来的俘虏与归附人口，从河东来的军人，而同时也有大量户口从两个方向流失：金朝末年曾在关中失陷前把据说达百万之众的京兆之民迁到关东，而南宋弃守陕南时也带走了大量的人口。陕西在这一时期的人口更新率，恐怕当不止一半以上。

汉族以外，元代陕西增加的人口中最显著的是回民。一般认为回民是蒙古西征后迁入的色目人口与当地居民融合而形成的，然而陕西当金末之世已出现了"回回"，而且似乎不像是蒙古人带进的西域穆斯林。如汪世显在投蒙以前结交的"回回、西夏十八族"[2]，似乎就是在夏金之际就已进入了当时所说的陕西地区。然而这些土著回民人群的确是因蒙元统治时代大量涌入的西域穆斯林人口而急剧地膨胀了，尤其在安西王阿难答统治的时代更是如此。他不仅通过军中倡教和对蒙古孩子行割礼而使陕西的蒙古移民大批转化为回民，而且对汉民皈依伊斯兰教和西域穆民入陕都当有很大的促进作用。元时"回回"在陕西屯田者很多。回回忽撒马丁曾任管理甘、陕等处屯田户达鲁花赤；著名回族政治家赛典赤·瞻思丁之子纳拉速丁更曾任陕西行省平章政事。据说其众多的子孙后来分为纳、剌、速、丁四姓，故今长安县尚有剌家村等。当时陕西设有不少管理回民事务的机关，如陕西行中书省中设有"回回令使"，陕西诸道行御史台设有"回回掾史"，等等。波斯史籍称陕西"该处居民大多数为木速蛮"[3]，而马可·波罗则认为关中居民以佛教徒居多。这可能与史籍作者的心理倾向有关，也可能在一定程度上反映了忙哥剌（马可·波罗入陕时在位）与阿难答两代统治

[1] 郑郧：《峚阳草堂文集》卷一二《敕封文林郎扬州府推官浒北王君暨元配敕赠孺人张氏合葬墓志铭》民国二十一年活字本："泾阳之有王旧矣，故老相传所号金牌王也。"

[2] 佚名：《昭忠录·曹友闻》，中华书局，1985年，第3页。

[3] 拉施德：《史集》卷2，第379页。

者政策不同而造成的结果。但无论如何,元代陕人中回民占有的比重是令人注目的,可能也是历史上最高的时期。

与人口构成的变化相应,陕西的社会风貌、社会组织与社会价值观也在变化之中。在城市里,随着坊市制被街市制所取代,以色目商人为先驱的回民商业文化与汉族的陕商文化都开始萌芽。在农村地区,宋金时代具有军事特征的关中社区组织与元代推行的村社制结合,开始形成了不同于南方的都图组织的关中农村的里社组织,一直延续到后世的。在社会观念方面,元代的"关学"已经程朱化,本体论色彩淡化而道统色彩加浓。陕西士大夫文化在金朝的萎靡状态后仍然不振,无论是豪放型的还是婉约型的"雅文""雅艺"都无所发展。然而俗文俗艺在元代的陕西却开始活跃,从而为经过时代的积淀后开创明清陕西文化的相对繁荣提供了基础。长期的社会动乱与战争,加上元代活跃起来的外来文化影响,使得宗教观念与超越性的神秘观念在历来以高度世俗化为特征的陕人观念形态演变中出现了一个少有的活跃阶段。在汉族居民中很少有宗教结社与起义活动纪录的关中地区,元代是这类活动相对频繁的一个时期。在社会经济方面,元代陕西蚕桑业的衰落与植棉业的初兴、解盐对青白盐持续几百年的"盐战"因元代大一统而消失,以及陕人"在闽广为商""专待收买番禺货物"[1]这类近古陕商的先驱活动,都对后世有深远的影响。

元代前中期,尤其在世祖时期、成宗"守成"时期和文宗的文治时期,陕西出过不少政绩可观的廉能之吏,除了具有开创之功的廉希宪等人已如上述之外,著名的还有:

姚燧,名儒姚枢之侄,本身也是元代著名理学家,1280 年(至元十七年)他任陕西汉中道提刑按察司副使,"录囚延安,逮系诖误,皆

---

[1] 冯梦龙:《古今小说》卷 18《杨八老越国奇逢》,人民文学出版社,1958 年,第258 页。

纵释之，人服其明决"，是个平反冤假错案的能吏。[1]

畅师文，是著名的元代农书《农桑辑要》的作者之一。至元二十四年（1287 年），他到陕西来推广《辑要》中总结的农业技术，任陕西汉中道巡行劝农副使，"置义仓，教民种艺法"。四年后又出任新设的陕西汉中道肃政廉访司佥事，"黜奸举才，咸服其公"。[2]

王利用，成宗大德二年（1298 年）任安西、兴元两路总管，"其在兴元，减职田租额，站户之役于他郡者悉除之，民甚便焉。有妇毒杀其夫，问药所从来，吏教妇指为富商所货。狱上，利用曰：'家富而货毒药，岂人情哉？'讯之，果冤也。"[3]

赵世延，是蒙古征陕时大将按竺迩的汉化了的孙子。成宗大德十年（1306 年）任安西路总管。前任积压下来的案件 3000 余宗，"世延既至，不三月，剖决殆尽"。当时陕西大饥，行省、行台会议向中央打报告要求赈济。赵世延说："救荒如救火，愿先发廪以赈。朝廷设不允，世延当倾家财若身以偿。"省、台听从了他，结果"所活者众"[4]。

王琚，武宗至大元年（1308 年）任西台御史。这本是个无实任的监察官，但他热心于"分外事"，建言重修自北宋以后已经废坏了的渭北最大水利工程丰利渠（引泾灌渠），于是在延祐年间（1314—1318 年）进行了大规模施工。后人号为"王御史新渠"。这是关中引泾史上一件大事，其成效如何在水利史上历来争议纷纭，不过无论如何，元代陕西的水利是以此为最的。[5]

张养浩，文宗天历二年（1329 年）任西台御史中丞。当时关中大旱，"饥民相食"，他于赴任途中"遇饿者即赈之，死者即葬之"。当时关中

[1]《元史》卷 174《姚燧传》。

[2]《元史》卷 170《畅师文传》。

[3]《元史》卷 170《王利用传》。

[4]《元史》卷 180《赵世延传》。

[5]《元史》卷 66《河渠志三》。

斗米值钱 13 贯,而百姓又无铜钱,用宝钞买粮,稍烂损粮商即拒收。于是民众纷纷到钞库(当时的国家银行)换钱,而"豪猾党弊,易十与五,累日不可得,民大困"。张养浩当机立断,自行刻印了大量十贯、五贯的临时流通券广为兑放,令米商事后再持券到钞库兑成新钞。于是解决了当时的"钞荒",粮食贸易得以正常,而"吏弊不敢行"。又请行纳粟补官之令,以动员富民出粟赈济,等等。"到官四月,未尝家居,止宿公署。夜则祷于天,昼则出赈饥民,终日无少怠",以至于积劳成疾,卒于公署。"关中之人,哀之如失父母"[1]。

不过总的来看,元代陕西的社会腐败,包括吏治腐败的现象,在历代王朝中是比较严重的。就是上面这些廉能之吏的"事迹"中,也可以反映出当时连年饥荒,钞法弊坏,冤狱累累,积案三千,文牍繁缛等阴暗的现实。

五 和世㻋之乱与天历之乱

更有甚者,有元一代因汉法、"祖制"、回回法并用,从官吏任免到皇位继承都没有一定之规,导致了种种社会失范现象,所谓"无制度"之害甚于"恶制度",元代可谓典型。而元代陕西也深受其害。官场倾轧姑且不论,仅皇族内讧给陕西社会造成祸害的就有数起。如:

周王和世㻋之乱 和世㻋是元武宗海山的长子。当初平定阿难答篡位之乱,本是爱育黎拔力八达发难,大功告成后才迎立其兄海山为武宗。即位之初兄弟有约:兄终弟及,叔死侄继。于是武宗死后,皇弟爱育黎拔力八达继位,是为仁宗。然而仁宗却没有如约立自己的侄儿、海山的儿子和世㻋为皇太子,而是立了自己的儿子硕德八剌(即后来的英宗),封侄儿和世㻋为周王,就藩云南。又以中书左丞相秃忽

---

[1]《元史》卷 175《张养浩传》。

鲁、大司徒斡耳朵、中政使尚家奴、万户勃罗、翰林侍讲学士教化等为周王府官属，随赴云南。这些人显然与周王一样，是不得志而被排挤出朝的。

延祐三年（1316年）十一月，和世瓎一行途经陕西延安，秃忽鲁、教化等发开了牢骚，认为仁宗失信，是由左右挑拨使然，周王不该去云南，而应该回京当"皇太子"。于是教化从延安到奉元，要求陕西行省向朝廷转达他们的要求。陕西行省丞相阿思罕这时恰好也有一肚子怨气：他原来在京为太师，权臣铁木迭儿夺其位，把他贬到陕西行省。他正想寻机报复，教化一说，两人便决定共同起陕西兵马向中央发难。于是教化、阿思罕串联了其他陕西官员如行省平章塔察儿、行台御史大夫脱里伯等，尽发关中军队，分道由潼关、河中（今山西永济县）进攻河南、河东等地。

然而，塔察儿和行台御史中丞脱欢等却另有打算，他们表面上附和阿思罕等，实际上却企图寻机"平乱"。陕军进至河中后，他们突然在军中发动反正，袭击并杀死阿思罕、教化及其随从，随即又来捉拿和世瓎。和世瓎闻讯自延安北逃，塔察儿率陕西军追来。这时以察阿台为首的蒙古西北诸王，自阿里不哥、海都以来一直与元帝国中央政府不和，时叛时服，得到和世瓎有难的消息后便赶来解救，在陕北塞外击溃陕西追兵。于是奉和世瓎西行金山（今阿尔泰山），西北诸王均尊之为主，形成了一股与大都对抗的势力。

和世瓎之乱为时仅数月，而陕西行省内部平章杀丞相，内讧惨烈，又与西北诸王交兵，损失是惨重的。

天历之乱　和世瓎北逃后四年即延祐七年（1326年），仁宗死，硕德八剌即位，是为英宗。这时仁宗一派的君臣仍害怕武宗一系夺位，于是将武宗的另一子、和世瓎之弟图帖睦耳贬至海南。至此，武宗二子一南一北都被赶到边荒之地。然而仁宗一系也未能长久，英宗在位仅三年，便在南坡之变中身亡。继立的泰定帝出于忽必烈太子真金一系，在仁、武二宗之间摆出一副中立的姿态，于是把图帖睦耳从天涯海角的流放地召回，封为怀王，就藩建康（今南京市）。

到了致和元年（1328年）七月，泰定于出巡时死在上都开平。八月，留守大都的权臣燕铁木儿发动政变，逮捕平章政事乌伯都剌等一大批臣僚，宣布还位于武宗之子。而武宗二子中，和世瓎本该是太子，但他远在漠北不及赶来，于是燕铁木儿便就近迎立图帖睦耳。图帖睦耳一面在大都即位，并改元天历，一面声明皇位本应属哥哥和世瓎，他只是代理皇帝，准备派人去漠北迎和世瓎来大都后就让位。同时，泰定帝的另一权臣倒剌沙则在上都拥立泰定之子阿剌吉八为幼主，改元天顺。于是大都、上都各立一帝，互指对方为叛逆，双方展开大战。而全国各行省或效忠于上都，或效忠于大都，也纷纷卷入战争，战火迅速燃遍南北。而这时和世瓎也在漠北宣布自己是皇帝，并将应弟弟图帖睦耳（和世瓎宣布图帖睦耳为"皇太子"）之邀回大都继位。

于是在这一年间，元朝出现了两个朝廷（大都、上都）、三个皇帝（和世瓎两兄弟与阿剌吉八）、三个年号（致和、天历、天顺），大元帝国陷入了空前的内乱之中。

而陕西行省由于12年前出兵追捕和世瓎时已与武宗一系结下仇，因此这时便旗帜鲜明地站在了上都一边。当图帖睦耳即位后，曾传召陕西行省平章探马赤与行台侍御史马札儿台入都，两人都拒不奉召。图帖睦耳又派前任陕西行台御史剌马黑巴颁即位诏书于陕西，然而剌马黑巴一入陕，便被陕西当局抓起来绑送上都处死。这时河南行省内部经过一番残杀后拥护大都的一派控制了局势，图帖睦耳便令河南军在潼关、湖广行省军在武关布防，准备进攻陕西。同时任命也速台儿行枢密院事于汴梁，指挥对陕作战。

这年九月，陕西军首先发动进攻，陷河中府，劫行用库钞1.8万锭，杀同知府事不伦秃。但不久便被击退。陕西军不甘心，很快发动了规模更大的第二次攻势。靖安王阔不花率南路陕军攻破潼关，击败和世瓎的部将万户孛罗，占领陕州及豫西各地。陕西行台御史大夫也先帖木儿则率北路陕军从大庆关渡黄河再破河中府，擒杀守官，大败大都方面的河东前线指挥万户彻里帖木儿，河东（今山西省）一路官吏皆弃城而逃，也先贴木儿尽更以陕西官员。

十月间，大都方面兵围上都，已胜利在握，而忠于上都的陕西行省、行台却仍执迷不悟，连续两次焚毁诏书，囚杀使者，并继续发动进攻。大都方面手忙脚乱，又调江浙行省兵增援河南抗拒陕军，并令河南行省军退守虎牢关。十月十三日，上都宣布投降。而陕西军的攻势却更加猛烈。十八日，陕军攻入虎牢关，进至巩县黑石渡，河南行省军全面溃败，军储辎重悉为陕军所夺。河南行省向大都告急。在这前后，铁木哥率领又一支陕军攻克武关，击溃大都方面的湖广行省军万户杨克忠等部，一直攻到襄阳，克之。

直到十一月间，陕西军仍然节节胜利，北路也先帖木儿横穿河东，已打到河北的武安。中路阔不花一军打到了汴梁城下。到这时上都的败报传来，北路陕军失去作战目的，被迫在武安一线向大都方面投诚。河东一路州县也纷纷杀陕西所署官吏，归附大都。中路、南路陕军在进至汴梁、襄阳一线后得知上都失败，皆引兵撤回。事平后，大都方面处死也先帖木儿，而"陕西行省、行台官焚弃诏书，坐罪当流，虽经赦宥，永不录用"[1]。

这时，站在上都方面作战的各行省见大势已去，大多停止了抵抗，惟独四川行省的囊加台仍然称兵作乱，并于1329年（天历二年）二月间进兵陕南，攻至金州（今安康市），据白土关（今平利县东与湖北交界处）。已经投降了大都方面的陕西行省又转过来对付川军，双方在陕南交战，川军败走。直到四月间囊加台在四川投降，天历之乱才最后结束。

天历之乱中陕军虽因投错了主而终告失败，但在军事上则一直处于进攻态势，陕军三路统帅也先帖木儿、阔不花与铁木哥都打得颇为

---

[1]《元史》卷32《文宗纪一》。

出色，河南、湖广、腹里（河东）、江浙的军队都纷纷败在陕军阵前，充分显示了宋元时代陕人善战的特长。但是这却是一场毫无意义的皇位争夺战。在战争中除了后期川军曾攻入陕南之外，陕西境内并未直接受到敌军的蹂躏，然陕西人民枵腹供军，陕西士兵冤死关东，陕人付出的代价仍然极为惨重。特别是这次大乱期间陕西恰逢宋元时代最严重的旱灾，从泰定二年（1325年）直到天历元年（1328年）整整四年未下透雨，"大饥，民相食"；"陕西诸路饥民百二十三万四千余口，诸县流民又数十万"；"饥馑荐臻，饿殍枕藉，加以冬春之交，雪雨愆期，

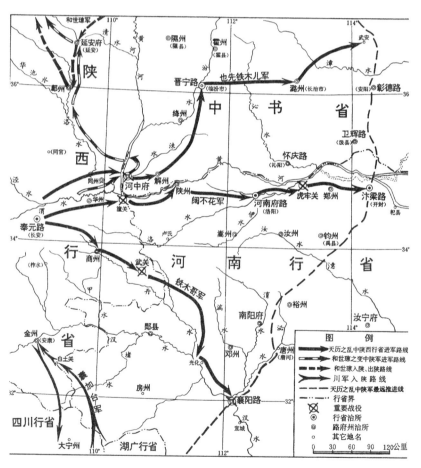

和世㻋之乱与天历之乱图（张慎亮绘）

麦苗槁死，秋田未种，民庶遑遑，流移者众"[1]。在如此严重的情况下，统治者竟不顾人民死活，只知打内战、抢皇位，政治的腐败，社会的黑暗，实在是无以复加了。而这几次战乱中行省可以调兵遣将，支持甲帝，反对乙皇，攻击丙省，抗御丁军，割据混战，对抗朝廷，也充分显示了在传统封建社会里地方事权过于集中所造成的严重弊病。从宋到元的地方集权趋势，至此物极必反了。

---

[1]《元史》卷31至33，《明宗纪》；《文宗纪一、二》。

第九章　从混乱走向灭亡

一　接二连三的寺僧起事

元代陕西社会，既有中国传统封建社会的一般性积弊，又有蒙古统治者民族压迫政策和蒙古传统部落奴隶制因素导致的苛政；既有"恶制度"的沉疴，又有"无制度"的混乱，社会的黑暗是严重的。尤其是天历之乱以后，元朝统治进入了后期，贪官污吏，暴敛横征，天灾人祸，民不聊生，因而人民的反抗斗争十分频繁。早在忽必烈时代，陕西就已是"盗贼滋横"，统治者惊呼："若不显戮，无以威众"。[1]然而起义者却是越"戮"越"众"了。

至元元年（1264年）八月，凤翔府龙泉寺僧超过等谋乱，官府派员镇压。遇赦后，没收其财，羁管在京兆僧司。

延祐七年（1320年），盩厔县发生圆明和尚起义。圆明和尚（1294—1320年）本姓白，名唐兀台，原为耀州美原县（今耀县东）的探马赤军。这年四月，他在周至终南小高山湫池边建禅庵诵经，县人来烧香者受戒牒。六月十六日，他到扶风县境内集合苏子荣等50余人，祀星斗，自称皇帝，订于七月五日举兵攻奉元路。其徒声言："普觉长老和

---

[1]　元明善：《丞相东平忠宪王碑》，载苏天爵：《元文类》卷24，商务印书馆，1936年，第301页。

尚上元甲子合坐大位。"[1]但在六月二十九日为人告发，官军来捕，他与官军周旋一天。七月一日陕西行省参政朵里只八又派兵来，圆明不支而走。官军四出追捕，八月九日，圆明在白杨坪河被元奉元路达鲁花赤伯颜擒杀，起义失败。当时这次小规模的造反，竟然惊动元廷，"遣枢密院判官章台督兵捕之"。[2]可见统治者的紧张心理。

约在同一时期，又有"妖僧作乱奉先（凤翔府）属邑"，报至奉元，"省台聚议，计无所出"，后来奉元路总管文如玉"召募丁壮，据守要害"。又亲自率兵出凤翔、周至，分道讨捕，终于把起事镇压下去。[3]

至治元年（1321 年）七月，郃阳县又有道士刘志先"以妖术谋乱"，元廷又派枢密院判官章台率兵捕杀。[4]仅仅几个月后，至治二年（1322 年）三月，凤翔又发生了道士王道明"作乱"的事，当然，王道明也很快死在陕西官府的屠刀下。[5]

约当此同时，陕西又发生了金花娘子起义。这金花娘子大约也是个宗教职业者。

接二连三的起事使统治者惶惶不安，至治三年（1323 年）三月，元廷以圆明、王道明之乱，禁僧、道度牒、符箓，对一切宗教活动都实行了限制措施。

这一时期的造反的确也有个最明显的特征，就是几乎全为宗教职业者"作乱"。就像两宋时代陕西的人民起义几乎全为"叛卒""军士"发难一样。而与其他地方如南方诸省相比，陕西这一时期的起事还有一个特点，就是从记载上看不出有什么倡导"复宋"或"复金"的起义活动，而这种活动在南方从元初到元末就未曾中断过。

后一点比较容易理解。由于陕西（陕南除外）在入元以前已有过

［1］ 苏天爵：《元文类》卷41《招捕》，第590页。
［2］《元史》卷27《英宗本纪一》。
［3］ 宋褧：《燕石集》卷10《奉元路总管致仕文公神道碑》，《文渊阁四库全书》本。
［4］《元史》卷27《英宗本纪一》。
［5］《元史》卷27《英宗本纪二》。

长达一个世纪的金朝统治，而且由于我们在前文中提到的一些原因，即使在金朝，复宋的"义军"运动在陕西也没有什么发展，这与关东各地的忠义社、抗金山寨形成了对比。到元代，陕西士距宋亡已经间隔了有金一朝，就更难以复宋相号召了，这与南宋故地的南方各省是不同的。而金、元对于陕西以汉族为主体的人民来说都是民族征服者的政权，不会有人为"复金"而反元。蒙古征金时曾遇到关中人民的坚决抵抗，但其原因主要在于蒙古军当时的残暴野蛮，而不在于蒙古人作为"异族"与金人有什么不同。这种反抗也很难说是一种民族间冲突。

至于前一特点就比较耐人寻味。元朝的宗教宽容与诸教并蓄的政策在历史上是比较突出的，因而上述起义难以被看成是反抗异端迫害的宗教运动。而且陕西人，尤其是关中汉族人民相对而言其文化形态是十分世俗化的，从太平道到拜上帝教的中国历史上很多次宗教风潮有的就发生在关中附近，但关中人都未被卷入其中。而发生在关中、陕北的农民起义（典型的如明末农民战争）就汉族人民而言，则绝大多数是没有什么宗教背景的纯世俗反抗运动。就是在宋代，"食菜事魔教"或摩尼教等都曾成为方腊、钟相等起义的宗教背景，而在陕西发生的士兵、农民起义，除了南宋末陕南含义不明的"红巾队"不知是否与宗教有关外，也都是世俗的。然而元代陕西却出现了频繁的宗教起事。这在陕西历史上是个很特殊的现象。这其中除了元代由于一些新的社会、文化因素的引入陕西，使宗教观念与超越性神秘观念在这一时期确实呈现出相对活跃以外，值得注意的一个原因是在这时的陕西社会中某些通常很重要的造反"口号"社会基础相对减弱，因而宗教色彩便显得相对突出了。

还有一个原因，即在民间社会组织资源极为贫乏的关中，宗教结社可能是这一时期民间惟一可行的结社方式，正如北宋时极为发达的乡兵组织造成了北宋陕西农民起义几乎都表现为士卒起义一样，元代在实行民族压迫的情况下，汉人不得"私藏"武器，陕西原有的乡兵组织当不可能再存在，因此民间反抗活动的组织形式也就有所变化了。

以上那些小规模反抗只是社会总危机爆发前的先声，元代陕西社会终于卷入了大规模的反抗风暴之中。

二 "火飞华岳三关破"——红巾军入陕

至正十一年（1351年），刘福通、杜遵道等率白莲教徒数千起兵于颍州（安徽阜阳），掀起了声势浩大的元末农民战争。白莲教起义军头扎红巾，被称为红巾军。红巾军提出要改变"贫极江南，富夸塞北"的黑暗现实，把贫富的对立与南北（汉蒙）的民族矛盾结合起来，号召人民奋起抗元。并打出复宋的旗号，"虎贲三千，直抵幽燕之地；龙飞九五，重开大宋之天"[1]，于至正十五年（1355年）在亳州建立了"大宋"政权。以白莲教主韩山童子韩林儿为帝，称其为宋徽宗九世嫡孙，并按白莲教教义号为"小明王"，建元龙凤。当时群雄并立，光是以白莲教为基础的政权就好几个，但一开始就提出要"直抵幽燕"、北伐灭元的，只有大宋政权，因此它很自然地成了全国反元大起义中的主角。

至正十六年（1356年），大宋政权为了打破元军的围攻，发动外线作战，派遣大军分三路大举北伐。其中西路军分两个梯队直指陕西，在此后的五年间，多次向元朝在西北的统治发起了英勇的冲击。

这年秋，西征红巾军第一梯队在李武、崔德的统帅下自安丰长驱西进，穿过河南，于八月间从豫西攻入商州。元丰元路判官王渊等率地主武装反扑，红巾军退入河南，再向潼关发起猛烈进攻。九月三日，红巾军攻占关城，杀死元军主将参知政事述律杰。义军乘胜入华阴，同州元守弃城而逃。"红巾一二马，邀数千人驱而前。……有司官挈家

---

［1］ 陶宗仪：《南村辍耕录》卷27，中华书局，1959年，第342页。

而走，殊不见为国为民者。"当时人作诗云："九月潼关有'贼'兵，渭南、渭北震惊腾。愚民走马弄弓箭，野老临渊怀战兢。"[1]

次日，元军由豫王阿剌忒纳失里与同知枢密院事定住率兵反扑，经激烈战斗后于五日夺回潼关。但红巾军退出关外稍作休整后又发动猛攻，到十九日再次攻克潼关。元河南行省平章伯家奴溃不成军。然而农民军在两次攻坚中损失也很大。两天以后，河南元军察罕帖木耳从关外增援陕西，阿剌忒纳失里也从关内再次反扑，红巾军在夹击之下被迫退走。这次潼关战役，二十天内关门四次易手，打得非常激烈。"十月三日天地昏，将军拒战死辕门。火飞华岳三关破，血浸秦川万马奔。"[2]元末文人张翥的这首诗描绘的就是这次惊心动魄的大战。战役的结果，元朝集中所有中央政府在西北的驻军拼命堵御，于损兵折将之后，总算暂时保住了关中。

李武、崔德总结了强攻潼关不克的教训，在河南境内重整旗鼓后，于至正十七年（1357年）二月再次率红巾军进攻陕西。这次他们绕过潼关，从南面攻占商州，突入武关、七盘关，进据蓝田。元军大败。红巾军直逼奉元路城长安，屯兵灞上，并分兵围攻同州与华州。一时三辅震恐，陕西省、台向朝廷告急。关中东部各地官僚不是逃走，就是被杀。陕西行省军连遭重创之后，眼见得正无法守住关中了。

这时，陕西省、台及军将在安西故宫召集紧急军事会议商讨对策。行台侍御史王思诚提出请河南军阀察罕帖木儿进驻陕西，但与会者都很不情愿。因为元朝的行省集权制发展到这时，已形成各省自专军政的半割据状态，陕、豫两省军自元中叶以来更曾几度交战。而察罕帖木儿又不同于一般行省军，他原是河南沈丘县土豪，在元朝旧有军队在农民军打击下趋于瓦解的情况下自行招募了一支地主武装，以宗法

---

[1]　刘尚质：《吉州诗》，载胡聘之编：《山右石刻丛编》卷39，山西人民出版社影印本，1988年。
[2]　张翥：《张蜕庵诗集》卷4《潼关失守哭参政述律杰存道》，四部丛刊本续编景明本。

关系为纽带，具有部曲私兵的色彩，其军阀性质更比一般政府军为明显。在元政府军日渐不支之际，他屡胜红巾军而崛起为一方之雄，此前虽在潼关战役中支援过陕军，但只是从关外与陕军作夹攻之势，未曾进驻过陕西。如今在陕军溃败的形势下让他进来，只怕请神容易送神难哪！于是在安西故宫会议上"戍将嫉客兵轧己，论久不决"。然而王思诚指出："吾兵弱，且夕失守，咎将安归？"到了这种地步，也就顾不得许多了。这样会议终于决定向察罕帖木儿求援。早就想扩充地盘的察罕帖木儿得书大喜道："吾宁负越境擅发之罪"[1]，于是便提兵入潼关。

这时红巾军已兵临奉元城下，城中官僚纷纷"潜送妻子过渭北"，"欲图苟免"。然而，入据关中东部的红巾军却未能抓住战机，消灭奉元的敌军，结果在察罕帖木儿入关后便处于潼关的察罕军与长安城里的阿剌忒纳失里军的东西夹攻之中。红巾军苦战累月，终于不支，退入了秦岭山区。九月，他们与西征红巾军第二梯队白不信等部在陕南会师。

原来，正当李武、崔德在关中失利时，大宋政权派出的第二梯队西征军已在白不信、大刀敖、李喜喜率领下于这年秋沿汉江谷地攻入陕南。在汇合了由关中撤下来的李武、崔德部后军声大振，于十月间攻占陕南首邑兴元府。随即兵分两路，一路出大散关第三次攻入关中，包围凤翔；一路继续西进，连克秦州（今甘肃天水）、巩昌（今甘肃陇西）、宁夏、灵武等地，一时间农民战争的风暴有席卷大西北之势。

这时候，元朝政府军已经捉襟见肘，无法阻止农民军的攻势，但汉族以及汉化的蒙古土豪组织的地方军阀武装面对农民军的威胁，却纷纷缓和了他们之间的矛盾，与政府军合作，围攻西征红巾军。敌人的力量加强了，而红巾军却未能巩固地占领一块地区作为根据地，长期无后方作战，实力损耗严重，战局于是逐渐向不利于红巾军的方向

---

[1]《元史》卷183《王思诚传》。

逆转了。

　　至正十七年（1357年）底，西征红巾军东路白不信部大举围攻凤翔，环城立营"厚凡数十重"。察罕帖木儿亲率精锐骑兵一日夜驰200里赴援，分军为左右翼包围红巾军。城内守军也开门出击，内外夹攻。红巾军遭到惨重失败，伏尸百余里，余部退回陕南。

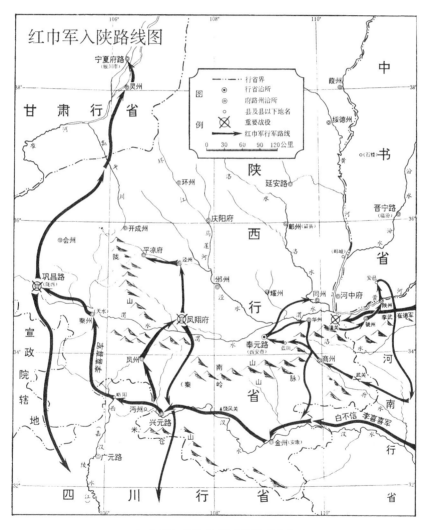

红巾军入陕路线图（张慎亮绘）

次年四月，进军宁夏的西征红巾军西路李喜喜部还军巩昌，元政府军定住、拜帖木耳与军阀李思齐、张良弼、郭择善、汪长生奴以及察罕帖木儿等西北元军几乎所有部队都会兵巩昌，围攻李喜喜，红巾军寡不敌众，战败突围，也辗转退入陕南。元军追踪而至，红巾军无法立足，只好放弃陕南，再分为李武、崔德和白不信、李喜喜两支部队，分别退入大巴山区，在艰苦环境下坚持斗争。到至正二十一年（1361年），李武、崔德向元军投降，被军阀李思齐收编。白不信等退入四川，其中一部分人投奔了明玉珍的夏政权，其余自行溃散。西征红巾军最后失败了。

红巾军虽然未能占有陕西，但他们的数年苦战，消灭或牵制了元军大批有生力量。潼关、武关、大散关等雄关险隘与陕南、关中的大批城市先后被攻占，元朝在西北的统治受到致命的打击。红巾军失败后，元朝廷实际上也已失去了对陕西的控制，陕西为战争中兴起的军阀们所割据了。

三 军阀混战与元朝在陕西统治的崩溃

正如 1357 年安西故宫会议上许多陕西官员所担心的那样，察罕帖木儿入陕后很快反客为主，凭借自己在镇压红巾军过程中膨胀起来的军事实力，成了西北的土皇帝，元朝在陕西的军政势力不久就沦为他的附庸了。李武、崔德败走陕南后不久，元朝廷便承认了察罕帖木儿"越境擅发"造成的既成事实，命察罕帖木儿专守关陕，仍令便宜行事。察罕成了陕西最有势力的人。

不久，元廷正式任察罕帖木儿为陕西行省左丞，他的部将李思齐为四川行省左丞。两人分屯奉元与凤翔，把关中牢牢置于自己控制之下。1358 年巩昌之役西征红巾军最后一支主力李喜喜被打垮后，元廷又加任察罕帖木儿为陕西行省右丞兼陕西行台侍御史，同知河南行枢密院事。在陕西行省的历史上，这是第一次由一个人兼任行省与行台两个机构的首脑，而且还加上他对河南的控制以及因之而来的行枢密院衔，于是他便成了元朝第一个同时掌握行中书省、行御史台与行枢密院的"三行"重臣，把陕西的政权、军权与监察权都控制在手中。

不过这个时候，察罕的一些部将也已经在战争中丰满了自己的羽翼，而元朝廷和陕西的一些官僚也有意扶植他们与察罕帖木儿平起平坐，以分散察罕的权势。1357年同时任命李思齐与察罕分任川、陕二行省左丞的举动就反映了元廷的这种意图。因此在察罕帖木儿形式上权力越来越大的时候，他对自己原来部将的控制能力却在趋于减弱。与此同时，陕西行省、行台或其他机构的一些官员眼见天下正分崩离析，也就不安于仅仅食王禄任王事，充当中央政权在陕西的代表，而也开始扩充自己的势力，走上了军阀化的道路。因此在察罕帖木儿集"三行"权力于一身之时，陕西实际上的地盘与权力划分格局反而复杂化了。

巩昌之役后，察罕帖木儿驻兵清湫，李思齐驻兵斜坡，察罕原部将、宣慰使张良弼驻兵秦州，郎中郭择善驻崇信，宣慰同知拜帖木儿驻通渭，陕西行省平章定住驻临洮，总帅汪长生奴驻巩昌，各自除路府州县官，征纳军需，已经成了土围子林立的局面。在红巾军的威胁消失后，他们立即开始了彼此间的兼并战争。至正十八年（1358年）四月，李思齐、张良弼合兵袭杀拜帖木儿，瓜分了其军队；五月，李思齐又杀同金枢密院事郭择善，兼并其部。不久，元廷调察罕帖木儿出潼关镇压河南、山东等地的红巾军，又把他的权力扩大到守御关、陕、晋、冀，镇抚汉、沔、荆、襄。察罕既不专管陕西，他的部将和其他拥兵者更是据地自雄了。

这时，元朝北方逐渐形成了察罕帖木儿与孛罗帖木耳两大军阀势力，两家势同水火。而陕西各将基本上依附于察罕，陕北的绥德等地则为土豪高庆所据有。至正二十年（1360年）察罕帖木儿与孛罗帖木耳在山西火并，察罕从陕西延安等地调兵入晋攻孛罗，又调张良弼出南山义谷，驻蓝田，随时听察罕节制。而张良弼却私下与陕西行省平章定住、行省丞相帖里木儿拉关系，并接受后者的调令移驻渭北的鹿台。察罕于是对张良弼心生憎恶，唆使李思齐进攻张良弼，从此李、张交恶。

至正二十二年（1362年）察罕帖木儿在山东被红巾军降将所刺杀，元廷以其外甥、义子王保保（蒙名扩廓帖木耳）继承他的地位，而关中诸将自恃与其父同起兵，不愿听命于他，于是据地自雄、互相攻伐、不听调遣的混乱局面更加不可收拾了。这年三月，李思齐再次向张良弼进攻，被张良弼在武功设伏打得大败。李思齐转而围攻兴平，遂据周至。

这时，王保保继察罕帖木儿之后继续与孛罗帖木耳在整个北方的土地上争雄。至正二十三年（1363年），陕西行省右丞答失帖木耳与行台诸官交恶，双方各依孛罗与王保保为援。这年五月，王保保的部将歹驴驻兵蓝田、七盘关，答失帖木耳害怕王保保的势力控制陕西，遂密邀孛罗帖木耳入陕。孛罗派其部将竹贞于六月进占奉元城，劫夺了行台御史大夫完者帖木儿、监察御史张可遵等的官印，并将二人拘留。元廷诏完者帖木儿入京，竹贞却不放人。于是王保保便以此为理由，遣其部将貊高与李思齐合兵攻奉元城。竹贞兵败，转而叛孛罗降于王保保。于是整个陕西落到王保保手里。元廷又承认既成事实，命王保保总制关陕诸道军事，陟黜予夺悉听便宜而行。[1]王保保于是把行省变成了他的办事处，"分省以自随，官属之盛，几与朝廷等"。[2]

至正二十四年（1364年），王保保与孛罗帖木耳在中原大战。王下令调貊高、竹贞出陕攻孛罗，陕西便落入李思齐等的手里。至正二十五年（1365年）七月，孛罗帖木耳被杀，元廷令王保保"总天下兵"去征讨南方的朱元璋等反元势力。王保保调李思齐等出陕，李思齐等

---

[1]《元史》卷47《顺帝本纪九》。

[2]《元史》卷141《察罕帖木儿传》。

得到调令，大为恼火，说我们与你父是朋友辈，你晚辈小子怎敢向我们长辈发号施令？于是李思齐下令部下一戈一甲不得出武关，张良弼则倡议反王保保，并主动派子弟为质于李思齐，与李思齐和解。

至正二十六年（1366年）二月，王保保派部将关保入陕进攻张良弼，李思齐则站在张良弼一边参战。双方大战于鹿台（今泾、渭会合处附近）。至正二十七年（1367年）李思齐、张良弼、孔兴、脱列伯等又在长安含元殿盟会，推李思齐为盟主，共同对王保保作战。军阀混战进一步扩大了。

元廷原来就对察罕、王保保父子的势力不放心，现在见王保保号令不灵，乘机于这年十月削夺王保保兵权，并令李思齐、张良弼、孔兴、脱列伯讨伐王保保。王保保部下的貊高、关保也倒戈反攻王军。于是战火又蔓延到中原地区。而这时李思齐、张良弼之间又各怀异志，冲突不断。中央的权威已经完全不复存在了。

到了至正二十八年（1368年），陕西诸将与王保保的战争相持经年，数百战未解决。李思齐为保存实力，退出战争，貊高、关保为王保保所杀。这时，李思齐与张良弼分据关中西部与东部，孔兴与脱列伯分据陕北，元廷也与王保保和解，再次任命他统率天下兵马与朱元璋作战。但这时朱元璋已大举北伐，一盘散沙式的军阀们纷纷被各个击破。明洪武二年（1369年），朱元璋派遣的北伐大军徐达、常遇春部在攻占大都、覆灭元廷后移师西北，从四月到九月，仅半年时间就略定三秦，李思齐投降，脱列伯被俘，孔兴被杀，张良弼被王保保火并，而王保保战败之后远遁漠北。至此，元朝陕西诸将的割据势力与元王朝一样，土崩瓦解了。

元末陕西军阀混战十年（1358—1368年），给陕西及北方人民造成了严重的灾难。但从另一方面看，它却使元朝统治力量在内耗中衰竭，极大地减轻了朱元璋北伐的阻力，使统一大业得以顺利实现，而陕西也就告别了在战争风云中艰难发展的宋元时代，迈入了停滞中有所前进的明清时期。

第十章　徐达、常遇春平定三秦

一　冯宗异破潼关

　　元朝末年，农民战争的烈火烧遍南北，大小军阀也乘机割地自雄，一时天下大乱。元至正十六至二十一年（1356—1361年）间，刘福通、韩林儿派遣的西征红巾军三次进攻陕西，"火飞华岳三关破，血浸秦川万马奔"，历经五年恶战之后，红巾军终被击败。然而元朝在陕西的统治也受到了致命的打击。西征红巾军溃败后，在战争中兴起的李思齐、张良弼、孔兴、脱列伯等残元军阀立即操戈相向，互相攻伐，在陕西境内抢占地盘。元朝廷实际上已失去对陕西的控制，互不统属的西北军阀们也无一能够号令全陕。甚至一些军阀门下的偏裨将佐也不把主将放在眼里，而企图专制一邑，自为乱世英雄。如当时属军阀李思齐势力范围的西府一隅之地，李思齐本人也只能控制凤翔府城附近地区，他的"部将"李克彝据岐山，任从政据陇州，皆已成半独立状态。这些骄兵悍将把陕西弄成了一盘散沙，他们的混战更给陕西人民带来无穷灾难。

　　连年战乱造成田野荒芜、水利失修，军旅的骚扰、悍将的暴敛破坏了正常的生产秩序。兼之天灾随人祸，这一时期的陕西连续发生严重自然灾害。如至正十九年（1359年）全陕旱蝗交加，从陕北到关中"蝗食禾稼，草木俱尽。所至蔽日，碍人马不能行，填坑堑皆盈。饥民捕蝗以为食，或曝干而积之，又罄，则人相食"[1]。八百里秦川再次陷于水深火热之中。

然而这种一盘散沙的状态虽使人民饱尝乱世之苦，却也为"分久必合"创造了条件。彼此猜忌的军阀使残元在陕力量涣散，使新兴的明王朝减轻了进兵的阻力，得以一举略定三秦，统一西北。

红巾军与元朝在北方展开殊死搏斗的同时，南方的朱元璋不动声色地全力扩张自己的势力。在"高筑墙，广积粮，缓称王"的方针下，经过长期努力，终于兼并了陈友谅、张士诚、方国珍等南方群雄，统一了东南半壁。而这时北方的元朝朝中政变迭起，各省军阀混战，实力在内耗中严重衰落。于是朱元璋在称帝前夕，于元至正二十七年（1367年）十月命徐达为征虏大将军，常遇春为副将军，率25万大军北伐，以图扫灭元朝势力，完成统一大业。

徐达（1332—1385年），字天德，凤阳濠州（今安徽凤阳）人，常遇春（1330—1369年），字伯仁，怀远（安徽今县）人，两人都是随朱元璋起兵的"从龙之臣"，朱明开国创业时期倚重的淮西军人集团的最重要人物。他们在朱元璋平定东南的战争中功勋卓著，是朱元璋在军事上倚重的左臂右膀。这次他们均以30多岁的盛年统率主力北上灭元，实行的是稳扎稳打的战略，即先取山东、河南，夺得中原重地，再进占潼关，封锁西北门户，使大都孤立无援。待集中主力攻下大都、倾覆元廷之后，再乘胜返旌西进，一举平定西北。

元至正二十七年十二月，根据这一方针，徐达率军攻占山东全境。洪武元年正月初四，朱元璋在南京即帝位，正式建立了大明帝国，并改当年为洪武元年。旋即大封功臣，徐达被封为右丞相，居武臣之首。诏书北传，北伐军军心大振，乘势移师河南。这时，元廷也下令以陕西行省左丞相图鲁总统张良弼、脱列伯、孔兴等各支军马，以李思齐为副总统，率诸将守御关中。并令调脱列伯、孔兴等陕西军出潼关，

---

[1]《古今图书集成·方舆汇编·职方典》卷五二一《西安府部·纪事》。

准备与明军在中原地区决战。然而李思齐等人把元廷的命令只当耳旁风，陕西元军只有李克彝一支出关进守汴梁。三月底，徐达率明军攻克汴梁，李克彝逃回陕西。明军一路西进，连克洛阳、陕州。四月下旬，明军冯宗异部发起了潼关战役。

冯宗异原名冯国胜，与常遇春同乡，早年与其兄冯国用投奔朱元璋，也是淮西军人集团的重要人物。当时，元军李思齐、张良弼合兵守潼关，冯宗异的明军兵力并不占优势，但他利用元将彼此猜忌不能齐心的弱点，设计火攻元军张良弼营。李思齐不仅不救援，反而移军退守葫芦滩，命他的部将张德钦等驻关断后，实际上已摆出了逃跑的阵势。结果张良弼一军首先大败，张良弼本人率残部北逃至鄜城（今洛川、黄龙两县间）。冯宗异乘火烧元营之势，一举攻破潼关。李思齐见势不妙，丢弃了全部辎重，狼狈西逃，一直逃到关中西端的凤翔老巢。一时包括奉元（今西安）在内的关中腹心地带，竟成不守之区。

冯宗异率明军随即进占华州，但却没有进一步向当时唾手可得的关中中部进军。因为这时朱元璋已亲自从南京赶来汴梁主持北伐事宜，他派人驰书谕令冯宗异按原定战略行事："若克潼关，勿遽乘胜而西。今大将军方有事北方，宜选将守关，以遏其援兵。尔且率师回汴梁。"[1]冯宗异遵令回师，陕西元军于是又得到一次喘息之机。

五月下旬，朱元璋在汴梁召开军事会议，嘉奖了冯宗异的战功，任命他为征虏右副将军，成为灭元大军中仅次于徐达、常遇春的第三把手。汴梁会议后，徐、常率主力北取大都，冯宗异留守汴梁，潼关防务交给都督佥事郭兴率庆阳卫指挥于光、威武卫指挥金兴旺负责。郭兴所部兵力不多，但陕西元朝诸将已经失尽锐气，龟缩在凤翔一带不敢轻动。自此陕西的大门已向明朝打开，而陕西元朝诸军阀与朝廷联系的大门却已被堵住。残元在陕势力已成瓮中之鳖，只待收拾了。

---

[1]《明史纪事本末》卷九《略定秦晋》。

二　明军主力入陕

从洪武元年（1368 年）五月至次年二月，明军倾全力进攻大都并占领今河北、山西地区，陕西元军得以有近 10 个月的喘息时间。然而他们不仅无所作为，反而置已据有潼、华而西窥长安的明军于不顾，再次自相残杀起来。李思齐、张良弼攻王保保，王保保杀关保、貂高。元廷一再令陕西元军出潼关，收复汴、洛，抄明军之后路以解大都之危，然而诸将都置之不理。直到明军平定河北、河东，元廷逃窜漠北，徐达、常遇春得以调转兵锋再次军临陕西，残元诸将才又慌张起来，共推李思齐为总兵，"拥甲十余万"集结于凤翔一带，准备负隅顽抗。

这年正月中，朱元璋设置河东陕西都转运使司，以朱珍为河东陕西转运使，为平定三秦作后勤与行政上的准备。二月间，徐、常大军经平阳（今山西临汾）抵河中（今山西永济），会合由河南西进的冯宗异部，明军指挥张良在黄河大庆关一带（今大荔县东）建造浮桥。二月辛卯（1369 年 4 月 3 日），明军以常遇春、冯宗异为先导，经浮桥渡河进入关中，沿渭北一线长驱西进。先期把守潼关的明军郭兴、于光、金兴旺部也从渭河以南以轻骑直捣奉元。四天之后，驻守鄜城的元陕西行枢密院副使施成以军降明，徐达令其仍守鄜城。至此陕北、关中间元军的联系被切断，关中东部的元朝防御体系也解体了。

被残元诸将临时推为总兵的李思齐在明军的攻势面前慌了手脚，他一面退踞凤翔，留部将张德钦、穆薛飞等守长安，一面调张良弼、孔兴、脱列伯以及李思齐属下的金牌张、龙济民、李景春诸将集结渭北鹿台（今西三高速公路泾河桥附近）构筑防线以保卫奉元。然而在明军沿渭河两岸发动的钳形攻势下，这些残元的乌合之众各怀鬼胎，互相观望，并不认真抵抗。最有实力的张良弼一军首先在明军到达前三日经野口（今彬县境）西遁，其余诸将随即一哄而散，弃鹿台西奔。三月庚子（1369 年 4 月 12 日），徐达大军兵不血刃占领鹿台，并于当天连渡泾、渭二河进抵奉元城北三陵坡（今西安北草滩一带），与自渭南西进的郭兴一军会合。这时元朝陕西行省守臣已逃走，长安父老千余人前往三陵坡迎降。徐达屯兵城外，先遣左丞周凯入城抚谕官民，次日，10 万明军整师入城，受到古城人民的热烈欢迎。历经金、元两代统治者 240 年之久的民族压迫之后，长安古城终于重归汉族封建王朝的版图。"西北望长安，可怜无数山"，两个半世纪以来的不幸终于成为历史。

徐达随即代表明王朝宣布了一系列"与民更始"的法令措施：改奉元路为西安府，从此"西安"之名沿用至今。以夏德[1] 为首任知府，明将耿炳文率部留守。耿、夏等人立即展开了一系列安定民心的工作。当时关中饥荒，明军开仓分粮，户给米 1 石。长安存粮不足，又自河南孟津仓运粮入陕救饥，户给 2 石。耿炳文又率军民修复了宋以来毁废的长安引水系统，使中断多年的沪河水又流进了古城，一时"秦民大悦"[2]。

这时元朝在关中的统治已土崩瓦解。四乡百姓纷纷起来擒杀、解送前元官吏与溃败兵将。元陕西行省平章哈麻图从奉元逃到周至，为乡民所杀。平章歪头、西台治书侍御史王武出城后无处可逃，只得回城投降，被徐达处斩。元陕西行省左丞拜秦古逃入终南山，不知所终。郎中王可、检校阿失不花、三原县令朱春等少数顽固官吏走投无路，后自杀，成了残元的殉葬品。只有元西台御史桑哥失里逃到三水县（今旬邑县）顽抗一时。

三水县东 30 里中岭山麓有绵延数里的悬崖，"峭壁三百尺，下临

---

[1]《国榷》作夏德润。按朱元璋有部将夏德润，已于至正二十一年草坪镇之役战死。《明史纪事本末》卷九作夏德，是。

[2]（乾隆）《西安府志》卷五三《大事志》。

水，高下各数十窟，可容数百人。中有二井，盖避兵之绝险者"。由邠州（今彬县）至鄜州（今富县）的道路经过这里，"栈道连云，石梯落霞"，烧绝栈道后即"危峦不可攀援"。[1] 桑哥失里与一批官绅逃到这里后，凭险负隅，四出劫掠。为了拔掉这个匪巢，徐达遣将多方进攻，终于将其消灭，桑哥失里势穷投崖而死。此后这里号为"官家洞""桑村洞"，名传至今，"门依碧流，崖悬柏霭，久为揽胜者所取"[2]，是渭北著名景观。

官家洞[3]之役后，关中大部地区已告平定，只有西府一隅尚为元守。徐达不容李思齐苟延残喘，在西安休整两天后，又继续进攻。兵临凤翔城下时，朱元璋曾致书招降，并向李思齐指出：如凤翔不守，你只有流亡漠北，但漠北蒙古之地能容得下你一个汉臣吗？而"中原相从之众"又怎能甘心随你流亡边外异族之地呢？李思齐得书后想投降，但其部将却蛊惑说：西北余地广阔，凤翔不守，可以"西入吐蕃"，何至于流亡漠北？李思齐遂改变主意。但他既有心"西入吐蕃"，也就无心固守西府。乘徐达大军尚未围城，李思齐便率部西奔临洮（甘肃今县）。三月丙午（1369年4月18日），徐达率军进驻凤翔，随即留金兴旺、余思明守城，自与众将攻取西府州县。四月初徐达克陇州（今陇县），参政傅友德克凤州（今凤县），至此关中全部为明朝所有。

四月戊辰（1369年5月10日），明朝置陕西行中书省（后改布政司）于西安府，在关中正式建立政权。同时，朱元璋因关中已定，而元朝余孽又由漠北威逼北平（今北京），遂调常遇春率部增援北线。三个月后常即以39岁英年病逝于北线军中，徐达统军继续追击元朝诸将，并将明朝的统治向陕北、陕南扩张。

---

[1]（乾隆）《三水县志·山川》。

[2]《古今图书集成·方舆汇编·职方典》卷四九五《西安府部·汇考五》。

[3]《明史》《明史纪事本末》等书皆作关家洞，今依方志改之。"官家"即指桑哥失里。

三 陕南、陕北的克复

明洪武二年四月二日（1369 年 5 月 8 日），徐达在凤翔召集军事会议，研究关中克复、常遇春调离后的军事形势及以关中为基地平定西北的方略。当时西北残元军队以临洮的李思齐、庆阳（甘肃今县）的张良弼为两大主力，其余如孔兴、脱列伯盘踞陕北，蔡琳退守陕南，兵力都比较弱。明军诸将以常遇春部离陕后己方实力下降，而元军方面张良弼的兵力也不如李思齐，因此多主张先攻庆阳，吃掉张良弼后再来对付李思齐。徐达却力排众议，他认为庆阳城险，张良弼兵力虽不强却十分顽固，攻之未必能速胜。而李思齐兵虽众却缺乏斗志，消灭该军，其余元军自然胆寒而瓦解，并且临洮地连吐蕃，北邻河湟农业区，不仅战略地位重要，而且物产可供军需，必须先取之。最后他的意见被肯定。于是明军依计而出动。

洪武二年四月丁卯日（1369 年 5 月 9 日），徐达留汤和在西府守卫辎重，自率大军出陇州，一路西进，三天后克秦州（今甘肃天水市），擒元将吕德、张义，16 日入宁远（今甘肃武山），17 日进占陇右重镇巩昌路（今甘肃陇西），元平章梁子中以城降。徐达令郭兴守巩昌，分遣冯宗异攻取临洮，顾时、戴德攻取兰州。19 日洮、兰二城同时为明军占领。逞威一时的西北元军诸将盟主李思齐从潼关一路溃退至此，已成惊弓之鸟，在明军兵临临洮时以 10 万之众不战而降，后来被送至南京。朱元璋任他为江西行省左丞，却不许赴任，只让他在京食禄。

洮、兰既克，安定州（今甘肃定西）、会州（今甘肃会宁）、静宁州（甘肃今县）[1]及陇右州县相继归附。至此，明军仅用 11 天便长驱

---

[1] 《明史》《明史纪事本末》及《明太祖实录》等皆作靖宁州，今据元、明二史《地理志》改。

1500 余里，平均每日进军 140 里之远，堪称摧枯拉朽，凯歌行进，顺利完成了平定陇右一路，消灭西北元军最强大的李思齐集团的战略任务。

洮、兰之役后，徐达回师巩昌稍事休整，于 1369 年 5 月底由巩昌进军陕甘宁一带。5 月 28 日，明军翻越六盘山，占领开成州[1]（今宁夏固原）。这里是自蒙古征金以来西北元军野战主力的驻牧地和自忽必烈至历代安西王的宫帐所在，也是"安西王国"的"上都"，具有重要的象征意义与战略价值。安西王国被废除后，这里仍为元宗室豫王的宫帐与军事基地，镇压关中红巾军的豫王阿剌忒纳失里部就以这里为巢穴。在明军的攻击下，阿剌忒纳失里逃到西安州（今宁夏海原）[2]，徐达遣部将薛显袭之，豫王溃逃边外，部落辎重尽为明军所得。

6 月 8 日，明军进越萧关（今宁夏隆德县东）攻占平凉。徐达在此分派指挥朱明率所部进军陕北，朱明顺利攻克延安，并收取陕北诸县。这时陕北元军尚有孔兴、脱列伯两部，其兵力远在朱明之上。但当时逃窜漠北的故元朝廷企图乘常遇春病逝之机卷土重来，遂把脱、孔二部调过黄河攻扰山西边关。而朱元璋又恰于同一时间下令李文忠（继常遇春之后统其部）自北平西进，与徐达会攻庆阳。于是西进援陕的明军与自陕北东进的元军遭遇于山西大同。李文忠当机立断，放弃援陕计划而集中力量向孔兴、脱列伯发起进攻，于 1369 年 9 月 5 日在大同城外将陕北元军大部歼灭，俘斩万余人，脱列伯被生擒。孔兴狼狈逃回陕北绥德老巢，其部将诱斩之，以城降明。陕北的一些地方土豪如米脂高庆等也被朱明所平定，全境遂尽归于明。

至此，残元陕西军阀只剩下张良弼一支。当徐达于五月间进军庆阳时，张良弼逃到宁夏，驻守该地的元将王保保前不久在军阀混战中是他的死对头，此时遂乘机将他逮捕。他的弟弟张良臣闻讯，以庆阳

---

[1] 诸书皆作开城，今据元、明二史《地理志》改。
[2] 《明史》卷二《太祖纪》作西宁，《明太祖实录》作西安州。睽诸情理，应从后者。

降明。但不久见明军兵力不多，又据城复叛。王保保也派部将韩札儿南下增援张良臣。张良臣气焰更炽，据守庆阳外，还派部下贺宗哲反攻关中。自破潼关以来一直是长驱行进、没有打过什么恶仗的明军料想不到这一旅残元孤军还会作这样的困兽之斗，一时连吃了几个败仗。原州（今甘肃镇原）、泾州（今甘肃泾川）相继被韩札儿攻陷，明军指挥陈寿败死，余部退守灵台县。韩札儿又扑向宜禄（今长武县西）、邠州（今彬县），闯进了关中的西大门。贺宗哲部元军更打到凤翔城下，向留守凤翔的明军金兴旺部发动猛攻，"或隧地，或突至瓮城，凡十五日"[1]。这座西府重镇一度陷入危险之中。

但明军很快从这一意外挫折中清醒过来，当年七月间，徐达调兵把庆阳团团包围：俞通源攻城西，顾时攻城北，傅友德攻城东，陈德攻城南，四面环击，攻城战持续两个多月，张良臣几度突围失败，王保保的援军亦被击退，城中粮尽，杀人而食。至八月二十一日，城中部将开门迎降，张良臣自杀未遂，被明军擒斩。西北元军最后一个硬钉子就这样被拔掉了。此前，冯宗异率军击败韩札儿，收复泾、原二州。围攻凤翔的元军贺宗哲部得知庆阳已被明军攻陷，慌忙撤围，越六盘山西逃。明军傅友德、冯宗异追击之，贺宗哲、韩札儿都逃出边塞，王保保不久也弃宁夏而远走漠北。至此元朝在西北的势力全被铲除。

这时今陕西省境只有陕南一隅尚待攻取。但盘踞那里的主要已不是残元，而是在四川立国的夏主明升。当元末至正二十五年（1365 年），夏主明玉珍趁元朝诸将在关中内讧方殷，派猛将万胜攻取兴元（今汉中）。明军入陕后，夏采取保境通好政策，向明朝派遣贡使，而明军当时忙于扫灭残元，还无暇顾及陕南。洪武二年（1369 年）冬，朱元璋派使臣劝明升降附，遭到拒绝，遂于次年派徐达再次领兵入陕，在打击王保保等北元遗孽的同时顺便解决陕南问题。当年五月，徐达派傅友德为前锋，自徽州（今甘肃徽县）南下，经一百八渡（今甘肃徽县

---

[1]《明史纪事本末》卷九《略定秦晋》。

与陕西略阳间）攻占略阳（今县），生擒了盘踞在那里的故元平章蔡琳，从而消灭了今陕西境内最后一个残元据点。不久，傅友德一军经由沔州（今勉县）东进，金兴旺一军自凤翔经连云栈（今川陕公路）南下，三路会攻明夏政权控制下的兴元府。夏兴元守将刘思忠、知院金庆祥知不可守，于洪武三年五月一日，以城迎降。徐达留金兴旺、张龙守兴元，自率大军还师西安。

明夏政权不甘心丢掉陕南，于当年七月派大将吴友仁率军3万反攻兴元府。这时守城明军金兴旺部只有3000余人，被迫坚守不出。夏军围城，"决濠填堑，攻益急"[1]。金兴旺亲自上城督战，面中流矢，拔矢再战，斩首数百。但夏军志在必得，仍猛攻不退。这时徐达在西安闻报，遂率军来援。他设指挥部于宝鸡益门镇，派傅友德进攻夏军侧翼，连夺木槽关、斗山砦等据点，夏军大败，退回四川。明军又乘势收取了城固（今县）、洋州（今洋县），基本控制了陕南地区。只有金州（今安康）一城尚为夏守。

洪武四年（1371年）二月明军大举伐夏。金州孤城献降，明夏在陕最后一个据点被拔除。傅友德率部由陕南攻入四川。当年夏国败降，陕南面临的威胁也彻底消除了。

这样，从洪武元年四月潼关之役，到洪武四年明夏金州守将俞思忠投降，新兴的明王朝在徐达等杰出统帅的指挥下，经过近三年的奋斗，终于北逐残元，南击明夏，使今陕西全境统一在明王朝的版图中。元末陕西战乱不已的局面终告结束，新的发展进程开始了。

---

[1]《明史纪事本末》卷——《太祖平夏》。

第十一章　强国家、弱社会的明初陕西

一　洪、永规模

明朝平定陕西后，朱元璋承元之制，对陕西与西安都予以特别的重视。据说在洪武二十四年（1391 年）前后，朱元璋甚至一度考虑过"徙都关中"[1]的问题。在当时中国政治中心、经济重心均已转移的条件下，建都关中当然不现实。但明廷对西安的重视实在一般省会之上。对陕西全省也是如此。洪武年间为恢复陕西经济，安定民生，做了不少努力。如：

减免赋役和赈济灾民　洪武三年（1370 年）九月，明廷下令免除陕民盐米。原来，元末为满足聚敛之需，令陕西民田除亩输正粮一斗外，还需再纳"盐米"6 升，等于凭空增加了 60％的钱粮。至是这项负担被免除。洪武四年（1371 年）三月，又免肤施县（今延安市）旱灾田租 28200 余石。八月，赈陕西饥民 25000 余户。十一月，再免西安、凤翔、庆阳三府旱灾田租 193300 余石。六年（1373 年）四月，以延安府肤施、甘泉两县雹灾，免其租税。八月，因蝗灾，又免华州、临潼、咸阳、渭南田租。十一年（1378 年）七月，华州蒲城、同州郃阳旱，免其田租。十三年（1380 年）七月，免全陕秋粮。十八年（1385 年）七月，免陕西

---

[1] 孙正容：《朱元璋系年要录》，浙江人民出版社，1983 年，第 431 页引《国史考异》载诸家言。

"欺隐"田粮 127000 余石。二十年（1387 年）十一月，免征延安山地税。这些蠲免与赈济虽然有张扬"皇恩"和口惠而实不至的成分，但毕竟还是让陕西人民多少松了一口气，有利于休养生息，恢复与发展经济。

兴修水利　明军乍入关中，耿炳文等人注意的头几件事便是赈济饥民与修复西安城市供水系统。此后随着形势的稳定，明朝增加了对陕西水利建设的重视。洪武八年（1375 年），耿炳文督工修复了泾阳县境内的洪渠堰，关中和陕西最重要的灌溉系统——历史可上溯到秦汉的郑白渠的泾渠灌区，在元末长期荒废之后又恢复了部分功能，泾阳、三原、高陵、礼泉、临潼五县的大片土地从此又得到了灌溉。洪武二十九年（1396 年），西安城供水工程的主体龙首渠修复最后完成，古都城里扩建了完善的支、毛渠体系，每"十家作渠口一，以便汲水"[1]。西安人自金元以来长期饮用苦咸井水的历史结束了。

招民垦荒　明初陕西的垦复荒田规模相当大，但多属军屯系统，民垦则主要在陕南。洪武八年（1375 年）陕西按察司金事虞以文奏称：汉中府民因元末战乱关系多居山寨，河谷水田除军屯及府治南郑县等中心地带有平民耕种外，大都荒芜。入明以来虽各县屡招谕山民到河谷垦殖，但"鲜有来者"，因为当时平原地区赋役太重。"其民居无常所，田无常业，今岁于此山开垦……刀耕火种，力省而有获；然其土硗瘠不可再种，来岁，又移于他山……故于赋税，官不能及……若使移居平地，亩征一斗……地既莫隐，赋亦繁重。以是不欲下山。"他要求朝廷"减其租赋，宽其徭役，使居平野"，以达到发展汉江平原农业经济的目的。明廷接受了虞以文的建议，出现了陕南垦殖的新局面，"田日辟，而民有恒产矣"。[2]

整顿吏治，惩腐倡廉　贫民出身，经农民战争上台，经常表示要"右贫抑富"的朱元璋，在洪武年间对贪官污吏的仇视与惩处之严厉，

［1］《明太祖实录》卷二四四洪武二十九年正月丙子。
［2］《明太祖实录》卷一百洪武八年五月己巳。

是我国历代封建王朝所仅见的。他的"肃贪",刑法酷至剥皮实草,株连广至动辄万人,诸如闻名的郭桓案、"空印"案等,均为史籍所常称引。这种做法虽有极大的弊病,从长远看也不能解决作为封建专制体制痼疾的贪污问题,但就短期效果而论,其杀鸡儆猴之效还是比较明显的。洪武时期治陕,也本着这种精神来整顿吏治。朱元璋除了建立起一套监察体系来约束官吏外,还经常派员下访,鼓励民间举报。如洪武九年(1376年)十二月他命大都督府同知"传诣陕西,问民疾苦,事有不便,更置以闻"[1]。洪武年间陕西采取了一系列的惩贪行动,其中最有名的当属"驸马案"。洪武三十年(1397年)六月,明驸马都尉欧阳伦不顾明政府厉行茶禁,公然倚仗权势"遣家人贩茶出境,所至骚扰"。驸马府的家奴周保狐假虎威来到陕西,陕西布政使司为了巴结皇亲,徇私枉法,竟然用官府的权力协助周保为欧阳伦大规模从事走私贸易,"为之移文所属,起车载运"。行至兰县(今甘肃兰州)时河桥巡检司官吏依法要求检查,竟遭周保一顿毒打。河桥吏不畏权势,上告明廷。朱元璋闻讯大怒,不仅大义灭亲,把驸马赐死,还杀了陕西布政使司的一大批徇私枉法的官员,而不畏权贵的河桥吏则受到了表彰。

与惩贪相应的举措是奖廉 洪武年间陕西得到明廷与朱元璋褒奖的清官不少,其中最著名的是汉中知府费震。费震是江西鄱阳人,明初为吉水(江西今县)知州,以清官著称。被提拔为汉中知府后,正值明军平蜀灭夏之役结束不久,饱受军需供应之苦的汉中人民又遇到严重旱灾,以致发生饥荒。"费青天"毅然承担责任,发官仓粟十余万石无息贷给饥民,约定以秋熟还仓。于是远近饥民争相前来领粮,费震令其"自为保伍",秩序井然。秋熟后人们纷纷自觉还粮于官,无须催科。朱元璋对此大加赞赏。当时若费震按通常程序层层上报,非饿死人不可!后来费震因官场上的事获罪被捕,朱元璋闻知下道:如此清官,应予释放,以便鼓励当官的向他学习。于是这位费青天遂得

---

[1] 孙正容:《朱元璋系年要录》,第278页。

以复职，后来并官至户部尚书、湖广布政使。

强化国家对经济活动的干预与控制　　在我国封建社会后期，经济生活中的国家干预总的来说是趋向于减弱的，然而经由元末农民战争而建立的明朝在其前期却是明显的例外。明政府对户口与土地关系的控制与管理之严密，国家出面组织的经济活动如军屯、开中、官手工业等之规模，国家对多种资源及重要赢利商品的垄断，以及国家机器所从事的山禁、海禁、矿禁等等，都达到令人叹为观止的地步。而对陕西而言，早在宋元时期，由于长期战争导致处于边防枢纽之地的陕西社会生活军事化，国家对经济社会生活的控制本已比国内其他地区更甚。入明以后这一趋势并未因边防形势的改观而中止，反而在朱元璋实行的强国家弱社会的体制中得以强化了。除军屯与王庄这类制度下文将另节详述外，明初陕西经济生活中国家干预与统制的加强还表现在很多方面。如：

官盐制。洪武三年（1370年）十二月，明廷即从户部之议，在陕西察罕诺尔之地（今靖边县西北）的大、小盐池设立盐课提举司，置徭役性质的捞盐夫百余人从事官营生产，并划定"行盐之地，东至庆阳、南至凤翔、汉中，西至平凉，北至灵州"[1]，从而开始了新政权的盐业管制政策。不久，这项政策又从陕北盐扩展到河东盐。在全陕范围内，明初不仅在盐政上与其他地区一样推行了开中法，即官产商销之法，而且还在一定范围内实行管制程度更高的禁榷法，即官产官销之法。

明初在陕西实行的开中法也比其他各省更广泛而严密。募商人运粟实边，领盐行销，本是宋代以来历代王朝把边防军需供应与国家盐业管制结合起来的一个有效办法，陕西作为防御北元的边备地区，自然是实行此种方法的重要地区。但是，明初在陕所实行的开中制却把范围扩大到了食盐以外的其他民间非自给的日用品上，尤其是布匹的"开中"，实为他省未见的奇政之一。洪武十三年（1380年）七月，明

---

footnote
[1]《明太祖实录》卷五九洪武三年十二月庚申。

廷下令："陕西地接羌戎，桑麻非其所产，民生服用，皆仰给于他郡。今岁秋粮既已蠲免，边储不足，若欲转输，必劳民力。宜以官库所有布匹，运至近边之地，令府、州、县视民间时直，更减一分，听民入米、粟、菽、麦以易之。无论官员军士及商，愿易者听。"[1] 显然，这是一种开中式的布业管制，即募民运粟实边，换取官布，它只有在官府像食盐垄断那样实行布业垄断的条件下才可能运作。在封建时代，专制国家对盐、茶、酒、铁、矾等实行管制，乃至对于丝绸之类的高级纺织品实行官营，都并不足奇，但"男耕女织"所生产的民用布犹如粮食一样，是分散在个体农民经济之中而难于管制的。明初陕西对布匹实行开中实在罕见，它虽然必难久行，但足见当时国家对经济生活的控制能力是十分强大的。

　　明初专制国家对陕西经济生活进行管制的又一重要领域是陕南的茶业。明代的茶业垄断主要在川、陕二省，就垄断的茶业规模而言，四川远大于陕西，但就榷茶之早及榷政之严而言，则陕西有甚于四川。洪武四年（1371年）十二月，明官府开始对陕南汉中府金州（今安康）、石泉、汉阴、平利、西乡等地的民间茶园实行控制，指定茶农为身份世袭、不许改业的"茶户"，其茶树"每十株官取其一，征茶二两"，是为无偿上缴之税，其余"民所收茶，官给直（值）买之"，是为垄断性的征购。对于"无主茶园"则直接官营，"以汉中守城军士栽培，官取其八，军收其二"，而实际上军士所收的二成茶叶也须由官府收购。倘若茶农违禁把茶叶私自出售，则茶园即被没收归官。因此，当时的陕南茶业无论民种、军种，所产茶叶或征或购，无不尽归于官府。"每五十斤为一包，二包为一引，令有司收贮"，供明朝官方的边贸机构茶马司用以向西北少数民族交易战马。[2] 这种茶业垄断政策直到明代其

----

[1]《明太祖实录》卷一三二洪武十三年七月壬辰。

[2]《明史》卷八〇《食货志·茶法》，《明太祖实录》卷七〇洪武四年十二月庚寅，参见（嘉靖）《汉中府志》，各书所载数字略有异同。

他领域的国家经济管制废弛后的明中后期仍然在实行。

明初经济生活中的国家干预与国家管制趋势的加强,从表面上看有利于重农抑商,崇本抑末,抑制兼并,控制民间的竞争与分化,保持社会稳定,这也是以农民战争上台的朱元璋在明初得以"立法多右贫抑富"的制度基础。然而从长远上看,这种做法严重压抑了民间经济的活力,阻碍了商品货币关系的发展,它不仅对平民富户是严重的打击,而且对贫苦百姓也没有好处,只给了那些借国家管制而自肥的权势阶层进行超经济强制性的榨取的机会。这就造成"法律重农夫,而农夫贫贱矣,法律贱商人,而商人(自然,是有权力背景的商人)富贵矣"。像前述欧阳伦恃权贩私茶那样的事,固然是对朱元璋政策的公然违犯,但权力的这种魔力也恰恰是产生这种腐败的原因,因此毫不奇怪。明初的这种政策固然强化了国家的力量,避免了宋朝那种社会经济繁荣活跃而国家(政府)却积贫积弱的弊病,这从明初对蒙古(北元)的胜利和郑和下西洋这类事例中可以看到。然而它却是以弱化民间社会为代价的。而随着明初政权朝气的丧失与权力腐败的加深,"国强民弱"的状况很快便被"国与民俱贫,而官独富"[1]的社会危机所取代了。

二 陕西诸藩府与藩权的兴衰

朱元璋夺取了天下后,一面废丞相,杀功臣,重典治国,把专制皇权强化到了登峰造极的地步,一面却把他的龙子龙孙分封到全国各地,建藩为王,以重兵宿卫,位高权重。他企图以此屏藩皇室,保卫朱家江山永固。明成祖朱棣以藩王起兵夺得皇位后,怕别人如法而行,便实行削藩政策,剥夺了藩王们典军、干政的权力。同时又在经济上

---

[1]《明史》卷二二六《丘橓传》。

尽量满足他们的贪欲，以花天酒地换取他们安分知足。这样，藩王们便从威震一方的野心家，变成了脑满肠肥的寄生虫，而藩府的数量则越来越多。这成了明代统治的一个突出特点。

陕西是明代封王建藩的主要地区之一。有明一代先后共封了50个藩府，其中陕西布政使司境内就有7个，仅次于湖广、河南两省。这7个王府中，有3个封在今天的陕西省境内，他们是：

洪武十一年（1378年）封于西安的秦王。共传10代，与明王朝同始终，末王为十世秦王朱存枢，于崇祯十六年（1643年）明亡前夕被李自成俘虏，王统告终。秦王府派下又有15个郡王（二字王）府，即：永兴王、保安王、兴平王、永寿王、临潼王、郃阳王、崇信王、安定王、淳化王、弘农王、华阴王、咸阳王、商丘王、汧阳王与宜川王。[1]

宣德四年（1429年）封于凤翔的郑王。该王府后于正统九年（1444年）迁藩于河南怀庆，但在陕西仍有"所遗庄田，校尉岁遣征租赋焉"[2]。该藩派下有14个郡王府，即：新平王、泾阳王、朝邑王、盟津王、东垣王、河阳王、信阳王、宜章王、繁昌王、庐江王、丹阳王、真丘王、德庆王、崇德王。郑府末王为六世郑王朱翊钟，崇祯十三年（1640年）赐死，爵除。

天启七年（1627年）封于汉中的瑞王，只存一世，即瑞王朱常浩，他于崇祯末逃至四川重庆，被张献忠义军俘杀。该藩派下无郡王之封。

除这些王府外，封在今属甘肃平凉的韩王府在陕西境内的凤翔等地也有大量庄田。

在这些王府中，秦王府无疑具有特殊的地位。第一代秦王朱樉，是朱元璋嫡二子（长子是皇太子朱标），在有明一代的藩王中排行最高，

---

[1] 此据《明史》卷一百《诸王世表》与《古今图书集成·职方典》卷四九八《西安府部·封建》综合而得。其中《明史》所载为10郡王（无淳化、弘农、华阴、咸阳、商丘5王），《古今图书集成》所载为13郡王（无汧阳、宜川2王）。

[2]《古今图书集成·职方典》卷五二四《凤翔府部·汇考二》。

建藩也最早。朱樉建藩西安，与皇太子朱标巡抚陕西、朱元璋的徙都关中之念，都反映了明初对陕西的特殊重视。由于明初藩王权势很大，作为藩王之首的秦王更是可想而知，因此秦王就藩后，陕西便在一定程度上出现了三司与秦府两个权力中心，类似元朝安西王时代那种省藩二元政体。

朱樉生于 1356 年，就藩时已 23 岁，在藩 17 年，于洪武二十八年（1395 年）病死。当其就藩时，明西北边境尚有北元余孽的严重威胁，因此北边诸王府都配置了强大的护卫军。尤其是秦、晋、燕三府的护卫，在三王就藩前的洪武十年（1377 年）作了强化与扩充，明朝最精锐的近卫军羽林等卫被调拨补充三王护卫，使其军事实力大为加强。因此秦王当时在握有兵权的"塞王"中也属最有权势者。

然而，这个朱元璋寄以厚望、委以重任的朱家皇次子就藩后的表现却令作父亲的大失所望。当时为朱家天下的长治久安而苦心孤诣的朱元璋，在大力发展特务政治的同时，也在儿子们身边安置了打小报告的人，以考察他们是否堪负守成之任。结果朱樉一就藩，关于他的种种劣行的小报告便纷纷出现在天子御案上。

朱元璋屡加规劝，朱樉洗耳恭听但却毫不自敛。朱元璋忍无可忍，遂于洪武二十年（1387 年）二月亲撰《御制纪非录》，将秦、周、齐、潭、鲁五王"奢侈无度淫佚无厌"的恶行予以通报。其中秦王的恶行达 37 项之多，尤冠于其他诸王。其"累恶不悛"之状骇人听闻：

他对朱元璋派来辅佐他的秦府长史百般"凌辱"，乃至迫其"告老去职"，将其撵走了事，"不听人谏，亲信小人，以致政事销靡"。

他贪得无厌，多次用已贬值的"库内烂钞"在西安城内与泾阳等地"强买百姓金子"，造成极大灾难，"以致民间将儿女房舍货卖"，还有的民户因无处备办金子而被逼"俱各缢死"。"陕西老人因见累次买金，百姓生受，具本来启"，朱樉竟把老人"枷了，排门号令不与饭吃，饿死了"。还有的民户被逼不过，只得把银子掺入金子内以充数，朱令银匠销熔检验发现后，竟然说："问他买金子，他却搀入银子，而今

292

只问他买银子，看他再搬甚么？"于是"又差人买银子。如此搅扰百姓"。[1]

其实何止金、银，朱樉欲壑难填，几乎什么都要。秦府草场内已有羊达15万只之多，他却仍派人用"烂钞"于民间"强买羊只"，然后又公然在西安街上高价出卖牟利。他"强买民间夏布"遭到劝阻后，竟然将布行的行头铺首们抓来"枷令在街"。他不仅强买强卖敲诈百姓，还敲诈到当官的，差人"于各官家探问宝石并玉器，收取入宫，又不还钞"。

朱樉的荒淫也不堪言。他"嫌本处女子脚大"，多次差人到江南搜罗美女。一次，"差陈婆同火者吴泰去苏杭等府要似纸上画的一般模样女子买来。本人无处寻买，二次差人催取，将火者吴泰剜了膝盖，将陈婆就于杭州打死"。就这样到处选美购美还不能满足他的荒淫之欲，又找娼妓入宫作乐，"于军民家招取寡妇入宫"。

朱樉凌辱地方官、霸占田产、强占民女、欺行霸市等行径，也都令人愤恨。由于朱樉穷奢极欲，骄横不法，以致于"不修国政"。朱元璋为此大发雷霆，斥责他说"为此数子将后必至身亡国除，孝无施于我，使吾垂老之年皇皇于宵昼，惊惧不已"，"恐异日有累于家邦"！并警告他"以革前非，早回天意"！[2]

然而朱樉劣习已深，置朱元璋的警告于不闻。于是到了洪武二十四年（1391年）八月，朱元璋不得不采取进一步的惩戒措施，宣布"秦王樉有罪，召还京师"[3]。朱樉何罪？史家有的说是秦王见宫瓦色碧，不中意，欲杀耿炳文（明朝驻陕军政首脑，也是秦王宫的监修官），有说是因秦王再度派人到浙江采买美女，还有的说是因秦王听说

---

[1] 朱元璋：《御制纪非录》，见王毓铨：《莱芜集》，中华书局，1983年，第225—228页。

[2] 朱元璋：《御制纪非录》，见王毓铨：《莱芜集》，第225—228页。

[3] 《明史》卷三《太祖本纪三》。

父亲欲迁都关中，以为夺己之国，故口出怨言。[1]不管怎么说，总之朱元璋苦口婆心地作《纪非录》劝诫朱樉之后又四年过去，他并未表现出悔改并"以革前非"的意思，使老皇帝又一次大动肝火。朱被召回南京后被禁锢于冷宫，朱元璋随即派太子朱标巡抚陕西，让他收拾弟弟留下的烂摊子。这时，朱元璋可能已有废去秦藩之念。

　　然而到底是舐犊情深之故吧，以重典治国、严刑御下著称的朱元璋可以在驸马欧阳伦走私案中大义灭亲，处死女婿，但对这个作恶远甚于欧阳伦的二儿子却终不忍置之以法，反而在将其禁锢一年之后又放他归藩了。不过这时朱元璋或许已感到他难寄重任了，因此下令免去了秦府护卫，"但令以兵五百暂为护从"[2]。从此秦王在军事上的权势大不如前，也不如此时被授予山西、北平军事节制之责的晋、燕二王。

　　然而陕西军政当局却未理解朱元璋的苦心，为巴结皇子，陕西都司把拨给朱樉的卫兵增加了一倍。朱元璋听说后大怒，把陕西都司严厉训斥一番："近闻陕西都司遣兵常随秦王出入。盖王府置护卫，又设都司，正为彼此防闲。都司乃朝廷方面，凡奉敕调兵，不启王知，不得辄行。有王令旨，而无朝命，亦不许擅发。如有密旨不令王知，亦须详审复奏而行，此国家体统如此。今秦府未给护卫，但令以兵五百暂为护从，而都司乃敢擅增兵至千人，其罪不可赦。"[3]于是，在藩的余下几年里，朱樉在政治上便灰溜溜的，然而他的奢侈挥霍却并未稍戢。

　　洪武二十八年（1395年）朱樉病死，世子朱尚炳继位为秦王。此时太子朱标已于三年前巡抚陕西返京，不久即病亡。垂暮之年的朱元璋连失二子，心情可想而知，因而在册立秦王尚炳时便恢复了秦府护卫。并敕谕尚炳，令其"宜练士卒，缮甲兵，时巡逻，以备不虞"，以

---

[1]　参见孙正容:《朱元璋系年要录》，第430—431页。
[2]　《明太祖实录》卷二二一洪武二十五年九月戊申。
[3]　《明太祖实录》卷二二一洪武二十五年九月戊申。

便"藩屏帝室",永保朱家江山。于是,根据朱元璋定下的"国家体统",秦府又获得了拥兵自重,与陕西都司"彼此防闲"的地位,省藩二元政治的格局也在陕西恢复。

然而经过此一反复,秦府的威望毕竟损失不小,昔日诸藩之首的权势已不复见,年幼而未经战阵的朱尚炳与他那几个"塞王"叔叔,尤其是与御蒙有功、身经百战的燕王朱棣相比,已不可相提并论。因此在建文"削藩"与燕王"靖难"的这几年中,秦王府都没有什么作为。

燕王朱棣"靖难"成功,夺取皇位而成为明成祖后,陆续进行削藩。秦王府再度被废除了护卫,省藩二元政治也不再存在。然而在永乐以后明廷对藩王不怕贪心只怕野心的政策放纵下,秦王府不再可能威胁皇权,但却有更大的可能鱼肉百姓;秦王虽不复有兵权,但庄田财产之多,比前更为惊人。直到万历年间,秦府在全国诸王府中富有的程度仅次于蜀王府。而秦府所在的陕西远比蜀府所在的四川贫瘠得多,秦府在陕西人民身上搜括了多少脂膏就可想而知了。秦府庄田不仅遍布于陕、甘地区,尤其是遍布于关中平原,而且还存在于西北以外,甚至远在江南的苏州吴江县,这片明王朝为保证朝廷赋税供应而规定永不设藩的鱼米之乡太湖平原上,也一度有秦府庄田达万亩之多。朱元璋授权于藩王是一大失招,但他对诸王在"廉政"上还算管教得最严的,自他之后再也没有《纪非录》这样的批评出现,历代秦王的作为就更没有约束了。

藩王们政治上无从进取,饱食终日,惟以多生子女以便多领禄米庄田为能事,致使朱家龙子龙孙的繁衍速度惊人。秦府宗室到明末人数已经上万,所需庄田、禄米已达天文数字。明末瑞王建藩于陕南汉中时,规定要赐庄田3万顷,然而已经根本没有这么多土地。于是只好把庄田租米折算为额分摊到民田赋税中一并征取。陕西许多地方的田赋仅因此就加重了1倍以上。大批龙子龙孙坐吃山空,终于使国家财政枯竭,民脂民膏皆尽,社会矛盾激化,最后导致了农民大起义的发生,藩王们的丧钟也就敲响了。

崇祯十六年（1643 年）冬，李自成攻入西安，末代秦王投降，次年李自成在山海关战役失利后，于退兵时把秦王朱存枢等宗室贵族处死。凤翔的郑王府在明中叶迁到河南后，其末代王也于秦府覆灭前被明廷赐死。天启年间新封不久的瑞王为避李自成之诛，在陕西失守前从封地汉中逃往重庆，却正撞在大举入川的张献忠手里，于次年死于非命。至此，压在陕西人民头上的这批寄生虫终被消灭了。

明代陕西藩王（主要是秦王）留给后世的是庞大的王城与宫殿。当朱樉就藩时，朱元璋令长兴侯耿炳文、都指挥使濮英营建了秦王府。王城范围几达西安全城 1/4，占据整个西安城东北部，周长达 4500 多千米。王城城墙包砌砖石，开有四门：南为端礼门，北为广智门，东为体仁门，西为尊义门。王城周围建有萧墙，墙内即秦王府下属衙署所在地。这个王城为体现秦府为诸藩之首的地位，已是"宫殿轩敞，川园亭池极一时之丽观"[1]。所以朱元璋便在朱樉离京时告诫道："今尔之国，若宫室已完，其余不急之役，宜悉缓之，勿重劳民也。"[2] 然而这位贪得无厌的秦王殿下就藩后，在敛财、渔色的同时仍不断大兴土木，"于王城内开挑池沼，引浐水灌之，于中盖造亭子，又筑土山。令各窑烧造琉璃故事，排列山末，以为玩戏。如此劳人！"[3] 这是朱元璋在《纪非录》里列举的朱樉第一项"恶行"，可见他对其子不听规劝的恼怒。而秦府的王城宫苑之穷奢极丽也就不难想见了。

然而这座宏伟壮丽的宫城，却在明清之际的战火中毁于一旦。更可惜的是此后秦王府最重要的遗留——四门中唯一劫后幸存的广智门，甚至躲过了文革中的"破四旧"，却在 1983 年 6 月因扩建省政府而在文化界的一片非议中被拆毁。[4] 如今人们只能从西安新城地区一些地

---

[1]（康熙）《咸宁县志》卷二。

[2] 朱元璋：《赐秦王樉书》，《全明文》第一册，第 428 页。

[3] 朱元璋：《御制纪非录》，见王毓铨：《莱芜集》，第 225 页。

[4]《明秦王府广智门》，http://ai163.cn/xa/news/xian/20160514/2014.html

名（如端履门、东华门、西华门等）和新城北面的残存城墙中，领略这座藩王宫殿当年的气势与风貌了。

三　从行省、王相府并置到三司分立

明初，陕西的地方行政体制经历了一番变革。

明朝在陕西设立的第一个机构，是冯宗异破潼关后明军主力入陕前设置的陕西都转运使司（漕司）。这是个集军事后勤与地方行政为一体的机构，在征虏大将军领导下展开工作，具有临时军政府性质。

洪武二年（1369年）四月，明军占有关中后设置了陕西行中书省，治西安府城，从而建立了正式的省级行政机构。与元制相比，明初除废除了行御史台（西台）与行枢密院外，行中书省的政治体制与元基本一致，即都实行地方集权模式。行省设平章政事、左右丞等官，作为中央政权即中书省派驻地方的代表，代中书省平章（宰相）及左右丞（副相）总管辖境内一切军政、民政、财政诸务，位高而权重。在明初天下尚未平静、战争尘埃尚未落定时，这种体制能有效地集中事权，避免互相掣肘，政出多门，提高办事效率，是比较适合当时的准战时状态的。

而陕西行省当时又有不同于多数行省之处，这就是由于朱元璋授藩王以事权，同时也受元代陕西在安西王时实行的省藩二元政治遗制的影响，在陕西还设立秦王府属下的一套统治机构，即王相府。在洪武三年（1370年）封建秦王之后到十一年（1378年）秦王就藩这段时间，虽然秦王朱樉本人尚在南京宫中，但秦王相府已在西安建立并开始行使职能。王相府按规定设立文相（右相）、武相（左相）、文傅（右傅）、武傅（左傅），分管"王国"（封地）内文武军民之政，而总归秦王节制。

由于朱元璋授予藩王的事权中特重兵权，所以当时特别规定"诸王相府武相居文相之上"[1]。正如朱元璋对秦府文武官所宣布的:"朕封诸子颇殊古道。内设武臣,盖欲屏藩国家,备侮御边,闲中助王,使知时务,所以出则为将,入则为相。"[2]这样一来,就使王相(主要是左相)实际上身兼将相,兼辖文武,既掌兵权,又预"时务",事权远在行省平章之上。而且当时秦府武相多派元臣宿将充任,如首任秦府左相耿炳文,本身就是镇守一方的大帅,其实际权势远非文臣的行省平章所能相敌。我们从史籍中看到,无论是在外伐蒙古内讨高福兴的征战中,还是诸如西安城、秦王府之营造,泾渠工程的兴工之类庶务,耿炳文都是主持人,而行省官员的名字反而较少见到。

这样一来便产生了一个逻辑上的矛盾:一方面当时实行的是军政民政一体的地方集权体制,另一方面行使这种集权职能的机关却有两个。王相府与行省、"王国"与行省辖区形成了一种二元状态。不过当时有两个因素使这种理论上的二元政治不致成为事实上的政出二门:其一是秦王尚未就藩,他在理论上的事权实际上是虚置的;其二是当时王相与行省官员、王相与朝廷将帅往往互兼,名虽为二,实同一体。如秦府左相耿炳文同时是都督佥事,秦府左相郑九成同时是陕西行省参政等。因此,理论上的二元政治不会影响实际事权的集中,王相府对"王国"的治理与行省对所辖府州县的治理也是一而二、二而一的。

然而这种地方集权模式与朱元璋强化中央集权以控御地方、强化皇权以抑制相权的愿望相抵触。于是天下既定之后,朱元璋便着手首先从地方政制上进行改革。洪武九年(1376年)下令,改行中书省为承宣布政使司,陕西亦与其他11个行省一起,悉罢行省平章政事及左右丞等官,改设布政使1人(后增为左、右布政使各1人),左、右参政各1人。由于陕西布政使司辖区与原陕西行省辖区大体相同,所以行省或简称省的称呼仍然为世俗所沿袭下来。但是陕西布政使司已经

---

[1]《明太祖实录》卷五一洪武三年四月癸酉。

[2] 朱元璋:《高皇帝御制文集》卷七《谕秦王府文武官》。

完全不同于此前的行省或王相府，它只管民政，事权大为缩小。同时，与布政使司并行地又设立了陕西提刑按察使司，置按察使 1 人，掌管刑政；设立陕西都指挥使司，置都指挥使，掌管军政。这样，原来由陕西行省或秦府王相总揽的地方大权，便分散给三个机构。布政使司、按察使司与都指挥使司并称三司，它们各自平行，上属中央而不相统属，并为封疆大吏，三者互相制约，凡地方大政要事，都要由三司会议，上报中央的部院而后可行。地方首脑"诸侯化"的危险大大减少了。

三司并立后第三年，秦王就藩，于是在陕西，三司与王府（主要是王相府）的并立又构成另一层分权关系。尤其在军事上，形成了秦府护卫与陕西都司"互相防闲"之制。凡有征伐，必双方合议，朝命与王令旨并行，才能出动。本来在其他典兵诸王辖下，王府的军事权势实际上超过都司，隐然有诸侯气象。但在陕西则因秦王屡受谴责于朱元璋，因此双方事权较为平衡。这样，地方上的"三权分立"加上军事上的都（司）护（卫）并行，朱元璋的强干弱枝、居重驭轻、加强中央、巩固皇权的意图，便在陕西得到了体现。

但这个时候，三司的权能仍在一定程度上受制于秦王府。直到洪武三十一年（1398 年）朱元璋去世时，才以太祖遗诏的形式宣布："王国所在文武吏士听朝廷节制，惟护卫官军听王"，从而把王府的号令权仅限于护卫。建文元年（1399 年）二月，明惠帝又再次下令"亲王不得节制文武吏士"[1]，把"护卫听王"的保留也取消了。到成祖削藩后，王府的事权基本消失，陕西遂与其他各省一样完全确立了三司并立的体制。

三司体制确立后，明朝的陕西布政使司兼有了元代陕西、甘肃二行省之地，辖境包括今陕西全省、甘肃嘉峪关以东地区、宁夏与内蒙古伊克昭盟的绝大部分。后来明退出河套地区，北界遂限于长城稍北不远处。陕西布政使司共辖西安、凤翔、汉中、延安、庆阳、平凉、

[1]《明史纪事本末》卷一五《削夺诸藩》。

巩昌、临洮等 8 府，属州 21，县 95。其中在今陕西省境内的包括西安、凤翔、汉中、延安 4 府，各府共辖华、商、同、耀、乾、邠、陇、鄜、绥德、葭、宁羌、兴安 12 州，以及 68 个县。元代陕西行省以下有路、府、州、县四级政区，明代陕西布政使司以下减为府、州、县三级而取消了路的设置，因而行政上叠床架屋的情况有所改变，政令的下达与民情的上达都较前更便捷了。

四　都司—卫所体系与军屯制度

明代国土管理与户籍管理都分割为军、民两个体系。[1] 其中布政使司与按察使司属民政，其上统于中央部院，其下辖属府、州、县；都指挥使司则属军政，其上统于五军都督府，其下辖属卫、所。因此，今陕西省境的国土在明时除布政使司与府、州、县管辖者外，还有相当部分是都司、卫、所系统所管。两个系统的辖境多犬牙交错而外部边界大致重合，只有陕西等少数地区是例外：在民政上明代陕、甘合一，都属陕西布政使司，而在军政上明代虽然最初也是陕、甘合一的，但因军情特殊，从设在西安的陕西都司控制遥远的河西诸卫，当时已有鞭长莫及之感，因此早在洪武十二年（1379 年）便在甘肃镇（即甘州，今甘肃张掖市）设置了陕西行都指挥使司，简称行都司，以管理河西之地，并与都司平行而受命于中央。行都司辖境大致相当于元代甘肃行省的主要地区，因而明代在军政上实际上是陕、甘分治，它上承元制，下开清代陕、甘军民都再度分治之端倪。

明初平陕后即设置了都司卫所体系。至洪武十九年（1386 年），陕西都指挥使司属下共 24 卫，马步官军共 127230 人。其中在今省境内的有 10 卫：西安左、右、前、后 4 卫、延安卫、榆林卫、绥德卫、汉

---

[1]　学界在这一问题上有争议，本书取顾诚先生等所主张的观点。

中卫、宁羌卫及潼关卫，以及兴安、凤翔、沔县、归德（今榆林市南）、镇羌（今神木县新民堡）、安边（今定边县东）6个独立的千户所。

洪武初年，卫所的主要任务是打仗。随着天下大定，洪武四年（1371年）"诏陕西等屯田，三年后每亩收租一斗"[1]。十三年（1380年）九月又"诏陕西诸卫军士留三分之一守御城池，余皆屯田给食，以省转输"[2]。二十年（1387年），"令陕西屯军五丁抽一，税粮照民田例，又令屯军种田五百亩者岁纳粮五十石。"[3]在明廷不断地倡导下，卫所屯田之制在陕西大规模推行开来，并很快使陕西成了明代军屯最发达的地区。到永乐年间（1403—1424年）陕西都司属下各卫所共有屯田42456余顷，占全国当时军屯总面积近30万顷的14.2%[4]，在全国仅次于四川都司。后来陕西军屯又续有发展，最高达168404顷之多，占当时全国军屯总面积的1/4以上，在各都司（含行都司）中位居第一，而且比位居第二的河南都司（5.5万余顷）多达3倍。相当于陕西布政使司管下官民田总数（有明一代在26万顷至31万顷间波动，平均约28万顷）的60%[5]，即达到"省五军三"、军户屯田与民政当局辖下普通田地几乎平分秋色的程度。军屯所提供的"籽粒"（屯租）每年达82万余石，相当于布政司所征田粮的45%左右。[6]这在全国来说也是极为突出的。

陕西的卫所与军屯不仅对明朝在陕西的统治意义重大，而且具有超省区意义。明初多次以陕西卫所军户大规模奉调屯戍他境的方式，

---

[1]（雍正）《陕西通志》卷三八《屯运二》。

[2]《明太祖实录》卷一三三洪武十三年九月癸丑。

[3]（雍正）《陕西通志》卷三八《屯运二》。

[4]（万历）《明会典》卷一八。按：该书各都司项汇总共893万余顷，但其中四川都司并行都司就占近66万，而"现额"却仅4.8万，殊不合理，今多以为66万乃6.6万之误，则总数应为近30万。

[5]据章潢《图书编》卷九〇、（万历）《明会典》卷十七计。

[6]见梁方仲《中国历代户口、田地、田赋统计》，上海人民出版社，1980年，第364、347页。

向陕西以外的地区进行制度输出与人口输出。如洪武二十年（1387年）十月，明廷便令耿炳文调西安等卫军兵33000余人"往云南屯种听征"。次年二月间，这支陕军在陕西都指挥同知马烨率领下抵达云南"屯戍"，从此在那里生根。[1] 二十四年（1391年），明廷又"遣陕西诸卫官军八千余人屯田甘肃，官给农具谷种"[2]。于是关中子弟又落户在河西走廊。这实际上是一种特殊的强制性军事移民，陕西军户由此对那些地方的边防与经济发展作出了贡献。

然而，陕西军户众多，军屯土地广阔，并不完全意味着陕西军事力量的强大，这是因为"军"在明朝并不纯指一支军队的成员，它首先是指一种特殊的户籍，一种低下的身份。明初军户的来源有"从征""归附""谪发"与"垛集"四途。"从征"即元末朱元璋起义军旧部，"归附"即降附朱元璋的元军与元末其他群雄之众，这两部分都是老军户。而明朝建立后的军户产生方式则是后两种。"谪发"即所谓充军。明初朱元璋曾搞过"大军点户"，把初下战场的几十万明军充当户籍警察在全国进行户口检查，户口属实的是"好百姓"，而"好百姓"之外的盲流、黑户一律"拿去做军"，于是"做军"无异于对"坏百姓"的惩罚。除户口不实以外，其他"罪"也多有被"谪发"充军的。至于"垛集"实即抓壮丁，以强制手段在征兵地区三丁或五丁抽一，"籍民为兵"。显然，无论是因罪充军还是被抓壮丁都是桩倒霉的事，因而"人耻为军"，军户实为贱民。军户既为贱民，其身份自然须具有强制性，子孙世袭，不得脱籍，至于他们能不能打仗倒成了次要的问题。于是明代军户与其说是一种职业，勿宁说是一种贱民身份或种姓。其主要特征并不是习武从戎，而是国家对之实行远比一般民户更强烈的人身束缚与行为管制。

事实上，由于卫所制度的陈腐，不仅卫所军户到明中叶以后军事

---

[1]《明太祖实录》卷一八六洪武二十年十月丙寅、卷一八八洪武二十一年二月癸丑。

[2]《明太祖实录》卷二〇七洪武二十四年二月己未。

意义已日益下降，而且都司管辖下的卫籍居民也并不全是军户，卫籍民户也为数不少。这正如清代的旗籍（旗人）并不都是八旗兵一样。所不同者，清之旗民身份高于常民，而明之军户身份则低于常民。

在正常情况下，军户实际上是身份不自由的屯田农民。而明代陕西布政使司管下的民户中，也建立有民兵制度。当时卫所之外，州县有"民壮"，边地有"土兵"，二者亦称乡兵。明中、前期政府常在陕西军事要地以自愿报名形式征集"乡兵"4000多人，被征者每人给布2丈，每月补粮4斗。成化二年（1466年）塞上告边警，从延安、庆阳征集的民兵5000余人便以"土兵"名义开赴秦塞各口抵御"套寇"。当时延绥巡抚卢祥曾称赞说："边民骁果，可练为兵，使护田里妻子，故有是命"[1]。可见在当时的陕西，都司—卫所所辖之人，多以屯田为业，而布政司—府州县所辖之人亦有民兵制度，二者之分别实不在业武与否。如果说明初在卫所之制尚属新锐之时还可以把都司所辖与布政使司所辖看成是职业上的军民之别的话，那么越到后来卫所的军事意义就越淡化，这种差别就更模糊了。

但这并不是说都司所辖与布政使所辖没有其他的区别。职业之别固然淡化，但身份之别却仍是壁垒森严。布政司—府州县民户耕种的是私有的民田或按一般租佃原则承佃的官田，并向国家交纳赋税性质的田粮。而卫所军户则按一定比例（如屯七练三）分为屯军与练军，轮换充任。屯军在军事监督下耕种国家配给的屯田，其所交纳的"屯租"或"籽粒"不是赋税而是地租，甚至是体现了其人身受束缚状态的"人身租"。布政司与府州县的官员均为科举入仕，朝廷委任的"流官"，并实行本地人不任本地官的回避制度；而卫所系统的千户、百户乃至指挥之类的官员却与军户身份一样实行世袭，完全谈不上什么回避制。这种从军户到卫所官员都世袭的制度，类似于许多少数民族中的土司之制（因此当时也确实是把土司制当成都司系统的官制，并给

---

[1]《明史》卷九一《兵志》。

许多土司授予土千户、土百户之类职衔）。当然，受到朝廷军纪约束的卫所官员不同于半自治的土司，但是两者都以某种农奴制式的人身依附关系为基础。因此，都司系统与布政司系统的区别实质上并不是兵、农二业的区别，而是"一省两制"，即都司系统的军事农奴制与布政司系统的租佃小农制的区别。专制国家对军户的人身控制与对军屯的土地支配都远远强于它对州县民户民田的控制能力。显然，陕西军屯的空前发展与军户的庞大，与我们在上节谈到的明初专制国家对经济生活干预与管制能力的强化密切相关，而不能被仅仅视为一种军事措施。

卫所—军屯制度既不仅仅是一种军事措施而是国家经济管制能力的体现，则评价这种制度就不能仅看它的军事效能。卫所—军屯制度在明初经济残破、人民流徙的情况下，有一定的积极作用，尤其是在统一战争与抵御北元的斗争中，卫所—军屯制度使兵源、饷源在兵农合一的基础上得以保证，大规模军事行动得以顺利进行。但当全国基本统一，社会生活已经趋于安定后，就应当让多数军士解甲归田，恢复民间生活。然而明朝当局却留恋军事组织形式，盲目扩充军屯与卫所组织，名曰寓兵于农，实则贬农为兵，或者说是贬自由小农为军事农奴，把相当大的一部分土地与户口置于专制权力的直接约束之下，从而扼杀了相当一部分民间社会的经济活力。唐宋以来我国封建社会内控制松弛型的小农（自耕农或佃农）日益占优势，而到了明初却冒出这样一块农奴制成分来，这不能不说是一种倒退。

陕西的军屯、卫所比重既如此之大，则这种倒退对陕西的影响也是严重的。在明初军户的两个主要来源中，"内地多是抽丁垛集，边方多是有罪谪戍"。[1]而陕西属于"边方"，因此陕西都司的军户"多由罪谪"[2]，其身份尤低于那些由民丁垛集为军者。在边地的严酷条件与卫所权贵的严厉束缚和奴役下，他们生产积极性差，因而耕作效率远

---

[1]《皇明经世文编》卷七四，丘浚《州郡兵制议》。
[2]《明太祖实录》卷二四四洪武二十九年二月甲午。

比民户还低。按常理，作为国有耕地佃种者所交纳的地租（屯田籽粒）应该比私有耕地耕种者所交纳的赋税多得多，明初多数地区的屯田籽粒额也确实比民田税粮额高得多。然而洪武末年陕西的军屯却是"税粮照民田例"[1]。这并非统治者格外宽待，实是陕西军屯的生产率低下，以至不可能提供更多的剩余。当时同在北边的辽东地区，军屯份地每份 50 亩，籽粒额 15 石。[2]而陕西则是每 500 亩只能"岁纳粮 50 石"[3]，平均每亩 1 斗，只及辽东地区的 1/3。但实际上陕西都司连这个任务也完不成。明中叶陕西都司现额屯田每亩只能承担 0.489 斗的屯粮籽粒，而全国各都司的平均数则为 0.675 斗；[4]陕西布政使司所辖府州县的民田田粮额平均也为每亩 0.6 斗—0.74 斗。[5]从而产生了"地租"低于"地税"的不正常的倒挂现象。

其实，陕西军屯的土地适耕性与生产潜力都大于州县民田。明初军屯以专制权力为后盾在陕西大为扩充，抢占膏腴，以至于许多地方"宽衍川地，尽属军屯；峻瘠山冈，方为民产"[6]。但占据着"宽衍川地"的军屯系统生产率却比"峻瘠山冈"中的民田还低，这无疑是军事农奴制落后性的恶果。

宋元以来，陕西社会出现了某种军事化趋势，明初的都司—卫所体系更把陕西颇大一部分土地、人口直接纳入军事系统，从而强化了这一趋势。社会军事化与国家对经济生活、社会生活的强烈干预，使得民间的经济分化受到抑制，也使明初陕西社会呈现出某种"右贫抑富""摧制兼并"的气氛，加速了关中社会变成依附性小农的汪洋大海的进程，也就是封建社会的关中模式形成的进程。直到明后期，关

---

[1]（雍正）《陕西通志》卷三八《屯运二》。

[2]《明宪宗实录》卷二四四。

[3]（雍正）《陕西通志》卷三八《屯运二》。

[4] 梁方仲：《中国历代户口、田地、田赋统计》，第 364 页。

[5] 梁方仲：《中国历代户口、田地、田赋统计》，第 347 页。

[6]（康熙）《米脂县志》卷四《田赋》引知县张可立语。

中平民地产的租佃率也不到30%。[1]但是，专制权力本身却导致了"国家自为兼并"，在民间"右贫抑富"的结果是"关中之民称为极贫"，[2]而像秦王府那样的一小撮权贵却在普遍贫穷的民间社会之上享尽威福，穷奢极欲。权贵、官府与平民百姓的矛盾远远超过了民间的贫富矛盾。

明初的卫所军屯等强化国家干预的制度意在巩固中央集权，但在专制权力之下这些制度也不可避免地要走向全面败坏。有权势者假"公"弄权，以权谋私。屯田多被军官、豪右侵隐占夺，致使屯租亏空，军户逃亡。甚至当军者无地，种地者非军，卫所制度也就名存而实亡了。

五　高福兴、田九成起义

明初的陕西社会，如果从国家机器控制社会的能力看，无疑是个"治世"：明政府通过都司—卫所系统直接控制着相当一部分土地与人口，其余土地、人口也在"大军点户"、山禁矿禁、榷盐榷茶以及种种重农抑商、摧制兼并的强硬政策控制下受到政府的严格约束。朱元璋重典治国、奖廉惩贪的铁腕手段也使得政府本身一度显得较为精干而有效率。

然而如果从社会活力与人民个性发展的角度看，这种强硬的束缚政策又是很违背人情和不得人心的。专制国家的垄断比民间富户的"兼并"给贫苦百姓带来的害处更大，而作为国家农奴或军事农奴的人身地位也比作为私家佃户或雇工更为不堪。朱元璋重典治官固然颇收杀

---

[1] 孙丕扬在（万历）《富平县志》卷八《田赋志》中称"富平之户逃者什二，名姓空存于籍中；富平之田佃者什三，租庸半籍于邻土"，意在强调当地逃户与租佃问题的严重。因此关中一般情况当无逾于此。

[2] （隆庆）《华州志》卷八《田赋志》。

鸡儆猴之效，但他的重典治民更是冷酷残暴。民间社会内部的贫富对立在抑兼并政策下固然相对缓和，但民间社会与专制国家间的官民对立却十分紧张。因此毫不奇怪，在经历了元末农民战争风暴之后建立起来的明王朝初年一方面国力相当强盛，一方面民生却显得凋敝。一方面朱元璋的统治号称"立法多右贫抑富"，另一方面却往往造成"官逼民反"的现实冲突。结果这个张口闭口"朕起自农民"[1]的太祖高皇帝统治时期，偏偏成了我国历代王朝在其建立的初年就频繁发生农民起义的一个典型。

陕西社会在明初既以军事化色彩强烈、国家干预与管制社会的力量强大而著称，则明初的这种社会矛盾也势必在陕西有突出的体现。早在明朝平定三秦不久，小规模的民变就开始在陕北、关中与陕南屡屡出现：

洪武四年（1371 年）十二月，陕北中部县（今黄陵县）民刘亨等聚众起事，明延安卫指挥曹隆率兵前往镇压，杀刘亨等。

洪武五年（1372 年）正月，刘亨起义刚被镇压没多久，与中部相邻的耀州宜君县又发生了规模更大的人民起义。那个姓名没有留传下来，仅以"宜君县民"见载于史册的起义首领"自称大王，署官属"，建立了一个雏形的政权，他率起义者攻下县城，焚烧县衙，并与前来镇压的官军作战。最后，明秦州卫指挥佥事王溥所率的官军把起义镇压下去。

洪武八年（1375 年）九月，陕西逃亡的军户常德林等人为摆脱军事农奴地位，也在关中聚众起事。当时陕西明军的第二把手（仅次于耿炳文）、西安卫指挥濮英亲率卫所兵丁前往镇压，击溃了起义者。

到了洪武末年，农民起义的规模与频率都明显增加，终于导致了洪武年间较大的一次农民战争——陕南高福兴、田九成起义。

原来，陕南秦巴山区一带人民凭借着深山老林的复杂地形，自洪

---

[1] 朱元璋：《册秦王等文》，《全明文》第一册，第 363 页。

武初年就"不供征徭，不惧法度"[1]，与明政府长期周旋。这一带山外移民较多，宗族联系淡薄，而秘密宗教结社如弥勒、白莲教团体却十分活跃。早在洪武初年，陕西阶州（今甘肃武都县）的弥勒教主金刚奴就在当地聚众起义，并逐渐转移到以沔县（今勉县）西部为中心的陕甘川交界地区。洪武三十年（1397年）正月，沔县城内的衙吏高福兴、百姓田九成与弥勒教僧侣李普治密谋，准备据城起事，响应金刚奴。这一密谋不幸为沔县教谕王璞侦知并密报于汉中卫，于是汉中卫官军突至沔县，逮捕了李普治。高福兴、田九成等则率余众突出县城，奔入县西的后河及土门一带，聚众至千余人。金刚奴也率部来会，陕川边界地区各族人民群起响应，一时声势颇为浩大。为号召远近，高福兴自称弥勒佛，田九成称汉明皇帝，建元龙凤，金刚奴称四天王。从这些称号与建元中明显地可以看出这次起义与同样打着弥勒教旗号的元末农民战争中的主流——红巾军有着明显的继承关系。"汉明皇帝"与当年的小明王都以"龙凤"纪年，都宣传"弥勒降生，明王出世"以扫除世间不平的农民起义主张，因而也都受到了广大农民的支持。

同样在元末农民战争中发迹并曾经臣属于小明王及龙凤政权的朱元璋当然深知其中的利害，他此前已命长兴侯耿炳文为征西将军总兵官、武定侯郭英为副将军，率陕西明军主力出巡西北，以寻歼北元势力。闻知陕南之变后，朱元璋立即令耿、郭暂停巡边，移军进入陕南，全力镇压起义，并令秦王朱尚炳率秦府护卫军在关中严加戒备，防止起义向秦岭以北地区蔓延。

耿炳文、郭英是朱元璋20多年来大杀功臣硕果之后仅存的明朝开国元勋、沙场名将，"时诸勋臣坐胡（惟庸）、蓝（玉）二党，诛戮且尽。炳文以开国功臣榜列其名……英兄弟显贵，女弟为宁妃……上自起兵以来，存者仅炳文与英二人"[2]。他们所统率的又是明朝西北边军精锐。

---

［1］《明太祖实录》卷二五二洪武三十年四月辛卯。

［2］ 夏燮:《明通鉴》卷一一，岳麓书社，1999年，第385页。

然而，如此名将精兵，对付陕南的一群造反百姓，一时竟无所措手足。高福兴等"攻破城寨，杀死官军"，发展十分迅速。正月间汉中卫官军前往镇压，进至沔县西北阳平关下之土门，突然陷入义军的围击。义军首领何妙顺号称"天王"，勇不可当，冲入官军阵中，官军大败而逃。高福兴等乘胜攻克略阳，焚毁县衙，杀死知县吕昌，俘虏教谕吕诜。随即又攻下徽州（今甘肃徽县），执杀学政颜叔彬[1]，二月间义军再破文县（今属甘肃）。明军再次失利。

败报传来，明廷十分震惊，于是朱元璋又诏陕西都指挥佥事吴旺率陕军 1.5 万，四川都指挥佥事俞琪率川兵 1.8 万，会同征西将军耿炳文讨"贼"。两省官军对高福兴展开了会剿：耿炳文驻兵文县，郭英驻兵沔县，分头堵住义军东出西进之路，然后命吴旺、俞琪率明军从中分道缉捕。义军主力奋战数月，终无法冲出明军的合围，至九月间终于战败，高福兴及其部将汪伯工、陈妙贵、杨文皋、王师傅、刘普成等均被俘杀，余众 4000 余人被解散。起义于是转入低潮。

高福兴牺牲后，郭英率明边军回西安，留下四川都指挥同知赵兴继续率军追捕义军余部田九成、陈二舍等。不久，田、陈二首领也相继失败死难。但陕南义军的活动却仍未停止。金刚奴、仇占儿率领部分起义者退回起义初期的根据地沔县西部山区，又坚持斗争达十余年之久，直到明成祖永乐七年（1409 年）才最后被镇压下去，金刚奴等均被捕获牺牲。至此，这次发源于陕南、活动区涉及陕甘川三省边区的起义已历时 30 余年之久。这不仅在明初，就是在我国历代封建王朝初期所谓黄金时代里都是极为突出的。

---

[1] 从《明太祖实录》,《明纪》等书作颜叔彬。

第十二章　从治世到危机：明中后期的陕西社会

一　天、成之治

朱元璋于洪武三十一年（1398年）弃世后，留下了一个充满矛盾的体制：它既居重驭轻，高度集权于中央，又允许藩王典兵，形成尾大不掉之势；它既是法纪森然、严刑重典的高度秩序化体制，又以民变频繁、基层不稳著称；它既保持了国力昌盛，又造成了民力疲惫；它既"疾兼并之俗"，打击了民间豪强，使"大家富民多以逾制失道亡其宗"[1]，又扶植起一批假皇权以肆虐的势家权贵；它既高奏"右贫"之调，从豁免赋税到赈济饥民，从为民惩贪到鼓励百姓告官，表现了历代罕见的"农民皇帝"的姿态，又实行重典治民、大军点户，以强硬的经济管制弄得"役重而民困"[2]。这些体制性的矛盾在他死后不久便爆发出来，经过四年的惨烈内战即"靖难之役"后，明成祖朱棣在继承父业的基础上对朱元璋留下的体制多有改更。

此后随着皇位更替，明初那种草莽天子的新锐、进取之志与强硬、暴戾之政都逐渐消退。明王朝一方面变得暮气沉沉，腐败日深，失去了"抑兼并"的能力，另一方面由于其行政效率下降，经济管制能力削弱，对民生的种种钳制与约束也不断放松，明初以来一直受到压抑

---

[1]　方孝孺：《逊志斋集》卷二二《故中顺大夫福建布政司左参议郑公墓表》。
[2]　《明史》卷一四七《解缙传》。

的民间经济活力得到了相对的解放，商品货币关系在相对宽松的条件下大有发展，因而社会经济繁荣起来。当然，同时民间贫富分化与社会危机也逐渐积累起来了。

总之，明朝由前期进入中期以后政权机器日益老化，其正面职能与负面职能却有所减弱，由此对社会造成的影响既有积极的方面，也有消极的方面。但是在国内不同地区，这些积极面与消极面的比重是不同的。在闽、广一带原先社会军事化色彩较淡，民间分化较活跃的地区，经济管制松弛带来的好处远不如政治腐败带来的坏处为大，因而这一时期社会危机日益严重，叶宗留、邓茂七、黄萧养的起义就是其表现。

而在陕西这样的地方，社会高度军事化，专制国家对社会的管束，对民生的钳制与在经济上的垄断造成的消极影响甚大，而宗法小农汪洋大海的关中模式中商品货币关系不发达，民间的"兼并"并不构成严重问题。因此，王朝机器老化，国家对社会管制能力下降带来的积极影响在一个时期内比消极影响更突出。所以如果说在全国范围内洪武、永乐时期是明王朝的"黄金时代"的话，这个时代在陕西却并不怎么有光彩。

而到了明中叶的天顺、成化之际，全国范围内时事日非，陕西的状况却相对好起来。洪武年间频繁发生民变，以至爆发金刚奴、高福兴起义这样长达数十年的农民战争的陕西，到天顺、成化年间却出现了某种升平气象，吏治相对清明，经济相对发展，民生比较安定。与这一时期东南地区的动荡不宁、民变频起形成了明显的对比。我们可以把这段时间陕西的"盛世"称为天、成之治。

天、成之治的最明显特征是这一时期陕西出了不少较有作为的地方官，他们或操守可嘉，或政绩可观，都是一时之选，对陕西的发展作出了贡献。如：

陈镒，字有戒，南直吴县（今苏州）人。明英宗即位，即派他以右副都御史镇守陕西，时在宣德十年（1435年）九月，此后直到明代宗景泰三年（1452年）春回京，他先后在陕任职十余年。陈镒治陕以宽和著称，他一改明初官僚雷厉风行而过于严苛的风气，奉行无为而治，几乎年年以为陕民上疏求蠲免为要务。正统元年（1436年），他提出："陕西用兵，民困供亿，派征物料，乞悉停免。"结果得到批准。次年他奉命出巡陕北，时值饥年，他又请求开仓赈济。正统九年（1444年）他再以陕西遭灾为由，要求免除40%的税粮。诸如此类举动不胜枚举。于是每逢灾荒，陕人便寄望于他。景泰二年（1451年）陕西又饥，而陈镒已于此前在蒙古瓦剌兵犯北京时经于谦推荐回京巡抚畿内，于是西安一万余军民便向明廷请愿："愿得陈公活我！"明代宗闻知，遂命陈镒回陕复任。由于陈镒注意减轻陕西人民负担，使人民得以休养生息并发展生产，因此他抚陕期间"塞上咸有储蓄"，甚至"仓储充溢，有军卫者足支十年，无者直可支百年"，以至于陈镒要为仓粮"陈腐委弃可惜"而伤脑筋。经过一番筹划，他在陕西实行了军饷制度改革，即充分利用官仓中丰裕的存粮，于每年春夏两季拨给官军作为月饷，同时停止以钞支饷的做法。这样，既利用了存粮，又节省了当局的货币开支，还可使军户免除钞币贬值之苦，因而得到了普遍欢迎。

　　陈镒的宽和之政还表现在其他方面。当时明政府对秦巴、荆襄一带的大山区长期实行"山禁"，而各地流民则纷纷涌入，在其中"非法"垦殖，形成了绵延明清两代、牵连陕楚豫川四省的陕南、荆襄流民问题。对这一问题陈镒一直主张用安抚的办法解决。他一再要求朝廷"命河南、湖广、陕西三司官亲至其地抚恤之"，以免"流民啸聚为乱"。然而当事者却不以为意，结果问题越拖越严重，到陈镒死后十余年，便爆发了著名的荆襄流民大起义。陈镒还针对陕北沿边民贫地瘠而边防负担沉重的情况草成《抚安军民二十四事》，主旨仍是对民宜软不宜硬，以无为而求无不为。他的这一思想一时成为明廷处理有关问题的主导方针。

　　陈镒的宽和之政在陕西颇得人心，在这期间他曾两次调任他职，均以"陕人乞留，诏仍旧任"。史称陈镒"凡三镇陕，先后十余年，陕人戴之若父母。每还朝，必遮道拥车泣。再至，则欢迎数百里不绝。其得军民心，前后抚陕者莫及也"。[1]当然，在封建专制体制下的"宽和"是有天然局限的，不仅"宽和"的程度不能逾越封建统治的根本利益，如触犯了这种利益就无"宽和"可言，而且对老百姓而言，统治者往往是严则厉民，宽则纵官，前者为虐政，后者为荒政，都各有其弊。陈镒为人"性宽恕，少风裁"，因而也有放松官场风纪、造成吏治恶化的问题。不过对于陕西来说，由于明初之政主要失之太严，所以陈镒治陕以宽还是得民心的。

陈镒之后，自景泰三年（1452年）至天顺元年（1457年）抚陕的是耿九畴。耿九畴字禹范，河南卢氏人，以廉洁、严正闻名，"有清望"。他曾主持两淮盐政，这是当时天下第一"肥差"，历来贪污成风。他到任后"痛革宿弊"，盐政为之一清，而本人"节俭无他好，公退焚香读书，廉名益振"。他到陕西后，针对陈镒治陕在宽和待民之余也放松了官场纪律的问题，转而以"严"治陕。刚到任，他就查处了陕西都司—卫所体系的最高官员都指挥使杨得青，以"私役操卒"，盘剥军户，将其革职逮捕治罪。并借这一事由在都司—卫所系统中厉行整饬，"命诸边如（杨）得青者，具劾以闻"。

当时，陕西沿边滥增兵额之弊严重，将帅借以吃空额而自肥，边防却因此而日益败坏，而边防败坏引起的边患日烈，又反过来成了要求增加兵额的理由，形成了一种恶性循环。耿九畴到陕西后，有关方面又要求增设卫戍，扩充兵员。耿九畴认为，"边城士卒非乏。将帅能严纪律，赏罚明信，则人人自奋。不然，徒冗食耳"，断然否定了增戍之议。边将又以沿边屯田多在塞外，边民历来春夏出塞耕作，秋冬入塞安居，现在边军兵力不足，无法护耕，因而要求边民内徙。实际上边将们是想以此要挟他同意增兵添戍。但是耿九畴又毫不含糊地将他们顶了回去，他说：设边将为的就是御寇卫民，若使边民避寇而失

---

[1] 此处及前引数文皆据《明史》卷一五九《陈镒传》。

业，养你们这些将帅做什么？于是下令"禁民入徙。有被寇者，治守帅罪"[1]。诸将不得不诺诺遵令。结果是兵额未增而边防益固，边民未徙而耕作获安。耿九畴又获得了成功。

耿九畴不仅自己廉洁，御下严明，而且对上面的奢侈要求也予以抵制，包括皇帝在内。某年宫中传旨陕西，要采办羊角来做宫灯。耿九畴引用宋朝苏东坡劝谏宋神宗罢买浙灯的典故，上疏劝阻，终于制止了这桩劳民伤财的摊派。

耿九畴之后，项忠、马文升、余子俊三人先后治陕，这三人号称"天、成间陕西三名臣"，他们的治绩更在陈镒、耿九畴之上。

项忠（1421—1502年），字荩臣，南直嘉兴（今浙江嘉兴）人。他于天顺初年任陕西按察使，颇有政绩。后遇母死守丧，陕西绅民派代表到京要求挽留，明英宗遂特许项忠"夺情[2]起复"，留陕任职。天顺七年（1463年）他升任大理寺卿，要上调中央做京官，陕民再次竭力挽留。于是朝廷改命他就地升官，以右副都御史巡抚陕西，而以原任陕西巡抚代他去做大理寺卿。此后他任陕西巡抚五年，直到成化三年（1467年）八月入京掌都察院，前后共在陕任职十年之久。

项忠在陕时，连岁灾荒，他积极赈济，并令民有轻罪者可以纳米供赈以自赎，饥民赖以得到接济。但是项忠治陕的主要政绩还是在水利建设方面。

当时，古长安的引水系统自唐末以后久已废弃，宋代修的龙首渠也早已淤塞。明初耿炳文虽曾进行过修治，但很不彻底，不久又复淤废。于是西安人民又只能使用咸卤难饮的地下水。项忠到任后，与当时的西安知府余子俊合力主持重开龙首渠，引浐水入城。在施工时，他对

---

[1] 此处及前引数文皆据《明史》卷一五八《耿九畴传》。

[2] 封建时代号称以孝治国，官员父母死，例应离职归家守丧三年。但若公务急需，则朝廷也可作为特例令其居官守丧而不使归里，号称为国事而牺牲亲情，故谓之"夺情"。

宋代渠线作了很大改动。由于浐河深切，宋代在今马腾空村附近的龙首渠原渠口已高悬河上而无法进水。项忠把渠线延长，渠口上移至今留公村附近，从而较彻底地解决了问题，使水流得以顺畅。与此同时，他又在今丈八沟附近开渠，从西面引皂水入城，号为通济渠。[1] 这是自唐末以后第一次从浐河之外引水入城，在古都供水史上有重大意义。从此龙首、通济二渠分济东西城，使古城得免饮咸水之苦。项忠主持的这一项工程后来经受了历史的检验：直到清末，西安的城市引水系统仍是"项公遗泽"。

除西安城引水工程外，项忠还主持重新疏凿了关中平原在古代规模最大的灌溉工程郑、白二渠。这一灌区明初也曾由耿炳文作过初步整治，项忠进一步兴工扩建后，全灌区的受益面积达到 7 万多顷。这个数字虽然不能与秦汉时代相比，但却达到了金元之后现代以前这一古老渠系的最兴旺的规模。为此，灌区五县的人民皆立祠以祀项忠。

项忠抚陕期间正是鞑靼进据河套之时，他亲赴延绥抵御套寇，并首次提出用兵收复鄂尔多斯地区的建议，但朝议未能允许。项忠在明中叶是个有为的名臣，他刚直不阿，不为权阉汪直所屈。但作为封建时代的官僚，他也是镇压荆襄流民起义的刽子手。他在这方面的强硬态度与屠杀手段，同陈镒的"抚恤流民"主张形成了强烈的对比。他在大肆镇压后又"下令逐流民"，不仅起义前冲破"山禁"进入山区的流民悉数被赶出他们辛勤开垦的土地，甚至连自洪武年间就进入这片土地、久已占籍落户者，也被不分青红皂白地一并驱逐，"不前，即杀之"。

这不仅引起流民的反抗，在统治集团内也引起了强烈不满。与项

---

[1] 参见钞晓鸿：《人物传记中水利史料的考辨与利用——以明清时期的项忠传记为例》，《厦门大学学报》（哲社版）2011 年第 1 期。一说通济渠系引自潏河，见西安市地方志办公室：《通济渠——明清西安城引水渠道》，http://xadfz.xa.gov.cn/lszs/show-237086.html

忠同负镇压之责的兵部尚书白圭便提出："流民既成业者，宜随所在著籍"[1]，不应一概扫地出门，还有人劾项忠滥杀冒功。但明宪宗坚决支持项忠，把一切异议置之不顾。后来事实证明，流民是驱赶不尽屠杀不完的，一味镇压只会物极必反，而且也使明廷损失了本可以从著籍流民身上榨取的赋税。于是在项忠身后，明政府又逐渐恢复了陈镒的"抚恤"政策。

项忠在这个问题上的所为不仅从流民的立场上说是残暴凶虐，罪恶累累，从明朝统治的长远利益看也是一种失策。不过封建专制体制下不可能有尽善之政，正如宽和无为的陈镒有吏治不严之弊一样，严猛有为的项忠也难辞御民太酷之咎。但作为封建王朝的忠臣，则项、陈都是明廷所倚重的栋梁，而"宽猛相济"也是封建统治的常规了。

继项忠之后巡抚陕西的陈价任职仅一年就因罪被逮，此后在成化四年（1468年）至十一年（1475年）间巡抚陕西的是明中叶又一能臣马文升。马文升（1426—1510年），字负图，河南钧州人。他在抚陕期间主要的业绩在于边政方面。他于任内修建了从安边营到铁鞭城的烽堠，并伏兵于韦州，大败套寇于黑水口，俘虏鞑靼的平章（丞相）迭烈孙，继而再败套寇于汤羊岭，当时号称"军功甚盛"。但他不为那时夸张邀功的风气所动，奏捷时实事求是，于是朝廷竟未予奖赏。后来马文升又三次巡抚辽东，并升任兵部尚书，成为弘治年间文武全才、刚正廉洁的名臣。

马文升离任后由余子俊继其抚陕之职。余子俊（1429—1489年），字士英，四川青神人，天顺五年（1461年）起任西安知府，成化七年（1471年）升任延绥巡抚，十一至十三年（1475—1477年）接马文升陕西巡抚之任，前后共在陕西任职17年之久，是治陕诸名臣中在陕任职时间最长的一位。余子俊以对延绥边防有重大贡献而彪炳于史册，他在任上主持修成了秦塞长城。为了加强边备，他还把延绥镇城

---

[1] 此处及前引数文皆据《明史》卷一七八《项忠传》。

与延绥巡抚治所从绥德北迁，驻于更靠近边塞的榆林。此举曾引起不少部属埋怨，他们都留恋于较繁华的绥德城而不愿意迁往荒凉的边关。但余子俊不为所动，坚持迁镇，并拓城置戍，招商兴屯，使榆林成为至今仍享盛名的塞上重镇。在此期间，余子俊也多次获得战场上的成功。成化九年（1473年），他率部奔袭红盐池，捣毁套寇巢穴，一度把鞑靼赶出了河套地区。筑边墙、迁镇城的工作因而得以平安地进行。

余子俊作为地方行政官也政声卓著。他任西安知府时也以廉干著称。成化初年朝廷褒奖全国的10名优秀知府，余子俊名列其首。他在知府任上除了赈济灾民、整顿属县吏治等政绩外，还与项忠一起主持修建了通济渠。就任陕西巡抚后，他看到西安城虽已有了通济、龙首两条引水渠，却尚无排水系统，雨季常水溢成灾，于是便主持在城西北开渠泄水，经汉长安城而入于渭河。从此古城形成了完整的上下水循环系统。人民感念这一功绩，把这条排渠称为"余公渠"。

此外，余子俊在任时还组织人力在泾阳县境内凿山引水，扩大灌溉面积10万余亩，并开通南山道，翻越秦岭而抵汉中，从而改善了关中到陕南的交通状况，方便行旅与商业往来。余子俊离陕后，历任兵部尚书、户部尚书及宣大总督等职，也是所谓"中兴名臣"之一。

这一时期陕西地方官中政绩较佳的还有著名的越南裔政治家阮勤。阮勤原籍交阯（今越南北方），其父归籍中国，定居山西长子。他于成化十六年（1480年）至十九年（1483年）间任陕西巡抚，任内在陕北边防筑墩台14所，增建长城与堑壕30多里。岁饥，奏免陕西七府租赋40多万石。当时人称："'蛮邦'人著声中国者，（阮）勤为最。"[1]

著名的清官秦纮也值得一书。秦纮（1426—1505年），字世缨，山东单县人。天顺年间来陕任府谷知县，成化元年（1465年）升葭州知州，又调知秦州，再升巩昌知府、西安知府、陕西布政司右参政。成

---

[1]《明史》卷一七八《阮勤传》。

化十三年（1477年）离陕升任山西巡抚，20多年后又于弘治十四年（1501年）以76岁高龄从致仕（退休）中被征召，回陕担任明朝在西北的最高官员——陕西三边总督，直至十七年（1504年）。秦纮仕陕20年，从知县、知州、知府、参政直至总督，一直以极端廉洁见称于当时。据说他"廉介绝俗，妻孥菜羹麦饭常不饱"，如此大员之家竟然食不果腹，并非伪装。成化年间他得罪了明宗室庆成王，被诬陷下狱，朝廷下令抄没家产，结果发现这位巡抚大人几乎是家徒四壁。奉令抄家的太监尚亨受到感动，把抄到的几件破衣上呈皇帝，明宪宗也叹息道："纮贫一至此耶？"秦纮死后，权阉刘瑾恨他生前耿直，借端追论其罪，再次对他家进行抄没，结果又是"籍其家，无所得"！于是人人叹服，"士大夫识与不识，称为伟人。"尤为难得的是，秦纮并不仅仅是个清心寡欲的君子，他还是个"性刚果，勇于除害，不自顾虑"的能臣。由于他在从知县到巡抚的历任中才干素著，因此在弘治十四年套寇"大入"的危急之秋以退休老臣被再委重任，"言者谓纮有威名，虽老可用"。他任总督后奖勇惩懦，严肃纪律，"更易守将，练壮士，兴屯田，申明号令，军声大振"。同时，他还对军械加意研究，"以意作战车，名'全胜车'，诏颁其式于诸边"。史称其"在事三年，四镇晏然，前后经略西陲者莫及"。[1]

总之，天顺、成化年间（以及此前的正统，此后的弘治年间），由于在全局上明初过分严酷的体制趋于软化，在陕西范围内又出了一些廉臣、能臣，加上其他一些条件，使得陕西出现了一段省政较为清明、省情较为良好的时期。而在这个社会危机与边患都继续发展的明朝中叶，朝中宦官专权，西厂特务横行，国内流民起义不断发生，北方鞑靼继瓦剌之后兴起，入据河套，造成此后八九十年间北边不得安宁。在这样的历史阶段中陕西能有如上省情，应当说是很幸运的。

---

［1］ 此处及前引数文皆据《明史》卷一七八《秦纮传》。

二　三司权力的衰微与一督四抚体制之确立

明中叶的陕西政治体制也发生了深刻变化。我国历代封建王朝在地方行政体制上都面临着一些难以解决的矛盾，即既要居重驭轻，削弱地方事权，又要提高统治效率，加强地方行政。从前一目的出发，需要政出多门，互相牵制，以便中央操纵如意，防止尾大不掉；而从后一目的出发，又需要集中事权，统一责任，以便政令畅通，雷厉风行，防止筑室道旁，终日扯皮。另一方面，朝廷总害怕地方官常任后"诸侯化"，形成离心势力，因而总想派中央代表巡行地方，以代行天宪，钳制"诸侯"。然而这些中央代表如浮游无根，则不能与"诸侯"相抗衡；但若扎根于地方，又会变成新的常设地方官而发生"诸侯化"的危险。

因此历代的地方事权总是合了分、分了合，而历代的中央代表总是始则为"钦差"监视"诸侯"，终则变成新的"诸侯"，又受到新的"钦差"的监视。唐末地方事权一归于节度使，宋代把它分割而各归之于帅司、漕司、宪司，元代再合诸司之权而归于行中书省，明初又复把行省集权变成了三司并立。汉之刺史，唐之道臣与元之行省平章原来都只是巡行地方的中央代表，后来都转化为常设地方官，并处在新一代中央代表的监视下。

到了明代，这种"官制的循环"不仅仍未打破，而且循环速度加快了。明初的行中书省因事权过于集中而被分解为"三权分立"的三司。然而没过多久，这种体制就显露出了许多弊病：事权过于分散，效率低下，尤其是都司—卫所体系与布政司—府州县体系往往辖境交错，人员相邻而其外部边界却又不重合，致使地方上一旦有事，双方的协调与人力物力的充分动员都很难实现。同时明朝廷对地方机构总是有传统的疑心，即使分割了事权，这种疑心总也难完全化解。因此往往会由中央派大员到地方来巡视、监督，并统一指挥三司的工作，开始是因事派人，日久成例，便渐渐发生制度的改变了。

陕西在明代是边防三大重地之一，而且由于北京方面朝廷可以直接控制，辽东方面直到明末才成为边患的焦点，因此在整个明前中期，朝廷最放心不下的就是陕西方面。于是陕西也就成了钦差重臣最常光顾的地方，明代三司权力的衰微与督抚体制的建立，因而也首先从陕西开始。

早在明初的洪武二十四年（1391 年），秦王朱樉因横行不法，被朱元璋召回南京禁锢宫中，陕西藩位告虚。倚重藩王镇边的朱元璋对此不放心，便派皇太子朱标"巡抚陕西"。一般认为明代巡抚之名即始于太子的这次陕西之行。以太子之尊巡边，其权威自然凌驾于三司之上，何况此时已年迈的朱元璋存心让太子历练政事，此次巡抚陕西自然不会只是仪式性的。因此朱标在陕期间不仅拥有高踞于三司之上的地位，也实际总揽了驾驭三司的事权。然而体弱多病的懿文太子这次出巡尚未及有所作为，便身染沉疴，不得不匆匆回京，并于次年不治身亡，于是洪武一朝不再提巡抚二字。但巡抚凌驾于三司之上，统掌地方军政大权的先例却已创下了。

永乐十九年（1421 年），明成祖派尚书蹇义等 26 人"巡行天下，安抚军民"，于是巡抚之名再见。但此时的巡抚品级未定，尚书、侍郎、都御史、少卿等官都可充任，有事派出，事毕回京复命，并不是常设之官。巡抚的地区也没有一定的范围，"巡"到哪里便"抚"到哪里。所以那时的巡抚性质类似中央工作组，并非一级地方官。

宣德以后，首先由于一些边地需派大员统一军政事权，指导三司行动，巡抚逐渐成为定制。陕西在这一过程中又首当其冲。宣德二年（1427 年），明廷以户部尚书郭敦、隆平侯张信巡抚陕西，并赋予二人在陕"整饬庶务"即处置军政日常事务的全权。郭、张到陕西后，查出布政司系统的西安、凤翔诸府与都司系统的宁、甘、洮、岷诸卫所官员借当时"一省两制"在体制上的漏洞，"包揽费用，通同官吏，虚出实收"，种种弊端。郭敦并建议"增置堂上官二员，令于彼监视"[1]，这样便提出了设置常设负责人以统摄两大系统的问题。

郭、张回京后，明廷又于宣德六年（1431年）派工部右侍郎罗汝敬往陕西。罗在陕一任七年，其间对他的头衔有经理、总督、提督、镇守、巡抚等称呼，中间还一度增派李新、陈镒等同任巡抚。可见这时巡抚一职仍无定衔、定员，还未成为常设职。宣德以后，正统、景泰两朝，这一职位逐渐规范化。宣德一朝10年间陕西有3年未派抚臣，正统、景泰两朝21年间就仅有景泰二年（1451年）陕抚空缺。在资格方面，景泰以前尚书、侍郎、都御史乃至武将（如张信等）均可抚陕，自景泰四年（1453年）耿九畴起，明廷认为以侍郎出镇则与巡按御史、按察司等监察系统"不相统属，行事矛盾，人难遵守，况文移往来，亦多窒碍"[2]，遂接受陕西布政使许资建议，给原为刑部侍郎的耿九畴加衔都察院右副都御史。"巡抚皆授都御史，自九畴始。"[3]明朝的省政改革又从陕西迈出了一步。

但这时改革尚未完成，不但新的一省首长时称巡抚，时称镇守，官员未定，而且在英宗复辟后又连续五年未向陕西派抚臣，一度恢复了三司体制。直到天顺六年（1462年），明廷才又命河南按察使王俭加都御史衔巡抚陕西。此后直至明末，此职不再空缺。而巡抚之名及巡抚带都御史衔之例，也从此成为定制。

这样，陕西的行政体制在经历了一段时间的地方分权制后，又恢复了地方集权体制。此后虽然名义上布政司与都司还是陕西民、军两系统的最高机构，并与按察司这一监察机构平行为三套班子，而巡抚名义上仍属中央机构都察院（后又加上兵部）派出的代表，但实际上其性质已由京官出巡变成了常任的地方大员。三司名义上仍各自上属

[1]《明宣宗实录》卷三三宣德二年十一月癸巳。
[2] 转引自吴廷燮：《明督抚年表》，中华书局，1982年，第224—225页。
[3]《明史》卷一五八《耿九畴传》。

中央对口部院府与皇帝，而且其官品也不比巡抚低（巡抚如带副都御史衔则为正三品，而都指挥使为正二品，布政使为从二品，按察使为正三品），但实际上他们之对中央负责已经具体化为对中央派驻地方的代表（即巡抚）负责，因而其事权也多已集中到了巡抚手中。

但是陕西巡抚事权虽重，辖境却比都司小，更比布政司小。为此，明廷于正统、景泰年间又先后由临时到常设，在陕西布政司境内增设了延绥、宁夏与甘肃三个巡抚，连同陕西巡抚而为四。到了弘治十年（1497年），明廷为了应付套寇的威胁所造成的边防形势，又任命左都御史王越为总督（初称总制），以统一领导陕、甘、延、宁四巡抚辖区。初时这也是以中央代表的名义因事而派的，属于京官出巡，但到嘉靖四年（1525年）杨一清督陕时，这一职务与巡抚一样成为定制，完成了由外派京官向地方官转化的过程。

于是明初陕西三司分立的体制便最终转化为明后期的一督四抚体制。它包括：

陕西巡抚，平时驻西安，防秋时驻固原（宁夏今县）。下辖西安兵备道、泾州兵备道（治泾州，即今彬县）、商洛兵备道（治商州）、潼关兵备道、汉羌兵备道（治汉中）等五道，陕西布政司的西安、凤翔、汉中三府与平凉府的泾州（今甘肃泾川），以及陕西都司的西安左右中前后等五卫。

延绥巡抚，初时驻绥德，成化九年（1473年）改驻榆林。下辖靖边兵备道（治定边营，即今定边县）、神木兵备道、榆林兵备道、河西分守道（治庆阳）四道，陕西布政司的庆阳府，以及延安府的绥德、葭州二州、肤施（今延安）等县，陕西都司的榆林、延安、庆阳、绥德等卫、所、城、堡。

宁夏巡抚，驻宁夏（今银川），下辖宁夏管粮、兵粮二道，陕西都司的宁夏等六卫，灵州等二所。

甘肃巡抚，驻甘州（今甘肃张掖市），下辖甘肃、西宁、庄浪三兵备道，陕西行都司所属全部卫所。

陕西三边总督，平时驻固原，防秋时驻花马池（今宁夏盐池县）。它除了总辖陕西、延绥、宁夏、甘肃四巡抚及其所管地区外，还直辖有：固原、榆林、宁夏、甘肃、榆林五镇，固原、洮岷、鄜州、临洮、巩昌五个兵备道与靖虏兵粮道，陕西布政司的巩昌、临洮二府和平凉府除泾州以外其余州县，延安府的鄜州（今富县），陕西都司的固原、洮州、临洮、巩昌、兰州、秦州、岷州等卫与一批千户所。

这样，今陕西省境除关中、陕南属陕西巡抚管辖外，陕北大部归延绥巡抚管辖，只有鄜州直属陕西三边总督。

一督四抚体制的确立，在当时乃至以后直至清代都对陕西造成了很大影响。首先，督、抚所辖都兼有府州县、卫所以及道、镇，从而改变了三司体制下府州县与卫所虽辖境交错混杂但却分属不同上级的情况，从而为消除这两种体制的差异创造了条件，具体地说就是为使卫所体制消除农奴制、土司（世官）制色彩而向州县体制看齐、逐步淡化"一省两制"的状况创造了条件。后来到了清代，正是在督抚体制下实现了裁撤卫所并入州县的进程。如前所说，卫所体制的农奴化、土司化色彩是一种违背历史潮流的东西，因而促进这种东西的消亡是应该赞许的。

其次，督抚体制促进了明代陕西军制的改变。督抚体制下卫所与州县同属的现象是与卫所制的衰败相联系的。卫所衰败后，世袭的军户、军官制便逐渐演化为招募兵丁隶属将帅之制。陕西总督下辖的五镇成了主要的野战军事力量。而明初那种都指挥使—都指挥同知—都指挥佥事—指挥使—千户—百户—总旗—小旗的军事序列，也变成了明后期的督抚—镇守总兵官—副将（副总兵）—参将—游击将军—守备—把总的军事序列。到了清代，"总、副、参、游、都、守、千、把"便由明代"无品级、无定员"[1]的非正式序列变成了正式的武将官阶了。

再次，督抚体制在陕西还成为陕甘分治的一个中间阶段。明初的

---

[1]《明史》卷七六《职官志》。

陕西布政司所辖包括今陕、甘、宁及青海部分地区，但陕西都司与行都司的分离已经隐含着陕甘分治的苗头，实行督抚体制后，陕西巡抚辖境已与今甘肃基本上无瓜葛。到清代，陕西、延绥两巡抚合并，甘肃、宁夏两巡抚也合并，同时陕西布政司先分成左、右二布政司，再分成陕、甘二布政司，便最终完成了陕甘分治并基本形成了今天的省境。

当然，当时的督抚体制还很不成熟而且弊端甚多。巡抚以下，府州县、卫所乃至道、镇等官并存，互相重迭，叠床架屋。指挥、千、百户的军事职能由总、副、参、游取代后，卫所军户的农奴身份却未能很快消除，由此加速了卫所制度的败坏，也加深了明中期以后陕西的社会危机。

三　刘瑾事件前后的陕西官场

陕西的"天、成之治"维持时间并不长，弘治以后，陕西与全国一样，社会危机日益发展，官场争斗也随之风起云涌。正德年间（1506—1521年）昏庸荒唐的明武宗在位，朝政日非，宦官刘瑾趁机专权，在历史上留下了昭彰的劣迹。

刘瑾是陕西兴平人，本姓谈，景泰年间入宫后，为刘姓太监属下，因而改姓刘。他为人狡诈，颇通古今权术，早在明宪宗成化年间（1465—1487年），他便因掌领教坊（宫中戏班）、导帝游玩而得到宠幸。明孝宗"弘治中兴"，他被赶回兴平原籍，看管茂陵香火。但不久他又得以服侍太子，以扮演丑角而取悦于主子。太子即位就是明武宗。刘瑾与另外几名太监马永成、谷大用、张永等八人以狗马鹰犬、歌舞摔跤之类继续讨皇帝的欢心，很快得到信任，号为"八虎"，权势日增。而刘瑾在八人中尤为狡猾，他常常精心安排某种游戏，待皇帝玩兴正浓时却拿来大批奏章请示裁决。此时皇帝玩得上瘾，自然不耐烦地推给刘瑾处理，于是刘瑾乘机自作主张，不再奏报。"事无大小，任意剖断，悉传旨行之"[1]，完全把持了朝政。大学士刘健、谢迁与大臣马文升、刘大夏等较正派的人士均被他排挤而去职。刘瑾权倾朝野，党同伐异，提拔亲信，结成死党。贪婪无耻的焦芳、刘宇、张彩等人都被委以要职，并"命天下镇守太监悉如巡抚、都御史之制，干预刑名政事"，于是从中央到地方形成了一股专擅跋扈的宦官势力。

刘瑾小人得志，实行恐怖政治，在原来归宦官主管的特务机构东厂、西厂之外，又设立了内厂，由他掌管，"凡所逮捕，一家有犯，邻里皆坐"，甚至河这边住的人得罪了他，河对岸的居民也要连坐。一时"屡起大狱，冤号相属"。正德三年（1508年）因为一封揭发他的匿名信，刘瑾竟令百官跪在奉天门下接受他的训斥，又把五品以下官员共300多人投入监狱。尤其对谏官，刘瑾更是残酷迫害，"一时惧祸者往往自尽，以求免下狱、廷杖之辱"。

在这种恐怖政治之下，刘瑾作威作福，公侯勋戚以下都要尊他为长上，见面要跪拜，奏章先呈给他，然后才能上呈通政司。这些章奏都必须称"刘太监"而避讳其名，一次都察院奏疏中误用了"瑾"字，刘瑾便破口大骂，吓得都御史屠滽率其部属向刘瑾跪下认错了事。刘瑾的党羽们也个个骄横跋扈，不可一世。被刘瑾提拔为大学士的焦芳，因为与某个江西人不和，竟勾结刘瑾下令把江西举人名额裁减50名，并且不许江西人做京官，甚至还想连江西的前代历史人物也予以惩罚，把宋代王安石、元代吴澄等江西人都列榜定为奸逆，以便"戒他日勿滥用江西人"[2]。

在刘瑾专制下，官员们蝇营狗苟，向他一伙纳贿求宠，贪风大炽，吏治败坏。而他却怂恿明武宗恣意玩乐，尽情挥霍。扩建南海子，修"豹房"，扩充教坊乐工，大建佛寺。为此他百计搜括，扩大庄田，卖官鬻爵，克扣边军年例银，无所不为。人民无以为生，纷纷造反，著名的刘六、

---

[1]《明通鉴》卷四二。此下所引若无标注，出处同此。
[2]《明通鉴》卷四三。

刘七大起义席卷北方，波及长江岸边，明朝统治陷入空前危机。

刘瑾恶贯满盈，危及封建统治的根本利益。然而他生于陕西，也败于陕西。正德五年（1510年），陕西三边总督杨一清设计除掉了刘瑾，从而在国内，也在关中引起一场大变动。

杨一清（1454—1530年），字应宁，云南安宁人。他自幼早慧，有神童之称，14岁中举人，18岁中进士，历任成化、弘治、正德、嘉靖四朝，故又有"四朝元老"之称。弘治初年，他以按察副使督学陕西，弘治十五年（1502年）以左副都御史督理陕西马政。在此期间他"好谈经济大略"，"以其暇究边事甚悉"[1]，成为当时对治陕、对西北边政与国中政事都颇有见解的政治家。

弘治十七年（1504年），杨一清升任陕西巡抚，正德元年（1506年）套寇数万骑进犯固原，杨一清率军抵御，击败套寇。而邻近的延绥、宁夏、甘肃三巡抚有警不相援，杨一清遂建议任命一个大臣统一指挥诸镇。朝廷采纳了他的建议，遂有陕西三边总督之设，并命杨一清就此重任。于是杨一清第一次督陕。他到任后考察边情，建议收复河套，"使河套方千里之地，归我耕牧，屯田数百万亩，省内地转输"是为上策。如果不能，就须增筑边墙，积极防御。朝廷同意他的后一个办法。于是拨给经费数十万两，让他加筑长城。

这时杨一清已与朝中专权的刘瑾发生了冲突，并得罪了刘瑾派来陕西的镇守太监。刘瑾恨杨一清不附己，诬陷他浪费边防经费，竟将他逮捕入狱。后虽因李东阳等人力救，杨一清幸免于难，但却因此被罢了官，还被罚米600石。杨一清与刘瑾斗争的第一回合就这样以杨的失败告终。

正德五年（1510年），封在宁夏的明朝宗室安化王朱寘鐇起兵叛乱，西北大震。朝廷以杨一清熟悉西北军事，再次起用他为陕西三边总督，命他讨伐叛乱。杨一清赶到宁夏，他过去的部将仇钺已经逮捕了朱。

---

[1]《明史》卷一九八《杨一清传》。

杨一清并未为平叛花什么力气，然而却意外地获得了除掉刘瑾的机会。

当时，朝廷派宦官张永到平叛前线当监军。张永虽为刘瑾初得志时结纳的"八虎"之一，但随着刘瑾势力的膨胀，他与刘瑾的矛盾也日渐上升，然而却未与刘撕破脸，所以刘瑾对他并不很提防。杨一清看准了这一点，便采用以阉制阉的办法，借平叛之机与他相结纳，鼓动他设法搞掉刘瑾。凭杨一清的能言巧辩，犹豫不决的张永终于被他说动。杨一清又为他设计了行动方案，坚定他的信心。结果，事态发展一如杨一清的设想：

张永回京后，明武宗赐宴东华门。张永于席间要求单独向武宗汇报陕西事态。于是到夜半时分刘瑾等退去后，张永即呈上了杨一清等人事先代他拟好的劾疏，告刘瑾谋反乱政，并把朱叛乱时的檄文举出为证。这个檄文列了刘瑾诸多罪恶，并声称起兵是为了诛刘瑾，清君侧。武宗被触动了痛处，对刘瑾厌恶起来。张永趁机又告刘瑾"激变宁夏，心不自安，阴谋不轨"[1]。终于使皇帝大怒，下令逮捕刘瑾及其党羽。

这时，明武宗还无心处死刘瑾，只宣布把他流放凤阳。但查抄刘瑾府第时却发现府中藏有许多违禁军器，武宗看到后认定刘瑾有逆谋，遂下令杀刘瑾。气焰熏天、不可一世的权阉刘瑾，就这样被千里之外坐镇陕西的杨一清假另一宦官之手铲除了。

刘瑾是陕西人，其得势时很注意控制陕西，并借同乡关系笼络朝中陕籍人士。他先派其党羽曹元为陕西巡抚，后以更改边政成规，废除明初以来的开中制，造成了陕西"商贾困弊，边储日乏"[2]的后果。因此刘瑾倒台后对陕西也造成了很大影响，一方面曹元等人都以党附刘瑾而被查办，而除瑾功臣杨一清则于1524年以内阁大学士、兵部尚书衔总督陕西三边。这是杨一清第三次督陕，也是明代第一次以内阁

---

[1]《明史纪事本末》卷四三《刘瑾用事》。
[2]《明史纪事本末》卷四三《刘瑾用事》。

为总督，"故相行边，自一清始"[1]，它对总督一职发展为明清时代常设的封疆大吏影响至大，对陕西的内政边防亦有所建树。但另一方面，由于刘瑾得势时多与朝臣拉同乡关系，因此他倒台后，一大批陕籍官员便在清洗刘瑾党羽时被牵连，其中许多人固然难辞其咎，但也有些人（如康海等）是冤枉的。当时关中籍朝臣如康海、王九思等均被列入"瑾党"而罢斥回乡，他们在失意中，"挟声伎酣饮，制乐造歌曲，自比俳优，以寄其怫郁"[2]，居然使关中的杂剧、散曲在正德、嘉靖间繁荣一时。

四　川陕流民起义

弘治、正德以后，陕西各种社会危机逐渐尖锐起来。"天、成之治"与封建时代历代王朝的"盛世"一样，不久就衰落下去了。

从治世到危机的转折，在封建统治最薄弱而社会矛盾也发育得较早的陕南地区最先表现出来。层峦迭嶂的秦巴山区，历来是人民反抗的策源地，明初这里就发生过田九成、高福兴的起义。自朱元璋时代起，明王朝在社会经济生活中强化国家经济干预与经济管制，在许多山区实行封禁驱民政策，陕南的秦巴山区就是"山禁"的主要地区之一。统治者的"山禁"与劳动人民进山垦殖的要求发生尖锐的对立。在明前期，由于社会经济处于恢复、发展时期，人口压力相对不大，土地兼并尚不严重，流民问题还不很突出。同时明初的国家机器对社会的控制能力也比较强大而有效率，因此危机还处于潜伏状态。

明中叶的情况就渐渐不同了。首先是随着王朝初年的锐气渐失而暮气渐生，国家机器的控制效率下降，"山禁"政策的漏洞日多。更重

---

[1]《明史》卷一九八《杨一清传》。
[2]《明史》卷二八六《李梦阳传》附。

要的是随着土地兼并而来的流民问题日益严重。早在正统年间，山东、陕西流民就食河南者就达20多万，高陵、渭南、富平等县农民"俱闭门塞户，逃窜就食"[1]。关中和其他各省的大量无地农民要求进入山区垦殖谋生，便与统治者的山禁政策发生剧烈冲突。在成化年间，冲突发展为大规模的流民起义。但当时起义地区主要是荆襄一带的武当山、巫山山区，陕西只有与豫、鄂交界的商洛一带被涉及。到了正德年间，荆襄的起义暂告平息，流民反"山禁"的斗争中心遂西移到了川陕边界的秦巴山区。陕南的社会因而剧烈动荡起来。这一时期的陕南义军，多从巴山以南的四川境内发源而进入陕境活动，著名的有刘烈、蓝廷瑞、鄢本恕与喻思俸等几支。

刘烈是四川保宁（今阆中县）人，正德三年（1508年）冬率众起义，由川北攻入陕西汉中，秦巴大震。次年，刘烈在陕南的战斗中被乱兵所杀。但他的牺牲却为更多的后来者树立了榜样。

正德四年（1509年）十二月，刘烈家乡四川保宁府又发生更大规模的起义。起义首领蓝廷瑞称"顺天王"，鄢本恕称"括地王"，廖惠称"扫地王"。一时四方百姓纷纷响应，众至10万，分置48总管，势力发展到陕南。当时，起义的三首领对义军发展战略有分歧，鄢本恕主张以汉中为根据地，由陕南东进郧阳，再取荆襄而下，但蓝廷瑞与廖惠则主张立足川北，以保宁为根本。结果义军便分为两股，各在川、陕活动而互为呼应。

明廷闻讯，即派刑部尚书洪钟为川陕楚豫四省军务总督，统一指挥对流民起义军的镇压。经过激烈战斗，在四川活动的廖惠义军首先被官军击灭，蓝廷瑞、鄢本恕都转战到汉中，陕南遂取代川北成了起义的中心地区。

陕西巡抚蓝章派官军南下堵截义军，经过多次激战，蓝廷瑞、鄢本恕被陕西官军逼回川北。到正德六年（1511年），蓝、鄢义军在川东

---

[1]《明英宗实录》卷一二七正统十年三月辛丑。

北的东乡（今四川宣汉）陷入包围，当地土豪设计诱擒了蓝廷瑞、鄢本恕等义军首领，起义遂告失败。

蓝、鄢义军失败后，其余部在廖麻子、喻思俸领导下进入四川内地，在正德七年（1512年）又一次得到大发展的机会，部众增加到号称20万。廖麻子不久在川北阵亡，喻思俸成为这支义军的首脑。他率义军坚持战斗，杀死明都指挥姚震，并进兵川陕交界上的大巴山地区。不久，喻思俸率部由巴山北上，再次进入陕南，并又一次击败了堵截的陕西明军，进抵略阳。后来，喻思俸企图再次入川，在四川广元（今市）又受到四川明军堵御，遂转战至汉中府的西乡县。在川陕流民义军机动灵活的运动战中，明军屡吃败仗，迟迟不能平息起义，明廷不得不走马换将，撤换了洪钟，而以彭泽为四省军务总督。彭泽调来惯于山区作战的苗兵，加强对义军的镇压。到正德八年（1513年），喻思俸义军终于被彭泽所率明军包围而击溃，喻思俸本人战败被俘。

至此，秦巴山区的流民起义基本上被镇压下去。从正德三年刘烈入陕，到八年的喻思俸最后兵败，起义前后历时五年之久，给陕西的明朝统治以沉重的打击，并且基本上冲破了统治者对陕南—荆襄这一大片山区的"山禁"，对这一地区未来的经济社会发展作出了巨大的贡献。

第十三章 天灾与人祸：明后期陕西的社会危机

一 关中大地震

明代陕西历史的分期，与全国范围内的明史分期有所不同。隆庆、万历年间虽然明朝无论在政治、经济、社会还是在边情方面都已出现了若干败象，但从总体上看，由于"南倭北虏"问题的基本解决与缓解，江南地区工商业的繁荣与市场网络的成长，海禁的松弛，张居正改革的实行，以及正德年间流民起义风潮的过去，整个明王朝仍能给人以一种太平盛世的印象，因而明史研究者一般都把这一时代视为明中期或中后期范围之内。

但陕西的情况则有所不同，由于僻处内地，"平倭之役"并无太多的影响，也没有出现如江南那样工商业大发展、新因素不断涌现的"万历盛世"，在缙绅势力相对并不很强、国家—小农关系相对重于田主—佃户关系的封建制度关中模式的背景下，张居正改革一类的变动在陕西也没有像在全国那样重大的意义。因此，进入嘉靖以后，明朝在陕西的统治衰败之象远比盛世气氛为突出，走下坡路的趋势日益明显，并且直到明末这一趋势并无改变。这与张居正改革前后明朝在全国范围的短暂但却明显的中兴势头显然不同。所以，我们可以认为从嘉靖以后，明朝在陕西的历史就已进入了它的后期阶段。

虽然天人感应之说是无稽之谈，但在我国封建时代，"天灾人祸"之间的关联却是明显存在的：自然界的灾变加剧了社会危机，而社会制度的衰败也会造成社会抗灾能力下降，使成灾频率与灾情都有加重的趋势。因此，在陕西，明朝统治进入后期的标志，可以以这一连串恶性循环的起点为标志，它就是在自然史上占有重要地位的嘉靖年间的关中大地震。

明嘉靖三十四年十二月十二日（1556 年元月 23 日）午夜，关中东部、中部地区人们正在梦乡之中，"近古以来书传所记未有之变"突然降临了。据当时在省城西安的人士描绘：

> 是夜予自梦中摇撼惊醒，身反覆不能贴褥。闻近榻器具若人推堕。屋瓦暴响，有万马奔腾之状。初疑盗，继疑妖祟，俄顷间头所触墙轰然倒矣，始悟之：此地震也。见月色尘晦，急揽衣下榻，身倾如欹如醉，足不能履地焉。家南有空地，从墙隙中疾走，比至其处，见母暨兄及弟侄咸先至，无恙，曰："急号呼汝，汝不闻耶？"盖其时万家房舍一时摧裂，声杂然塞耳，都不闻也，矧号呼哉！
>
> 时四更余，势益甚，声如万雷，可畏！迨五鼓，少定，始闻四邻远近多哭声矣。……比明，见地裂横竖如画，人家房屋大半倾坏，其墙壁有直立者亦十中之一二耳。人往来哭泣，慌忙奔走，如失穴之蜂蚁然。过午，人俱未食。盖炊具顿毁，即谷面之类，皆覆土埋压。……四乡之外，村居被祸者，幸奔入省城暂避。至如穴居之民，谷处之众，多全家压死，而鲜有脱者。[1]

地震过后，关中大地已面目全非。"川原折裂，郊墟迁移，或壅为岗阜，或陷作沟渠。山鸣谷响，水涌沙溢。城垣、庙宇、官衙、民庐，倾颓摧圮，十居其半。""其事变之异者：或涌出朽烂之舡板，或涌出赤毛之巨鱼，或山移五里而民居俨然完立，或奋起土山而迷塞道路。其

---

[1]（康熙）《咸宁县志》卷八《艺文》录秦可大：《地震记》。

他村树之易置，阡陌之更反，盖又未可以一数也。"[1]

当时人们即已发现大地震的震中在关中东部的潼关一带。如时人秦可大说："震之发也，盖自潼关、蒲坂（即潼关黄河对岸之风陵渡）奋暴突撞，如波浪愤沸，四面溃散"，因此随着各地与震中的远近不同"受祸亦差异焉"。灾情"自吾省（西安省城）之西也则渐轻，自吾省之东也则渐重，至潼关、蒲坂极焉"。[2] 这与现今的研究结论相符。现一般认为这次地震的震中在华县、潼关间，故称之为"1556 年华县八级大地震"。

据研究，这次地震的震级（8 级）、烈度（11 度）都是我国有记载的地震中最强的。陕西、甘肃、山西、河南、河北等省的 90 多个县都在这次地震中不同程度地受到破坏，而有感范围更远及山东、安徽、湖北等省。在关中震区，"震之轻者，房壁之类尚以渐倾，而重者则一发即倾荡尽矣。震之轻者，人之救死尚可走避，而重者虽有幸活，多自覆压之下掘挖出矣"。在省会西安，不仅大批房屋倒塌，连当时已经历了 840 多个春秋的唐代古建筑小雁塔也坍毁二层，塔身纵裂，成为今天所见的这个样子。渭南县的城门震后陷入地中，潼关、蒲坂城垣沦没，而极震区华州竟至于"堵无尺竖"，完全被夷为平地！这些地区不仅人工建筑荡然夷平，自然地貌也为之改观。华阴、华县、朝邑、三原一带平地上突起了许多岗丘，而渭南赤水山则陷为平地；渭河北徙四五里，冲毁大片农田；神川塬上五指山的五峰尽圮，而耀州的将军山也变得与震前比它低得多的宝鉴山一般高了。

地震造成了极为惨重的人员伤亡，据当时人估计，"潼、蒲之死者什七，同、华之死者什六，渭南之死者什五，临潼之死者什四，省城之死者什三"。[3] 而当今学者则认为这次地震直接造成的死亡人数约达

---

[1] 秦可大：《地震记》。

[2] 秦可大：《地震记》。

[3] 秦可大：《地震记》。

80多万，8倍于著名的日本关东大地震，3.5倍于唐山大地震，160倍于最近发生的日本关西（神户）大地震，实为古今中外地震史上仅见的浩劫。死者中不仅有大批平民，还有家居三原的光禄寺卿、关中名儒马理，家居华州的国子监祭酒王维桢，家居朝邑的山西巡抚、大文学家韩邦奇，家居华阴的御史杨九泽，家居蒲州的布政司参议白璧，家居渭南的刑部员外郎贺承光、郎中薛祖学、主事王尚礼、进士白大用等各级官僚、缙绅数百人，而渭南知县谢某则全家遇难。"士夫居民合族而压死者甚众，盖又不可以名姓纪矣。"[1]许多人死状十分悲惨，如韩邦奇被震塌在火炕中烧得"煨烬其骨"，薛祖学"陷入水穴者丈余"，马理"深埋土窟，而检尸甚难"，[2]等等。浩劫过后，关中大地哀鸿遍野，几乎家家带孝，户户临丧。

天灾与人祸并行，当时关中地区的各种社会矛盾在地震发生后也反映出来。腐朽的明王朝救灾无方，震后各地社会秩序混乱，盗匪趁火打劫，疫疾广为蔓延，一时风声鹤唳。地震的当天，西安便"哄然传呼城东北阿儿朵（即元安西王宫旧址，今灞桥区内）回人反至，人益逃惧思死。盖讹言也，实无回人反者。噫！人心易摇如此"。在无政府状态下，平日的民族对立、贫富对立、官民对立和纯粹的治安刑事问题混杂在一起，"地方乘变起乱，如渭南之民抢仓库，以乡官副使南逢吉斩二人而定。蒲州居民掠财物，以乡官尚书杨守礼斩一人而定。同州之民劫乡村，以举人王命手刃数人而定"。这些当地乡绅出面维持治安，一方面固然有平息刑事犯罪、安定地方民生的作用，另一方面也在一片混乱中通过重建镇压机器而恢复了既得利益者的旧有权势，并把尖锐化了的社会矛盾压抑下去。"当其时，非官司之法度严明，诸公之机见审断，关中亦岌岌乎危矣。"[3]

---

［1］（康熙）《咸宁县志》卷八《艺文》。

［2］秦可大：《地震记》。

［3］秦可大：《地震记》。

在多地震的我国，陕西又是震灾较频繁的地区。尤其是地处新生代构造盆地，地下断层多、活动性大的关中更是地震多发区。早在公元前 1177 年（周文王八年）与前 780 年（周幽王二年），这里就有了破坏性大地震的记载，在世界上是有文献记载的地震史中最早的。但在历史上，关中的地震并非均衡分布，而是有极为明显的活动期与休眠期。而明代中后期则是关中地震史上的活动期，尤其成化至隆庆年间的 80 年内，是地震活动的高潮。历史上关中发生的 7 次 6 级以上大地震中，就有 4 次集中发生在这期间，即：1489 年临潼地震、1501 年朝邑地震、1556 年华州地震和 1568 年泾阳地震。陕西历史上两次破坏性最大的地震、人类历史上有记载的损失最惨重的这次华州大地震都在其中。

在这期间的中小地震更为频繁，以至于连绵成为数年、数十年的长期震灾。如华州大地震后从嘉靖三十四年（1556 年）至万历三年（1575 年）的 20 年中，关中强震、余震不绝，当时的学者秦可大在万历三年记述说：自华州大震之后，"次年而固原地震，其祸亦甚。乃隆庆戊辰，本地再震，其祸少差。自是以来，无年无月，居常震摇，迄今万历之岁，未甚息焉。是以居民惧此荼毒，竭筋力膏血勉造房屋，而不敢为安业。有力之家多用木板合厢四壁，上起暗楼。公衙之内，别置板屋，士庶人家亦多有之，以防祸也"[1]。

频繁的震灾使关中经济在衰落中受到进一步破坏，人民不能安生，不敢置产，社会矛盾的发展也因而加剧。但勤劳智慧的关中人民在与地震的长期斗争中也积累了许多抗震经验。如有人总结说："居民之家，当勉置合厢楼板，内竖壮木床榻。卒然闻变，不可疾出，伏而待定，纵有覆巢，可冀完卵。"[2] 这些经验直到现在也并未过时。

明代以后关中的地震活动进入了休眠期，至今已历 400 余年。但

---

[1] 秦可大：《地震记》。

[2] 秦可大：《地震记》。

今天陕西的现代化建设中震害的可能性仍是个必须考虑的因素。明代陕西人民抗震救灾的业绩与经验，仍是一笔有用的遗产。

二 梁永扰陕与关中人民的反税监斗争

到万历中期，陕西人民刚从关中大地震的灾难中喘过气来，矿监税使的骚扰又接踵而至。天灾继以人祸，几乎酿成大乱了。

矿监税使之扰是明后期的一大弊政。万历二十四年（1596年），贪婪成性的明神宗不满足于"正常的"搜刮渠道，经张位、仲春出谋划策，向全国各地派出一批宦官作为矿监、税使（或称税监），对各地进行额外的大搜刮。当时朝廷的借口是各地商民开矿经商有利可图，国家当据以征税。据说这不但可以满足国用，还可以减轻农民的负担。他们声称："与其取之田亩，孰若取天地自然之利；与其取诸民也，孰若取之商。"向市民、工商阶层进行搜刮，而不给农民加税，这就叫"崇本抑末之善术，而生财足用之大道尔"[1]！

这套理论由于附会了传统儒家重农抑商、摧制兼并的成说，因而陕西士大夫们是首肯的。然而皇帝派宦官下来干这种勾当，纵其横行霸道，跋扈称雄，势凌有司，侵虐斯文，这就不能不引起他们的抗议。在陕西的士大夫们看来，征税抑商虽是"善术""大道"，但是"意非不美而法非无良"，"奉使者寝失其意，而祸及海内"。[2]于是，他们便与市民、工商阶层站在一起进行了反对矿监税使的斗争，甚至成为这种斗争的组织与领导者。

正因为如此，尽管陕西当时并不像江南一些地方那样拥有发达的工商业经济，也没有出现什么"资本主义萌芽"，然而陕西的"市民运

---

[1]　秦可贞：《满侯生祠记》，（嘉庆）《咸宁县志》卷一二《祠祀志》。
[2]　秦可贞：《满侯生祠记》，（嘉庆）《咸宁县志》卷一二《祠祀志》。

动"在地方官员与士大夫的领导下却颇有声势，其规模与作用不下于江南。当然，这种条件下出现的"市民运动"也具有比较传统的色彩，即具有更多的传统士大夫"清议"势力反对宦官乱政的色彩，有如东汉的"党锢"事件，而不一定与商品经济及资本主义萌芽有什么关系了。

万历二十四年（1596年）明神宗下令兴矿、税之征后，当年十二月便派赵钦为矿监前往陕西，这是首批三个正式出于朝命的矿监之一。到了万历二十七年（1599年）二月，又加派宦官梁永为税监，到陕西来主持聚敛与搜刮。

梁永比赵钦更为贪酷，他到陕西后，以手下的千户乐纲、吕四为爪牙，到处敲诈勒索。"天下之税多者数四五万金止矣，而吾陕则十一万金，而其他所自渔猎者不计也。"[1]在初期，他们尚只以商家为勒索对象，到后来则"矿不必穴，而税不必商。民间丘陇阡陌，皆矿也；官吏农工，皆入税之人也"[2]。税监出自内廷阉党，有"通天"之势，对其所憎恶者可以专折奏事，随时告密。对朝中与地方上控告矿监税使的奏疏，明神宗一概不理，"但系税务，即束高阁"[3]。然而只要梁永等人告御状，则有求必应，"诸税监有所纠劾，朝上夕下，辄加重遣。以故诸税监益骄"[4]。在梁永一伙人的骚扰下，民脂民膏为之枯竭。"三家之村，鸡犬悉尽；五都之市，丝粟皆空"[5]，而税监们的贪欲却越来越大。从赵钦到梁永，陕西社会各阶层的受害面越来越大："始而独商苦也，继而祸及富室矣，再继而害及士民矣。始而士庶为几上肉也，继而有司被其祸矣。"贪欲未能满足，或者搜刮受到阻碍时，税监及其爪牙便拿地方官出气，在其淫威下，渭南知县"以抑郁而死"，富平知县

[1]（康熙）《咸宁县志》卷8《艺文》。
[2]《明史》卷二三七《田大益传》。
[3]《明神宗实录》卷三四九。
[4]《明史》卷三〇五《陈增传》附。
[5]《明史》卷二二三《王宗沐传》。

"以执法而逮"，而"州县佐贰毙于杖下者，不可胜言也"。[1] 到了万历二十八年（1600 年），不仅州县官受税监及其走狗的气已司空见惯，连西安府同知宋言，也被梁永"劾其激众倡乱"而遭逮捕入狱。[2]

经过梁永一伙数年的肆虐，全陕"如沸鼎同煎，无一片安乐之地。贫富尽倾，农商交困。流离迁徙，卖子抛妻，哭泣道路，萧条巷陌"[3]。陕西人民从贫苦百姓、民间富户直到地方官府的利益都被严重损害，各阶层人士忍无可忍，一场基础广泛的反税监运动形成了。

早在万历二十八年即梁永入陕的次年，陕西就出现了"激众倡乱"的下层人民反税监斗争。二十九年（1601 年），陕西巡抚、巡按联合上奏，认为梁永强加给陕西的织造任务是不合理的负担："岁贡羊绒四千匹，奉命改织盘绫。又降柘黄暗花二则，每匹长五丈八尺，日织一寸七分，半年得匹。岂能如额？乞悉改织。"[4] 然而明神宗置之不理。

陕西地方当局转而依靠朝中大臣向皇帝陈情，要求召回税监。万历三十二年（1604 年），陕西三原籍大臣、都御史温纯上疏"言矿税毒虐"，要求撤掉陕西税使梁永。明神宗依然不睬。三十四年（1606 年）大学士沈鲤、朱赓进言："秦人恨梁永甚，宜撤。"结果又在明神宗那里碰了软钉子。

这时，陕西官民与税监的对抗已经尖锐化。万历三十一年（1603 年）上任的陕西巡抚顾其志，是个敢作敢为的地方官，他对梁永手下爪牙的猖狂不法行为进行了惩治。在他的暗中支持下，陕西的州县官员纷纷开始与梁永对着干了。万历三十四年（1606 年），明廷下令停止矿监活动，这一法令虽未涉及税监，但梁永却坚持不罢咸阳、潼关等地的矿监委官，并纵其为恶。咸阳知县宋时隆在巡抚顾其志的支持下

---

[1] 秦可贞：《满侯生祠记》，（嘉庆）《咸宁县志》卷一二《祠祀志》。

[2] 《明史纪事本末》卷六五《矿、税之弊》。

[3] 《明神宗实录》卷三七六万历三十年九月丁卯。

[4] 《明史纪事本末》卷六五《矿、税之弊》。

逮捕了这些为恶的爪牙。梁永大怒，借口向咸阳派征绒毡 1500 条被拒绝，诬陷宋时隆"劫税"，招来朝廷缇骑将宋时隆逮捕。陕西官民纷纷声援宋时隆，事态开始扩大，很快把省城的两个附郭县咸宁与长安也卷了进去。

咸宁知县满朝荐，抵制税监比宋时隆更为坚决。他"痛治税使之横溢者，若积棍杨某，一邑之蠹，捕治之。翼虎为虐如王某、吴某暨奸僧水南等，皆次第擒捕，下之狱"[1]。梁永乃状告满朝荐阻挠税使公务，使吏部下令调满朝荐离陕。当他已被迫离任、东出潼关之际，陕西巡抚、巡按连续上奏请留，明神宗不得已，下诏令其返回咸宁复任。而满朝荐这时更理直气壮，坚持要以驱逐梁永作为他返陕复任的条件。长安知县杨鹤、蓝田知县王邦才也与满朝荐相呼应，对各该县所辖地区的梁永党羽进行约束与惩治。最后，经陕西巡、按的再三劝说，满朝荐才慨然复任。

满朝荐虽然放弃了要梁永下台的先决条件，但他在这种情况下复任，无疑已使陕西官民占上了上风，在道义、舆论与政治上都对梁永一伙人形成了压力。而复任后的满朝荐则更起劲地追查梁永爪牙的不法行为。当时有"大盗"某投效梁永为其鹰犬，满朝荐下令捕治，此人情急，便借口押送贡物，企图逃离陕西。满朝荐派人追捕，梁永害怕此人被捕后会供出自己的不法行为，便设计在渭南将这个爪牙杀了灭口，反诬满朝荐"劫贡杀人"[2]。

明神宗对满朝荐极为恼怒，但他已感到了税使不得人心，于是，他下了个"两边打"的诏书，一方面将满朝荐逮捕进京问罪，一方面罢去税使，撤回梁永。没想到诏令传到西安，反而激起了事变：陕西士民一方面为梁永的倒台而兴奋鼓舞，一方面又为满朝荐蒙冤下狱而群情激愤，于是全城轰动，梁永的衙署被愤怒的人群包围，"数万人哀号

---

[1] 秦可贞：《满侯生祠记》，（嘉庆）《咸宁县志》卷一二《祠祀志》。
[2] 秦可贞：《满侯生祠记》，（嘉庆）《咸宁县志》卷一二《祠祀志》。

吁诉，不期而集，声哄城中，为罢市"[1]，"号哭之声遍于巷市，揭竿思乱，誓劖刃永腹，将尽灭其党"。陕西地方当局虽多方规劝，而"民思乱弗已"，几乎酿成一场起义。

这时，长安知县杨鹤出面坚决表示要为民请命，并允诺通过官方渠道援救满知县，使群情稍安。而满朝荐则避开人群，到长安城郊自上囚车，一场大乱终于避免。然而闻讯赶到灞桥为满朝荐送行者仍达万人，甚至有"裹粮至都"随囚车进京为满鸣冤的。当时"千百人攀辕卧辙，槛车积不得发，垂涕数百里外，缇骑使亦为泣下"[2]。后来明神宗闻知，迫于舆论，终于把满朝荐与同时被捕的蓝田知县王邦才都无罪开释，满朝荐后来还官升太仆寺卿。陕西官民反税监、逐梁永的斗争，终于取得了胜利。

陕西官民的这次斗争与全国各地当时的反矿监税使运动是紧密相连的。但在手工业与商业及城市商品经济不发达的陕西，这场斗争的"市民运动"色彩较为淡薄，像苏州葛贤这样的市民、工匠领袖，在陕西尚未出现，而巡抚顾其志、巡按王基洪以及咸宁、长安、蓝田、渭南、富平等地的知县则或暗中或出面领导了这场斗争，满朝荐这个七品芝麻官更成了斗争中的第一号风云人物。这一切也反映了陕西当时的社会发展水平与别地，尤其是与江南存在着某些差异。

三　明末陕西的社会危机

陕西官民虽然赶走了矿监税使，但受破坏的经济一直没能得到振兴，各种社会矛盾仍在深化，一步步走向了明末的危机。

在军事色彩浓厚的陕西社会具有重大意义的卫所军户—屯田制度，

---

[1]　（嘉庆）《咸宁县志》卷一七《良吏传》。
[2]　（康熙）《咸宁县志》卷八《艺文》。

万历以后进一步败坏了。在陕北一带，原是军屯密集，"塞上民田少而军地多，因循日久，俱为豪右所占"[1]。野蛮落后的军事农奴制剥削方式，加上官豪地主的侵隐、私占，军户的逃亡、脱籍，使屯区生产日益萎缩。而在军屯制普遍败坏的情况下，延绥屯田的败坏又尤为典型。明廷曾多次派人到延绥整顿屯田，均无成效。屯田失额现象到明末已极为严重。当时陕西全境屯田原额 85486 顷，明末实在成熟的只有 33736 顷，荒芜、失额达 56% 左右。而榆林一带延绥镇直属的 43261 顷原额屯田更只剩下了 3491 顷，失额竟达 92%。其中靖边屯田失额 94.3%，定边屯田失额 93%。军屯制度几乎荡然无存了。

民户的逃亡同样惊人，早在万历年间，米脂县的农民就在官府的沉重赋税压榨下大半逃亡。"先以十三里之民，……在者仅二里耳"[2]。尤其是明末在"正供钱粮"之外又出台了"辽饷""剿饷"与"练饷"等三饷加派，从而形成了日益严重的两个恶性循环：其一是赋重逼民逃亡，而逃户之赋摊到未逃者头上，致使其赋更重，逃者愈多。二是赋重逼民造反，而为镇压造反必须增加军费，为筹军费又不得不再加派赋税，导致赋更重而造反者更多。这两个恶性循环终于导致陕西人民非逃即反，不反则死，而明王朝在陕西的统治也迅速走向了崩溃。

明代陕西的另一个特点是邮驿制度十分发达。按明代制度，主要交通线上每 60 里设驿站，每 10 里设铺，有的地方还设递运所。驿递系统的功能是作为政府上传下达的通讯、交通网络，负责传递文书，为官员的公务往来提供交通工具、夫役和食宿条件。除了布政司管理的邮驿机构外，在边地还有卫所管理的军用驿传系统即塘、铺设置。明代在今陕西省境内共设有驿站 47 处，其中延安一府即占有 19 处，占到总数的 40% 左右。而延绥镇属的塘铺等军用驿传机构还不在内。明代陕北并非行政中心，邮驿系统的发达主要也与边防的需要有

---

[1] 卢象升：《明大司马卢公奏议》卷一〇。
[2]（康熙）《米脂县志》卷四《田赋》。

关。驿站及其附属的铺、递运所等拥有驿丞、铺长等吏员及各色夫役，即所谓驿卒。有的地方还有专门承担驿役以代替钱粮的车户、马户等。这些人也都是不自由的，受国家人身束缚的。在陕北，这类人数量也很可观。

无论军户还是驿卒，都处在一种军事或准军事的人身束缚之中，而随着军屯制的败坏，陕西的邮驿制度也处在衰败之中。邮驿系统成了大小官员随意揩油的"大锅饭"，他们常因私事任意支使夫役车马、勒索食宿，甚至强迫驿站超标准支付供应费，其超过部分折钱纳入私囊，致使驿站赔累不堪。而与此同时驿站经费不仅一再被裁减，而且被各级官吏贪污挪用，任意克扣，使广大驿卒和供役于驿站的百姓不仅无法谋生，甚至还要卖儿卖女赔补驿站超支的经费。军屯与邮驿制度的败坏，不但影响了国家机器的运转，而且直接造就了一大批明朝统治的掘墓人。明末农民起义的两位最著名的领袖李自成与张献忠，一为驿卒，一为军户，这不是偶然的。

天灾与人祸之间的辩证关系，到明末更加明显地表现出来。从天启末年起，陕西境内社会危机日益加剧，而自然灾害也日渐频繁，终于酿成了空前严重的灾荒。崇祯元年（1628年），一个官员在上疏中描绘了陕北地区如此可怕的景象：

> 臣乡延安府，自去岁一年无雨，草木枯焦。八、九月间，民争采山间蓬草而食，其粒类糠皮，其味苦而涩，食之仅可延以不死。至十月以后而蓬尽矣，则剥树皮而食。诸树惟榆树差善，杂他树皮以为食，亦可稍缓其死。殆年终而树皮又尽矣，则又掘山中石块而食。其石名青叶，味腥而腻，少食辄饱，不数日则腹胀下坠而死。民有不甘于食石以死者，始相聚为盗，……曰："死于饥与死于盗等耳。与其坐而饥死，何若为盗而死，犹得为饱鬼也。"
>
> 最可悯者，如安塞城西有粪场一处，每晨必弃二三婴儿于其中，有涕泣者，有叫号者，有呼其父母者，有食其粪土者。至次

晨则所弃之子已无一，而又有弃之者矣。

更可异者，童稚辈及独行者一出城外，更无踪影。后见门外之人炊人骨以为薪，煮人肉以为食，始知前之人皆为其所食。而食人之人亦不数日面目赤肿，内发燥热而死矣。于是死者枕藉，臭气薰天。县城外掘数坑，每坑可容数百人，用以掩其遗骸。臣来之时，已满三坑有余，而数里以外不及掩者又不知其几矣。小县如此，大县可知；一处如此，他处可知！

今之里甲寥落，户口萧条，已不复如其初矣。况当九死一生之际，即不蠲不减，民亦有呼之而不应者。官司束于功令之严，不得不严为催科。如一户止有一二人，势必令此一二人而赔一户之钱粮。一甲止有一二户，势必令此一二户而赔一甲之钱粮。等而上之，一里一县，无不皆然。则见在之民止有抱恨而逃，飘流异地，栖泊无依。恒产既亡，怀资易尽，梦断乡关之路，魂消沟壑之填，又安得不相率而为盗者乎？……此盗之所以遍秦中也。[1]

事情发展到这样的地步，明朝在陕西的统治还怎么维持下去？而最终埋葬了明王朝的"民变"风暴之发端于陕西，也就令人不难理解了。

---

[1]（雍正）《陕西通志》卷八六《艺文二》。

第十四章　明代陕西的边政与边患

一　明初对北元的攻防与河套的经略

洪武元年（1368 年）明军攻占大都后，元顺帝妥懽帖睦尔及其宫廷相继北逃应昌、开平、和林。作为中央政权的元帝国之历史至此已经结束。但是大元的国号在塞北草原仍然延续了 20 年，元顺帝及其子、元昭宗爱猷识理达腊与其孙脱古思帖木儿先后续用至正年号及改元宣光（1371—1378 年）、天元（1379—1388 年）。脱古思帖木儿之后，蒙古发生内乱，篡弒纷纭，帝统失序，加上随元廷北迁的那些经受内地农业文化洗礼的旧臣相继故去，残元的社会与文明都发生退化，渐渐回复到部落状态。元朝帝系在漠北五传至坤帖木儿，被其部酋鬼力赤所杀。鬼力赤自立后去帝号而称可汗，去元国号而称鞑靼，元朝的政统才最后终结。这一时期的蒙古政权，史称北元。

北元初期即宣光、天元年间，明王朝先是忙于平定四川、云贵，后又囿于建都江南的地缘政治格局，对北部边防有鞭长莫及之感，无力"肃清沙漠"。而元顺帝及其子孙和南来旧臣更对失国于明，遁入草原心有不甘，他们怨愤地作歌曰："失我大都兮，冬无宁处；失我上都兮，夏无以逭暑。惟予狂惑兮，招此大侮。堕坏先业兮，获罪二祖。"[1]于是，残元势力不断以漠北为基地，频频袭扰明朝统治区。并且这种

---

[1]　屠寄：《蒙兀儿史记》卷一七《妥懽帖睦尔本纪》。

袭扰不同于后来蒙古部落贵族单纯劫掠性的进犯，它在初期是以复辟元朝基业，至少是以同明朝分庭抗礼的政治目的为动机的。因而明朝这一时期的北方边政和对北元的攻防，也带有浓厚的政治色彩。

洪武初年，北元在很大程度上以汉族重臣王保保（扩廓铁木儿）为栋梁。而王保保以宁夏为基地，以西北为用兵重点，因而陕西便构成了明王朝对北元攻防战略的重要一环。这一时期的战事重要的有如下几起：

沈儿峪口之役 洪武三年（1370年）正月，朱元璋"以王保保为西北边患，复命右丞相信国公徐达为征虏大将军，浙江行省平章李文忠为左副将军，都督冯胜[1]为右副将军，往征沙漠"[2]。当时诸将军以为王保保以元主犹在故不肯降，只需集师歼灭元廷，王保保自然失势，可无需分兵西北。但朱元璋却认为王保保的威胁不下于元廷，必须二者共图。于是令李文忠为东路，出居庸关入今内蒙古境内追击元主，而令主帅徐达率主力为西路，"自潼关出西安，捣定西，以取王保保"，以求"一举而两得"[3]。于是徐达率大军于四月间进入陕西，以凤翔为大本营，西进至安定车道岘（今甘肃定西县西）与王保保所率北元主力相遇。四月丙寅（1370年5月3日），两军在岘下的沈儿峪口会战，明军顶住了北元军的攻击并发起反攻，"大败王保保兵于川北乱塚间"。俘虏元郯王、文济王、国公阎思孝、平章韩札儿、虎林赤、严奉先、李景昌等高官显贵1865人，北元官兵8.4万多人，获战马1.5万匹及大量军械。王保保几乎全军覆没，逃至黄河边得流木以渡，才幸免被俘。他知大势已去，回宁夏后即放弃了这个经营多年的基地，北奔和林（今蒙古国哈剌和林）元主宫帐。明将郭英进占宁夏。经这场恶战，西北大患王保保的势力基本上被消灭，北元对陕西的威胁也暂告解除。而

---

[1] 冯胜即冯宗异，洪武二年平陕后改名。

[2]《明太祖实录》卷四八洪武三年正月癸巳。

[3]《明史纪事本末》卷一〇《故元遗兵》。

明朝在西北的统治前沿则从洮、兰一线推进到河州（今甘肃临夏）、宁夏以西以北一带。这年六月，北元陕西行省吐蕃宣慰使何锁南普、镇西武靖王卜纳剌也入陕降附，并代表原附属北元的吐蕃各部向明朝表示归顺。于是河州以西朵甘、乌思藏（今西藏）地区也归入了明朝的统治范围。

经略河套　王保保军事力量的溃败消除了陕西西北方的威胁，但正北方的威胁仍然存在。因此沈儿峪口之战后明廷即开始重视河套的经略。明时所谓河套，是指陕北边外以毛乌素沙地与鄂尔多斯草原为中心，由黄河在西、北、东三面围成的广大地区，相当于今榆林以北、内蒙古伊克昭盟与宁夏黄河以东长城以北一带，与今天的河套仅指内蒙古黄河与乌加河之间的水网地带（或者还带上"前套"与"后套"即宁夏平原与土默川平原）完全不同。历史上对陕北的威胁多来自于此，西夏立国与攻宋也以此为基地。为了经略河套，明朝首先加强了以延安为中心的陕北防卫，从洪武二年至四年，明朝驻延安军事领导人的级别不断提高：由指挥朱明，而都督同知唐胜宗，而中山侯汤和，驻军兵力也大为增强。

洪武三年（1370年）二月，明大同守将金朝兴在击败来犯的北元军之后进取元朝在河套地区的行政中心东胜州（今内蒙古托克托县），是为明军进据河套之始。次年，明将汤和也从陕北进攻察罕脑儿（今靖边以西红柳河畔），俘获北元猛将虎臣，再次攻取东胜。明朝在此置东胜卫，派军屯守。与此同时，在陕北也设置了延安卫与绥德卫，以后又在河套腹地置五花所。这些卫所的军事影响基本上可幅射整个河套地区。

俘获伯颜帖木儿　洪武八年（1375年）王保保病死于漠北，北元悍将伯颜帖木儿继之成为陕北边外的一大威胁。洪武九年（1376年）五月，北元国公九住率军入侵陕北塔滩之地，陕西都指挥使司发兵大败之，追及于赛音布拉克，擒获九住及北元平章不答失里等40人，余众遁去。

但是伯颜帖木儿的为患并未消除。为此，明廷早于这年正月就派中山侯汤和、颍川侯傅友德以及蓝玉、王弼、丁玉等一大批元臣宿将率重兵赴延安防边。行前朱元璋特为诏谕说："延安地控西北，元骑聚散不常，若待其入寇而后防之，则塞上之民必受其害。卿等至边上，当严为之备。虽不见敌，常若临敌。"[1]

　　三月间，汤和等率军到延安。伯颜帖木儿见明军势大，企图以伪降之计破之，于是派使来延安求降。朱元璋知道后传谕诸将：还没发生战事就来请降，是兵法特别要戒备的，你们要小心敌人的花招！为尽快破敌，明朝决定将计就计，把汤和、蓝玉等诸将调回内地，只留傅友德守延安，故意示以无备，同时却暗中于陕北边地设伏兵以待来犯之敌。伯颜帖木儿果然中计，于四月间乘明"不备"，大举进犯陕北，结果在边境中了傅友德的埋伏，北元军大败，被俘的官兵及所获马畜辎重不计其数。伯颜帖木儿狼狈逃回。北元平章兀纳歹见元军屡败，已有降意，七月，遂逮捕了伯颜帖木儿归顺明朝。于是明朝在西北的又一个劲敌也被消除了。

　　此后明朝又进一步巩固对河套的控制。洪武二十七年（1394年），明朝重筑了东胜卫城，并在河套周围陆续设立了宁夏后卫（驻今宁夏盐池县）、镇羌所（驻今神木县）等一批新卫所。

　　在明初与北元对峙时期，双方都以代表全中国的正统王朝自居，民族矛盾的色彩极为淡漠。北元方面的王保保、贺宗哲、韩札儿等重要将领都是随元廷北迁的内地汉人，而朱元璋在这一时期对北元君臣也待以敌国之礼而罕提华夷之别。他对王保保之忠于其主十分赞赏，誉之为天下第一"奇男子"，以不能招其归附为恨，在三番五次招降失败后，还令秦王朱樉娶其妹为妃，与王保保攀亲家。后来朱樉病故，这位王妃竟甘愿自杀殉夫以示其节，犹如她哥哥身殉元祚、不事二主一般。朱元璋在这一时期的文告里一再肯定元代的合法正统，他在君

<hr />

[1]《明史稿·太祖纪》。

临天下 20 余年并且两破漠北之后于洪武二十二年（1389 年）致书"故元兀纳失里大王"时仍然说道："昔中国大宋皇帝，主天下三百一十余年，后其子孙不能敬天爱民，故天生元朝太祖皇帝起于漠北，……世祖皇帝混一天下，……百年之间，其恩德孰不思慕！……自妥懽帖木尔皇帝即位，政出权臣，法度废弛。是以上天降乱，……草野间豪杰因而并起。朕……纠合士马，不四五年，群雄悉定。……朕今主宰天下，遣使告谕尔兀纳失里大王知之，如有所言，使还其具以闻，朕有以处之。"[1] 可见他完全是从王朝更替、天命靡常的角度来看待双方的斗争的。当时明朝对内的文告也称对手为"故元"而不称"伪元"，更不用夷、虏之类称呼。可见这是两个政权而非两个民族的斗争。因此，在王保保这类汉族"故元忠臣"随元廷北迁的同时，大批蒙古人却留在内地臣属于明朝。据说元末"方大乱时，各处转战蒙古人等四十万内，惟脱出六万，其三十四万俱陷于敌"[2]，即留居明地了。其中就有相当部分留在了陕西。

二　河套鞑靼的侵扰

朱元璋死后，建文帝朱允炆以"削藩"激变，他的叔叔、朱元璋第四子燕王朱棣起兵发动"靖难之役"，向侄子抢夺皇位。在惨烈的数年内战中，原来负有镇守边防之责的燕王朱棣得到沿边一些蒙古部落的支持，剽悍的蒙古骑兵在内战中屡建奇功。为了表示酬谢，同时也为了集中力量南下争位，朱棣对蒙古人采取了更为怀柔的政策，主动放弃了一些地方。在河套地区，朱棣于建文四年（1402 年）九月下令移东胜左卫于河北永平府，移东胜右卫于河北遵化县，从而实际上放

---

[1]《明太祖实录》卷一九八洪武二十二年十二月甲子。
[2]《蒙古源流》卷五。

弃了东胜这个控制河套的重要基地。

然而朱棣毕竟是个雄才大略的君主，他即位后为巩固边防迁都北京，并在永乐年间多次发动针对蒙古人的漠北远征。而此时四分五裂的蒙古诸部实力尚弱。所以东胜虽撤，蒙古人的势力却暂未能进入河套。而到明英宗朱祁镇时又于正统三年至十四年（1438—1449 年）间一度恢复了东胜卫，因此当时的河套地区是比较平静的。

正统末年的"土木堡之变"是明王朝由盛转衰的标志。这次事变后明王朝再次罢废了东胜卫，从此无力恢复，而蒙古部落贵族对内地的侵扰也日益严重起来。当时北元已经解体，蒙古部落中逐渐崛起了鞑靼与瓦剌两大势力。其中在陕西边外活动的主要是鞑靼部。这时的鞑靼部已失去了北元那种多民族国家中被推翻的前王朝流亡政权的地位，而退化为单纯的蒙古部落联盟。它对明朝发动的侵扰也已不再是元明两个王朝政权的斗争，而成为多民族国家内周边游牧民族军事贵族集团对内地农业文明的进犯，其目的已从复辟元朝变为单纯的劫掠。因此民族斗争的性质便大大地突出起来。抵抗鞑靼入侵已不仅仅是明王朝为巩固自己的统治而进行的军事行动，而且是内地人民的强烈要求和社会发展的客观需要。由于鞑靼部对陕西的侵扰主要是以河套为基地进行的，因此史籍中对这一时期边患的提法便由"故元遗兵"变成了"套寇"入侵。

正统末年东胜卫撤废后，即不断有蒙古游骑进入河套，明朝边将王骥、王祯等在陕北沿边一带建筑了一批营堡、墩台，陆续设置 24 所，岁调延安、绥德、庆阳三卫官军分屯戍守，又在绥德以北增筑榆林城（今榆林市）作为边防枢纽。因此在景泰年间（1450—1456 年）蒙古游骑虽也多次入犯延安、庆阳等地，但尚未在河套立足，因而"不敢深入"。

明英宗天顺六年（1462 年）春，蒙古鞑靼部毛里孩、阿罗出、孛罗忽三部"掠边人以为向导，因知河套所在"[1]，遂自漠北举部南迁，

---

[1]《明史纪事本末》卷五八《议复河套》。

入据河套。这片三面阻河、水草丰茂、可耕可牧并有盐池之利的地区从此成为鞑靼诸部侵扰内地的主要基地。在此之前，蒙古人从漠北远道南下，"去来无常，为患不久"，自入据河套之后，蒙古人临边而居，进犯内地的能力大大加强，而明朝方面失去黄河之险和一大片缓冲地带，受到严重威胁，尤其是直接与河套相邻的陕西地区更是深受其害了。

明宪宗成化元年（1465 年）十月，毛里孩部入寇陕西，揭开了"套寇"大举入侵的序幕。明都御史项忠、彰武伯杨信出兵抵御，逐走毛里孩。但鞑靼人自此"无岁不深入，杀掠人畜至数千百万"。成化六年（1470 年），索罗忽取代毛里孩据有河套，"边人大扰"，延安、绥德、宁夏、平凉、巩昌、固原处处告警。鞑靼军甚至由河套东击大同，逼近万全（今张家口市附近），威胁到首都北京。明廷三次派大将抚宁伯朱永、武定侯赵辅、都督刘聚率军征讨，均无功而还。当时明朝统治已到中期，边政日趋腐败，"边将拥兵，莫敢谁何，微所遗老弱及杀平民以上功，冒升赏"，以至于鞑靼"益横，内地且危"。[1]

成化九年（1473 年），明廷以都御史王越总督关中军务，王越是明中叶御鞑名将，熟知边情，敢作敢为。这年套寇酋长满都鲁、孛罗忽进犯秦州（今甘肃天水），王越侦知其家口都留在榆林边外的红盐池（今神木县北红碱淖），遂乘其主力外出之机，率 1 万骑兵出榆林，两昼夜急驰 800 里，突然袭击"套寇"后方巢穴，杀敌 350 余名，尽获其家口畜产而归。鞑靼主力闻讯赶回，巢穴已成一片灰烬。于是"相顾痛哭，自是远徙北去，不敢复居河套"[2]。陕西边防得以喘息数年。这就是号称明中叶边功第一的红盐池之役。然而此役歼敌不多，实际上并未与"套寇"主力交手，只是趁其远出闯入人家家里放了把火，给"套寇"的打击主要是心理上的。这样的战斗也算是空前大捷，可见当时

[1]《明史纪事本末》卷五八《议复河套》。
[2]《明史》卷一七一《王越传》。

明边防军的战绩实在不怎么样。而这样的胜利所起到的威慑作用也难以持久。到成化十六年（1480年）时鞑靼就又出现在延绥一带。于是，"寇每入，小击辄去，军罢即复来，率一岁数入。将士益玩寇，而寇势转炽"[1]。到弘治八年（1495年）时，河套又成了鞑靼长年盘踞的基地，陕北益发不得安宁了。

弘治末年在明朝史上号称"中兴"的时期。这一时期"朝廷清明，诸大臣协和，尽心体国"，边政也一时稍有起色。当时名臣杨一清为三边总督，他积极筹备收复河套以永绝边患。然而尚未有眉目，"中兴"气象已经消逝。到正德年间（1506—1521年），刘瑾专政，武宗胡为，杨一清也得罪离任。于是陕北又处于"边圉日减，敌日进"[2]的危机状态了。

15世纪末，蒙古小王子崛起，统一蒙古各部，"自称大元大可汗"，明称之为达延汗。他封其次子于河套，自此更加强了对内地的侵扰，到嘉靖二十五年（1546年），鞑靼之祸终于发展到空前程度。这一年鞑靼以骑兵3万大举南下，进攻延安，所到之处如入无人之境，一直打到三原、泾阳，饮马渭河，西安大震。陕西三边数十万官军无所作为，一任鞑靼大掠关中，杀掳人畜不计其数，然后扬长而去。次年，明陕西三边总督曾铣率兵出塞反击，获得小胜。曾铣因此上书明世宗，要求全面筹划，大举出兵，收复河套，驱逐鞑靼势力。但不久又发生曾铣、夏言的冤狱，主张收复河套的大臣都受到明世宗与严嵩的残酷迫害，这个计划也终成泡影。

此后达延汗的孙子俺答继续踞河套而遥控蒙古各部，连年对明朝发动侵掠。嘉靖三十二年（1553年）与三十五年（1556年），鞑靼又两次攻入陕北，进犯延绥一带，明朝苦心经营的秦塞长城并没有能够阻挡住鞑靼的入侵。

---

[1]《明史》卷一七一《王越传》。
[2]《明史纪事本末》卷五八《议复河套》。

直到隆庆年间（1567—1572年），明朝开始改革活动，边防有所加强。鞑靼入边往往受到强有力的反击。1567年后的五年间，陕西四镇军民共歼灭鞑靼3000余人，"套寇之披靡已甚"。连年战争使双方都蒙受重大损失，"在虏既未遂安生，在我亦无时解备，华夷交困，兵连祸结"，双方都产生了和平的愿望。[1]隆庆五年（1571年），在著名蒙古族女政治家三娘子的劝说下，俺答汗与明朝达成妥协，双方通商和好，史称"俺答封贡"。至此河套蒙古对陕西的入侵活动才渐趋平息。

三　秦塞长城

在明前、中期与北元及河套蒙古长期对峙的过程中，陕西的边防经历了由点式防御演变为带状防御，由一条防线演变为几条防线的重大发展。由此留下的一组至今遗迹尚存的庞大防御工事体系，构成了今日我国著名的万里长城的中腰部，史籍多称之为秦塞长城。

明代前期，陕北边防主要是沿袭宋代防御西夏的办法，采用点式防御。即在沿边地带择冲要之处建立一系列城、寨、营、堡，中间设立烽堠以传递消息，组成一个防御体系。明王朝对陕西各处的筑城工作一直十分重视，早在明初三秦底定不久，朱元璋便于洪武四年（1371年）正月派冯胜（即冯宗异）往陕西沿边一带"缮治城池"[2]。此后从沿边至纵深地区屡兴筑城之役，大者如榆林城之新创、东胜城之重筑，小者如怀远堡（今横山县城）、定边营（今定边县城）、镇靖堡（今靖边县南）等等。明代沿边诸城修筑水平远超宋代，许多宋代要塞城池明初均经扩展增高，更加险固。如宋种世衡创修的清涧城在明洪武年间增筑为周3里、高3丈、池深2丈的重镇；绥德城在洪武年间经指挥

---

[1]　王崇古：《确议封贡事宜疏》，《明经世文编》卷三一七。
[2]　《明太祖实录》卷六〇洪武四年正月戊子。

严渊扩建后面积扩大 3 倍，成了周 8 里半、高 3 丈的大城；葭州城洪武初年由千户王纲扩建，从宋代小小的葭芦寨变成了一座大型要塞等等。

但是，北宋对付西夏行之有效的"筑城战"用在明代却在很大程度上失灵了。这主要是由于西夏与河套蒙古民族特性上有很大区别。西夏党项人是农牧兼营民族，而且立国之后农业地位日渐重要，因而夏对宋的战争虽然也具有游牧民族入塞劫掠的成分，但扩展耕殖空间的意义也起着很大作用。因此宋夏双方逐渐都在边境上采取了筑城护耕、逐城推进、扩张边界、占夺地盘的堡垒战术。北宋这种战法也算是棋逢对手，妙奕不绝。然而，河套蒙古在明代却处于纯游牧状态，农业的意义极小。它对陕西内地的侵扰纯属劫掠性质，并不带有扩展边界、抢夺地盘的目的，因而完全可以绕过明军的设防据点而长驱深入，忽来忽去，使明军的点式防御体系陷于无用。在整个宋夏战争期间，夏兵深入最远不过到邠、鄜一线，而北元、鞑靼的骑兵以比西夏弱小得多的实力，却能深入到凤翔、三原、泾阳一线，威胁关中的心脏地带，可见点式防御已不足恃。

同时，陕北沿边地段大部分位于毛乌素沙漠南缘的荒漠草原地带，地势相对平缓。不像山西、畿辅等地的边塞多有险要山川可恃，因而点式防御难以有效防止北骑南下的弱点尤为突出。因此，自明初以来就不断有人主张改善这种防御态势。

永乐十二年（1414 年）七月，明廷下令陕西沿边诸城增设烽堠以备御敌。[1] 初步萌生了把各防御点连为一体的设想。

正统年间（1436—1449 年），宁夏副总兵官黄鉴奏请：从偏头关东胜州黄河西岸的一颗树（今府谷县黄甫川以北）到宁夏黑山建立边墙，东西长 700 余里，沿线共计划建立 13 个城堡，72 个墩台。这是明代关于秦塞长城的第一个详细规划。但上报朝廷后，却以"地土平漫难据"为由将此方案搁置了。稍后，总兵石亨又提出另一方案，即延绥一路

---

[1]（雍正）《陕西通志》卷一六《关梁》。

沿当时所称的直道（横山山脊一线）重新修建营堡。但陕西当局以"徒置烦劳"为由，未从其议。[1]最后只是在正统七年（1442年）由总兵与巡抚会商，派军役依界石一带山势，随其曲折而把北坡的一面铲削成25尺高的人造悬崖，起到"城"的作用，而在无山的川道口左右俱建筑大墩，调军防守。实际上，沿边哪里会处处都有可供铲削成崖的山坡？因此这一举措的意义也就很有限了。

到了宪宗成化八年（1472年），河套鞑靼的威胁日益严重，吏部侍郎叶盛又提出了个防御计划，他认为：铁鞭镇、黑城子、银州关，都是宋时为防御西夏而筑，山势最险，水泉甚近便，应当修补以为防御之用。这实际上又回到点式防御的路子上去了。然而，在当时边政废弛、得过且过的风气之下，就连这个算不得大举动的建议也无人理睬，终于"不果行"。

次年，鞑靼大举入塞，一直闯到渭河边的秦州。明王朝感到事态严重，在王越取得红盐池之捷，战事告一段落后，即批准建筑秦塞长城。当时著名边臣、后来的陕西父母官余子俊时任延绥巡抚，负责组织实施这一工程。在他的精心组织下，沿边军民利用红盐池之役后鞑靼一度远遁的时机，很快筑起了这道长达1770里又123步的边墙。它东至清水营紫城砦黄河西岸，与对岸的山西偏头关长城遥遥相对，西至宁夏花马池（今盐池县），与宁夏镇长城相衔接于营界牌。全线共修建城堡12座：榆林城除正统年间已建成的南城外，又创修了北城，并新筑成安边营、建安、常乐、把都河、永济、安边、新兴、石涝池、三山、马驼泉等10座城堡。此外，还将响水、镇靖两座旧有堡寨移置边墙附近重建。与这些重兵把守的要塞相配套的，还有守护壕墙崖寨819座、小墩78座、边墩15座，构成一条完备的防御带。工程完成后，沿线配以重兵，边墙之外实行坚壁清野，禁止边民出塞耕种。

秦塞长城修成后，延绥镇治所也从绥德城北迁到边墙上的榆林，

---

[1]（雍正）《陕西通志》卷一六《关梁》。

推进250余里。从此榆林便成为全国的"九边重镇"之一、长城中段最大的防御枢纽。

由于余子俊所修的长城以因山为险为原则，大片屯田被隔在边外成了耕作禁区，损失巨大。于是到弘治年间（1488—1505年）延绥巡抚文贵又在其外修了一道边墙，用以防护屯田。这道新工事名曰"大边"，而称余子俊所修的长城为"二边"。长城防御的重心随即向大边转移。但是，文贵所修的大边只是一道辅助工事，不仅多建于平地，而且筑墙高厚不过1丈，很容易被突破。因此到嘉靖年间明廷又决定扩建大边，"必使岸堑深险，墙垣高厚"。嘉靖二十二年（1543年），宁塞至定边二堡间的边墙首先添修，嘉靖二十四年（1545年）陕西三边总督曾铣主持的大边扩建工程全面兴工。此后三年间，西段440里、中段490里及东段590里的边墙以每年一段的速度全部完成。到嘉靖二十七年（1548年）曾铣遇害时，秦塞新长城已经全线巍然屹立。它西起定边营（今定边县），东至黄甫川，全长1521里，除夹墙不计则为920余里。比余子俊所修旧墙平均北移数十里，最远处（石涝池堡至砖井堡间）北移百里以上，从而保护了大片屯田。新墙沿线共设城堡34座、墩台170座。"墩堡勾连，横截河套之口"，其城墙高厚与墩堡据点密度均大大超过了旧墙。

新墙（大边）经此次加固后便成为秦塞长城的主体部分，而同时，余子俊所修的旧墙（二边）也仍然予以利用，"堑山湮谷，另为一边，名曰夹道，地利亦险矣"[1]。

至此，明朝费时70余年，消耗大量人力物力，终于建成了包括两道边墙在内，总长达3300里、城堡46座、墩台260多个、哨寨800余个的气势恢宏的防御体系——秦塞长城。陕北边防由点式防御，到带式防御，到多层带式防御的演变，至此达到极点。在明长城全线中，

---

[1]（雍正）《陕西通志》卷三五《兵防二》。

只有秦塞长城这一段采用了两墙夹道的结构，[1]可见明廷对河套防御的用心。

　　秦塞长城的大部分地段均用土夯筑而成，由于塞外风沙的侵蚀，毁损较快。早在它完工后不久的隆庆三年（1569年），位于毛乌素沙漠南缘风口的常乐堡至波罗堡地段就已"沿边积沙高与城等，铲去复满"。另一些地段由于军屯密集，过度耕牧，造成生态环境恶化。如保宁堡（今榆林市西）一带在上述短短时间内便由优质草原变成了不毛之地，"昔多水泽，今潴渐涸，马无所饮"，以致屯军不得不另择据点。[2]实际上，两道长城建立后，"套寇"入塞的事仍时有发生，再坚固的城墙也不能保护一个已经腐朽了的封建王朝不受侵犯。只是由于明后期蒙古势力本身的分裂、衰落以及它被新兴的满洲人征服，陕北的边患才没有再度严重起来。如今，秦塞长城的大部分地段已被毁圮，或被流沙埋没。而秦塞长城沿线保留下来的一些古城堡，如著名的榆林古城，则作为旅游胜地与历史古迹受到保护，并为今天的现代化建设发挥出当年它的建设者们想象不到的作用。

四　复套之议与曾、夏冤狱

　　在长期的边防实践中，人们逐渐认识到，鞑靼的连年侵掠之所以难于制止，关键在于有河套为其巢穴。在蒙古部落依托河套临边而踞的情况下，点式防御固然不能阻其从诸点之间渗入，带状防御也难以阻止它去而复来。只有收复河套，才能一劳永逸地解除陕西的边患。于是历朝都有不少有识之士力倡复套之议。尤其是身任陕西边防之责

---

[1]　甘肃兰州、靖远一线及山西、畿辅两省雁门关、太行山一线的内长城相隔若干府州县，与外长城距离很远，已不属夹墙性质。

[2]　（雍正）《陕西通志》卷三五《兵防二》。

者，更不乏热心于收复河套的人才。

早在成化二年（1466年），延绥镇纪功兵部郎中杨琚，便根据一个"自幼熟游河套"的70余岁边军百户朱长的建言，极力主张进取。他认为："套内地广田腴，亦有盐池海子，葭州（今佳县）等民多墩外种食"，倘若听任鞑靼在这里盘踞，将来必成大患。不久，总督关中军务的名臣王越也提出了收复河套的建议，他指出："河套水草甘肥，易于驻扎，腹里之地，道路旷远，难于守御。陕西孛罗忽、乜加思兰等纠率丑类，居套分掠，出入数年，虽尝阻于我师，然未经挫衄，终不肯退"，必须选名将，统大军"往图大举"，才能解决河套问题。但是这些建议都没有被采纳。[1]

弘治年间总督陕西三边军务的杨一清，也是"复套"的热心人。他认为唐之受降城（东、中、西受降城，皆在今内蒙古境内黄河北岸）据有三面之险，明初退居东胜卫，已失一面之险。而正统以后又弃东胜而守延绥，"则以一面而遮千余里之冲，遂使河套沃壤为寇巢穴"，而"宁夏外险反南备河。此边患所以相寻而不可解也"。他认为，只有夺回河套，"复守东胜，因河为固"，才能根本改变边防的被动局面，同时还可以在河套开"屯田数百万亩"以解决军需问题。[2]杨一清的建议曾得到孝宗的赞赏，明朝也为此作了一些准备工作。但不久孝宗去世，武宗继立后刘瑾专权，杨一清被排挤退休，群臣"遂无敢言及河套者"[3]。

嘉靖年间，鞑靼的侵掠更加严重，明臣关于收复河套的主张也又一次占了上风。嘉靖十七年（1538年）巡按何赞上疏，二十四年（1545年）御史陈豪又上疏，要求朝廷下定决心，"期于必战，尽复套地，庶可弥其内扰之患"。而主张收复河套最力，并为此做了许多实际部署的，

---

[1]《明史纪事本末》卷五八《议复河套》。

[2]《明史》卷一九八《杨一清传》。

[3]《明史纪事本末》卷五八《议复河套》。

则是这一时期任陕西三边总督的曾铣。然而在当时昏暗的朝政下，他壮志未酬，却与支持他的首辅夏言一起遭奸臣严嵩陷害，蒙冤被杀。

曾铣（？—1548年），字子重，扬州江都人。嘉靖年间曾巡按辽东，巡抚山东、山西，是那时最有才干的边臣。当时正是俺答率蒙古鞑靼军连年入侵之际，他巡抚山西三年，悉力设御，"经岁寇不犯边"[1]。嘉靖二十五年（1546年），他调任陕西三边总督，正碰上套寇十余万自宁塞营（今靖边、吴旗二县间）入边，大掠延安、庆阳境。曾铣仅率部数千人驻防塞门（今安塞、靖边二县间），而派参将李珍袭击鞑靼的后方巢穴马梁山，斩首百余。鞑靼闻讯，狼狈退走。不久鞑靼又复大举南下，明军游击高极战死，副总兵肖汉败绩。曾铣整顿军纪，处治怯懦将领，把鞑靼驱赶出边，并追出塞外很远。套寇被迫远徙，一时不敢再犯陕西。

在统兵参加御寇战争的同时，曾铣为秦塞长城的建筑也花费了不少心血。他在余子俊、文贵所修长城的基础上继续增高加固，作为边防屏障。秦塞长城两墙并峙、互为表里的防御格局就是在他的手里最后奠定的。

然而，曾铣深知仅靠长城是无法解除鞑靼威胁的。因此他把主要精力放在了收复河套的战略研究上。嘉靖二十五年（1546年）鞑靼大掠关中被击退后，他向朝廷呈上一万多字的《复套八议》："一曰定庙谟，二曰立纲纪，三曰审机宜，四曰选将材，五曰任贤能，六曰足刍饷，七曰明赏罚，八曰修长技"[2]，系统地论述了用兵河套的原则。他指出："贼据河套，侵扰边鄙将百年，孝宗欲复而不能，武宗欲征而不果"[3]，"套贼不除，中国之祸未可量也"[4]。他建议组建一支6万人的精锐突击

---

[1]《明史》卷二〇四《曾铣传》。

[2]《明史纪事本末》卷五八《议复河套》。

[3]《明史》卷二〇四《曾铣传》。

[4]《明史纪事本末》卷五八《议复河套》。

部队，每年夏秋之交乘鞑靼人息兵牧马时入套"直捣巢穴"，得手后即退回，以免陷入敌围。次年再如法炮制，"岁岁为之，每出益励，彼势必折，将遁而出套之恐后矣"。换句话说，他要变被动为主动，变套寇连年侵扰内地为明军连年进袭河套，变彼之去而复来为我之退而复进，使敌人不胜其扰，最后用军事压力将其挤出河套。然后明朝"因祖宗之故疆，并河为塞，修筑墩堠，建置卫所，处分戍卒，讲求屯政"，达致边境的清宁。

曾铣还认为，"复套"与"筑边（修筑长城）"不可偏废。但修筑长城以御套寇只能收效一时，只有收复河套，才是"国家万年久远之计"。

曾铣不只是说说而已，他还付诸实施。嘉靖二十六年（1547年），他亲自率军出塞袭击套部，获得胜利。套寇受此打击，一度"远遁，不敢近塞"。受此役鼓励，他于这年十一月会同下属陕西、延绥、宁夏三巡抚谢兰、杨守谦和王邦瑞，以及三镇总兵官，联名向朝廷提出了《复套方略》共18条，又进上《营阵八图》，从战略到战术，形成了一套完整的用兵方案。

当时明世宗对曾铣的复套之议一度十分欣赏，并曾斥责兵部对此犹豫不定，没有积极响应。然而对曾铣的计划与才略最欣赏的还是当时的首辅夏言。夏言（1482—1548年），字公谨，江西贵溪人，他在嘉靖朝的首辅中是较有抱负的，因而对曾铣收复河套的主张极为支持。夏言的岳父与曾铣同乡，所以两人私交也很好。但是，夏言在一些问题上与明世宗意见相左，这时已渐渐为皇帝所忌。而他的政敌严嵩这时正觊觎首辅之位，妒恨夏言，遂乘机在世宗面前进谗言，攻击曾铣开边启衅，而夏言则与曾铣结党营私。反复无常的明世宗受到挑唆，立即翻脸，不顾自己此前不久曾对复套之议大加称赞，反过来斥责曾铣贪功误国，并下令将他逮捕。

严嵩进一步落井下石，指使曾因怯懦惧战而被曾铣劾奏得罪的原甘肃总兵仇鸾诬告曾铣掩败不奏，克扣军饷，并造谣说夏言受了曾铣的贿赂。严嵩甚至声称：俺答入侵延绥、宁夏，也是曾铣贪功生事惹下的祸。昏庸的明世宗于是不问青红皂白，竟下令把曾铣处死。一代御鞑名将没有捐躯于疆场，却这样冤死在昏君奸相之手！

明朝这样自毁长城，更助长了鞑靼的侵犯气焰。曾铣死后不久，俺答军又大举进攻宣府，明世宗不因此而反省自己的乖戾蠢举并亟思抗敌之策，反说这都是夏言、曾铣议复河套招来的报复，遂连夏言也一并处斩。随即开始了一场对陕西抗敌有功将士的大迫害。曾铣的部将、名震三边的李珍、田世威等都被诬为曾铣的爪牙，逮捕入狱，严刑逼供后，杀的杀，流放的流放。曾经赞同过曾铣主张的大臣，如陕西巡抚谢兰、延馁巡抚张问行、指挥郭震、御史盛唐、副总兵李琦等也都受到严厉处分。而那个畏敌逃遁、违犯军律的怯将仇鸾却因诬告曾铣有"功"而被释放、平反并重掌兵权。如此倒行逆施，令陕西军民无不愤叹。

曾铣是个有勇有谋的边帅。一年除夕，塞上无警，他突然命诸将出征，将领们正张罗酒席，不愿走，便贿赂其亲兵向他求免。曾铣断然将亲兵斩首，诸将只得听命，连夜出兵，果然遇敌，大获全胜。次日诸将问其缘故，曾铣笑道：听见乌鸦叫得蹂跷，所以料知必有敌至。于是诸将皆服。曾铣还是个当时官场中难得见到的廉洁奉公的清官，他被冤杀后抄家时发现，这个久历宦途的人却"家无余资"[1]。曾铣、夏言罹祸，人莫不为之寒心，从此无人再敢提及收复河套的事了。而明朝边备也就更加废弛，边患更加严重，两年后便导致了鞑靼军围攻北京的"庚戌之变"。

公道自在人心，历史是无私的。曾铣身后，陕西人民为之建祠致祭。明世宗死后，穆宗即位，朝中纷纷为曾、夏讼冤，明穆宗随即宣布为曾铣等平反昭雪，追赠官谥。然而他的复套之志却再也不可能实现了。

---

[1]《明史》卷二〇四《曾铣传》。

五　清朝势力下的鄂尔多斯蒙古对陕西的威胁

俺答封贡之后，河套蒙古对陕西的侵扰大减，秦塞长城内外出现了难得的安定祥和之局。但到明代晚期，陕西塞外又出现了新的边情。

万历末年，满洲的后金国（后来的清国）在东北地区崛起，它在南下扰明的同时也向西扩张，于天启至崇祯初年与蒙古察哈尔部发生长期战争。当时察哈尔部首领林丹汗继承俺答的政策，控制漠南蒙古大部分地区，"东起辽西，西尽洮河，皆受插（察哈尔）要约，威行河套以西矣"[1]。他实行附明抗清的政策，因而其控制下的河套（当时已称鄂尔多斯）诸部并未再向陕西塞内发动大规模侵扰。而软弱的明王朝这时实际上并不能在林丹汗抗清的斗争中给他以有效的军事支持，为了笼络他以分清之势，遂对他属下的鄂尔多斯蒙古实行优容迁就的政策，对其从河套向陕北的小规模骚扰开一只眼、闭一只眼。而且，这一时期正逢明末农民战争的烈火在陕北到处燃烧，明朝驻陕的边防部队或用于镇压农民起义尚且力有不足，或者其本身在哗变后即成为农民起义军的三大来源（驿卒、边兵与饥民）之一。因此这一时期陕西的边防实际上如同虚设，鄂尔多斯蒙古人小规模入塞的事几乎已成家常便饭了。只是在当时明、蒙联手抗清的宏观背景下它不可能发展为大型冲突。

到了崇祯初年，陕西边外形势又为之一变。崇祯元年（1628年），清太宗皇太极亲率大军在西拉木伦河流域击败林丹汗，察哈尔部势力开始衰败，并在清朝压力下将部落的活动中心从西辽河上游及坝上高原逐渐西移到了鄂尔多斯地区，"纠合套房，屡犯延（安）、宁（夏）、甘肃间"，从而对陕西边地的骚扰又有所加剧，形成所谓"插汉寇边"

---

[1]　彭孙贻:《山中闻见录·西人志》。

的局面。[1]崇祯五年（1632年），皇太极再率清军主力亲征察哈尔，林丹汗遭到决定性失败，向西经河套直奔青海。其部分部属到陕北定边投奔明将曹文诏，并帮助曹镇压山西境内的农民起义。然而不久，他们见明境内战不已，朝廷势弱，又思混水摸鱼，于是复叛去，并攻打定边城。崇祯六年（1633年）五月，林丹汗率"套骑五万余"大举进攻宁夏，接着又攻入延绥地区，"连营数十里，杀戮甚惨"。陕北已受招安的一些民变武装如王成功等部也乘势再反，与察哈尔军相合。明将王承恩将其击败，王成功被杀，察哈尔军退走。[2]然而边境依然多事。这年七月，延绥、靖边、宁夏又一次受到"插、套合兵"的进攻。

次年三月、八月，"插、套合兵"又连续进扰延绥，明总督洪承畴不得不分镇压农民军之兵来把守秦塞，于八月间获得"斩四百余级"的小胜。这时，林丹汗在青海病死，"子幼，妻益衰弱，不能自立"，对明朝的威胁才渐渐减轻。

崇祯八年（1635年），清军对林丹汗残部发动了最后进攻，号称十万的八旗军由辽东横扫漠南，进占河套，"收插汉虎墩兔妻及陕西土霸、土囊等部万余人"，察哈尔残余势力全部降清。新兴的满洲贵族至此把领土从东北延伸至西北，"东降朝鲜，西收插汉，自鸭绿江北抵贺兰塞外，皆隶其版"，[3]鄂尔多斯蒙古从此成为清的属部。

这样，河套蒙古对陕西侵扰的性质与规模都发生了变化，它已不再是明朝周边游牧部落对边地的劫掠性骚扰，而成了明清战争的组成部分即这一战争的西线战场，而侵扰的规模也明显扩大了。崇祯八年（1635年）以后，河套蒙古又曾几次打到延安城下，而明朝也被迫在榆林屯驻重兵以防御鄂尔多斯蒙古人。

---

[1]《明史纪事本末·补遗》卷三《插汉寇边》。按明称插汉，清称察哈尔；明称虎墩兔，清称林丹汗，均同名异译。

[2]《明史纪事本末·补遗》卷三《插汉寇边》。

[3]《明史纪事本末·补遗》卷三《插汉寇边》。

这一时期鄂尔多斯蒙古对陕西的侵扰，与当时在陕北开展的明末农民战争也搅到了一块。当农民军初起时，一些义军战败后往往北越秦塞逃入河套地区，而崇祯十六年（1643年）李自成起义军略定三秦，进军陕北时，榆林的明朝守将王定、尤世威等也曾企图招河套蒙古入塞来对付农民军，重演唐朝借沙陀兵镇压黄巢的故事，同时也预演一年后吴三桂引清军入关的戏。[1]

因此，这一时期鄂尔多斯蒙古对秦边的明朝官方与农民军之间形成的三角关系，实际上是全国范围内明、清、顺（李自成大顺政权）三方关系在西北的体现。作为清朝属部的鄂尔多斯蒙古这时所采取的政策是受盛京（今沈阳市）的清国中央制约的。而清朝当时主要想笼络农民军对付明朝，或是利用农民军吸引明军兵力的机会加紧攻明，因此鄂尔多斯蒙古便按这一战略行事，没有接受榆林明军的招诱而介入战争。大顺军攻占榆林后，派权将军王良智与李自成内弟高一功领重兵驻守，并接管了秦边防务。这时的顺、套关系，已是山海关战役前顺、清关系的一部分。清廷当时曾通过河套蒙古派遣使者迟启龙到榆林，向大顺军守将递送《清帝致西据明地诸帅书》，声称"欲与诸公协谋同力，并取中原，倘混一区宇，富贵共之"[2]，企图拉拢李自成合力灭明。

但很快清朝便改变了主意。因为这时李自成已率部渡河直取北京，清廷通过鄂尔多斯蒙古转送榆林的信他甚至可能并未看到，更重要的是随着明朝的灭亡，明清对立已为顺清对立所取代，清顺"同力"灭明"并取中原"已成滑稽的想法，而"秦失其鹿，楚、汉逐之，我朝（清）虽与明争天下，实与流寇角也"[3]已成为清朝的当务之急。河套蒙古与清廷配合，对陕北大顺政权也转而采取了敌对的姿态，使大顺军不得

---

［1］ 佚名：《榆林城守纪事》。

［2］《明清史料》丙编第一本《致西据明地诸帅书稿》。

［3］ 缪荃孙：《云自在龛笔记》。

不把最精锐的部队用来加强陕北防务，从而影响了其在全国战场上机动兵力的能力。最后，清军于顺治二年（1645年）入陕镇压大顺政权时，其主力阿济格部也是假道河套进入陕北的，并得到了河套蒙古的积极支援。清朝统一后，长城内外又处在一个王朝的统治下，河套蒙古的侵扰问题才最终成为历史。

第十五章　明末农民战争与清军入陕

一　澄城首义与陕西农民战争的第一次高潮

明末农民战争是我国封建社会规模最大的一场农民战争，它从明末到清初延续近 40 年，席卷了全国绝大部分地区。但在它的各个时期与各个地区，起主要作用的始终是一批陕西籍的逃军、失业驿卒与饥民，而这三者实际上都是破产农民所汇成的群体。

早在万历末年，陕西各地就已出现了主要由逃军构成的"流贼"。万历四十七年（1619 年）明军四路会攻后金努尔哈赤，在辽东萨尔浒大败，"援辽兵丁陆续逃回，不敢归伍"[1]，因而走上了造反之路。由于明中叶的边患主要是"套寇"问题，因而明朝边军很大一部分屯守于西北，而当"套寇"问题因俺答封贡而缓解，辽东却出现了新兴的女真——满洲势力的威胁时，明朝的边防重心随即东移。在这一过程之初，即萨尔浒会战前，明朝东调的边防军有很大一部分来自原先的边防重点陕西地区，因而这些由辽东溃回关内的逃军中陕西人也占了很大比例。他们从东北到西北流移数千里，辗转归根，途中又被河南巡抚张我续等明朝官方阻截镇压，回到故里后仍面临当局的刑罚而无法安居，于是"走山西以至于延绥，不敢归伍而落草"[2]。这些边军受过

---

[1]　杨山松：《孤儿吁天录》卷末《先大父抚贼之谤》。
[2]　杨嗣昌：《杨文弱先生集》卷一〇。

军事训练，生存能力强，明朝地方镇压机器很难奈何他们，而他们四海为家的逃军性格也使其行为方式不同于占山为王的地头蛇式的"土寇"，具有很强的流动性。这都给后来正式爆发的农民战争打下了烙印。

在这一时期，起义者人数不多，尚不为明廷所注意。而当时后金兴起，朝廷"因辽事孔棘，精神全注东方，将谓陕西一隅不足深虑"[1]。然而正由于辽东军兴，陕西境内"调援不止，逃溃转多"，到天启年间从陕北的延绥到陕南的洋县、西乡，都出现了"流贼"的活动，并进而蔓延到与陕西相邻的山西、四川两省。到天启末年，大起义终于在澄城县爆发了。

天启末、崇祯初，陕西发生持续数年的严重旱灾，赤地千里，饿殍盈野，到处发生吃人惨剧。渭北旱塬上的澄城县"土瘠赋重"，连续多年的干旱使贫瘠的土地收获更减，而变本加厉的"辽饷"和其他加派、横征使沉重的赋敛更加不堪承受。严重的天灾人祸使这个穷县陷入饥荒，草根树皮都被吃尽。然而朝廷的横征暴敛却有增无已。正赋与"辽饷"之外，又有诸种杂派，有分摊的明宗室禄米与庄租籽粒，更有贪官污吏们的法外苛取。农民能逃的都逃了，留下来的不仅得不到救济，反而被官府逼着赔纳逃户的钱粮。天启七年（1627年）任知县的张斗耀，是山西蒲州进士，入仕未久，私囊未满，红了眼地搜括农民，想尽量从濒死的饥民口中多挖一些粮食，以便向上邀赏和中饱私囊。这年二月十五日黄昏，张知县仍未退堂，还在公堂上忙着拷掠农民，逼索钱粮。这时外面由远而近传来了呐喊声，原来是被逼得走投无路的四乡农民闯进了县城。他们各持利器，也不知是谁的号召便一拥而上，从西门冲进县衙大堂。张斗耀见势不好，抱头鼠窜，从大堂逃回私宅。农民郑彦夫等怒火填膺，大呼"我敢杀张知县！"追上张斗耀，把他乱刀砍死。[2]

---

[1] 杨嗣昌：《杨文弱先生集》卷一〇。

[2] 金日升：《颂天胪笔》卷二一。

澄城的抗粮杀官事件具有很浓的自发色彩，以至于谁是这场"民变"的首领一直是个谜，诸书有说是白水王二的，有说是郑彦夫或种光道的。而这几人后来在农民战争中影响都不大，可以说并不是很杰出的领袖。因此这件事本身具有一定的偶然性。然而必然寓于偶然之中，在明末陕西社会危机已十分尖锐、万历末年以来"流贼"的星火已到处闪烁的情况下，澄城民变首先把广大非军籍民众溶入了反抗的洪流并与逃军的造反相会合。王二、郑彦夫等人后来虽默默无闻，但澄城人民抗粮杀官的消息却不胫而走，迅速传开，已被旱灾、饥荒和横征暴敛逼上绝境的陕北各地农民与军户最先响应，一场席卷全国的轰轰烈烈的农民战争就这样爆发了。

陕北府谷县农民王嘉胤率杨六、不沾泥等"群掠富家粟"[1]，官府前来追捕。这时澄城事件消息传来，王嘉胤等遂由"劫富"进而抗官，正式举起了反抗朝廷的义旗。崇祯元年（1628年），白水王二的起义军攻下宜君县，安塞县人高迎祥也于是年聚众起义。不久高迎祥、王二皆与王嘉胤会合，有众五六千，占据了延安、庆阳两府间的黄龙山区。

同年，清涧县人王左挂（原名王子顺）在宜川县龙耳嘴起兵，有"骑贼万人"，头目苗美、飞山虎、大红狼等，声势颇大。

清涧县书生赵胜借助本县山中孤寺，点灯苦读，官府却听信流言，怀疑他在密谋造反，要抓他。赵胜被逼上梁山，遂自号"点灯子"，在解家沟花牙寺聚众起义。

大起义的烈火在这一年（1628年）冬已从陕北烧到了关中与陕南。汉南人王大梁于这年十月聚集成县、两当等县农民3000余人，自称大梁王，举兵起义，攻克略阳，逼进汉中府城。十二月，陕西镇总兵与陕西巡抚治所固原（宁夏今县）发生兵变，起义士兵打开了固原州库，并攻入关中腹地，转战泾阳、富平、三原，俘虏了官军游击李英。

---

[1]　彭孙贻:《平寇志》卷一。

到了崇祯二年（1629年）正月，陕西巡抚胡廷宴与延绥巡抚岳和声联名向朝廷告急称："洛川、淳化、三水、略阳、清水、成县、韩城、宜君、中部、石泉、宜川、绥德、葭州、耀州、静宁、潼关、阳平关、金锁关等处，流贼恣掠"[1]。全陕从南到北，绝大部分地区都陷于农民战争的熊熊烈火中了。

这时，明朝财政危机，边患与农民战争同时爆发，形成相互激发、反馈放大之势。对农民军与后金内外用兵使明廷军费开支激增，财政状况迅速恶化。为缓解财政危机，明廷于崇祯二年下令裁撤驿站，削减费用。陕西的驿递系统首当其冲。大批靠在驿站供役为生的驿卒与夫役因裁驿而陷于失业。他们在灾荒遍地、兵祸连绵的黄土高原上无以求生，也纷纷加入了起义者的行列。结果，明廷陷入了因财政危机而裁驿，因裁驿而使农民起义扩大，因镇压日益扩大的农民起义而使军费更增、财政危机更严重的恶性循环之中。

同年，满洲后金军队大举入犯，第一次打到北京城下，崇祯帝措置乖戾，冤杀袁崇焕，使战局更加恶化，于是明廷急调西北边军赴京勤王。边兵们背井离乡，长途跋涉，受军官虐待，又被克扣军饷，饥寒疲困，也纷纷哗变、逃亡。陕北延绥镇的边兵因总兵吴自勉贪污军饷，盗卖军马而哗变，使延绥巡抚张梦鲸忧愤而死。勤王军中途哗变，留守原防的卫军与军户同样也无法生存。崇祯三年（1630年），延绥地区缺饷已达四年之久，饥军不愿饿死，遂在神一元、神一魁兄弟率领下起义。3000多起义边军很快攻下新安边（今吴旗县北）、宁塞营（今吴旗、靖边间）与柳树涧（今定边县东）三堡，杀死明参将陈三槐，占领保安（今志丹）县。

失业驿卒、哗变边兵与起义饥军加入农民造反行列，使陕西农民起义的烽火越烧越旺了。与一般农民相比，驿卒与边军都有组织的传统，边军受过正规军事训练，而勤王军更是边军的精锐。他们大批加

---

[1]　谈迁：《国榷》卷九〇。

入起义，一方面削弱了统治者的镇压力量，另一方面增强了起义军的作战能力，使明政府越来越难以招架了。

这样，到崇祯三年冬，明末农民战争在陕西境内形成了第一个高潮。这一时期起义军蜂起，各自为战，单股义军规模较小，战斗力不强，与官军作战败多胜少，攻取名城重镇的能力尚不具备。起义者由于是死里求生、逼上梁山，因而尚无长远打算。为避免官府株连迫害，他们往往拉家带口甚至举族入伙，其首领则多以浑名、绰号相称，如紫金梁、可天飞、不沾泥、八大王、闯将、点灯子、蝎子块、闯塌天等等，而隐去真名以防官方追查。这一切都表明他们尚处于幼稚时期，还不能很快给明朝统治以致命打击。但是，由于起义遍及各地，几乎州州起火、县县冒烟，官府顾此失彼，已无法维持正常统治秩序。官军对单股义军这时仍具有绝对优势，然而由于官逼民反的大背景，官军虽屡战屡胜，起义者却越杀越多了。这样，到了崇祯四年（1631 年）初，明政府便不得不变换手法，改对起义军以"剿"为主为以"抚"为主了。

这一时期陕西起义过程中还发生了暂时尚不引人注目但却对后来的中国历史产生了重大影响的事，那就是李自成、张献忠这后来威震天下的两大领袖的参加起义。

李自成（1606—1645 年），米脂县双泉里二甲人，其家所在的村子名李继迁寨，据说是宋代党项族领袖西夏创立者李继迁的故里。从史籍所载他的相貌特征看，李自成先世很可能有党项血统。李自成的祖父李海、父亲李守忠都是贫苦农民。后来明官府掘毁自成家坟以泄恨时，发现李海与李守忠墓均无碑，葬制简陋，除一粗瓷黑碗外无任何陪葬品，可见其家境之穷困。

李自成在这样的家境中度过苦难的童年，他曾一度被父母舍入寺庙为僧，后来又给富家放羊。天启六年（1626 年），21 岁的李自成应募成为米脂县圁川驿（或讹为银川驿，驿址在今米脂县城）的驿卒。他曾多次受到官府、豪绅的欺凌，曾为小事被乡绅艾某捆绑枷打，又曾因驿马死亡而被官府勒索追逼。这一切在他心中积聚起对统治者的仇恨。正如他后来成为大顺皇帝时所颁诏书中说："朕起布衣，目击憔悴之形，身切痌瘝之痛。"[1]

崇祯二年，明朝裁减驿站后，李自成陷入了失业的绝境。当时米脂一带连年饥荒，居民十之七八为生存而参加了农民起义。李自成也于崇祯三年带领侄儿李过等一批青年投奔义军首领不沾泥张存孟，成为其下的第八队队长。不久张存孟败俘被斩，李自成率领以他的"老八队"为骨干的部分义军，成为独树一帜的首领。

李自成后来因亲自率部攻下北京，埋葬了明王朝而被公认为明末农民战争中第一号农民领袖。但论参加起义的资历以及在战争初期的影响，张献忠却在李自成之上。张献忠（1606—1646年）于万历三十四年九月十八日出生于延安卫柳树涧堡（今属定边县）一个军户——军事农奴家庭中，父亲做过手工业者，经营过小买卖，家境比李自成略好一些。他幼年读过一些书，粗通文字，曾自称"斯文一气，学而未成"[2]。成年后他在衙门当过捕役，但仍然属于受欺凌受压迫的下层。崇祯初年他在陕北聚众参加起义，一开始便出手不凡，"临战辄先登，于是众服其勇"[3]。当李自成投奔张存孟而加入义军时，张献忠已成为一支义军的首领而自立山头了。当时他号称"西营八大王"，并据有米脂县18寨。此后一直到1640年以前，他在农民军中的实力、战绩、声望与地位均在李自成之上。

张、李举义，陕西义军真可谓藏龙卧虎。然而此后的漫长征途中还免不了有龙游浅水、虎落平阳之时，陕西农民起义不久就面临了一段艰难岁月。

[1] 彭孙贻：《平寇志》卷九。

[2] （乾隆）《宝丰县志》卷五《兵燹》。

[3] （康熙）《陕西通志》卷三一《杂记》。

二 洪承畴治陕与农民战争的低潮

眼看农民起义的声势越来越大，明朝官府慌了手脚，急忙施展软硬两手，或"抚"或"剿"，千方百计要把起义镇压下去。

崇祯四年（1631年）初起，明陕西三边总督杨鹤见前两年的军事镇压成效甚微，而且当时西北驻军主力调京勤王未归，继续镇压的军事实力也不足，于是经奏请崇祯帝同意，改而采取以"抚"为主的方针，对农民军大力诱降。同时明廷还派御史吴携带白银10万两，前往陕西放赈，企图诱使造反的饥民放下武器，回乡领取官府的救济，并防止受"抚"还乡的起义者因求生无计而再度造反。

明廷的这一新招很快取得了暂时的效果。崇祯四年三月，留在陕西境内的最大一股义军、有众六七万人的神一魁部在宁州（今甘肃宁县）接受招安，并放回了此前俘虏的明朝官吏与夺获的明朝官印。此后不久，点灯子、满天星、上天龙、王老虎、独行狼、郝临庵、刘六等起义军首领也相继率部受抚。而流离在外的陕西饥民（起义军兵源的主要补充者）也纷纷回籍领取救济。

但这种效果很快灰飞烟灭了。因为这时官府议抚，主要是由于边军勤王后陕西官军没有足够的"剿贼"兵力，然而兵力不足，也使官府难以对已受招安的义军实施有效监督，更难以将其真正解除武装，遣散归农，以至于"招安贼首，给札予官，占据要村，纵其党众，'剿掠'四乡，谓之打粮"[1]，出现了"阳顺阴叛"、"抚"局有名无实的状况。地方官绅与富室对此怨气冲天，把这种受了招安仍"劫掠"如故的义军呼为"官贼"，他们对"抚议"的攻击使代表他们利益的当局无法再把抚议进行下去。

---

[1] 吴甡：《忆记》卷一。

其次，陕西农民本来是因活不下去才被迫铤而走险的，明廷虽然宣布了招抚政策，但并不能解决他们的生存问题。饥民饥军既然无以为生，"旋抚旋叛"就势成必然。对此，官方本来心中有数，因此才有吴赈陕之举。然而由于以崇祯帝为首的明廷鼠目寸光，贪吝过分，所拨的区区10万两赈银只是杯水车薪，虽经朝中一些有识之士多方吁请，终不肯再出一钱。这就使抚局难以持久，陕人"穷饿之极，无处生活，兵至则稽首归降，兵去则抢掠如故"[1]。抚局的败坏也就难免了。

最后，一些明朝官员背信弃义，违诺杀降，贪鄙将士杀降冒功，主剿派人士更往往故意杀降，存心破坏抚局，这就使官府的信用完全丧失，导致招抚政策破产。起义农民受抚后竟被官府设计诱杀的事，在当时的陕西不胜枚举。如王左挂在清涧受抚后，陕西巡按李应期、延绥巡抚洪承畴等密谋策划，于崇祯三年八月预伏刀斧手把王左挂及其伙伴苗登云等98名受抚首领全部杀害。崇祯四年四月，洪承畴授意部将贺人龙诈称宴请降众，降众入席后伏兵齐出，一次便杀害了320人。起义者一再受骗上当后，已经无法相信官府的招抚诚意，而只有鱼死网破，舍命相拼了。

于是，明朝的招抚政策不久便宣告失败。崇祯四年九月，崇祯帝下令把杨鹤撤职查办，陕西巡抚练国事降官三级，起用了主剿的强硬派官员洪承畴接任陕西三边总督，再度对起义农民举起了屠刀。

这时，陕西的军事形势已经发生很大变化。首先由于陕西饥荒严重，从崇祯三年起大批农民军便陆续东渡黄河，进入山西就粮，并谋求新的发展空间。到崇祯四年时，包括王嘉胤、王自用、高迎祥、李自成、张献忠等在内的陕西义军主力都已转战河东。明末农民战争的中心至此已从陕西移至山西。义军在山西无论在规模、战绩还是在组织形式上都大有发展，形成了一批骨干力量即所谓"三十六营"，各部开始出现协同与联合作战的趋势，其中最强者如王嘉胤等已逐渐具有

---

[1] 郑天挺等主编：《明末农民起义史料》，中华书局，1954年，第29页。

诸家盟主的地位，如此等等。然而义军的大批东渡却使得陕西境内的义军兵力大减，因此虽然就全国看来崇祯四年后农民战争仍处在第一高潮的上升势头上，但陕西农民起义的第一个高潮却已经过去了。

其次，这一时期满洲军已退回关外，辽东边患有所缓解，勤王军因而得以回防原地，陕西官军的镇压力量由此得到了增强，军事形势已对留陕义军不利。

再次，天启至崇祯初年陕西的连年干旱到崇祯五年（1632 年）结束，此后几年里陕西境内降雨较多，农业有所恢复，多年的饥荒也得以缓和，死里求生的饥民群即起义军的后备兵源也减少了。

这些都促使陕西的起义逐渐转入低潮，然而这一时期受命治陕的总督洪承畴在统治者阵营中比较精明干练，"平乱"有方，也不能不说是一个重要原因。

洪承畴（1593—1665 年），字彦演，号亨九，福建南安人。他于明末农民起义在陕北爆发的那一年即 1627 年到陕西任布政使司右参政，此后随着农民起义的蔓延与官府剿抚两败的困境，陕西的总督、巡抚及其以下官员走马灯般地易人，一顶顶乌纱落地，而洪承畴却"业绩"不凡，接连升官。崇祯三年升任延绥巡抚，四年再升为陕西三边总督，七年（1634 年）更被授予了前所未有的重任：兵部尚书总督河南、山西、陕西、湖广、保定、真定等处军务。职权所及几达半个中国，成为明朝镇压农民起义的总指挥官，同时他仍保留陕西三边总督之职，坐镇西安，指挥对农民军的围剿。

在这一时期，虽然大部分农民军已转战山西，但陕西的义军活动仍相当活跃，并与洪承畴指挥下的官军进行了英勇的搏斗。崇祯四年九月，一度受抚的神一魁重举义旗，攻占了宁塞营，控制了战略意义重要的白于山区。然而这时义军发生内乱，神一魁为部将黄友才等所杀，部众分裂。同年十一月，义军谭雄部攻占安塞县城。洪承畴闻讯向义军发起两路反扑：以副总兵曹文诏围攻黄友才等据守的宁塞营，而自领副总兵李卑会合总兵王承恩进攻安塞。在优势官军的进攻下，义军损失惨重，两寨俱失，黄友才退走，谭雄等被诱杀。在此以前，"抚而复叛"的点灯子赵胜也受到洪承畴派遣的官军连续攻击，迭遭重创，被迫从陕西渡河入晋。洪承畴和部将曹文诏、艾万年追过黄河，于九月十八日在晋西石楼县将该部义军击溃，点灯子阵亡。

然而义军一部受挫一部又起。十一月间义军一座城、一朵云、薛红旗等部3000余人从鱼河川（今榆林市南）突袭安定县城（今子长县西），"城中贫民恨富人"[1]，起而响应，一举攻克了安定。与此同时，义军混天猴部攻克甘泉，夺得饷银10.8万两，杀死知县郭永图及明河西兵备道张允登。接着该部又克葭州（今佳县），杀死明兵备道郭景嵩。崇祯五年正月，混天猴派人伪装米商混入宜君县城，乘夜里应外合夺取了该城。随即又分兵攻占了保安、合水二县。这样，仅这一部义军就已连破五个州县，杀死两位道员。

这时，原属神一魁部下的郝临庵、刘六、可天飞等部也在子午岭山区重新起义，很快使这一山区成为义军的一大根据地，起义农民由此四出攻击。崇祯四年十二月，黄友才、郝临庵、可天飞等围攻环县，署县事赵应兰自杀。次年二月，可天飞与郝临庵又围攻庆阳府城。一时从黄河西岸到子午岭的广大地区又出现了义军纵横、战旗飞舞的局面。

对此洪承畴再度运筹帷幄，调集官军进行镇压。他先令王承恩进攻安定，赶走了一座城等部，又调曹文诏、张全昌合力进剿混天猴，调甘肃总兵杨嘉谟、宁夏总兵贺虎臣会攻子午岭西侧的神一魁诸旧部。崇祯四年年底，官军在环县城外大败义军，黄友才被官军火铳击中身亡，可天飞、郝临庵退入今陕、甘、宁三省交界处的东、西川深山区。次年二月，曹文诏解庆阳之围，再次击败义军。三月十三日曹文诏与杨嘉谟又合击义军于西壕，义军大败，伤亡惨重，余部退回东、西川的铁角城一带深山根据地，无力复出了。

---

[1] 戴笠、吴殳：《怀陵流寇始终录》卷四。

遏制住子午岭地区神一魁旧部系统诸义军的发展后，洪承畴再度注目于陕北东北部地区，向集结在那里的义军集群猛烈反扑。崇祯五年四月，陕北东路最大的义军不沾泥张存孟部在西川设立 17 哨 64 寨，向米脂、葭州发起进攻。洪承畴令延绥巡抚张福臻、陕西总兵王承恩率部与自己亲统的大军会合，对义军进行围歼战，一举得逞。张存孟大败后，与另一首领刘民悦均被俘斩于绥德。这年七月，一度横行陕北、连陷名城的义军混天猴部也在延川县被官军消灭，混天猴被明将马科击杀于延水关（今延川县东黄河岸）。于是东路义军诸部大体上均被镇压了。

　　接着洪承畴便腾出手来，集中力量对已退入深山的子午岭义军作最后的清剿。子午岭北端与白于山形成的山结地区有铁角城，这里山高沟深，形势险峻，自大起义爆发以来就成为义军经营的据点，神氏兄弟及其后的郝临庵、可天飞等部都曾长期在此"分地耕牧"[1]，为持久计。几年来他们虽屡次在山外战败，却一直没有官军能攻到这里。崇祯五年八月，洪承畴一面调大军四面进逼，一面派出间谍，拉拢义军叛徒，实行反间计，"与以重赏"，"令其以'贼'杀'贼'"[2]。这一毒辣的诡计果然奏效，在严峻的形势与官府的利诱下，义军很快从内部瓦解。一些人一变而为当局的鹰犬，成为义军致命的敌人。如原义军将领白广恩叛变后，立即带领官军直袭可天飞何崇渭的大本营"何家老寨"，可天飞措手不及，兵败身亡。十月间，官军王承恩部也击败了义军一座城、薛红旗等部，一座城死于叛徒乔六郎之手，薛红旗与一字王也在骨都寺为明靖边兵备道戴君恩所杀。郝临庵等部在铁角城根据地失陷后，循子午岭南逃入关中。十一月间被官军追击于耀州锥子山，义军再败，撤入凤凰山。官军见山险难攻，遂重施故伎，再派间谍进行策反，结果郝临庵、独行狼等义军首领又被内部的叛徒所杀

---

[1]　吴伟业：《绥寇纪略》卷一；彭孙贻：《平寇志》卷一。
[2]　《崇祯实存疏钞》卷五下《兵部尚书张凤翼题本》。

害，首级被献给了官军。

至此，洪承畴经过一年半的残酷镇压，终于基本上把在陕西坚持斗争的各支义军逐一扫平。这时他自以为大势已定，又再次食言背信，在投降义军中挑出 400 名所谓"狰狞剽悍者"加以惨杀。[1] 这些心存幻想的动摇分子又一次成了统治者骗局的可悲牺牲品。

在这一时期的镇压中，洪承畴充分显示出凶恶的屠夫面目。据明巡按范复粹于崇祯六年（1633 年）奏报，官军仅在作战中杀死的义军将士就有 36600 多人，至于战场外所杀的以及因官军烧杀蹂躏而死的平民百姓就无法计数了。

当然，洪承畴的一度成功也不能仅仅用他的残暴来解释，他的政治、军事才干也是当时明朝官场中比较难得的。他在政治上始终坚持强硬立场，坚决主"剿"，反对"抚"议，即使在主"抚"派得势时他也不易其说，这在当时官场那种怯于负责、遇事推诿、随波逐流、了无定见、敷衍塞责、首鼠两端的风气中，堪称是鹤立鸡群，因此他能作为主"剿"派的公认代表凝聚一批同仁进行苦心经营。

洪承畴有较高的谋略水平，惯于用诡计，行反间，以军事进攻与政治瓦解双管齐下来对付农民军，因而屡屡奏效，为一味逞勇者所不及。洪承畴的多次背信杀降不仅当时破坏了"抚局"，也为后世史家所不齿。但他也并不只是一味残杀，对那些真正可用的鹰犬之才他不仅不杀，还往往不吝恩宠，提拔重用。如前面提到的义军降将白广恩在铁角城立"功"后，便深受他的赏识，后来一直升到总兵之位。也正因为如此才会一而再，再而三地有人上当。

在军事上洪承畴熟悉兵情地理，善于当机立断，抓住战机。他也比较知人善任，所重用的将领如曹文诏、贺人龙等都是明军中不可多得的猛将。洪承畴的善于驾驭部属在当时也是有名的。别人奈何不得的骄兵悍将，他却往往能调度得宜，臂指如意。所有这些长处，

---

[1]　吴伟业：《绥寇纪略》卷一。

加上有利的形势与农民军在战争初期的许多弱点，便使他能得志于一时。

三 李自成等部途经陕西的长距离运动战

崇祯六年后，以陕西（包括当时属陕西布政使司的今陇东地区）为基地的各支义军都被洪承畴一一剿除。但陕西的明朝统治并没有因此而太平无事。明末农民战争至此已发展为以中原地区为中心，以自陕西转移出去的义军为骨干，以跨省区的长距离流动作战为特色的中期阶段，而作为农民军骨干的桑梓之邦，陕西地区是他们这一时期戎马往来的屡经之地。

崇祯六年十一月间，大批农民军发动了著名的"渑池渡"，越黄河而进入千里中原，在这里的饥民群中如鱼得水，很快发展起来，并开始向四周省区作长距离进军。这年年底，义军横行狼、一斗谷、扫地王、满天星等8营10余万众由河南西入武关，一日间同时攻陷山阳、镇安、商南三县城，随即北上洛南，逼近西安。洪承畴大为震惊，遂急调渭北诸军向南阻击，而避实就虚的义军却已调头南下，于崇祯七年（1634年）正月间连续攻克洵阳、紫阳、平利、白河四县，陕南大震。洪承畴派遣的大军闻讯赶来时，义军又已南走四川。

这年春，明廷以延绥巡抚陈奇瑜为陕西、山西、河南、湖广、四川五省军务总督，统一指挥各省驻军堵御到处流动的农民军。包括李自成、张献忠在内的农民军主力4万余人，受官军的压迫，从鄂西北退入陕南，走到汉中、洋县间离栈道不远的车箱峡，误入险境。这个峡谷山高路陡，居民稀少，出口又被明军严密封锁。又值连阴雨持续70多天，义军弓弩脱胶，刀枪锈蚀，衣甲湿透，人困马乏，断粮数日，濒临绝境。

但是义军在如此严重的局势面前没有灰心丧气。他们决定利用陈奇瑜的麻痹心理，伪降出险。于是义军把历年所获金银财宝凑到一块，派人假借联系投降，进入陈奇瑜大营，贿赂了他的左右。这些人本来就害怕与农民军决战，收了贿赂后更极力主张招抚。陈奇瑜觉得义军已经走投无路，与其冒险逼他们作困兽之斗，不如招抚，可以轻而易举地立下大功。

于是，陈奇瑜上报朝廷，得到兵部的支持和皇帝的允准，与义军进行谈判，双方达成招安协议：官方根据义军人数，每百人派一名安抚官，负责监视降众并把他们遣返原籍；一路上所过之处由当局供给粮草；官军停止进军以免发生冲突。骄傲轻敌而又急于建功的陈奇瑜竟然没有要求农民军解除武装和拆散建制。

就这样，4万多义军绝处逢生，整军走出栈道。一路上与陈奇瑜的部下"揖让酣饮，易马而乘，抵足而眠"[1]。没有衣甲的义军装束整齐了，弓朽箭尽的义军重新装备起来，断粮数日的义军吃饱了肚子。等到出了栈道，在一个夜晚，一声令下，400名安抚官全被义军逮捕，或杀，或杖责，或捆绑起来弃于路旁。数万义军如虎出笼，进攻宝鸡、麟游等地，又纵横驰骋在关中平原与陇东一带，西安附近及庆阳、平凉、巩昌等地处处告急。陈奇瑜这才知道自己被义军捉弄，上了大当。

消息传来，统治者中乱成一团。陈奇瑜把责任推给陕西地方当局，说宝鸡知县李嘉彦杀降激变，又怪陕西巡抚练国事措置不当。而陕西地方官绅与朝中言官则纷纷攻击陈奇瑜主抚纵敌，坏了大事。最后崇祯皇帝大怒，把李嘉彦、练国事与陈奇瑜都逮捕下狱。

车箱突围是义军的一大胜利，实力最强的一股义军以此摆脱了危局，而明廷镇压起义的企图又一次破产了。

到了崇祯八年（1635年）正月，关东的义军一举攻克明朝的中都、朱家皇帝祖坟所在的凤阳，取得了重大胜利。崇祯帝气急败坏，急调洪承畴率陕西兵出关，汇合各省官军进剿关东义军，陕西的防务便相

---

[1]（康熙）《灵寿县志》卷一〇《艺文下》。

对薄弱了。义军乘势又纷纷经潼关、武关等路"尽数归秦"[1]，陕西人民"从贼者如归市"，卷入起义的人数竟达200万之多。[2]

洪承畴在河南闻知后方大乱，又不得不下令所部由河南、湖北回救陕西。然而，这时的义军已远非他们当初渡河入晋离开陕西时可比，其组织性与战斗力都大大加强了。以前在"剿贼"中几乎百战百胜的洪承畴，这时一回陕就挨了当头数棒。

崇祯八年六月，李自成部围攻宁州（今甘肃宁县），明副总兵艾万年、柳国镇率兵3000往援，却在宁州襄乐镇陷入包围。经过激战后官军大部被歼，艾、柳均败亡。

洪承畴手下最剽悍的一员战将曹文诏长期与艾万年搭帮任正副总兵，闻知老搭档被杀，气急败坏，立即率部前来报仇。农民军诱敌深入，又在真宁（今甘肃正宁）县湫头镇将他包围。官军遭到了更惨重的失败，一军尽歼，曹文诏自杀。洪承畴得报大哭，明军诸部听说这个悍将竟如此下场，无不胆战心惊。

宁州、真宁两战，显示出军事形势已发生了不利于明朝的变化。农民军不再是一群见了官军精锐就跑的"游击队"，而已经能够在正规作战中斩将歼师，争城夺地了。

然而，当时的陕西经天灾人祸之后，十分破败凋弊，义军百万之众聚集于此，给养无着。何况这时他们仍以运动战见长，也不能长期株守一地。于是到这年秋季，入陕义军的大部分如闯王高迎祥、老回回马守应、八大王、张献忠、一字王、撞天王等共几十万人又出潼关东去，只有闯将李自成与过天星张天琳[3]等数部留在陕西与洪承畴周旋。

---

[1]　卢象升：《卢忠肃公集》卷一一《与蒋泽垒先生》。
[2]　卢象升：《卢忠肃公集》卷一一《与蒋泽垒先生》。
[3]　当时的"闯王""闯将"都是绰号，犹如八大王、过天星等一般，李自成并非如某些书籍所说的是高迎祥的部下，他们完全是两支队伍。

这时，明廷眼见洪承畴一人已无法兼顾关东西的数千里战场、几百万"流寇"，于是在他这个五省军务总督之外，又任命卢象升为五省军务总理。为避免"总督""总理"叠床架屋，又划分了职权范围：洪管西北，卢管东南。这样，洪承畴就一心盯住了李自成等几支留陕义军。

这年十一月，李自成和满天星、六队、争功王四家义军数万骑自西安附近经同官（今铜川市）、宜君、宜川至韩城，拟待黄河封冻后过河入晋。然而一直在韩城等了40来天，由于当年冬暖，河水竟未封冻，官军防河又紧，义军渡河不成，又分两路西走。李自成、混天星经宜川、鄜州（今富县）、延安越黄龙山与子午岭进入陇东，过天星、满天星则进入关中腹地的高陵、三原一带。洪承畴率官军分头追击，义军一路流动，到崇祯九年（1636年）二月间官军才在干盐池（今宁夏海原县境）与义军打了一仗，击败了义军。过天星张天琳"请降"。然而明廷将其安置延安后不久，他又复"反"而去。这时，宁夏官军因欠饷而兵变，杀死巡抚王楫，义军乘官军内乱之机摆脱纠缠，又由陇东返陕，进攻榆林、绥德。五月间，李自成、张天琳合作，又一次在安定（今子长县）大败官军，俘斩总兵俞冲宵，阵杀副总兵李成。于是洪承畴在宁州、真宁之后，又在安定挨了义军的迎头第三棒。

然而这一时期战场形势很不稳定，官军既已不复每战必胜，义军也不像后来那样遇敌必克。忽胜忽败是常有的事。安定大捷后没几天，李自成就在自己的家乡米脂县中了明将贺人龙的埋伏而大败，几乎全军覆没，只有他本人与刘宗敏、张能等数百骑脱险。正当狼狈之时，李自成的妻弟高一功率众万余从固原到陕北来"合队"。义军声势复振，于是连续攻克延川、绥德、米脂。自崇祯三年自成投身起义后，时隔六年他又回到了米脂家乡，"其亲故从乱如归"[1]。

正当李自成在陕北发展时，闯王高迎祥、闯塌天刘国能、蝎子块拓养坤等几支农民军也从关东再次流动到陕西，在陕南兴安（今安康）、

---

[1] 戴笠、吴殳:《怀陵流寇始终录》卷九。

汉中一带活动。崇祯九年七月十五日，高迎祥率部越秦岭出周至黑水峪（今黑河谷口）进入关中，洪承畴、孙传庭亲率官军蜂拥而至，双方大战两日，义军中的叛徒干公鸡张二与一斗谷黄龙偷偷把高迎祥的战马与部众拉走，致使高迎祥战败被俘，并被押解至北京杀害。高迎祥在王嘉胤、王自用死后，张献忠、李自成崛起前，是起义军诸部中最强的一支，在众义军联合作战时常居于盟主地位。当时明廷也认为："贼渠九十人，闯王为最强，其下多降丁，甲仗精整，部伍不乱，非他鼠窃比。宜合天下之力，悬重赏必得其首。第获闯，余贼不足平。"[1]因此，高迎祥的失败与牺牲，对明朝官府与义军双方都产生了很大影响。官府自然弹冠相庆，镇压者的气焰一时大为嚣张；义军方面则受到沉重打击，实力消减，士气下降，"受抚"之风又变本加厉地刮了起来。

因此，如果说崇祯四年洪承畴扑灭陕西义军造成了明末农民战争在陕西境内的第一次低潮的话，那么以高迎祥的黑水峪之败为起点，农民战争在全国范围内也开始了第一次低潮，陕西境内的各支过境义军都面临了更严峻的考验，进入了明末农民战争中期最艰苦的"三年困难时期"（崇祯九年八月—十二年五月）。

高迎祥死难不久，在陕义军中的悲观情绪即蔓延起来，崇祯九年（1636年）九月，张妙手（张文耀）、蝎子块（拓养坤）这两支义军的首领率部由陕南与陇东到凤翔，向官府投降。李自成部在当年占领米脂、绥德后再次计划渡河入晋，却再次受挫，不得已又向甘、宁地区流动。次年（崇祯十年即1637年）秋，李自成、过天星、混天星等集中兵力从陇东进入陕南，九月二十六日进攻汉中，被明总兵曹变蛟（曹文诏之侄）击败，损失惨重，不得不南走四川。洪承畴率军入川追击，义军在四川转战至次年正月，未能打开局面，遂又分路北上。过天星等部由陇东回到陕北，受到陕西巡抚孙传庭的围追堵截，后来或散或降。

---

[1] 吴伟业：《绥寇纪略》卷五。

而李自成出川后即遭到洪承畴属下诸总兵曹变蛟、左光先、祖大弼、贺人龙的集中攻击，很快陷入了危险境地。由于大量官军堵住东进之路，他不得不西奔今甘肃西南部的临夏、甘南地区。崇祯十一年（1638年）三月，李自成在河州（今临夏）、洮州（今甘肃临潭）附近连续两次遇伏大败，只剩数千残军西逃，欲往甘、青交界的土司地区补充马匹，略作休整。然而老谋深算的洪承畴却不容他喘息，派兵穷追不舍。眼看李自成就要被逼入西陲不毛之地，不得已他只好将残部化整为零，从明军战线的缝隙中渗过，掉头东奔，再回陕南，于八月间企图入川，被四川巡抚傅宗龙大败于川陕边的南江县，北奔城固，在渡汉水时又遭官军截击。李自成一败再败，其部下六队祁总管等许多将士灰心丧气，出山投降。自成本人只带一小部分人"夜则山林藏身，不敢入窝铺宿歇"[1]，辗转逃出官军的包围圈，沿着莽莽巴山向东转入了陕西、湖广、四川三省交界的深山老林中，偃旗息鼓达两年之久。

　　这样，到崇祯十一年冬，陕西境内似乎已恢复了宁静。以陕西为基地的义军既已被洪承畴基本消灭，过境义军也大半败降或被歼，只有李自成如疾风中之劲草，"始终不受抚"[2]，但他已陷于几乎全军覆灭的境地，一时难有作为。当这年冬洪承畴因清军入关奉命入卫京师而离陕时，他似乎可以为自己在陕西为维持摇摇欲坠的明王朝而苦心经营的12年感到得意。

　　然而，他这一去便再也未能复返，不久就在关外的宁锦战役中一败涂地，当了满洲人的俘虏。而陕西的"宁静"也只是暴风雨的前夜，当几年以后农民军卷土重来时，形势便急转直下了。

---

[1]《清代档案史料丛编》第六册，崇祯十一年九月二十五日洪承畴题本。
[2] 赵吉士:《续表忠记》卷四。

四　陕西农民战争的二度高潮与大顺农民政权

崇祯十一年李自成兵败后，陕西境内的农民战争一直沉寂了五年。这一时期陕西的气候相对较好，经济与社会因而保持了相对的稳定。而继洪承畴之后经营陕西的某些官僚如孙传庭等，也还算是有为之人。在他们的经营下，陕西一时间从农民战争的策源地变成了似乎是明王朝仅有的稳定后方，到崇祯十五年（1642 年）后，明王朝在关东的统治全面鱼烂，陕西更成了明廷唯一可以寄予希望的镇压农民战争的用兵基地，所谓"孙传庭所有皆天下精兵良将，皇上只有此一副家当，不可轻动"[1]。

然而明廷还是愚不可及地"轻动"，并把这副"家当"丢了个一干二净。原来，在陕西的农民战争多年沉寂之际，关东的农民战争低潮却没有维持多久。崇祯十二年（1639 年）张献忠在谷城重举义旗，在一年半期间里打破了明朝督师杨嗣昌精心部署的有明一代内战中最大的一次围剿，即所谓"四正、六隅、十面网"。随即，李自成于崇祯十三年（1640 年）走出深山，进入河南，饥民纷起相从，出现了戏剧性的大发展，两年之内兵至百万，攻克洛阳，三围开封，五败明军，并于崇祯十六年（1643 年）春在襄阳建立政权，自称奉天倡义大元帅。至此他已成为明末农民军群雄中之魁首，承担起最后推翻明王朝的重任了。

这时，明朝在中原战场的主力经迭次战败之后已丧失殆尽，不得不动用陕军这最后"一副家当"了。就当时形势而言，李自成虽已横行中原无敌手，但当时的中原已是赤地千里，一片废墟荆莽，不足以为立国之基。而李自成要从中原北上京师或南取江浙，陕西明军都可

---

[1]　李长祥：《天问阁明季杂稿》卷上。

能出关抄其后方。若李自成先取陕西，则陕西明军据潼关而守险，以逸待劳，在军事上也要有利得多。所以不到万不得已，陕军的确是不宜"轻动"的。然而刚愎自用的崇祯帝在李自成的胜利面前恼羞成怒，一心要找李自成算账，遂不听劝谏，丧失理智地一再严令孙传庭出关作战，甚至以杀头相威胁。孙传庭被逼无奈，只得于崇祯十六年八月率兵出关。结果，李自成以诱敌深入之计在九月十四日于河南郏县一战，大败孙传庭，并乘胜穷追400里，于十月初兵临潼关。孙传庭几乎全军覆没，他本人从河南渡黄河逃到山西才摆脱了义军的追兵。而当他从山西再渡黄河回到陕西匆匆布防潼关时，已经只剩下4万残兵败将。明朝最后一副"家当"就这样丢在关外了。

十月初，李自成部署两路攻陕，他自与刘宗敏等大将率主力由洛阳西攻潼关，而派袁宗第、刘体纯率义军右营10万人为偏师，从河南邓州进攻武关，取道商洛地区入关中，与主力会师西安。

十月六日，义军主力发起潼关战役，当天就打开了这座关中门户。新败之后已成惊弓之鸟的陕西明军一触即溃，高杰、白广恩逃跑，孙传庭与监军副使乔元柱死于乱军之中。义军既歼明军，关中几乎已呈不设防状态。李自成遂得以凯歌行进，连克渭南、临潼，十一日即兵临长安古城。这时陕军尽溃，官府留下途经西安的5000名四川兵守城。时值天寒，来自南方的川兵衣衫单薄，官员们劝西安城里的首富——秦王朱存枢拿出点钱为士兵置棉衣，聊以鼓舞士气。不料要钱不要命的朱存枢在如此关头还一毛不拔，拒绝出钱。守城明将王根子一气之下，开东门献城投降。于是，这座以城高壕深、设防坚固而称绝于当时并至今仍以其明城墙为国内一绝的西北重镇、千年古都，竟在几小时之内便落到了农民军的手中。守财奴秦王朱存枢被活捉，陕西巡抚冯师孔、按察使黄炯被杀，布政使陆之祺投降。义军出榜安民，很快稳定了人心。

由武关西进的义军右营也进展顺利。十月十五日克商州，十七日克洛南，遂与主力会师于古都了。

占领西安后，李自成即着手分兵三路，略定三秦：

李自成亲统以李过为制将军的义军后营和以刘芳亮为制将军的义军左营进军陕北，十一月初进占延安，明军高杰部渡黄河逃入山西。绥德、米脂一路皆下，只是在榆林遇到了明延绥边军将领王世钦、侯世禄、尤世威等的抵抗，经过 12 天激烈的攻城战，十一月二十七日义军攻占榆林，处死了顽抗的敌将，陕北遂告底定。

权将军田见秀下陕南，一路州县望风归附，只在城固小遇抵抗，城陷后明总兵高汝利企图逃往四川，结果被义军追及迫降。于是汉中、兴安均为李自成所有。

袁宗第、贺珍率义军右营及其他军队西进，一路未遇抵抗，十月二十八日到达西府重镇凤翔。后继续向甘肃进军。

这样，到十一月底，今陕西省境全部为李自成政权控制，时踞进攻潼关仅一月有余，比明初徐达等克陕或历史上的多次平陕之役都顺利。这说明明朝在陕西的统治已经虚弱已极，一推即倒了。全陕平定后，义军进一步向甘、宁、青地区推进，到崇祯十七年（1644 年，清顺治元年，大顺永昌元年）初，义军已控制了整个大西北。

这年正月初一，李自成正式建国，他改西安为长安，号为西京，作为临时首都。国号大顺，改元永昌，以原秦王府（今新城广场一带）为宫殿。李自成在这里颁布了一系列建国大政：

更定官制，封官授爵　　大顺军将领刘宗敏、田见秀、谷英、李过、刘芳亮、张鼐、袁宗第、刘国昌、刘世俊封侯爵，其下还有伯、子、男等爵，封为伯爵的可考者有刘体纯、吴汝义、马世耀、李友、刘忠、陈永福、白广恩、王良智（即王根子）、陈荩等，封为子爵的有田虎等30 人，男爵则有高一功等 55 人。与其他王朝开国封爵多至王、公相比，大顺的封爵级别较低，这可能有为激励诸臣立功而暂虚高爵之位以待的意思。

大顺以农民战争起家，政制上"右武轻文"，以刘宗敏为文武百官之首，握有实权。在文职方面，改内阁为天佑殿，以牛金星为大学士（丞相），居文臣之首。行政机构设六政府，即旧之吏户礼兵刑工六部之改称，六政府各设尚书一人，侍郎若干。并改翰林院为弘文院，给事中为谏议大夫，御史为直指使等。在地方上，省级首官为节度使，相当于明之巡抚，另设巡按直指使以行监察之职，类似于明之巡按。省以下，道设防御使，府设尹（相当于明之知府），州设牧（知州），县设令（知县），首都市长称京兆尹。总的看来，大顺政权几乎更换了明朝所有各级官职的名称，以示与民更始。然而这一套官僚制度却基本上是沿袭历代封建王朝，包括明朝的成例，很多官职名称来自唐朝。这可能因为大顺政权的开国勋臣多是陕西人，又以长安为都，因而体现出对陕西历史上盛唐气象的倾慕。

整编军队，加强训练与纪律　把大顺军整编为中吉、左辅、右翼、前锋、后劲五营，分别打青、白、红、黑、黄五色旗帜，这明显体现出五行说的影响，但是方位与旗色的搭配却与传统五行的序列不同。五营的首长为权将军、制将军，以下依次有果毅将军、威武将军、都尉、掌旅、部总、哨总等各级军职。军队制定了严格的纪律，除不杀不淫、平买平卖等之外，甚至规定骑兵纵马腾入田苗者也要处斩，充分表现了农民出身的大顺朝创立者们对农业生产的关心。

免征赋税　赋税三年免征，国家财政来源靠对明朝官绅实行追赃助饷来维持。但这时的追赃助饷手段还没有后来在北京所实行的那么激烈，追赃的对象也仅限于官僚缙绅，而没有像后来那样扩大到平民富户头上。尽管如此，关中的地主官僚仍受到了极为沉重的打击。

此外，为了稳定物价，促进流通，还铸造发行了各种币值的"永昌通宝"钱。为适应当时贵金属进入流通领域的历史趋势，还实行了雏形的银、钱复本位制。

开科取士，网罗人才　大顺政权制定的考题打破了以《四书》《五经》命题的旧例，以《定鼎长安赋》即欢呼农民政权成立作为考试内容。当然，科举制的弊病并不会因此而改变。

此外，大顺政权还开局刻印书刊以发展文化事业。流存至今的《华岳志》一书就是大顺政权时期的官刻本。

这些措施都反映了这个政权既力图除旧布新，又无法跳出封建制度窠臼；既要维护农民利益，又不能不走上蜕化道路的两难处境。实际上，在有的方面，大顺"新制"似乎比明朝旧制还要等级森严。如官印须避李自成父讳不能称"印"，而要按官级大小分为符、契、信、记等四种。明清两代多数时期避讳较宽松，尤其是两代初主元璋福临这些常用字并不避讳。而大顺规定的开国避讳之制，讳及海、玉、光、明、印、守、自、务、忠、成等常用字，还为实行避讳新造了一批怪字如𡨄（守）、𣇲（自）、𣴥（海）等，这比明清的避讳之制还复杂苛烦。

史籍多说李自成在西安建国时只称"新顺王"，在北京才称帝。但又说他追尊七世祖为帝，立高氏为皇后，追尊母为太后，而且传世的《永昌元年诏书》称"朕"而不称"孤"，凡此种种，都显示出李自成很可能在西安时就已登基做了大顺皇帝。大顺政权建立不久，李自成便率军自韩城渡河入晋，经太原、大同、宣府北取京城，由田见秀留守西安。而皇后高氏与中央机构六政府的尚书也留在西安。因此即使在李自成进北京期间，西安——"西京"也仍然是大顺朝的两京之一。这年五月，北京被清军攻占后，西安再次成为大顺朝的唯一京城。到顺治二年（1645年）正月清军攻占西安，李自成出走湖广为止，农民军控制古城共计1年又3个月。

五　大顺政权之覆没与清军入陕

1644年（明崇祯十七年，大顺永昌元年，清顺治元年）三月，李自成率领由陕西北伐的大顺军攻占北京，明王朝在农民战争烈火中灭亡了。但驻守山海关的明将吴三桂在阶级与家庭利益受到损害时，不顾民族大义，向清军投降。剽悍善战的满洲八旗劲旅闯进关内，在汉族地主阶级的支持下击败了大顺军。李自成被迫放弃北京，于这年六月返回西安。而雄心勃勃的清王朝又虎视眈眈地窥测八百里秦川了。

退守陕西的大顺政权，为保卫西北，并进而发动反攻，作了大量的准备工作。这年七月七日，大顺政权曾从陕西向华北各地发出行牌，宣称将发兵五路伐清，收复失地："长安二府田（见秀），绥德、汉中高（一功）、赵（光远）从西河驿过河，统领夷汉番回马步丁三十万；权将军刘（宗敏）统兵十万过河从平阳（今山西临汾）北上。又报皇上（李自成）统领大兵三百五十万，七月初二日从长安起马，三路行兵，指日前来。先恢剿宁武、代州、大同、宣府等处，后赴北京、山海，剿除辽左。至叛逆官兵尽行平洗，顺我百姓无得惊遁。"[1]这其中自有虚张声势的成分，但也显示了李自成不甘偏安西北的决心。而且透露出大顺军准备用北伐时留守陕西的田见秀、高一功、赵光远（当时分别留守关中、陕北、陕南）所部替换在山海关与华北被清军打败过的部队充任抗清前锋的军事部署，表明当时大顺军在陕西的战略预备队仍有相当实力。

为了巩固尚存的统治区，大顺政权还采取了一系列措施。如在六月间下令把山西、河南各州县的前明官绅举家迁徙到陕西各地加以安置，以防这些地头蛇在清军到来时反水为害，危及大顺地方政权。同时此举也有把这些官绅扣为人质的意思。于是这一时期陕西许多州县都出现了一批特殊"移民"，有的安置地极为偏僻，以至发生过被安置的官绅在深山里为狼所食的事。

另一方面，大顺政权吸取了前一时期实行对农民"三年免粮"而靠对官僚"追赃助饷"来维持行政开支的做法导致为渊驱鱼、使大批官绅投清抗顺的教训，大幅度地调整了政策，即一方面"通行免追比"[2]，全面停止了追赃助饷政策，另一方面在陕西"踏勘荒熟"，清丈田亩，以便造册开征税粮。[3]这样的改变虽然使大顺政权"劫富济贫"式的农民政权性质不复存在，同时也有失信于民之弊，贻人以"初诱

---

［1］ 郑天挺等主编：《明末农民起义史料》，第458页。

［2］ 第一历史档案馆藏，顺治四年七月陕西巡抚黄尔性题本。

［3］ （顺治）《麟游县志》卷三上《田赋》。

百姓三年免征,后辄百端催科"[1]之口实,但却是当时条件下国家机器的正常运作方式。它使大顺政权从打土豪式的革命机关转化为通常的封建王朝,有助于缓和其辖境内官绅富人的反抗,稳定内部,以便全力与清进行军事斗争。

然而,这时大顺政权的颓势已相当明显,它不仅一直从山海关败退至黄河边,锐气尽失,辖地日蹙,兵源饷源都发生了困难,而且由于向正常封建体制转轨过晚,与社会上官绅富民的仇已结下,在清军日盛的危急存亡之时已不可能指望他们会全力支持它抗清自救。而另一方面,大顺政权在作出这种转轨后也不可能再依靠下层贫民的造反热情与死里求生的斗争意志。因此,这个时期陕西大顺政权的统治已呈内部不稳之兆,尤其是大批明朝降官降将已萌异志。六月间,那位曾向义军打开西安城门的明降将、大顺朝派驻榆林的守将确山伯王良智因图谋反水而被陕北大顺军嫡系李过与高一功擒杀,他镇守的榆林防务也由高一功接管。从此李自成对降将降官的疑心也日重,许多由他们驻守的地区都要布署大顺军旧部以从旁监督,致使军力分散,拟议中的反攻终于流产了。

内情不稳,外部环境这时也险象环生。偏安东南的残明势力在南京建立的福王政权这时一心"联虏剿寇",在对清百般求和的同时全力向大顺军发动反扑。由于大顺政权面临清军的压力而无暇集中精力对付东南,因此在大顺与南明接壤的河南、湖广地区接连失利,而由于张献忠、李自成这双雄不能并立,早在明朝灭亡前夕他们已经决裂,这时双方在同时面临清与南明两个大敌的情况下仍然兵戎相见。张献忠在四川建立的大西政权威胁陕南,并屡次与大顺军在汉中一带发生冲突。最后,陕北边外的河套蒙古如上一章所说,这时已归附于清,因而也与清廷保持一致而与大顺为敌,威胁着陕西的北方并牵制着相当一部分大顺军精锐。总之,这时退踞陕西的大顺政权已在东、东南、

---

[1] 张缙彦:《菉居文集》卷二。

南、北四面同时受敌,与清、南明、大西与蒙古都形成对抗而在全国范围内无一盟友。其困难可想而知。

然而就在这种形势下,李自成仍然在军事上作了很大努力。他虽已无力发动全面大反攻,却仍在这年九、十月间在两个方向向清军发动了局部进攻:南线由洛阳渡河进攻豫北重镇怀庆府(今河南沁阳),北线则由陕北的高一功在平定了内变,击退了叛将唐通的进犯后,又东渡黄河攻入晋西北的偏关、宁武一带。

但是,这些局部的反攻不仅没有扭转整个战局的被动状况,反而过早地暴露了大顺军的军事潜力,引起了清方的警觉,并促使清方大幅度地调整了其全国战略。本来,在当时明(南明)、清、顺呈品字形鼎立的态势下,正如大顺同时面对清与南明一样,清军也同时面临顺、明两个敌手。清廷原来担心一旦全力用兵于陕西,东线必然空虚,南明将会从南方乘虚进入山东与豫东,甚至威胁北京。同时清廷又因大顺军从山海关到陕西屡屡败退,一度低估了它的军事能力。因此,在这年九月间清廷制定的是"两个拳头打人"的分兵战略,拟以英亲王阿济格由山西攻入陕北转下关中,消灭大顺政权,以以豫亲王多铎由河南南下皖苏,攻占南京,消灭福王政权,以图一举击败两个对手。

显然,如果真是这样打法,对清朝而言将是一大失误,而大顺军仅需抗御清军主力之半,并仅需防守陕北一面,胜败也或未可知。实际上,大顺方面似乎已知道清廷原先的这一计划,因此在这年冬天便全力加强陕北防务,从关中源源调兵北上。然而,当阿济格、多铎两路大军已经分头向西、向南进发后,大顺军十月反攻的消息传来,使清廷感到了原先对其实力有所低估,而这时南明却愈发摇尾乞怜,百般恳求清朝与自己"合师进讨,直指秦关",并力扑灭大顺军,全然没有对清作战的准备。

于是,清朝执政的摄政王多尔衮当机立断,火速遣使通知已进至河南的多铎,让他暂时放下进攻南京的计划,掉头西进,从河南进攻潼关,与由陕北南下的阿济格一起全力攻夺陕西,消灭大顺政权。

这样一来，大顺政权面临的局势便急剧地恶化了：要对付的敌军不仅猛增一倍，并且由一路独进变成了两路夹攻，而且由于多铎军的进展比阿济格更迅速，当阿济格仍在陕北与李过激战时，多铎已于十二月二十二日打到潼关。而大顺军原先的防御重点却是在陕北。面对急转直下的局势，李自成等进退失据，一时竟不知该先顾哪一头。他在十二月间亲率刘宗敏等大将统领大军先到了潼关附近的同州（今大荔县），听说阿济格进入陕北后即由同州驰援延安，但刚北上到洛川县，又得知多铎已兵逼潼关，于是立即停止北上，在洛川犹豫了10天之久，才又匆匆调头南下。刚到潼关，就在喘息未定之际投入了生死攸关的决战，开始了清、顺间规模最大也最残酷的厮杀。

十二月二十九日，潼关外大年夜的爆竹声被真正的炮火轰鸣所代替。义军初战不利，刘宗敏负伤。永昌二年（1645年，清顺治二年）正月初四，刘芳亮再度出击，复遭失败，大顺皇帝李自成"亲率马步兵拒战"也未能突破满洲八旗劲旅的防线。初五、初六两日大顺军转为夜战，苦战两晚，损失惨重，清军仍然屹立不动。初九日清军运来了当时威力最大的攻坚武器——西洋传入的红衣大炮，转入了全线进攻。已成强弩之末的大顺军死命相拒，渐渐不支。十一日，清军红衣大炮猛轰关城，大顺军正面阻击不利，又分兵绕至敌军阵后出击，依然失败。眼见全线崩溃已在所难免，李自成只得使出了碰运气的最后一招：伪降之计。

次日上午，李自成率军西走，留下来的潼关守将巫山伯马世耀以所部7000余人"投降"清军，多铎遂进占潼关。当晚，马世耀派人密报李自成以诈降情形，并约为反攻之内应，不幸使者为清军截获。次日，多铎以宴猎为名，诱使马世耀及其部众卸除武装，带到潼关城西南十里的金盆坡，刹时间伏兵齐出，马世耀及7000将士都惨死在乱刀之下。

诈降之计又败，扭转战局的最后一线希望也断绝了。这时由潼关到西安之间的大顺残兵败将已无防御可言。而北路大顺军李过、高一功等虽仍在榆林坚守，但阿济格已在清廷一再督催之下留少数兵力围攻榆林，自率主力绕城而下，经延安而南进关中。李自成与在西安的大顺中央机构面临被两路清军的"铁钳"夹碎的危险，弃守关中已是刻不容缓。

但离开关中又能上哪儿去呢？向西走，只能被清军逼入荒凉的甘、青土司地区，李自成当年已被洪承畴逼入这个"死角"一次，幸而得脱，现在岂能重蹈覆辙？去陕南，张献忠虎视汉中已久，岂能容丧败之余的李自成在那里立足，更不用说清军了。何况此时大顺在湖广、河南尚有部分地盘与军队，倘若遁入秦巴山林或甘青草原，无异于放弃这部分实力而不顾。于是李自成实际上只有一条路可走，即由蓝田、武关向东南出关中，进入长江流域的大顺控制区。时间紧迫，李自成不顾李过、高一功所部还隔在陕北，甘、宁、青的广大地区散布的大顺守军也来不及向东集结，他于潼关失守的次日急奔回西安后，当天就下令放弃西安，率大顺中央机构与身边将士、西安守军共13万人经由蓝田关撤走。清军多铎部随即进占西安。大顺政权在陕西的一年多统治，至此不复存在了。

李自成匆匆撤离后，留在陕南、陕北的各支大顺守军群龙无首，只得自行其是。驻守汉中的贺珍被夹在清军与张献忠两大势力之间，不得不于二月间降清（后来又很快重举义旗）。陕西与西北各地的原明朝降将原来对大顺朝就并不忠诚，此时自然纷纷降附了新的主人。只有在榆林坚持的李过、高一功所率大顺军后营矢志不屈，以一旅孤军突出围城，离开陕北南下，他们绕过已被清军占领的关中地区，会合了由甘肃东撤的党守素等部，由陇东绕到陕南、川北，循巴山南麓东下，千里转战，于五月间出三峡进入湖广平原。当他们与由西安撤退的大顺军余部在历尽劫波之后再次重逢时，大顺政权的首领、明末农民战争的头号人物与明清之际陕西最杰出的乱世英雄李自成已经在湖北九宫山牺牲多时了。

明朝既亡，大顺瞬逝，陕西作为清朝的一部分开始了新的历史篇章。

第十六章　清初陕西的抗清斗争

一　贺珍、孙守法围攻西安

顺治二年正月十八日，清军进入西安，清帝福临令英亲王阿济格留陕继续镇压和追击大顺军，豫亲王多铎率大军南下，剿灭南明朱由崧弘光政权。五月，清军占领南京，弘光政权倾覆。清朝在军事上取得胜利的同时，恢复明王朝的统治机构，强迫推行发易服令，以"发分顺逆"，恢复旧的赋役制度。这样就使民族矛盾激化起来，清朝成为南明和各支农民起义军的共同敌人。各地农民起义军为反抗清朝暴政，放弃反明口号。南明统治集团为恢复他们的封建统治，企图借助农民军的力量，因而出现了各地农民军"联明抗清"的新局面。在南方，顺治二年八月，郝摇旗、刘体纯等率数万大顺农民军到湘阴，与南明总督何腾蛟联合，共同抗清，联合抗清军骤增至 10 余万。大顺军余部中人数最多的一支李过（李锦）、高一功部，号为"忠贞营"，在湘西与南明巡抚堵胤锡合作。大顺军余部与南明联合抗清，推动了全国抗清斗争的不断高涨。

在全国抗清斗争高涨的形势下，陕西也出现抗清斗争的新局面。顺治二年十二月下旬，大顺军将领贺珍联合明将孙守法围攻西安震撼了清廷。贺珍，原明汉中守将，降大顺军后被封为护军将军，顺治二年正月十三日，李自成放弃西安时，命令权将军泽侯田见秀殿后，烧毁粮食和物资，阻截清军南下追剿；又令贺珍驻守汉中，以保持陕北大顺军南撤的通道并联络西北大顺军余众。贺珍驻守汉中，与进取汉中的大西军发生冲突，贺珍打败了大西军艾能奇部，引兵进入川北，并释放大西军的俘虏。两支义军虽然发生冲突，但并不是仇敌。当李过、高一功撤离陕北时，贺珍一军尚停留在广元一带，仍然保持着这条通道的畅通。贺珍积极联络和组织未及南撤的大顺军，准备在北方重新打开局面。顺治二年三月，李过、高一功从陕北绕宝鸡、广元，进入汉中后，贺珍重任在身，没有随他们一起南下。

清军攻入陕西后，原来投降大顺政权的明朝将领，大部分反水降清。明将白广恩归顺大顺政权后，封为桃源伯，李自成撤离西安时，他在蓝田山口拉出队伍降清。在陕南的明将也纷纷投表降清。在大批明降将反叛的情况下，顺治二年三月，贺珍为了伺机东山再起，也投表伪降清朝。从三月起到十二月止，贺珍表面上已归降清朝，实际上他一直忠于大顺政权。清廷多次命令他赴西安"面议军机"，企图调虎离山，趁机改编他的军队，都被他设法拒绝了。他秘密联络分散在西北各地的大顺军余部贺弘器、李明义及抗清明将领孙守法，准备东山再起。

大顺军余部贺弘器活动在陕北一带，继续坚持抗清，积极响应贺珍。

孙守法，陕西咸阳人，明崇祯末年授陕西副总兵加都督同知。大顺军在陕时，明守将多归顺大顺军，孙守法效忠明皇室，拒绝归顺大顺政权，率众退入秦岭，对抗大顺军。清军入陕后，残明的主要敌人已不是农民军而是清军。孙守法在秦岭腹地五郎山结寨，拥明秦王的第四子称汉中王，坚决抗清。孙守法为恢复明室，便与贺珍为首的农民军结成反清联盟。

顺治二年冬，李自成已死，南明弘光政权倾覆，于是，清廷决定镇压张献忠的大西军。清廷派左翼固山额真巴颜和右翼固山额真侍卫李国翰率兵赴西安，会同驻防西安内大臣何洛会开赴四川镇压大西军。以何洛会为定西大将军，同时又以贺珍为定西前将军，企图将贺珍调离汉中，并迫使他与大西军作战，使之两败俱伤。贺珍虽与大西军多次作战，但他的真正敌人是清军，不是大西军。贺珍识破了清廷借刀杀人的伎俩，十一月初，他和孙守法在五郎山起兵，贺珍自称奉天倡义大将军，"檄召西溪凤平延庆等郡兵"，决定北出秦岭，攻取西安。贺珍率军2万，出连云栈道，围攻凤翔府城。驻防府城的汉羌前营守备陈克仁、后营游击杜梦祯响应贺珍，起兵反清。贺珍占领凤翔，孙守法也率军进入关中。关中各地的抗清义军刘文炳、郭君镇、黄金鱼、焦容、仇璜、李鹍等群起响应。于是，周至、户县、眉县、泾阳、三原、临潼、澄城、蒲城、白水、朝邑、乾县、武功等县均为抗清义军控制。武大定（原明固原副将）响应贺珍、孙守法，起兵固原，占领固原、陇州等地，杀死清总兵何世元。大顺军将领贺弘器、李明义起兵灵台，蒋登雷占领阶州，王元、马德杀死清宁夏巡抚焦安民，占领巩昌府，抗清斗争席卷陕甘两省大片地区。

十二月下旬，贺珍、孙守法、胡向化联合关中义军共7万多人围攻西安。城内市民曹俊三、王英、师可宗等密谋内应，合县举人姚霄、千总卫天明、康姬命，朝邑诸生王知礼、李世仁等各杀守令响应，就连新任的清陕西巡抚黄昌胤、泾阳县知县张锡藩也密谋反正。西安城防务空虚，城内守军仅有700余人，驻防大臣何洛会、总督孟乔芳力单不支，惊恐万分，先调山西兵500支援，结果被朝邑群众拦歼，又调榆林兵5000进援。十二月二十八日，贺珍、孙守法发动猛烈进攻，西安城危如垒卵。但就在这时，原来就计划经陕西入川剿灭张献忠的清军主力赶到，战局顿时逆转。

顺治三年（1646年）正月，清军主力李国翰部从山西进至西安，围城义军猝不及防，清军内外夹攻，贺珍、孙守法、胡向化大败，遂撤围向西退走。

二月，贺珍、孙守法、胡向化在武功濠泗桥与清军激战，失利后退入秦岭。李国翰率军东至渭南，镇压了渭北王秀才领导的抗清军。副将任珍率另部清军在蒲城、同州（今大荔）分别击败刘文炳、李遥领导的抗清军。关中抗清军分别退走陕北和陕南，清军重新控制关中。贺珍、孙守法围攻西安虽然失利，但大大牵制了清廷在东南的进军，也声援了湖北、湖南、四川等地的抗清斗争。

贺珍、孙守法、胡向化围攻西安后，清廷加强西安防守，令肃亲王豪格率领八旗劲旅镇守西安。二月下旬，调甲喇章京傅喀等率部入陕，又调顺德、潞安、平阳、蒲州四处满兵驻防西安。三月，豪格率清军抵达西安。四月，豪格等分路围剿：尚书星纳率军北赴豳州（今彬县）镇压武大定抗清军，武大定退入陕南；固山额真杜雷围剿庆阳一带石二领导的抗清军；固山额真巴颜、墨尔根侍卫李国翰等围剿延安一带抗清军；豪格亲率大军与贝勒尼堪等由栈道入陕南，镇压贺珍、孙守法。

张应元、刘文炳、贺弘器等为首的农民抗清军，借清军赴陕南围剿贺珍、孙守法之机，活动在延安南部一带。三年五月，刘文炳、康千总、郭天星等在北山一带抗击北路清军墨尔根李国翰部，七月，农民抗清军张应元、康千总等在延安战败，被清延绥巡抚王正志围困在张果老崖。十六日，张果老崖失陷，康千总牺牲。刘文炳联合郭君镇、丁仲甫、云里飞等聚众千余，在中部（今黄陵县）、宜君、店头等地抗击清军。十二月底，郭君镇、刘文炳、贺弘器等北进攻克甘肃宁州。抗清军进入州城时，纪律严明，"不杀人，不令兵入人家"，"百姓欢从"。四年正月，郭君镇、刘文炳、贺弘器等在宁州巴地坡、九龙川等处合营，共约48营，声势大振。三月二十八日，刘文炳、郭君镇等率众三千，由三水县（今旬邑）石门关出，暗渡土桥，经白村，四月二十三日在宜君方雕岭范家寺与清军激战，二十六日，刘文炳在蓝庄沟战败被俘，二十七日，郭君镇在三水县唐家山被清军射死。贺弘器退至庆阳白豹川、官马川与马德联合。八月，贺弘器、马德等抗清军在北武当山被清军镇压。

贺珍、孙守法、胡向化抗清军退入陕南以后，关中抗清斗争进入低潮，虽然还有顺治四年八月北山抗清军金老将与麟游李兴吾抗清军联合，围攻凤翔；八月十七日李养气抗清军攻打周至哑柏镇，九月初在永寿干底窑袭击清军；五年北山抗清军1000余人至合阳尖山；六年四

400

月王永强南下蒲城；八年"南山土寇"与岐山县塘丁联合，攻克县城等斗争，但这些斗争的规模与声势远不如以前，清朝在关中的统治秩序基本稳定了。

二　陕南地区的抗清斗争

在陕南汉中、兴安地区的抗清武装力量主要有孙守法、武大定等为首的明旧将反清武装和贺珍、刘体纯等领导的大顺军余部，还有当地农民抗清军，活动在秦巴山区。

顺治三年二月，贺珍在武功与清军何洛会激战失利，退入汉中，屯扎在紫阳一带。五月十八日，贝勒尼堪率清军由栈道南下，破鸡头关（在今褒城境内），直逼汉中。五月二十五日，贺珍退至西乡县子坪，贝勒尼堪派鳌拜、马喇希等率清军追击，贺珍遂远走四川夔东大宁、大昌等地。

刘体纯、郝摇旗、袁宗第、蔺养成、王进才、牛有勇等与南明总督何腾蛟联合抗清后，因南明隆武小朝廷政治腐败，虽然打着抗清旗号，却不敢与清军直接交锋。同时，对农民军"假以封号"，目的是为了维持摇摇欲坠的小朝廷，相机瓦解大顺农民军。顺治二年冬，刘体纯、袁宗第等摆脱南明小朝廷的控制，北上陕西，欲与贺珍会师。刘体纯、袁宗第等率部由长沙北上，十一月十五日到达荆门，十八日又至襄阳。三年二月，进攻河南邓州、内乡，三月抵达陕西商州（今商州市）。时贺珍围攻西安已经失败，退入陕南，于是刘体纯、袁宗第等又南下郧西，渡汉水，占领兴安，直趋汉中，寻求与贺珍会合。由于贺珍此时已走巴东，刘体纯等又"由西乡、盐厂，走太平，……攻拔达城，奔巫山、巴东诸邑"[1]，十一月与贺珍会合。刘体纯、袁宗第、贺珍的会师，

---

[1]　李馥荣:《滟滪囊》卷3,《张献忠据成都》,清道光间刻本。

是夔东十三家中最早的三家。顺治四年（1647年），王光兴率军自湖北房县、竹山南下夔东。顺治五年（1648年）郝摇旗北走彝陵，进入夔东地区。大顺军李过、高一功在湖南湘西与堵胤锡联合后，转战广西，再由湘黔边界，进入施州卫（今湖北恩施），李过、高一功先后死去。顺治八年（1651年），李过之子李来亨率部进入夔东。自此，大顺军余部集中在夔东地区，他们联合当地的摇黄农民抗清军，组成了夔东十三家，控制了北起房、竹，南至巴、巫，西达万县，东止施州卫，沿川楚边境，包括现在神农架在内的广大地区。以大顺军余部为主体的夔东十三家，坚持抗清，历时18年，到康熙三年（1664年），才被清廷镇压。夔东十三家的抗清斗争，由于清廷加强了陕南的防守，它的活动虽然没有在陕西境内进行，但也严重地威胁了清廷在陕西的统治。

清军入陕以后，陕南地区民族矛盾和阶级矛盾都很尖锐，各地反清斗争不断发生。清驻防兴安参将康安国采取"破寨杀良"的残酷镇压手段，企图消弭群众反抗斗争，结果引起群众更强烈的反抗。石泉县农民刘震时、刘光宸杀死主簿胡孟遴，紫阳县农民王加祚等捆绑知县，押解到抗清军军营。人民群众对大顺军余部和明旧将的抗清斗争给予广泛支持，据记载："自旬阳抵汉一带寨民，俱已助贼，声势相倚，不下数万。"[1]顺治五年三月，农民抗清军扫地王李奎等在镇安魔王坪、云盖寺、黑窑沟、张明寺、椒沟、米梁寺等地抗清，南出汉阴、兴安、旬阳；北至秦川蓝田、汉川泥峪。四月六日，清总兵任珍率军从魔坪东剿，李奎失败，抗清军溃散。

孙守法围攻西安失败后，退至兴安地区，继续坚持抗清斗争。孙守法受南明唐王封为伯，他打着抗清复明的旗帜，自称总督五省都督，四处张贴广告，采用南明隆武年号，委派地方官员，重新建立兴安南明地方政权。顺治三年四月，他联合了进入兴安地区的刘体纯、袁宗

---

[1]《清代农民战争史资料选编》第一册上，第75页。

第大顺军以及姚科为首的当地农民抗清武装，把兴安城团团围住。兴安塘报不通，救援无兵，危在旦夕。五月三十日，孙守法、刘体纯、姚科攻破州城，全歼守城清军，杀死清参将康安国、尤都司，俘虏清袁、杨两守道及石泉知县等，占领兴安州城。十一月，清总兵任珍率军往兴安镇压。十一月十二日，孙守法在距兴安州城 60 里的贺家坝附近，对清军进行了英勇阻击。时刘体纯、袁宗第等率大顺军已经离开兴安去巴东，孙守法寡不敌众，十四日，清军大队抵城下，孙守法主动撤离兴安州城。顺治四年三月，清将王平率军围剿孙守法抗清军，先后攻破荞麦山、板桥，杀死抗清军首领胡向化，四月八日，围困南山椒沟，伏兵深林，以轻骑诱孙守法出，孙守法拼死抵抗，执铁鞭格杀百数十人，力竭战死。

固原抗清军武大定在豪格的围剿下，转战陕南，在川陕交界四川通江、太平及陕西西乡、紫阳等地，倚恃大巴山山险，进行抗清活动。顺治四年春，武大定在紫阳县权河一带，攻克寨堡。总兵任珍率清军进剿，武大定抢渡权河，屯扎仁河。孙守法部属覃远、覃一纯、王家祚、许不惑、贾三聘、贾鹗给予接应。五月，武大定在库刀溪、毛坝关三十六盘等地与清军激战失利，退入秦蜀交界，史载他"倚恃山险，假名秦王四子，潜称年号，伪封爵职，纠合众人"。五年二月，武大定又至宁羌县八庙河一带，被清军游击张德英等阻截，武大定退入四川，继续坚持抗清斗争。

顺治九年（1652 年），南明兴安伯孙守金在紫阳县洞河板场寨，联络南明总兵覃琦、张木沟，副将贾明紫等，据险抗清。四月，陕西巡抚马之先会同兴安镇总兵赵光瑞赴紫阳镇压孙守金，大战于汉江边鹞子崖，孙守金败，覃琦投降清军，孙守金被清军围困数月之久，次年才率部突围。

顺治六年（1649 年），商州游民何可亮组织杆军，扎营于洛南，向北出没在渭南沿山一带，向南转战于商洛、兴安之间。一月，何可亮率杆军出蓝田、汤峪、箭峪等处，直逼西安。十月，杆军又在大峪口大败清军，阵斩游击李汝登、都司段勋等。七年十二月，何可亮进攻兴安，结果被清总兵任珍击败，何可亮牺牲。杆军何柴山部在洛南继续坚持抗清斗争。顺治八年，清陕西抚标陈明顺会同河南清军，东西夹攻杆军。何柴山在黑和尚寺战败，四月二十七日，投入程福亮为首的烂布袋营抗清军。程福亮叛变投清，八月四日，设计诱捕了何柴山，押解清营，杆军抗清斗争失败。

陕南抗清斗争高涨，引起清廷恐慌，清廷为了尽快地消灭抗清军，绥靖地方，顺治四年，在兴安州城增设兴安镇，设总兵，增兵1500人，同年又增设宁羌营游击，增兵400人。五年、六年又大量增兵，命固山额真库鲁克等进驻汉中，又调平西王吴三桂移驻汉中。清军大军压境，自顺治九年孙守金失败后，陕南抗清斗争进入低潮。

三　陕北王永强起兵反清

顺治五年、六年，全国抗清斗争出现新高涨，各地农民抗清斗争不仅人数多，规模大，而且分布更加广泛。声势浩大的农民抗清斗争，推动了一些降清的明朝将领倒戈举义，反抗清朝。在南方，顺治五年二月，江西降清明将金声桓等倒戈抗清，收复了江西大部分地方。同年降清明将李成栋在广东倒戈抗清，占领广州，控制了广东。在北方，山西大同总兵官姜瓖与东南相应和，倒戈抗清。姜瓖，原明大同总兵，崇祯十七年，李自成攻克宁武关，姜首先迎降，多尔衮入关，姜又投降清朝。姜瓖虽然反复无常，但他是明末以来很有实力的边军大将，非一般民间武装可比。他的起兵是李自成失败后北方第一次具有战略意义的抗清大举，对清廷的震撼比两年前贺珍孙守法围攻西安更甚。清廷的反应也是空前的：清朝实际的最高统治者摄政王多尔衮，在入关后唯一一次亲率大军出征，就是前往大同镇压姜瓖。

姜瓖虽然败死，但在他反清期间，山陕明朝遗臣宿将，纷纷起兵响应。万练攻陷偏关、宁武、保德，刘迁攻占代州、五台，太原清军已陷入重围，李虞夔、白璋、张万全等攻占平阳、蒲州和解州。陕西也再掀抗清高潮：王永强占据延安，刘登楼占领榆林，山陕一带抗清斗争连成一片。

顺治六年二月，延安参将王永强起兵叛清，攻克延安、榆林等19州县，杀死清延绥巡抚王正志、靖远道夏时芳等，俘虏鄜州（今富县）道台王希舜、延安知府宋从心、邠州知州李方征等。宜君县知县贾士璋阖门自缢，总兵官沈朝华、中部知县许襄逃遁，榆林道员孙士守、洛川知县左射斗投降抗清军。缴获各属所有贮库银两、粮草军火器具，烧毁各衙门宗卷，开狱放囚，严重地破坏了清朝在陕北的封建统治秩序。王永强又"将延属抚镇道府州县营堡文武衙门，俱各伪委官员"，建立了抗清军的地方政权。王永强抗清军控制了榆、延地区，向北发展到沿边，向南至渭北一带。王永强北上进攻花马池（今宁夏盐池），沿边各地人民纷纷起来响应。南下关中，军次蒲城。王永强的部将刘大英率千余人破金锁关，占领同官城（今铜川市），又至耀州（今耀县），抗清斗争声震全陕。

清廷为扑灭这场抗清烈火，急调平西王吴三桂、固山额真墨勒根虾、汉羌镇总兵张天福、兴汉镇标游击盛嘉宝等各统马步兵，三月十三日，分别由黄龙山、澄城县、同官县三路进军陕北，在洛川、鄜州会合，北攻延安。三月二十九日，吴三桂在耀州打败刘大英，攻占同官、宜君。四月九日，吴三桂率清兵围剿蒲城王永强部，抗清军退走陕北。五月二十四日，清军墨尔根李国翰部进攻延安，王永强北撤绥榆。八月，吴三桂占领延绥镇城，抗清军在安塞、清涧失利。十月，王永强北走三边，吴三桂占领榆林城。十二月，王永强部将刘登楼、任一贵、谢汝贵等撤出榆林后，在定边、镇西协一带继续抗清，吴三桂派兵围剿，刘登楼、任一贵等兵败牺牲。陕北王永强抗清军基本被消灭，吴三桂遂得以分兵入晋，前去镇压大同姜瓖。

王永强抗清军失败后，余部仍坚持斗争，其部将高友才占据府谷；

刘相国、刘奎、何秉元等在宜川县八郎山、石川堡、史家河等地活动；刘弘才乘清军主力集结在延绥，率众数千在北山结营安寨，经常出没在蒲城、富平、泾阳、三原、同官、耀县、韩城、合阳等县。顺治七年十一月，吴三桂攻占府谷，高友才被杀。十二月，刘相国在八郎山兵败被捕，押解到西安凌迟处死。刘弘才在保安战役中失败，北走甘肃，顺治八年七月，在合水县遭捕杀。至此，陕北地区抗清军完全被镇压下去。

第十七章　宋金元时代的陕西文化

一　"雅文艺"之衰与俗文艺之兴

宋元时代，陕西由于中枢东移，战祸绵延，政治、经济地位相对衰落，使陕西失去了文化中心的基础，人才结构武盛文衰。而一些陕西头面人物因循保守，面对东南文化的兴起不是反思过去，开拓未来，而是持一种嫉妒、压抑和排斥的态度。北宋头号陕籍政治家寇准在这方面十分典型。

寇准在北宋政坛是卓有贡献的一代名臣，但在文化上却持一种极为偏狭的态度，极力想用权势压抑东南的新兴文化以维持西北的文化优势。南方人晏殊中进士，他反对；南方人萧贯中状元，他攻击说："南方下国人不宜冠多士"，执意予以取消，还洋洋得意地说："又与中原夺得一状元！"[1]这样的一种心理状态，只能阻碍西北文化的真正复兴。

当时还有许多人主张采用分区取士之制，以回避南方的竞争，扩大北人的进士名额，结果造成这样的状况："今东南州军进士取解者，二三千人处只解二三十人，是百人取一人"，"西北州军取解，至多处不过百人，而所解至十余人，是十人取一人。"[2]然而采取这样的"保

---

[1] 李焘:《续资治通鉴长编》卷84，大中祥符八年三月戊戌条，第1920页。

[2] 欧阳修:《论逐路取人劄子》,《欧阳修全集》卷113《奏议》卷17，中华书局，2001年，第1717页。

护政策",只能使西北文化在历史的挑战与机遇面前都处于被动状态,尤其是西北的士大夫文化,或者说是"雅文化",在这方面损失更大。说宋元时代陕西文化的相对衰落,主要就是指雅文化而言。

宋元时代雅文化在陕西的衰落表现在许多方面。陕西文人在汉赋、六朝骈文尤其是唐诗方面的成就是足以骄人的,然而在《全宋词》收录的北宋词作者347人中,只有5名陕西人。当时在全国1454万多户人口中陕西有96万户,占全国人口的6.6%[1],可是陕西词人只占全国词人的1.4%。

历来有论宋词中所谓豪放派、婉约派之分者,其实这些概念也可以扩大到整个"雅文化"领域。所谓豪放派,即为社会而文化,举凡修齐治平、经国济世、安边裕民、义理事功之类皆是。所谓婉约派,即为文化而文化,举凡文人雅趣、吟风咏月、丽辞美文、田园情趣、闺中意境、世外仙逸之类皆是。而宋元陕西文坛在这两方面都呈衰落之势。像当时思想界张载那样以天地生民往圣万世为意的境界,在文学艺术方面却看不到什么回应。宋元时代陕西的边患在时间上为陕西历史之最,在空间上为全国之首,然而像"塞下秋来风景异""西北望长安,可怜无数山"之类名篇却皆出自关外文人,边塞文学与爱国文学在这一时期的陕西文坛上并没有留下多少痕迹。

宋元陕西文坛在"美文"方面的成就尚可称道。北宋初新平(今彬县)人陶谷(本姓唐,因避晋讳而改姓陶),字秀实,在晋、汉、周、北宋历任礼、刑、户部尚书。他精通经史,博闻强记,辑唐至五代新颖之话,编写《清异录》,后人多引为辞藻之用。京兆长安人韩溥,为唐宰相韩休之后,当过监察御史、华州知州等官。他是宋初有名气的散文家,文笔潇洒如行云流水,尤善于笔札。他写的尺牍在宋代是文人珍视的收藏品。韩城人张昇,在宋仁宗时为参知政事、枢密使,善词文,所作《离亭燕》为历代词家所重。李廌(1059—1109年)可以

---

[1] 马端临:《文献通考·户口考》卷2引《中书备对》。

说是宋元时代最有才华的陕西文学家。他字方叔，华州人，6岁丧父，家境贫寒，以学问称著乡里。成年后客游四方，在黄州（今湖北黄冈）受教于苏东坡。东坡盛称他的诗文"笔墨澜翻，有飞沙走石之势"，其才与张耒、秦观相当。事实上他的作品在风格上也受到苏轼的影响。当时人们把他与黄庭坚、秦观、晁无咎、陈师道与张耒并称为"苏门六君子"。但李廌的命运却比其他五人都潦倒得多。他科举不第，苏轼、范祖禹等拟荐举于朝，未来得及就相率下野。李廌于是以布衣浪迹一生，到过黄州、许州、汝州，最后死在河南长社县（今河南许昌）。他原著有《济南集》，已佚，今仅存零星诗文。从时人对他的称誉看，他本应是最能为这一时期陕西文坛增光的，然而在当时的"官本位"文化之中他因为没当过官，于是能留给文坛的遗产竟是如此的少！

　　此外，邠州人张舜民，字芸叟，是北宋末的著名诗人。他在右谏议大夫任上，曾上书痛陈陕西之弊政及河朔之困苦，于是直言贾祸，被贬谪商州而死，著有《画墁集》。金代的陕西文宗则首推党怀英（1134—1211年），他字世杰，冯翊（今大荔）人，金世宗时进士，曾任国史院编修、翰林待制等官。他是金中叶有名的散文家、书法家与史学家，早年作品超尘脱俗，放浪山水间，书法尤工于篆籀，当时号称第一。他与郝俣同任《辽史》刊修官，以后元代脱脱修成的《辽史》，有相当部分就是以他的成果为基础增修而成的。党怀英的诗文作品大多已经佚失，保存下来的一些诗篇多含有老庄消极遁世的思想。蒙元的陕西文学家则有乾州人杨奂（1186—1255年），他曾任职京兆宣抚司，是忽必烈治陕时的名人与教育家，著有《还山集》60卷，"作文务去陈言，以蹈袭古人为耻"[1]。

　　相对而言，宋金元时代陕西文坛的主流恐怕更多地偏向"婉约"，重视"美文"，然而即使在这方面，衰落之状还是较明显的。这一时期与陕西有关的文学显然以南方作家的旅陕之作为最，如范仲淹的边塞

――――――――

[1]《元史》卷153《杨奂传》。

诗词、苏东坡的西府诸记（《喜雨亭记》《凌虚台记》《凤鸣驿记》等），无论其格调与境界之高尚豁达，就是以"美文"的形式化标准而言，也明显地高居于陕西文坛之上。

当时陕西文坛在文风上的缺陷，可以以杨砺为代表。户县人杨砺（931—999年）是宋元陕西文化史上很值得一提的人物。他是北宋开国第一状元，宋太祖建国的那一年（960年，即建隆元年）进士唱名第一，应当说是关中大才子了。他在宋初官至枢密副使，其为政之清廉实堪称楷模。据说他去世时真宗皇帝"冒雨临其丧，砺僦舍委巷中，乘舆不能进，步至其第，嗟悯久之"。身居枢副之尊，却在一条连轿子也进不去的棚户区小巷里租屋居住，这不要说在以官场腐败闻名的宋元，就是在整个中国古代恐怕也罕有其匹。然而与他为官"介直清苦"的优点不甚相称的，是他"为文尚繁，无师法。每诗一题或数十篇，在翰林，制诰迂怪，见者哂之"[1]。无怪乎以其身居高位，著作甚多而竟不能传世了。

然而士大夫文化或曰雅文化毕竟只是文化财富的一部分，如果我们把民间文化或曰俗文化也置于考察的视野之内，那就会发现一片清新的天地。与宋元时代陕西地区雅文化的积弱不振相反，宋元陕西的俗文化却是很有些欣欣向荣的。如果说宋以前陕西的文化生活比较集中于京兆一带，那么从宋代开始，则更多地表现为广阔的乡村地区的秋神报赛。当时陕西各地大都建有城隍庙、土谷神庙、岳庙、娘娘庙、八腊神庙、菩萨庙、财神庙、龙王庙等等，庙会期间，民间各种艺术形式荟集，竞技献艺，进行春祈秋报活动。如蜀伴读黄阳过宜君时作诗《纪宜君》云："春祈秋有报，年熟岁无凶。"[2]沈括在《梦溪笔谈》中记述他路过鄜延时听到"唐羯鼓曲，今惟邠州父老能之，有《大合蝉》

---

[1] 《宋史》卷287《杨砺传》。

[2] （弘治）《延安府志·宜君县》。

410

《滴滴泉》之曲，予在鄜延时，尚闻其声"。[1] 郑德枢《灵觉寺普渡寺观音泉》诗之四写到关中淳化"春祈秋报馨香荐，时沛甘霖遍大千"。[2] 每到秋神报赛之期，"四方辐辏，熙熙攘攘者，盖踵相接也"。[3] 宋时陕西地方民间文化是很活跃的。

到金元时代，从这些民间文化活动中逐渐发展形成了陕西的戏曲文化。据说蒙古平陕后，就藩关中的忽必烈就十分爱好民间戏曲，他曾掠关中妇为倡优，在京兆城里建立教坊、行院、勾栏，其建制与规模可与大都及杭州相媲美。当时官家也养有众多的伶人，如贺胜随忽必烈出猎还宫时，竟有许多"伶人道迎"，并有"被色缯缀杂旄象狮子以为戏者"。[4] 今户县发掘的贺氏墓葬出土有大批陶俑艺人，足以为史书记载的实证。[5] 这种宫廷戏曲无疑是渊源于民间戏曲的。金元之际，整个陕西，尤其是关中地区民间戏曲活动普遍兴盛。如元好问记述他在京兆以东地区所见："日暮新丰原上猎，三更歌舞灞桥东。"[6] 他在《送秦中诸人引》中，追述自己居陕时所见秦风俗说："关中风土完厚，人质直易尚义，风声习气，歌谣慷慨，且有秦汉之旧。"[7]

元代陕西有许多民间散曲作家，见于记载的如满道沅（眉县人）、孙周卿（邠州人）、王爱山（长安人）、撒彦举（同州人）、李仲章（冯翊人）、马文璧（扶风人）等等。杂剧艺术也开始在关中兴起。如京兆人红字李二就是长于杂剧演出与创作的演员兼作家，所编传奇行于世的多为水浒戏。著名的元代杂剧作家马致远，青少年时曾随父官居略

[1] 沈括：《梦溪笔谈》卷5，第42页。

[2] 郑德枢《灵觉寺普渡寺观音泉》。

[3] 赵日睿：《后土庙重修记》，转引自杨生枝《三秦变迁史》，中国广播电视出版社，1990年，310页。

[4] 虞集：《上都留守贺公墓志铭》，苏天爵编：《元文类》卷53，第762页。

[5] 参见咸阳地区文物管理委员会：《陕西户县贺氏墓出土大量元代佣》，《文物》1979年第4期，第10—24页。

[6] 元好问：《元遗山诗笺注》卷6《长安少年行》，人民文学出版社，1989年，第298页。

[7] 转引自焦文彬主编：《秦腔史稿》，陕西人民出版社，1987年，第229—230页。

阳，在陕西生活过多年，他的一些作品如《陈抟高卧》《汉宫秋》等都以陕西为背景并融入了自己的生活体验。当时陕西已经形成了种类繁多的地方戏曲，如秦声歌舞、货郎旦、唱曲、杂剧等，是元代戏曲活动最为活跃的地区之一。其流风遗韵，一直保留到今天的秦腔、眉户诸剧艺术之中。

二 学术与教育

这里讲的学术，系按传统的含义，指人文学科而言。宋金元时代与文学艺术的不景气相比，陕西地区学术事业的成就更为可观。其中属于思想意识形态领域的理学、宗教之学尤为活跃，对后世的影响也大。

宋元时代陕西的史学与舆地之学相对活跃，这是与当时的社会环境，尤其是"边政"的需要有关的。当北宋之时，宋人，尤其是当时陕人最关心的莫过于辽、夏。因而陕人也就承担了辽、夏历史研究的荜路蓝缕之艰辛。

我们今天所见二十四史中的《辽史》题元脱脱修，它是元修三史，也是所有二十四史之中成书最快的一种：至正三年（1343年）四月设局开修，次年三月书成，首尾仅11个月。原来它基本上是汇钞编纂耶律俨的《皇朝实录》、陈大任的《辽史》和叶隆礼的《契丹国志》等几部书而成的。而其中尤以陈大任《辽史》书稿为全书的基础。陈大任的《辽史》是金代官修的前朝史，成书于1207年（金泰和七年），陈只是领衔者，而全书的撰写以萧贡、党怀英两位陕西学者之功居多。萧贡（1158—1223年），字真卿，京兆咸阳人，大定年间进士，累迁右司郎中，参加修撰《泰和律全》。后迁国子监祭酒兼太常少卿，与陈大任刊修《辽史》，用力甚勤。除辽史外，他也旁及历代通史，曾著有《史记注》100卷、《萧氏公论》20卷、《王声姓谱》5卷、《文集》10卷，可谓著作等身。可惜传世者很少。党怀英，上节已经提到，他与郝俣刊修《辽史》更在陈大任之前。金修《辽史》未及刊刻，金亡之际简册散佚，后来为元朝史官所访得的已非全璧。今可考者，有历朝《本纪》《兵志》《礼仪志》《刑法志》《皇族传》《后妃传》《公主传》《方伎传》等。从可考的内容看，它的修纂水平高于元修《辽史》。萧贡等人的成果未能直接传世，而只能以遗珠转假于仓促成书、疏误百出、贻讥后世的元修"正史"，实在是桩憾事。

在西夏史研究方面，银州（今米脂西北）人罗世昌实有首创之功。罗世昌是今陕北西夏境的汉族文人，在西夏国历仕桓宗、襄宗、神宗、献宗四朝，先后出任宣德郎、观文殿大学士、南院宣徽使。西夏末曾多次肩负联金抗蒙使命出使金廷，虽然订立了平等互助之和约，但眼见金朝国势日衰，因而建言"金援不足恃"。不久上疏辞官，归里。当时他的家乡银州已陷于蒙古，遂流寓于龙州（今靖边县东南杨桥一带），以余生撰成《夏国世次》20卷。此书今已不传，但宋、金二史的《夏国（西夏）传》都深受其影响，明代有记载说庆阳某宦家藏有《西夏实录》，或许就是此书。这部书大约是以本纪体裁编纂的夏国一代的历史，虽不幸亡佚，但我们今日仍可从各种资料中发现它的吉光片羽。

与史学相关而又于现实大有裨益的舆地之学，在宋元时代的陕西也得到发展。现藏于西安碑林的"长安本"刻石《华夷图》和《禹迹图》，上石于伪齐治陕时的阜昌七年（1137年），是我国地图学史上的重要文献。《华夷图》最早创于唐代贾耽，"长安本"是宋人改绘的。图中对宋朝的山川、长城、湖泊、各州的地理位置，标注得相当清楚。从图中黄河入海处位置看，该图绘制于北宋庆历八年（1048年）以前。《禹迹图》中的黄河已是1048年改道后的状况，图稿绘制时间当在北宋中晚期。这幅图与《华夷图》相比，绘制技术有明显进步。它使用了类似现代比例尺的计里画方的绘法，每方折地百里，绘制精度也大为提高。所绘河流、海岸的轮廓已很接近现代地图的形状，尤其是山东半岛与雷州半岛的海岸线绘制水平更高，体现出作图者对沿海地区的了解已相当深入。在图中相当于图名与图例之处，刻有"《禹贡》山川名""古今州郡名"和"古今山水地名"等字，估计原图是并列古今（宋）地名而以不同颜色相区分的。上石时无法显示颜色，故只刻了今（宋）名。这两幅地图的作者与成图始末尚待研究，但无论如何，它的绘制、修订、上石、保存至今的全过程，陕人是功不可没的。这两幅图是古地图的珍品，其绘制技术远比同一时期欧洲人所绘的地图为先进。因此，"长安本"不仅是陕人，而且也是国人的骄傲。

与舆地之学关系密切的方志学，在宋元时期的陕西也有可观的成就。北宋宋敏求的《长安志》在清代曾与于钦的《齐乘》被并列为硕果仅存于世的两部北方宋元方志。实际上可称之为方志类作品的宋元时代北方著作当然不止这两部，但这两部无疑是其中的佼佼者。除了《长安志》外，宋元陕西的方志类著作还有宋程大昌的《雍录》、元李好文的《长安志图》与骆天骧的《类编长安志》。宋敏求的《长安志》实际上是一部关于古长安，主要是唐长安的考史之作，直到今天它仍然是研究唐长安的经典性文献之一。程大昌的《雍录》性质与宋书相仿，但有人认为它"好发新论，穿凿支离，不及宋氏远矣"[1]。程大昌作此书时当南宋孝宗之世，关中已为金据。而孝宗锐意恢复，故大昌曾有《北边备对》一书以进。《雍录》也具有类似的目的，其第五卷中特创"汉唐用兵攻取守备要地"一图，多举由蜀入秦之史迹，为抗金服务的用意是明显的。但也正因为如此，其学术价值就不免受影响了。

与宋、程二书为关中以外的学者考史之作不同，李、骆二书都成于关中。山东东明人李好文元末任陕西行台治书侍御史，他作《长安志图》虽说是因宋敏求之书，"以《图》为《志》设也"[2]，但实际上更着眼于现实。尤其是其下卷全部讲的是引泾灌溉与屯田问题，"皆为一

---

[1] 王鸣盛：《新校正长安志序》，载宋敏求、李好文：《长安志·长安志图》，辛德勇、郎洁点校，三秦出版社，2013年，第2页。
[2] 李好文：《长安志图序》，载宋敏求、李好文：《长安志·长安志图》，第8页。

方民生国计立论，非专为考古而设，故于宋氏《志》不必相应"[1]。长安人骆天骧是"宋元四志"作者中唯一的陕西人，元前期任京兆儒学教授，他自言此书是因赵炳修建安西王府，需要考订"周秦汉唐故宫废苑、遗踪故迹"而作的。其主要价值在于它比宋志"稍增金元间沿革故事"[2]，因而对于研究金元时期的长安有重要的参考价值。

总之，以上四志虽然各有价值，但作为方志却都不是很名符其实的。宋元时代陕西也还产生过不少其他的方志著作，诸如宋阎苍舒的《兴元志》20 卷、郑埙的《洋州古今志》16 卷、张士佺的《凤州图经》、知金州家子钦的《安康志》、张怵的《甘泉志》15 卷、知麟州王庆民的《麟府二州图》、元程瑂的《云阳志》2 卷等等。这些著作今均已散佚，不过从其篇幅和他书披露的一鳞半爪看，其中可能不乏真正按方志体例编纂的著作。同时，隋唐以来盛行的作为方志雏形的"图经"，宋元时的陕西也编纂了不少，其中有的堪称鸿篇巨制，如 85 卷的《陕西路图经》（郑樵《通志·艺文略》卷 4 存目）等。

总的来看，宋元时期陕西的方志学无疑比前代有了长足的进步，这不仅符合方志学发展的一般趋势，也与宋元陕西对这门学问的特殊需要（例如军事方面的需要）有关。不过，如果不是作为考史著作，而是仅就方志本身而言，那么，应当承认，以《长安志》为代表的宋元陕西方志，同同一时期的南方方志相比，其发展水平是有一定差距的。

此外，宋元以前周秦汉唐陕西的灿烂文明，也使得宋元陕西的金石、考古之学得以发达。金石、考古从文人玩赏古董的一种闲情雅趣，发展为一门需认真研究的学问，正是从北宋的陕西开始的。咸平三年（1000 年），陕西乾州发现古铜鼎一个，方形四足，上有古文 21 字，宋真宗命儒臣详加考证，终于弄清楚该器为"史信父甗"。仁宗以后，

---

［1］《长安志图》周中孚跋，见《郑堂续书记补逸》卷 12。

［2］《类编长安志》骆天骧序。

陕西学者和任职于陕的儒臣们从事这方面研究的兴趣更浓，并且迭有发现。

嘉祐六年（1061年），刘敞出任永兴军路安抚使，他在任内对长安出土古物发生兴趣，先后搜集了先秦青铜器十多件，考订铭文，请工匠摹勒刻石、绘像，于嘉祐八年（1063年）撰成《先秦古器记》一书，包括图录、铭文、说及赞。这本书也已失传，但其成果大部已收入欧阳修的《集古录》一书中，至今可考其大概。

宋代陕西金石考古之学的代表人物是吕大临。今蓝田县三里镇桥村，在北宋曾有吕姓一门六兄弟、五进士、四人成大家的佳话，这就是北宋中后期的"蓝田四吕"，四吕中的吕大防主要是个政治家，前文曾讲到过他在熙丰改革中的反对派立场。吕大钧是张载的高足，主要是个理学家。吕大忠对"碑林"的创建有大功。而吕大临作为二程（程颐、程颢）的弟子，也有理学之名，但他更主要的贡献是在金石、考古之学上。他于元祐七年（1092年）出版《考古图》10卷、《考古图释文》1卷，这是我国传世的最早著录、考释青铜器的著作。其中，《考古图》收录了当时朝廷秘阁、太常、内藏等宫廷机关和民间所收藏的青铜器224件，以及玉器、石器多件。每件器物都先摹画图像，定以器名，然后记述器物的尺寸大小、装饰花纹、重量容积，再以短文叙述其出土时间、地点、流传经过及收藏情况。《考古图释文》则对《考古图》中收录的96件有铭青铜器的铭文进行了考释。这两部著作为奠定我国金石学、古文字学和文博学的基础作出了巨大的贡献。

说到金石学，当然不能忽略了西安碑林。宋元陕西在文化方面的一大成就就是著名的西安碑林的创建，以及它所推动的我国书法、碑铭之学的发展。韩建缩城后，古长安大量珍贵的碑石，包括著名的《石台孝经》《开成石经》等都被弃置于缩小了的"新城"之外。北宋元祐二年（1087年），经"蓝田四吕"中的吕大忠（时任转运使）的倡议，这两部石经及其他重要碑石被集中移置于京兆府府学之北新建的碑廊内，妥善加以保护。这就是碑林的由来。

总而言之，在宋元这样一个动乱不宁的时期，陕西的学者（包括旅陕学者和研究陕西的学者）仍然在许多人文科学学术领域内取得了长足的进展，为我国学术文化遗产的积累作出了贡献，这是令人自豪的。

宋元时代陕西学术的发展，受困于战乱与社会积弊，但也得益于另一些条件，其中主要的就是印刷术的推广与教育事业的进步。

北宋时代我国活字印刷开始出现，而雕版印刷则进入盛世，全国出现了浙江杭州、福建建阳、四川眉山与山西平水等刻书中心。其中平水（今临汾）距陕西仅一河之隔，陕西的刻书业也因而兴起。现今所知陕西最早的印刷书籍是 12 世纪即金朝中叶在华阴刊行的《西岳华山志》。更早的 11 世纪，北宋陕西也已有以雕版印制的纸币。考虑到西夏这一时期也有印书发现，所以雕版印书业在陕西的兴起应不晚于北宋晚期。而元代的京兆府，印刷业已经相当发达了。

宋元时代陕西的教育也相当发达。关中地区各路、府、州、县，早在宋以前已普遍设有儒学。陕北、陕南的边远州县，最晚到元代也都有了儒学之设。这些府学、州学与县学都是所谓的官学，是与科举制度相配套的，对人们思想的束缚较严重。值得注意的是，这个时期陕西也开始兴起了书院教育。这是一种以学者为中心的教育制度，往往由学者私人招徒授业发展而来，因而思想比较活跃，可能成为学派的发源地。陕西书院教育兴起于关中，但地方志中有确切开办记录的最早一个书院却是在陕北，这就是范仲淹经略陕西时在延州（今延安）开办的嘉岭书院，时在北宋庆历年间。除此之外，宋元时期陕西有确切开办记录的书院都集中在关中，其中有：眉县的横渠书院，由张载讲学而发展起来[1]；蓝田县的芸阁书院，吕大临创办，时当元丰、元祐间；京兆府的鲁斋书院，由蒙元初许衡讲学发展而来，元成宗时萧㪍曾为山长，一说到元中叶延祐年间（1314—1320 年）才形成书院；三原县

---

[1] 横渠书院正式形成的年代不详，也有人认为直到清代它才成为真正的书院。

的学古书院，元延祐七年（1320年）由邑人李子敬建；高陵县的渭上书院，创建年代一说为宋元祐间（1086—1094年），一说为元延祐间；乾州紫阳书院，金元之际杨奂建，等等。

书院教育虽然也是以儒家思想为指导的，但在体制上有其优越于府州县学之处，因而显示出很强的生命力。宋元时期是陕西书院教育的早期阶段，到了明清时代，书院在陕西已是遍地开花，但除了几所较有质量的以外，其余一般都已趋于官学化了。

三　独树一帜的造型艺术

广义的造型艺术，包括绘画、雕塑、建筑艺术等。在人类文化史上，造型艺术的发展往往与文明的其他领域间形成一种异步现象。例如：文艺复兴时期欧洲的造型艺术以逼真的写实倾向居统治地位，然而那时人们在文学、科学等领域尚处在意象与激情的强烈影响下；等到现实主义成为文学主流，实证科学趋于全盛的时候，造型艺术的主流却已变成抽象的、随意的和非写实的了。而经济繁荣时期造型艺术平淡无奇，经济萧条甚至灾难时期造型艺术却异军突起，已是习见之事。

宋元时期的陕西也是这样，经济不甚景气，文学（指雅文学）萎靡不振，而造型艺术在这一时期却独树一帜，令人瞩目。

在绘画方面，我国宋代山水画崛起，人物牛马画衰落，陕西画家在这一时代潮流中高标新帜。宋初丹青高手李成，是唐朝宗室后裔，世居长安，善画山水，好用淡墨，自成一家。他尤善于以直擦的皴法，描绘"平远寒林"之景。《宣和画谱》说："于是凡称山水者，必以成为古今第一"。

然而在代出才人的关中画坛，李成那"古今第一"的荣誉并不能为其独享。不久，关中又一个平民出身的山水画大师范宽（950—1027年）就青胜于蓝，大显身手了。

范宽是耀州华原（今耀县城关镇）人，本名中正，字中立。因其性格宽厚豪放，乡友呼为"范宽"，其正名反而少见提起了。他初学时曾师法李成，后来认为："与其师人，不若师造化"，决心在大自然中寻求更高的艺术境界。自此他"搜尽奇峰打草稿"，大笔浓墨写江山，常年深居终南、太华之名山间，"览其云烟惨淡，风月阴霁难状之景，默与神遇，一寄于笔端"。他对景写生，自树一帜，山石用"雨点皴"，山顶好作密林；水边喜作突兀大石，屋宇笼染墨色，凝重如铁，世称"铁屋"。其画的整体构图浩莽博大，画出了关陕群山峰峦浑厚、挺拔雄峻的磅礴气势，被公认为"得山之骨""与山传神"。在北宋画坛上引起了轰动。时人称范宽、李成这两位来自关中的大师为画坛上的"一文一武"，评画名著《图画见闻志》把范、李与五代的关仝并称为："智妙入神，才高出类，三家鼎峙，百代标程"。而北宋后期的书画大师米芾更认为范宽独踞群雄之上，"本朝自无一人出其右"。

范宽存世的作品有今藏于天津市博物馆的《雪景寒林图》、今藏于台湾阳明山故宫博物院的《溪山行旅图》，均为各馆的镇馆之宝。

范宽之后，关中山水画的大师应推长安人许道宁，时人称"李成谢世范宽死，唯有长安许道宁"。李、范、许一脉相承，其流风遗泽至今涵育着画坛英才。

陕北石窟艺术是宋元时代陕西文化的又一朵奇葩。石窟艺术，融外来佛教文化与中国古老传统为一体，兼绘画、石刻、雕塑、建筑众艺之妙，在我国以敦煌、云冈、龙门等为最著名。但这些石窟群大都属宋以前之作，宋元时代的石窟，在黄河流域并不多见，在别处只有四川大足、安岳等几处较为出色。而在陕北黄土高原的群山间，宋元石窟群竟发现有数十处之多，不能不说是个奇观。

陕北石窟艺术的兴盛，与当时战祸绵延、社会动荡不安、苦难深重的人民只好在关于西方净土的宗教意境中寻求精神寄托，祈望能脱离苦海、重享太平的社会心态背景密切相关。而陕北民间的许多石刻艺术大师们，如在黄陵千佛洞留下题记的介端、介政一家以及更多没有留下姓名的能工巧匠，则以他们的辛勤劳动把人们的精神寄托变成了栩栩如生的艺术形象。

陕北宋元石窟中，艺术价值较高的有子长钟山（建于北宋中后期即治平至靖康年间）、黄陵双龙千佛洞（建于宋绍圣二年至政和五年，即 1095—1115 年）、富县石泓寺（始于北朝，盛于金皇统年间）、延安清凉山万佛洞（宋前以迄金元）、富县阁子头（凿于北宋政和二年即1112 年）诸处。其中不乏艺术价值极高的佳作。如子长钟山石窟佛坛上的无量寿佛、胁侍菩萨，延安清凉山万佛洞一号窟的净水观音，黄陵双龙千佛洞石窟的日光菩萨与月光菩萨，都是神态优美，充满生气。在无名匠师的手下，佛与菩萨们都冲破了天界的神的藩篱，而成为生活中美的典型。

罗汉造型在陕北石窟艺术中占有突出地位。宋代及其以后的全国各地寺庙中，泥彩塑罗汉像十分常见，但以石雕出现的，却以子长钟山石窟中的罗汉雕像最为出色。由于在佛教造像仪轨中，罗汉像没有什么固定形式的局限，因而常被表现得千姿百态、表情生动、富有生活气息。我国古代人物画论中强调的"传神写照"或"以形写神"的创作手法，在钟山石窟的罗汉雕像中得到了很好的体现。

佛教传说是石窟造型的重要题材。佛本生故事图像，也被陕北民间艺术大师们赋予了浓厚的生活情趣。如黄陵县双龙千佛洞的佛涅槃图、佛说法图，富县阁子头石窟的佛涅槃浮雕、子长钟山石窟的佛涅槃和其他故事人物造型，都被刻划得令人如临其境，如闻其声，其制作手法具有强烈的装饰效果。

中国石窟造像的时代风格，到了宋代已明显倾向于写实的手法，这在陕北石窟中尤为明显，所有的佛、菩萨和护法神王、金刚、罗汉、天人、比丘以至供养人等，都不同程度地反映了现实社会的人间生活面貌。尤其是不少佛、菩萨的手、脚，经雕刻家出神入化的艺术加工，显得肌肉柔软，圆润而富有质感。这种高超的写实雕技，在国内石窟艺术中也是突出的范例。

陕北宋元石窟不仅在造像上风格趋于写实，而且石窟的形制也向木构建筑殿宇形式发展。黄陵双龙千佛洞石窟，窟开凿成三开间的檐廊，柱头上施四铺作斗拱，上横素枋一层，枋上雕出两个敬斗，华拱、令拱皆刻出一道拱瓣。这种石雕的仿木结构檐廊，在古代土木建筑很少保存下来的今天，为我们再现了宋元建筑艺术的神韵。从南北朝兴起的一种传自印度的"塔庙"形制，在陕北宋元石窟中逐渐演变为竖有 2 柱、4 柱或 8 柱的佛坛。延安清凉山万佛洞 1 号窟建成左右两侧有接顶石壁的佛坛，黄陵双龙千佛洞石窟佛坛的左、右、后三面均凿成石壁，连接窟顶。这种佛坛形制较之南北朝以来的中心塔窟，无疑是石窟建筑的一种进步。

总之，陕北宋元石窟艺术以其浓厚的生活气息、精湛的写实技巧与新颖的建窟形制，在中国的石窟艺术之林中占有独特的位置，并且至今在研究与旅游等方面造福于世人。

建筑艺术的精华在宋元时期的陕西应首推安西王宫，可惜如今它只剩下一个土台子，我们只能从马可·波罗、李好文、骆天骧等中外作家的笔下去想象它的宏伟壮观了。存于世的陕西宋元建筑包括石窟、佛塔与城垣三类。石窟已如前述。宋元佛塔在陕西留存至今的，有富县直罗镇古塔（一说此系明塔）、邠州大塔、旬邑泰塔、周至大秦寺塔与永寿永平古塔（一说此为唐塔）等。

陕西宋元诸塔同以大、小雁塔等为代表的隋唐诸塔以及华北一带的许多辽金砖塔相比有很大的不同。陕西隋唐诸塔截面大都是四方形，没有或很少腰檐，形制较为古拙，而宋元塔一律平面八角形，各层有平座、腰檐，有的还有栏杆，形制玲珑巧丽，而且一律中空可登，与辽金的实心塔大异其趣。这种建筑风格迥异于前代而却延续于近古，为明清诸塔如著名的泾阳崇文塔所继承，因此宋元陕西诸塔在佛塔建筑史上是具有里程碑意义的。

宋元陕西诸塔中最高、维修得最好的是旬邑县的泰塔。该塔平面八角形，7层，通高53米，直径12米，各层的平座、腰檐建筑巧丽，座上用砖砌栏杆。尤其为此塔特色的，是它每层每个转角上都伸出一个石雕龙头，悬挂铜铃，每至风吹，铃声叮咚，十分悦耳动听。顶部有铁人对面相跪，手拉铁链，为游人最感兴趣之所在。该塔第七层有旧碑，记载此塔为北宋仁宗嘉祐四年（1059年）至英宗治平元年（1064年）间建造，前后历时五年多。这是陕西宋元诸塔中唯一可考知确切建塔年份的一座。

富县直罗镇塔位于直罗镇北。其地原为宋柏山寺，如今寺毁而塔存。塔为八角，11层，高43米，在陕西宋元诸塔中仅次于泰塔。塔身每层外部均雕有假门窗。这座塔最引人注目之处在于它内部每层有龛，供置佛教造像，如今大部分造像已无存，仅第三层的7尊罗汉、1尊天王尚为劫后之余。然而就是这几尊雕像也足以让人称羡不已。它们个个口含情、目传神，比例适度，姿态自然，堪称稀世佳作，实为宋元石刻艺术中的佼佼者。

位于今彬县城内的邠州大塔，也是八角，七层，通高28米，在宋元诸塔中排第三。然而其知名度却比前二塔都更高些。它以其独一无二的风格称著：自第二层开始，全部模仿木结构式样，层层都做斗拱、平座、栏杆，每层隔面开一券门，左右为直棂窗，倚柱八角形，檐子用斗拱，叠涩出檐共同承担。它的设计、施工、制作、雕刻、磨砖均极尽功力，因此虽不算很高大，但却是西北地区宋代建筑的重要代表。

此外，周至大秦塔与永寿永平塔也各具特色。其中的永平塔因其风格与旬邑泰塔与彬县大塔相似，又被人合称为三"兄弟塔"。

宋元时代陕西的造型艺术，不管是关中山水画派的超尘脱俗，还是石窟艺术的追求净土，佛塔建筑的寄思苍穹，都显示了当时陕西各族人民于苦难中对幸福的渺茫期冀，这里头的一种"乱世美学"，是太平盛世中人所难以发明的。这就是这些艺术之花能盛开于当时的奥秘所在。

四　技术科学的进步

宋元时代，陕西的科学发展是与其他地区的文化交流分不开的。陕人在外而成为科学俊才的，有杨恭懿，外省人在陕而获得科学成果的，有沈括。

沈括是我国北宋最著名的科学巨匠，他对天文、历法、数学、音乐、地理、医药、物理、金石考古、生物乃至文史、方志、民俗等等学问皆有所论证，是位百科全书式的学者，有"中国的狄德罗"之称。他的名作《梦溪笔谈》，被著名英国科学家李约瑟称为科学史上的"里程碑式的著作"。这部著作的成书，与他在陕西的活动有很大关系。从元丰元年至元丰五年（1078—1082 年）间，沈括任知延州、鄜延路经略安抚使，在陕北经营边防。他除了边政上功绩蓍然外，还对陕西的自然与人文环境进行了认真的考察。《梦溪笔谈》里的许多内容，如对陕北石油的出产与开发利用的研究，对陕北民俗中的古代文化遗存的研究以及对古器物的研究等等，都与他在陕西的科学考察有关。沈括观察事物匠心独具，如在对古器物进行考察时，他不仅像一般金石考古家那样记录这些古物的形状与款式，而且进一步从科学角度研究这些器物的制作方法与原理。如从冶金学的角度来解释古剑，从光学的角度解释古镜，从几何学的角度来解释弩机上"望山"的用法等等，都有很高的科学价值。

杨恭懿（1225—1294 年）[1]是宋元时期陕西人中的科学家，字元甫，高陵人，生活在元代前期。他与当时的许多人一样，是从理学而转向自然科学的。早年的杨恭懿潜心于《易》《礼》《春秋》，后研读朱熹的《四书集注》。不久他又以为要经国济世，需"从事实学"，于是迷

[1]《元史》卷 164《杨恭懿传》。

上了天文历算。他"遍考自汉以来历书四十余家，精思推算"，颇有心得，因而于至元十六年（1279年）被元廷召入太史院，与郭守敬、王恂、许衡等共同主持改历工作。他看到元朝司天机构"旧仪难用"，便改进了新的测量仪器，昼夜测验，终于与郭守敬等一起，完成了《授时历》的制定。又著《合朔议》以阐明其原理，为天文历算之学的发展作出了贡献。

在宋元陕西的特定环境下，人们对"技术"的需求比科学更为强烈，尤其是与军事和农业有关的应用技术，在长期处于战争环境并且为粮食不足所苦的陕西受到了重视。

石油、煤炭的运用是这一时期陕西人民的一大贡献。我国是世界上最早发现和利用石油的国家，而陕北又是中国最早发现和利用石油的地方。早在东汉班固所写的《汉书·地理志》中，就记载着上郡高奴县（今延长）"有洧水，肥，可鷬（燃）"。说明公元1世纪时，延长的石油已为人所知。以后北魏郦道元的《水经注》、唐代的《元和郡县志》与段成式的《酉阳杂俎》等书也记载了陕北石油，其中段成式还提到当地人民已把石油用于润滑车辆及点灯。但是，关于石油性状、用途、产地的较详细的记载，石油的较大规模的加工与使用，乃至"石油"这一名词的出现，都是宋代的事。因此宋代可以说是石油开发史上的一个里程碑。

对陕北石油进行了详细考察的首推沈括。沈括在经营陕北边防期间特地研究了延长县境内石油的性状与用途，并在文献中首先使用"石油"一词。他在《梦溪笔谈》中写道："鄜延境内有石油，……生于水际，沙石与泉水相杂，惘惘而出。土人以雉尾裛之，乃采入缶中，颇似淳漆。"沈括还富有预见性地断定："石油至多，生于地中无穷，不若松木有时而竭"，"此物后必大行于世"。[1]今天生活在"石油时代"的人们看到这些论断，不能不钦佩沈括的科学洞察力。

---

[1] 沈括:《梦溪笔谈》卷24，第227页。

宋代陕北的石油已被广泛地使用。庆历年间范仲淹经略西北时，已经以石油作军中照明与燃料之用。沈括又亲自试验以石油燃烧产生的烟黑制墨，获得成功。制成的墨"光如漆，松墨不及也"。沈括遂把此法加以推广，"大为之"，进行批量生产，产品墨号为"延川石液"。他在书中自豪地说，规模性地使用石油"自予始为之"。[1]

宋人不仅知道使用原油，也已开始规模性地用原油来提炼成品油了。据载当时东京由政府主办的军器作坊中已有专制"猛火油"供军用的作坊。[2] 这种作坊在陕北可能也已设立，且产量可观。据宋人康与之《昨梦录》所载，当时"西北边城防城库，皆掘地作大池，纵横丈余，以蓄猛火油。不阅月，池上皆赤黄，又别为池而徙焉"。[3] 这样纵横丈余的大油池，贮油多达 10 吨，不太可能来自东京的作坊，很可能是在陕北就地生产的。

到了元代，陕北石油的开发与利用又有了新的发展，除延长外，在延川县永平村与宜君县姚曲村也开采了石油。除收集渗露地面的油外，当时已在延川、延长凿井采油，这是世界上最早的油井。石油除用以照明、制墨、军用之外，这时又用以治疗牲畜疥癣等皮肤病。政府已把石油纳入正式贡赋之中，岁有定额：延长岁纳 110 斤，延川岁纳 400 斤，并在路城（即延安路）延丰库设专仓贮之。

除石油外，宋元时陕西军民还相当大规模地使用了煤炭。史载北宋庆历年间西夏军围攻府州（今府谷县）时，城内水源、蔬菜、燃料皆无法供给，守将张亢"以州东焦山有石炭穴，为筑东胜堡；下城旁有菜畦，为筑金城堡；州北沙坑有水泉，为筑安定堡，置兵守之"，城遂得以长期坚持。[4] 显然，这时整个府州城都仰赖"石炭穴"供燃料，

［1］ 沈括：《梦溪笔谈》卷 24，第 227 页。

［2］ 王得臣：《麈史》卷上，上海古籍出版社，1986 年，第 4 页。

［3］ 康与之：《昨梦录》，《说郛》卷 21，中国书店，1986 年影印本。

［4］ 《宋史》卷 324《张亢传》。

其于城防的重要性竟与水源、蔬菜相等。这座专为开采煤炭而修筑的"东胜堡"可算得上中国历史上第一座煤矿业城镇！

这样我们知道现今陕北的两大能源基地：延长油田与神府煤田，早在宋代就已有颇大规模的利用，这应当说是了不起的。

宋元时陕西石油、煤炭的使用都与军事有关，同样地，其他与军事有关的技术如筑城术、打井术等，也得到了发展。北宋时常有仅用十余日甚至更少的时间就筑成一座可容数万乃至数十万军人的大城的记载。我们现在常把某些不现实的做法形容为"在沙滩上搞建筑"，然而北宋抗夏战争中，人们真的发明了在沙地上筑城的技术："麟州无井唯沙，泉在城外，欲拓城包之，而土善陷。夏人每至围城，人皆忧渴死。（吕）公弼用其僚邓子乔计，仿古拔轴法，去其沙，实以末炭，墁土于其上，版筑立，遂包泉于中，自是城坚不陷，而州得以守。"[1]

与筑城相关的找水技术，当时也颇有发展。种世衡、种谔父子是这方面的专家。筑清涧城时打井打到50米深仍无水时，水工都认为该井位不可能有水了，然而种世衡却肯定"过石数重"必有水，并力排众议，以重赏雇人，"屑石一畚，定偿百钱"，果然穿石见泉。宋朝当局知道后下令沿边各地派人来学习此术，"自兹西陲堡障患无泉者悉仿此，大蒙利焉"。[2]而40年后，徐禧筑永乐城，种世衡之子种谔看了城址后断定此地无水，徐禧不信，结果果然打不出水，刚愎自用的徐禧悔之晚矣。

其他军事技术在这一时期的陕西也颇有发展，如宋金战争期间，秦岭战线的宋军由于装备了新式兵器"驻队矢"，逐渐发展出一套以弩制骑的成熟战术，屡试皆验，遂得以保境百年而金骑无所逞其技。当时吴璘曾说："金人弓矢，不若中国之劲利。……吾常以长技洞重甲于数百步外。"如果没有这一"长技"，"至决机于两阵之间，则璘有不能

---

[1]《宋史》卷311《吕公弼传》。
[2] 范仲淹：《范文正公文集》卷15《东染院使种君墓志铭》，第355页。

言者"。[1]可见当时的宋军几乎把宝全押在这一"长技"上了。的确，能在数百步之外穿透"重甲"的"长技"，恐怕已经是冷兵器所能达到的极限了吧。

战争决胜，不外靠兵、食两条，因而宋元陕西当局对农业技术抓得也很紧。当时渭北引泾水利技术一度居全国领先地位。"耀州之云阳、三原、富平及京兆之泾阳、高陵、栎阳六县，沿渠皆立斗门，多者置四十余所，以分水势。其下别开细渠。则水有所分，民无奔注之患。"于是宋政府专门组织河北等地的水工不远千里前往渭北参观学习，"就摹古人作堰决渠之法"，"观今人置斗门溉田之方"。同时下令，今后渭北灌区之民犯罪当流放的，就"令皆徙相州（今河南安阳市）教百姓"治水。[2]陕西的流放犯到关东居然成了水利专家。

水利事业不仅涉及诸如"斗门分水"这样的工程技术，也仰赖于一定的管理技术。元代李好文《长安志图》卷下对此作了高水平的叙述。他提出的泾渠灌溉用水管理和分配的原则是：以渠水所能灌田的面积为总数，分配到每年参加维修渠道的丁夫户田。为做到分配合理，他实际上已提出了计算流量的概念："水头深、广方一尺谓之一激。假定渠道上广一丈四尺，下广一丈，上下相折则为一丈三尺，水深一丈，计积一百二十激。"这里"水头"即过水断面积，"水激"为计量单位，指 1 平方尺，再与时间、流速相联系，便可求出流量。这反映了当时关中水利技术不仅在工程方面，而且在管理方面，也已达到很高的水平。

可见，宋元时期的陕西，在军事技术、农业技术与资源开发技术等方面都获得了不小的成绩。宋元之际陕西能够屡经战祸而又得到恢复，这些技术进步是起了作用的。然而也应看到，这些技术当时基本上仍停留在经验层次，并没有形成一种推动科学发展的实证机制，因

---

[1]《宋史》卷366《吴璘传》。
[2] 李焘：《续资治通鉴长编》卷104，天圣四年八月辛巳条，第2418页。

而也不能保证它自身发展的连续性。以上技术成就后来并没有进一步向前迈进，甚至有不少后来还失传了。例如吴璘谈到的那种新式劲弩和那一套制敌骑之策，在吴家兄弟为帅之时屡见应用，然而一代人之后便不知怎的不再被人提起。到了后来蒙古人南下蜀口时，他们并没有碰到什么"长技"的威胁。而宋军将士那时临敌，包括最为惨烈的名将曹友闻殉难的阳平关大战在内，都是手握刀枪，与敌"决机于两阵之间"的。

五　闪耀智慧之光的"耀瓷"

耀州窑是宋元时期陕西文化的一项重要成就。它既是一种生产技术成就，又是一朵实用工艺美术奇葩。

耀州瓷窑的窑址，在今铜川市属的黄堡镇，当时铜川称为同官县，隶耀州，所以这里的窑场便号为"耀州窑"。据考古资料证明，黄堡镇一带的耀州古窑址范围绵延长达 5 公里，发掘区的文化堆积层包括唐、宋、金、元诸朝，而最主要的堆积层是北宋耀瓷的堆积。[1]《同官县志》也记载说："南北沿河（指漆水河）十里，皆其陶冶之地，所谓十里窑场是也。"宋神宗元丰七年（1084 年）所立的《德应侯碑》说：当地"居人以陶器为利，赖之谋生"。[2]可见其生产早已超越了副业阶段。耀州窑在唐代主要烧制日用陶、瓷器，到了北宋，技术大有提高，除继续生产质量更高的日用瓷外，已经以工艺性瓷器生产享誉海内外。

宋代耀州窑生产技术水平可观。今发掘所见的窑炉都由火膛、窑门、窑室、烟囱等几部分组成，皆用耐火砖砌就。除单窑分置者外，

---

［1］陕西省考古研究所：《陕西铜川耀州窑》，《中国田野考古报告集》丁种第 16 号，科学出版社，1965 年，第 57—58 页。

［2］《德应侯碑》，陕西省考古研究所：《陕西铜川耀州窑》，第 62 页。

还出现了串列式组窑。从窑炉结构看，当时工匠已经有了丰富的控制火焰与窑温的知识。制坯作坊装备齐全，在一个宋代遗址内发现了排列的 18 个釉缸。说明当时釉种已十分丰富，配釉工艺也相当复杂。堆料场、晾晒场与窑炉、作坊配套，构成一个完整的生产体系，显示了生产工艺的成熟。

宋代耀瓷已形成了一个色种、器种都十分多样的产品系列，以青釉瓷器为主，还有白瓷、黑釉、酱红釉、白釉绿彩、素地黑彩、白釉黑彩、釉下彩等等。瓷器胎薄质硬，烧成温度达 1300 摄氏度以上。当时，工匠作坯，技艺娴熟，"方圆大小，皆中规矩"。烧成之后釉色翠绿，釉面莹润，"巧如范金，精比琢玉"。"击其声，铿铿如也；视其色，温温如也"。[1] 许多耀瓷内外壁布满花纹，丰富多彩。人物神仙，花鸟虫鱼，几何构图，无所不有。这些纹样图案构思巧妙，清新明快，既有浓厚的乡土气息，又有高雅的宫廷格调。耀瓷装饰工艺手法新颖，有捏塑、浮雕、堆贴、合模、绘彩、划花、刻花、印花、锥刺等。刀法洗练纯熟，圆活流畅，刻出的花纹图画富有生气。

耀瓷的行销、上贡及其在当时产生的影响，更突出地反映了耀窑的成就。《宋史》说：耀州"贡瓷器"[2]。1953 年在北京广安门外曾出土了一大批精致的北宋耀州瓷器，据专家研究，这批瓷器原是北宋耀州进贡于宋廷的，后来金人攻陷汴京，抢劫奇货珍宝，遂把这批瓷器运至北京。[3] 数量如此之多的耀瓷成为宫廷的珍品，其产品的质量自不难想见。

同时，耀瓷还对国内其他地区的瓷业产生了相当大的影响，如河南的临汝窑、宜阳窑、宝丰窑、新安城关窑、禹县钧台窑，内乡大窑

---

[1] 《德应侯碑》，陕西省考古研究所：《陕西铜川耀州窑》，第 62 页。

[2] 《宋史》卷 87《地理志三》。

[3] 杨德泉、荀西平：《北宋关中社会经济试探》，《宋史研究论文集》，浙江人民出版社，1987 年，第 120 页。

店窑，以及远在岭表的广州西村窑和广西永福窑等，都先后仿烧耀州青瓷，从而形成了一个与越窑风格有别的北方青瓷窑系。[1] 耀瓷的影响还远及海外，如朝鲜、日本、阿曼、苏丹以及东南亚的一些国家，当时也都成了耀州瓷器的行销地。[2]

北宋以后，耀州在伪齐、金朝统治下仍是重要的高级瓷器产地。耀窑在这期间继承和发展了宋代的一些工艺传统，烧制技术上继续有所提高。印花青瓷保持着很大的产销量，质量也较高。到了元代，耀州窑瓷器生产逐步衰落，胎釉渐趋粗厚，造型纹饰简单，图案形象刻板拘束，主要产品为姜黄色青釉瓷，还有黑釉、月白色青釉、白釉黑彩瓷器。虽然在花纹题材上新出现了吴牛喘月、八卦等新的式样，但从总体风格上看，瓷器烧造水平比宋代大为逊色。明清时期，耀窑已完全衰落以至湮没了。

耀州窑曾为中国陶瓷业的发展作出过杰出的贡献，而它的衰落与湮没，则是很令人深思的一个文化现象。

［1］　中国硅酸盐学会：《中国陶瓷史》，文物出版社，1982 年，第 251 页。

［2］　冯先铭：《元以前我国瓷器行销亚洲的考察》，《文物》1981 年第 6 期，第 65—74 页；
　　　　卢建国：《海外出土的耀瓷》，《陕西日报》1984 年 1 月 10 日。

第十八章　明清陕西文化

一　雅文艺的俗化与俗文艺的雅化：从古文运动到秦腔之兴

宋元时代陕西文坛的萧条一直延续到明中叶，自此以后，陕西文坛又出现了复兴的迹象。时兴于弘治至嘉靖间的"前七子"（李梦阳、何景明、徐祯卿、边贡、康海、王九思、王廷相）曾以诗、文、杂剧而称雄于中国文坛。这七人中以今省境计有两人是陕人，即康海与王九思，以当时省界说就有三个，即还有李梦阳。

位列前七子之首的是李梦阳（1472—1529年），当时是陕西庆阳（今属甘肃）人，弘治六年（1493年）陕西乡试解元。刘瑾专权时，他以户部郎中之职参与了反刘瑾的斗争，曾为韩文等人起草弹劾刘瑾的奏文，以尖锐激烈轰动一时。后来刘瑾挟私报复，将他逮捕入狱，准备处死。经康海极力营救才得幸免。因而刘瑾倒台后他颇为时论所重。李梦阳在文学上反对当时流行的台阁体绮丽而萎弱的文风，开前、后七子复古主义潮流之先河，倡言"文必秦汉，诗必盛唐"，实际上是想以汉唐文学的豪迈气概来矫正时文中的萎靡习气，有一定进步意义。当时有人说：文章最好的是司马迁，诗最好的是杜甫，而李梦阳则兼得此二人之所长。这虽是过誉之词，但反映了这一流派的努力方向。

然而这一方向在陕西文坛上持续的时间并不长，就在前七子中另外两个陕西文学家——康海和王九思——身上，人们已经可以看到一种转向的苗头。

这首先是与康、王二人的个人经历有关的。康海（1475—1540年），字德涵，号对山，武功人，弘治十五年（1502年）状元。曾任翰林院修撰，与李梦阳相倡和，对台阁体的时文名家很不恭维，因而"忌者颇众"。刘瑾专权时，以同乡关系笼络陕籍大臣，康海初拒不与交，后李梦阳因劾刘瑾被囚，托人捎信给康海："对山救我。"为救李梦阳，康海只得拜谒刘瑾。然而刘瑾垮台后李梦阳成了英雄，康海却被劾"党附刘瑾"而遭革职。从此他结束了8年京官生涯，在故乡武功度过了30年的后半生。他常常与同乡、前七子中另一人王九思相聚畅饮，抨击时政，抒发胸中郁闷。还制作乐典，自弹琵琶，寄托情思。

王九思（1468—1551年），字敬夫，号渼陂，鄠县（户县）人。正德初年为吏部郎中，也因同乡关系受到刘瑾的笼络，并在刘瑾被杀后被列为瑾党，先遭贬谪，后令退休。康、王二人同乡，同在朝中为官，同以文名而置身前七子之列，又同受刘瑾之累而被罢黜，自然是同病相怜。他们每相聚于户县、武功间，借酒浇愁，放浪形骸，作曲编剧，自比俳优，与乐师歌妓一起演出，苦中作乐，以排遣忧郁之情，豪迈的汉唐雄风随着修齐治平的抱负一起消逝，载道之文变成了俳优之声。于是在他们从前七子的古文运动的著名健将进而成为明代卓有成就的杂剧、散曲作家的同时，也就从雅文艺的大师在向俗文艺的高手转化了。康、王的后期作品具有明显的波普情调，走出大雅之堂而从关中民间文艺中汲取了不少东西。当时王九思曾以重金聘请乐师教其学琵琶，康海尤善此道，在他们的影响下，关中文士转相仿效，使陕西一度成了明中叶曲、剧创作的中心。王九思除了诗文集《渼陂集》外，传世尚有杂剧《沽酒游春》《中山狼》（一折）和散曲集《碧山乐府》等。而康海除了诗文集《对山集》外，也有杂剧《中山狼》（四折）、《王兰卿传》和散曲集《东乐府》等传世。这些作品中有的于放浪形骸之中也流露出对现实的愤懑情绪。如王九思的杂剧《沽酒游春》（又名《杜子美游春》）就借杜甫目睹长安村郭萧条、宫室败坏之状，意含针砭，指斥时弊。而康海根据他老师马中锡的《中山狼传》改编的《中山狼》

（四折）一剧，则揭露了中山狼阴险残暴的本性，批判了迂腐懦弱的东郭先生不辨贤奸"无所不爱"的"仁心"。有人推测此剧为谴责李梦阳的负恩而作，因而曾轰动文坛。不过平心而论，如果康海确是以中山狼指斥李梦阳，则未免太过分了。纵使李梦阳有负恩之瑕，毕竟不能否定他斥瑾之举。如把李比作中山狼，不是把刘瑾当成赵简子了吗？这里显然有一种消极的心理。总的来看，这些作品反映了他们对世态炎凉、人情险恶的感慨，其语言风格继承了元代戏曲的大众化色彩，然而比起元曲名家的现实主义精神来，康、王的境界是有明显差距的。

李梦阳、康海、王九思之后，前七子的文风在关中的传人是同在关中大地震中遇难的王维桢与韩邦奇。王维桢字允宁，华州人，官至南京国子监祭酒。他与前七子一样，既傲世，又有不得志的郁愤感，"自负经世才，职文墨，不得少效于世，使酒谩骂，人多畏而远之"[1]。其诗文的风格多效法李梦阳。韩邦奇（1479—1556年），字汝节，号苑洛，朝邑（今属大荔）人，与其弟韩邦靖于正德三年（1508年）同榜中进士，号为"朝邑二韩"。韩邦奇是少有的全才，他不仅"自诸经、子、史及天文、地理、乐律、术数、兵法之书，无不通究，著述甚富"[2]，是明中叶卓越的学者、作家与音乐理论家，而且官至山西巡抚，是当时政界与宦官集团作斗争的著名正直人士之一。他的诗文汇为《苑洛集》22卷，其中不乏大雅之音。但他流传最广的作品却是一首未收进集子的民歌《富春谣》。这是他在任浙江按察司佥事期间，愤恨于镇守太监王堂等人强征富春江的渔产与富阳一带的茶叶，目睹其虐民之惨状后所作的。其中写到：

富春江之鱼，富阳山之茶。鱼肥卖我子，茶香破我家。采茶妇，

---

[1]《明史》卷二八六《王维桢传》。
[2]《明史》卷二〇一《韩邦奇传》。

捕鱼夫，官府拷掠无完肤。昊天何不仁，此地一何辜！鱼胡不生
别县，茶胡不生别都！富阳山，何日摧！富阳江，何日枯！山摧
茶亦死，江枯鱼始无。于戏！山难摧，江难枯，我民不可苏！

　　这首民歌把他对人民的同情和对敲诈勒索者的愤怒表达得淋漓尽
致。王堂等闻之恨入骨，遂上奏指控韩邦奇"沮格上供，作歌怨谤"[1]。
于是皇帝大发雷霆，把韩邦奇逮捕下狱，后又革职为民，赶回朝邑老家。
直到明武宗去世，明世宗继立，他才又被起用。

　　从《富春谣》中我们也可以明显地看到前七子之后陕西作家中把
雅文艺"俗化"的时风。所不同者，康、王的由雅入俗具有玩世的颓
废色彩，而韩邦奇的由雅入俗则具有愤世的现实主义批判精神。由此
也可以看出这种雅文艺的俗化是一种社会文化现象，并不只是康、王
的个人遭遇造成的。事实上，正德、嘉靖年间是陕西文坛在明代最繁
荣的时期，此后文坛又有渐趋冷落之势，而以冯少墟为代表的理学思
辨精神取代了文学家的浪漫精神，成为陕西士大夫的心理趋向。体现
这一过渡的是文学与理学兼重的韩邦奇，他以《性理三解》《易学疏原》
《易占经纬》等经学、理学著作成为明中期到晚期陕西士大夫文化从文
学繁荣到理学昌盛的转向期代表人物。而这种转向显然与明代陕西社
会的矛盾与危机的深化有关。

　　然而士大夫疏远文坛并不能减少俗文艺的影响。明代陕西的俗文
艺尤其是戏曲是颇有发展的。早在明初，秦王朱樉父子就笃好戏曲，
在王府内设教坊，演戏作乐，并把关中民间戏班征选入宫，供其娱乐。
名将常遇春屯田于同州，因军中多秦人，所以以同州梆子为军乐，经
常演出。秦王府也常用这些戏班来招待客人。如明中叶著名边帅王越
在西安谒见秦王时，便受到这种款待。万历年间袁宏道、朱一冯来陕
主持乡试时，也由秦王府乐人演出了乐舞、杂剧及地方戏。权阉刘瑾

――――――――――
[1]《明史》卷二〇一《韩邦奇传》。

是陕人，入宫后主管教坊司，陕西乐户颇受优待。当时陕西各县多有世袭乐户。如武功县只 1978 户人家，就有 9 户乐户。其他如户县、周至、朝邑、大荔、三原、高陵、凤翔、乾州等地也有。西安、汉中等地更有大批乐户专供秦王府役使。

康海、王九思下野后由文转艺、化雅为俗之举，却给民间戏曲化俗为雅提供了契机。康、王挖掘民间乐曲，共同创作了一种"康王腔"，对陕西地方戏曲发展大有裨益。朝邑二韩（邦奇、邦靖兄弟）家居时，也曾潜心于秦声的创作、演出实践。此后，又有明中后期重要传奇作家，郃阳县王异、王元寿兄弟，著传奇 24 种，蒲城人魏秉、长安人董旭兆、凤翔人程云翼、韩城人卫先范、郃阳人范垣等，都善于鼓琴啸歌，对陕西地方戏曲的发展作出了可贵的贡献。特别是渭南人李十三家族更对秦腔的形成贡献巨大。李十三原籍华县大张社村，逃荒到渭南北原上的小钟村落户，后来成为明代有名的世代相传的民间剧作家。他们祖孙 19 代，共同创作了秦腔剧目数十本，影响了有明一代的陕西戏剧，并遗泽于后世。

明中期以后，陕西各地农村的秋神报赛演戏风气更为兴盛，嘉靖《略阳县志》说："春祈秋报，有古之遗响。"《洛川县志》记载说："秋赛多用伶人演戏。"明王三聘在其所作《周至县志》卷 9 中也提到："（城隍）庙内演戏赛神。"《鄠县志·周仪传》中也记录了："邑民有事于城隍，声传繁艳，观者塞途。"周仪是弘治年间鄠县的教谕，所记不虚。其盛况有如各地方志所言："半夜空堡而出，举国若狂"；"人物杂众，士女云屯，经月不息"。清人邹均礼所撰的《重修盘古庙碑序》也说：有明一代"每岁四月八日，七月望日，为附近居民酬神赛会。演戏数日，四方商贾辐辏，士女云集，……颇称盛会"。陕西地方戏风之盛可见一斑。

入清之后，陕西戏曲的发展又汲收了新的营养。郃阳县学者李灌，字向若，又字莲璧，20 岁名驰三辅。明亡后他"披剃为僧"，拒绝清廷征召，为明末关中八遗之一。他在清初隐居乡里时，除创作了许多充满反清思明情绪的诗词外，也编写了许多说唱剧本，多体现了浓厚的民族思想与不可屈服的反抗精神。李十三家的戏班入清后仍演出于同州府属各县，艺术上更趋成熟，其代表作《白玉钿》《火焰驹》等秦腔名剧，把青年男女争取爱情和婚姻自由的斗争与反抗宗法愚昧和封建专制的思想联系起来，具有深刻的思想性和浓厚的生活气息。清代女剧作家王筠，字松坪，号绿窗女史，长安县人，人称"长安才女"，她的大型剧本《繁华梦》《全福记》《会仙记》等，都以女子的奋斗为主题，反映了作者追求男女平等，要求妇女解放的思想，可同《牡丹亭》《桃花扇》等名剧相媲美。此外佚名作者的《铡美案》《打渔杀家》(又名《庆顶珠》)《反徐州》(又名《串龙珠》)《法门寺》(又名《宋巧姣告御状》)《打銮驾》《打金枝》等，题材之广泛，内容之新颖，寓意之深刻，艺术之高超，都是前所少有的。

经过明清两代的发展，陕西地方戏曲已经由俗而雅，从乡村社戏、教坊家班而登上了大雅之堂，并吸引了一大批文人学士投身于民间艺术的提高，清代三原的张鼎望、周元鼎、蒲城的崔向余，晚清宜川的张梓、城固的何炯若、渭南的张元中、郭安康等，都是诗词、戏剧并作，雅俗相长，互相促进，深受群众喜爱。他们的创作实践不仅丰富了民间文化，而且促进了俗文艺的雅化。随着这种俗文艺的高雅化进程的发展，陕西地方戏曲的创作实践已上升为理论，出现了一批戏曲理论家与理论著作。如张鼎望的《秦腔论》、周元鼎的《影戏论》、陈伯澜的《群儿赞》等。这既是对当时戏曲活动的艺术总结，又对此后的陕西文艺发展提供了理论指导。

清代陕西地方戏曲与民间艺术的发展，还表现在秦腔各流派的分化与秦腔以外其他剧种的成熟。由于传播地域的关系，陕西地方戏曲与民间文艺形成了鲜明的地方色彩，在同一剧种或同一声腔系统中，又形成了充满泥土芳香的不同流派。如秦腔已有东路、西路、南路、北路之分。曲子戏中分化出了西府曲子、二华曲子、陕南曲子、陕北曲子。道情这一艺术形式也出现了关中道情、安康道情、商洛道情、陕北道情等地方流派。碗碗腔中产生了东府碗碗腔、西府碗碗腔、陕北碗碗腔、洋县碗碗腔。秧歌之中也分出了陕北秧歌、韩城秧歌、渭华秧歌等，各自成立为一个剧种。即使发源于西安附近的汉调二黄，也因流布地区不同而有了关中派、洛镇派、汉中派与安康派之别。这些不同流派的出现，表明陕西地方戏曲与民间艺术的高度发展与臻于成熟。

陕西戏曲班社组织与演出形式在清代也有了长足发展，清代中叶开始出现了营业性演出，陕西民间班社由自乐性的搭班演出、承当"庙貌会事"而发展为营业剧团。大批商人组建的班社，虽有招徕观众以利贸易的初衷，但后来也都成为独立的商业性演出。晚清时，很多班社都是地主兼工商业者领班。如当时同州梆子的四大班（大荔潘驿潘汉龙的潘家班、羌白梁光的梁家班、朝邑齐士唐的齐家班、城关许建仁的许家班）被称为"四大财主班"。不少县商人会馆的戏班子也属于这种性质，成为商人的雇佣演员了。随着商业性经营的扩大与发展，表演艺术也发生了一系列变化。插科打诨增加，行头日趋艳美，而且吸收了其他许多艺术营养，如西府的小红拳、东府的真刀真枪，都吸收了武术的成果。这些变化都是当时商品经济与市场机制的发展对文艺发生影响的标志。

除戏曲以外，清代陕西的其他文学艺术形式也有发展，如清初宝鸡人党崇雅，曾先后仕明与大顺，后投清，官至大学士，他的诗词成就很高，著有《图南草》《忘先草》《焚焚草》《鹃失啼》等。淳化人宋振麟，著有《中岩集》等。

总之，明清两代，陕西的文学艺术出现了雅文艺的俗化与俗文艺的雅化这两股互为因果、交融反馈的潮流，专供统治者享用的庙堂艺术衰微了，立意深高但缺少内涵的古文运动退潮了，而以里巷民谣与旷野山歌为基础的地方戏曲与民间文艺则日益兴旺发达，并成长为新兴的高雅艺术。

二　明代"关中八志"与清代关中方志、金石之学

在文史方面，明清时代陕西学者的突出贡献主要集中在方志学领域。宋元时代陕西在方志纂修方面是十分落后的，其成就远不足以与南方相比。然而到明代便大有不同，关中方志之学不仅为陕人所引为自豪，外省学者也多有公论。如清初的文史大家、山东人王士禛便有"关中名志甲天下"[1]和"明代名志多出于秦"[2]之说。但哪些关中方志可称"名志"则诸说不一，有谓"哙人口者约十种"者，[3]有谓"关中称名志者七"[4]者。较为得到公认的名志是明代的"关中八志"。所谓关中八志，即康海撰《武功县志》，正德十四年（1519 年）初刻；吕柟撰《高陵县志》，嘉靖二十年（1541 年）初刻；韩邦靖撰《朝邑县志》，正德十四年（1519 年）初刻；孙丕扬撰《富平县志》，万历十二年（1584年）初刻；乔世宁撰《耀州志》，嘉靖三十六年（1557 年）初刻；刘九经撰《郿志》，万历三十三年（1605 年）初刻；王九思撰《鄠志》，嘉靖十二年（1533 年）初刻；张光孝撰《华州志》，隆庆六年（1572 年）初刻。这八部"名志"目前除了王九思的《鄠志》已经失传外，其余都流传至今。这几部地方志都具有一些共同特点，如：

（1）与宋元方志（如实际上只是考史著作的宋敏求《长安志》等）相比，"明八志"的体例要完备得多，大致已经奠定了后世方志的成熟模式。但它的修撰过程与清代方志相比，又具有更多的"个人著述"性质。虽然当时外省籍主官监修、本地名流学者主纂的修纂制度已经

---

[1]（民国）《潼关县新志》萧万康序引。

[2]（民国）《潼关县新志》冯光愚序引。

[3]（民国）《潼关县新志》冯光愚序引。

[4]（嘉庆）《咸宁县志》高廷法序。

建立，但撰写班子比清修方志要简单得多，基本上是成于一人之手，此人即对全书负有文责。不像清修方志那样写作班子庞大、审订程序严格、作品往往一副"官修"的派头，文责虚置，个性全无。这种带有一定程度的个人著述性质的方志，虽然在资料搜集等方面往往不如"官修"之书完备，但在成一家之言方面却具有"官书"所难以具有的优点。

（2）"八志"的撰写人都是生于斯长于斯的本地名人，大多是在京师或外地任过要职后返乡著述的。作为本地学者，他们有眼见耳闻亲身经历之长，而作为资深位重的前官员，他们又比当地父母官即方志的监修者地位更高，比起清代方志的纂者往往地位低于监修者，以至于只能仰其鼻息写出官样文章的情况来，他们的作品显然可能写得更好。

因此，"关中八志"的成就并不是偶然的，这八部方志中，又以康海的《武功县志》与韩邦靖的《朝邑县志》名气最大。《武功县志》记载本县的山川城郭、津梁市集、祠庙寺观、户口物产等情况，体例得当，内容全面。王士禛对它有过"文简事赅，训词古雅"的高度评价。该志初刻后曾多散佚，清乾隆年间，武功知县玛星阿得一钞本，由朴学名家孙景烈加以评注后翻刻流行，后收入《四库全书》。《朝邑县志》为"朝邑二韩"中的韩邦靖所撰。韩邦靖（1488—1523 年），字汝度，号五泉，他与其兄同年中进士，在武宗朝同被下过诏狱，同被革职为民，世宗朝又同时获平反并再度起用，其文章与才气也与其兄相类。但以36 岁早夭，不如其兄那样著述宏富，《朝邑县志》便成为他最有名的著作，也收入了《四库全书》。

康、韩二志都属方志学中的简约派，"盖明代方志多失芜滥，故康、韩矫之以峻挈"[1]。不过它们又走向了另一个极端，由于过分简约而失去了许多信息。清人洪亮吉曾指出："《武功志》虽絜，而典章制度率

---

[1]（民国）《潼关县新志》冯光愚序。

多遗漏".[1]《朝邑县志》也有这个问题,这无疑是个遗憾。

除了"关中八志"外,明修陕西方志可观者还有不少,特别是三原人马理主纂的《陕西通志》是陕西省志中现存最早的一部,具有很大意义。

清代陕西的方志学继续得到了发展,尤其是乾隆年间著名文化事业组织家毕沅任陕西巡抚时,曾有来自各省尤其是江南地区的一大批乾嘉朴学大师、文史名人聚居其幕府,如洪亮吉、刘长明、孙星衍以及陕西武功人孙景烈等,他们都对陕西方志的修纂工作作出了很大贡献。这些学者"敷政之暇,授碑碣以订金石,稽掌故以续文献,故关辅志乘,多成于斯时"。他们亲自主纂的一批方志,如孙星衍所纂的《礼泉县志》《邠州志》《三水县志》,洪亮吉所纂的《长武县志》《淳化县志》,孙、洪合纂的《澄城县志》,孙景烈纂的《鄠县志》《郃阳县志》等等,都是陕西清修方志中的上乘之作。这些学者对方志学理论也多有贡献。

与明代陕西几部名志都属于简约派相反,"清自屡开鸿博,崇尚考据,故诸作多趋于博丽"。尤其是以上这些朴学名家主纂的方志,更是以博见长。然而它们在体例上也相当严谨,可以说是博而不乱,繁而有序,信息丰富,查找方便,比明代方志明显丰富得多了。不过"官修"的色彩也浓得多了。

毕沅之后,道光、咸丰间朴学大师蒋湘南主持关中讲席,对陕西方志也多有贡献。他先后修纂了《同州府志》《泾阳县志》《三原县志》与《留坝厅志》,"考核详审,世推佳制"。[2]

明清陕西文史领域又一成就是金石学的进展。万历年间的周至县学者赵崡,字子函,一生钻研金石考古,著有《石墨镌华》6卷,收录碑刻253种,多为前人所未收。其中关于昭陵等处的碑文尤多,是研究陕西金石文字的重要成果。清前期万年县(今西安市)人褚峻,善

---

[1](民国)《潼关县新志》冯光愚序。
[2](民国)《潼关县新志》冯光愚序。

书法，精刻碑，以贩卖碑帖为业，所著《金石图》《金石经眼录》，为乾嘉时期有名的金石之作。

毕沅治陕时期陕西的金石博物之学的进展尤其巨大。毕沅其人不仅经史、小学、金石、地理之学无所不通，而且手下人才济济，特别积极于利用手中权力组织研究工作。他不仅主持了陕西一大批方志的编写，而且着力收藏、悉心研究金石书画，踏勘、修缮陕西境内的名胜古迹。其中，他整修西安碑林的功绩尤大。北宋建立的碑林，到清初已破败不堪。乾隆三十七年（1772年）毕沅亲访碑林，见房屋倒塌，碑石卧倒在乱草瓦砾之间，遂决心予以重建。经过多年努力，碑林修整一新，复原前后堂庑，全部重加油饰；几十块巨大刻石从瓦砾中挖掘出来，洗刷文字，组织石刻陈列。唐碑的布置仍按北宋吕大忠的排列形式，并加收宋元及以前石刻，编排为甲、乙两部分，以栏栅围之，置专职人员管理养护。现在西安碑林的规模就是毕沅整修后奠定的。在重建碑林的过程中，毕沅组织学者进行了大量的碑刻著录及考释工作，著成《关中金石记》《关中胜迹图志》等书，把陕西的金石文物之学大大推进了一步。

三 书院教育与书籍刊行

陕西的官府之学渊源久远，而以学者为中心的书院教育则始于北宋，明朝大盛。其中尤以关学巨子冯从吾创办的首善书院最为著名。

冯从吾（1556—1624年），字仲好，号少墟，长安县人。他是明代关学的集大成者，也是明末东林党一派士大夫在西北的首领。万历年间，他受朝中恶势力的排挤，罢官归陕。回西安后闭门谢客，专心致力于学术活动。为了宣传他的学术观点和政治主张，他在从事著述之余，又借用西安城南门内的宝庆寺（今西安市书院门小学）作为讲学场所，听众踊跃，很快便多达数千人，连陕西布政使汪可授、按察使李天麟也慕名前来听讲。他们看到几千人挤在狭小的宝庆寺院内不是办法，便以地方官府名义作主，把宝庆寺东的小悉园（今西安市师范学校校址）拨给冯从吾建立学校。万历三十七年（1609年），冯从吾主持下的首善书院应运而生。

首善书院由冯从吾亲任主讲，并延请一些学富德高的关学名儒共执教席。由于"少墟先生"的学识、情操声蜚远近，使它很快成为一所影响巨大的学术文化机构。它与设在附近的西安府学、长安县学、咸宁县学一起构成了当时西安乃至西北诸省的文化中心，即今天所谓"书院门"地区。而首善书院的名声更在那几所官学之上，不仅西北各地，甚至四川、湖北、河南等地也有学生来此就读，于是这里又成为全国闻名的学府之一。当时它不仅是关学思想与学术的最大基地，弘扬着主敬穷理、体验身心、崇实重道、经世致用的关中学风，而且也是正直士大夫的清议论坛，因此为日渐得势的恶势力所忌。天启年间阉党魏忠贤当权，大肆镇压知识分子，身为东林一派士大夫的冯从吾与他主持的书院自然在劫难逃。天启四年（1624年）首善书院终于被魏忠贤的爪牙所查禁，冯从吾也于当年郁愤成疾，饮恨辞世。

除首善书院外，明代陕西各地都创办了不少这类学者讲坛。如蓝田县的芸阁书院、瀛州书院，三原县的弘道书院、学古书院，西安城内的正学书院，周至县的集贤书院，渭南县的五凤书院、正学书院，礼泉县的星聚书院，商州的商山书院，白水县的明德书院，华州的华山书院，华阴县的四知书院，耀州的文正书院，同官县（今铜川市）的问以书院，武功县的绿竹书院，三水县（今旬邑）的乐育书院，潼关卫的明新书院，富平县的新城书院，陇州的汧山书院，等等。甚至在贫瘠而屡经边患的陕北，明代书院教育也有长足发展。如仅延安一城，就不仅有据传始创于范仲淹而复建于明弘治年间的嘉岭书院，还有龙溪书院、云梦书院、云岩书院、育英书院、杨公书院、赵公书院之设。此外，安定县有敬学书院，宜川县有正学书院，鄜州有两山书院、丽泽书院，洛川县有泰征书院等。书院教育在这里远比未经边患的陕南为发达。

明代陕西书院中除首善书院外，另一所颇有特色并享有盛名的是三原的弘道书院。三原在明清时代是文化、教育名城，以至于主管陕西全省教育的政府机关陕西学政与陕西督学使署常设在三原，而不是在省会西安。弘道书院开设得也比首善书院更早，明弘治九年（1496年）由县人王天宇创建。它也具有跨省的声誉，主要录取陕、甘两地的士子入学。与其他书院不同的是它的民办色彩更浓厚，主要是由富户、商贾集资创办与经营的，在明代，官方只给予少量财政资助。弘道书院虽系民办，其宗旨却十分正统，以"明纲常之道，知修齐之理"为办学方针。士子主要学习程朱理学，涉猎史志知识。它的《学规》规定："一曰明德：父子有亲，君臣有义，夫妇有别，长幼有序，朋友有信，此为学习之目的也。"

到了清代，陕西的书院教育开始走向衰落。所谓衰落并不是指书院办得少了或规模小了，相反地，清代陕西书院的数量与规模都超过明代。然而清代陕西的这些书院却出现了明显的"官学化"趋势。以学者为中心，弘扬富有个性的学派与学风，既是授业的讲席，又是清议的论坛等等书院不同于官学的传统特点，在清代陕西各书院中都已大为淡化。在清前期以文字狱为典型的文化专制主义禁锢下，明末蓬勃兴起的各种启蒙思潮渐归沉寂，像东林书院那样的清议讲坛已无法存在。

清初康熙二年（1663年）陕西巡抚贾汉复建立关中书院，并在清代屡经修葺与扩建，成为当时陕西最大的书院。它虽然号称是继承了冯少墟的讲坛，但当年首善书院的清议传统已基本消失。清代的关中书院先后曾由王宏撰、李颙、柏景伟、孙景烈与蒋湘南等名儒主讲，在陕西省内外都有很高声誉，并跨省区招收陕甘两省士子。但政府对它的控制远比明代严密，院务由陕西巡抚兼管，山长的聘任、经费及学生录取都由巡抚决定。开设的课程主要是"正学"，即程朱理学。书院名义上是以提倡教化、移风易俗为办学目的，实际上却与府州县学一样，成了以考课为主的科举预备机关。"关中乡、会试中或膺馆选者，大半皆书院之士"。原由民间集资兴办的三原弘道（乾隆年后为避清高宗弘历讳而改为宏道）书院，入清后也更多地接受官方资助，并直接受置署三原城内的陕西学政管辖，已基本上成了官办学府。陕西境内的大小书院，也大都按关中、宏道两大书院的模式走上了官学化之路。

直到晚清时代，国难日深，新政之议起，洋务、维新、变法图强之说大倡，陕西的书院教育才又发生了一些变化。在晚清诸新政的潮流中，教授新学、西学、实学的新型书院开始在陕西出现，其代表是设在泾阳县城的味经书院与崇实书院。

同治十二年（1873年）在洋务运动中，由陕西督学使许振祎奏请在泾阳设立了味经书院。其经费由许振祎本人捐廉（养廉银）并向泾阳、三原、郃阳、韩城、渭南等地绅商筹集，史兆熊、柏景伟、刘光蕡先后任山长。政府规定它与关中、宏道两书院同级，都面向陕甘两省录取士子。

为了革除旧式书院之弊，味经书院进行了若干改革，例如：

（1）在办学体制上，味经书院与官办性质的关中、宏道两书院不同，它为政府倡议，责成绅士主办，以避免"延师循情敷衍之弊"和"经理侵蚀支绌之虞"，摆脱官办腐败现象。

（2）在学习科目上，旧式书院以学习义理诗文为主，而味经书院则制订了以实学为主的方针，学习内容不限于经书，而且要研习纲鉴诸史、文献通考等，强调经世致用，主要设置有制艺、论策、经解、诗赋、法戒等课程。

（3）在教学方法上，旧式书院除阅课外，师弟不常接见，而味经书院主要采取课堂教学法，由山长每日登讲台授课。

这时的味经书院虽强调实学，但为时代所囿，仍未超出穷经致用的范围，因此它建立后又不断地经历了改革。光绪十一年（1885年）味经书院内设立求友斋，开设经学、史学、道学、政学、天文、地舆、算法、掌故等课程，增加了自然科学的内容，求友斋还附设刊书处，出版西学与时务新书，它是陕西最早讲授西方新学的学堂。光绪十三年著名教育家刘光蕡出任味经书院山长，开始了进一步的改革。他认为今日"世变为汉唐以来所未有，即救变之才，其学问必不能尽循汉唐以来之成迹"。于是，在书院中又新开设了算学、时政、天文、地理、外文等课，其中尤重算学与时政两门。刘光蕡认为"西人富强，以制器精奇，原本算术"，因而救国必须识算；而"士子读书，以识今日时务为第一要义"，无论读经史旧学还是西方新学都要联系中国面临的现实问题，因而救国必须懂时政。光绪二十一年（1895年）在甲午战败、国难当头的形势下，书院又设立了时务斋，要求学生每日看报，研讨国内国际大事。

经过一系列改革之后的味经书院，成了一所以传播自然科学与新思想为特色的学府，一时名满西北，陕甘士子竞相就学，一大批新型人才从这里产生。著名数学家张秉枢、爱国教育家杨松轩、水利学家李仪祉、民国政治家于右任、名记者与报人张季鸾等都出身于味经。

随着时代的进步，一所味经已不敷社会对人才的需要，于是光绪二十二年（1896年）陕西巡抚魏光焘、学政赵维熙又奏请设立以理工之学为主的格致实学书院，院址仍在泾阳。次年十一月由三原、泾阳两县拨官款与绅商捐款建成了这座学府，并改名崇实书院。山长仍由刘光蕡兼任。办学经费由官款3万两作基金存于商号生息，并由味经书院刊书处拨银570两供支。书院设致道、求志、学古、兴艺四斋，后又并为政事、工艺两斋。课程开设以格致、算学、制造、英文为主，传统的文科诸学已退居次要地位。书院内并设有制造所，供学生实验习艺，仿制机器。

这样，到戊戌变法时，陕西已出现了以关中、宏道两所传统书院与味经、崇实两所新式书院为代表的书院教育体系，号称"清末关中四大书院"。到了1901年，清廷宣布行新政，废科举，兴学校，通令全国各地改书院与官学并为学堂。次年，味经、崇实两书院并入宏道书院并改建为宏道大学堂，并在西安新设陕西大学堂。1903年又改关中书院为陕西师范学堂。于是，四大书院连同整个传统教育体系终于退出了历史舞台，而为近代新式教育取代了。

明清时代陕西文化传播的另一个重要领域，是书籍的刊刻。陕西的雕版印刷术大约始于北宋。到金朝中叶，陕西出现了最早的刻书，即华阴刊印的《西岳华山志》。宋元时代与陕西毗邻的山西平水（今临汾）是全国的刻书中心之一，陕西也受其影响，雕版印书事业兴起，到明代终于形成大发展之势。当时西安、咸阳、朝邑、大荔、三原、彬县、泾阳、乾州、凤翔、汉中和延安等34处都有印书业存在。不仅官署刻书，藩府、书院、书坊以至私家都有刻书的。官刻本如陕西布政使司刊刻的《十七史详节》、西安府刊印的著名志书《长安志》《长安志图》和《雍录》。藩府本如秦王府所刻《史记集解索引正义》和从医圣孙思邈的名著中摘编成的《千金宝要》。书院本如西安正学书院所刻《国语》。坊刻本如郃阳书堂合刊的《长安志》和《长安志图》。私人刻书如长安大藏书家、刻书家许宗鲁用古体字（小篆楷写）刻印的《韵补》《吕氏春秋》等等，都是明代陕版刻印的图书佳品。明末陕西大科学家王征也曾自刻过他写的多种科技著作与西学著述，可惜仅《奇器图说》与《两理略》得以传世。

清代陕西的刻书事业进一步发展，形成了西安、三原、朝邑、华县、安康等刻书中心。许多清修方志，如康熙、雍正两修的两种《陕西通志》，就是西安官刻志书。但这时西安官制书籍最多的还是理学著作。图书流通市场也开始形成，西安一地的坊刻书肆就已有十余处。文化教育发达的三原，也是陕西的一个刻书中心，而且以出丛书著名。如清代三原藏书家李锡龄辑、宏道书院刊行的综合类大型丛书《惜阴轩丛书》、三原东里堡刘家刊行的《传经堂丛书》，以及清麓书院刊行的《清麓丛书》等，都以理学著作为主。在清末西学东渐的风气下，三原还在大量刊行理学书籍，无疑有落伍之嫌，但其刻书规模之大仍足以令人惊叹。此外朝邑县也刊行过《青照堂丛书》。华县、安康的刻书之风也很盛，而三原的九畹书屋、泾阳柏氏、蒲城味经堂的刻书事业也很有名，刻书的技术比明代又有很大进步。

清末，石印、影印等"泰西之法"传入，雕版印书开始衰落，民初铅活字排印更是迅速排挤了传统的雕版印刷，陕西的传统刻书事业在经历数百年辉煌之后，终于走向衰落。

四　农学、医学的发展与王征的科学成就

明清时代关中出现了一系列有价值的农书。明后期三原温纯、周至赵都是多方面的学者，他们重视农业生产，总结关中农民的经验，编写出若干地方性农书，其中尤以赵崡的《植品》为著名。此书为最早记录西红柿传入我国的植物学著作，很有科学价值。到了清代，关中农书又迭有新作，如兴平杨屾的《豳风广义》《知本提纲》《修齐直指》，户县王心敬的《区田法》，三原杨秀元的《农言著实》等等。

杨屾字双山，兴平县桑镇人。他的《豳风广义》一书共分3卷，图文并茂。该书列举了北方可兴蚕桑的六条证据，关中可力行蚕桑业的四条理由，记述了种桑、养蚕、置具、缫丝、织纫的全过程及整套技术，对园林、畜牧之学也有涉及。当时关中自宋以后桑麻之业久衰，而植棉之业虽已引进，但晚清以前并未推广，因此在杨屾的时代关中许多地区的农民不得不"以食易衣"，"因衣之费而食已减其半"[1]，从而陷于"自给而不足"的困境。杨屾倡导的"桑学"在道光年间经陕西巡抚号召推广后，对关中桑蚕业的复兴起了一定作用，使许多农民由自给而不足的困境转变为可以自给自足。当然，在当时气候与生态条件已不同于汉唐的情况下要完全恢复桑麻供衣的古风已不可能，这是不可以苛求于他的。

杨屾的《知本提纲》与《修齐直指》系统地提出了自然经济农业

---

[1] 杨屾:《豳风广义》。

的一整套经营原则与技术要领。前一书提出的经营目标是尽可能完全的自给自足:"四农必务其大全:耕以供食,桑以供衣,树以取材木,畜以蓄生息,不出乡井而俯仰自足,不事机智而用度悉备。"[1]后一书则强调高度精耕细作,在有限的土地上通过高度密集的劳动投入实现所谓"好亩抵十之法""一岁数收之法"乃至"二年十三收之法"。并介绍了一些"费人而价廉"的即高耗劳、低耗资的实用技术,如区田法、猴井法和"买田不如粪田"等等。[2]这些技术与原则对于人口稠密而工商业不发达的关中地区是有重要意义的。

如果说《知本提纲》与《修齐直指》都主要是经营原则的论述的话,那么杨秀元的《农言著实》则完全是一部按这些原则经营的农场操作实践的总结。这本用地道的三原土话写成的"半半山庄主人示儿辈"之作并不是为出版行世,而是为向农庄继承人传授实际经验而写的。它除了提供一份自给自足、高耗劳低耗资农庄的操作流程外,更重要的是显示了一种独特的"自然经济下的经营地主"经济模式。这种模式既以只有雇工而无租佃的特征有别于传统地主经济或小农经济,又以自给的非商业目的而有别于资本主义雇工农场。显然,这种模式在当时的关中并非罕见。因此杨秀元的这部书不仅具有农学意义,其社会学意义也是不容低估的。

清代关中农书一方面总结了旱作、自给、高耗劳的关中农业所能达到的惊人历史成就与生存能力,另一方面也显示了这种农业模式的巨大局限性。这些农书不仅与同时代的江南农书(如张履祥等人的著作)风格截然不同,就是与同处北方的其他省区也大有差异。例如,在以《马首农言》等为代表的山西农书中频频提到的市场价格问题,上述各种关中农书中都绝未涉及,这十分耐人寻味。

明清时代的关中传统医学也有了发展。明末临潼县阜广里(今武

---

[1] 杨屾:《知本提纲·农则前论》。
[2] 杨屾:《修齐直指》。

屯乡）人武之望是其杰出代表。武之望官至陕西三边总督，在当时的西北，其尊贵唯秦王可敌，然而这样一个封疆大吏却对医学深感兴趣并且造诣颇精。他著有《济阳纲目》《济阴纲目》与《疹科类要》等多种医书，为我国传统医学在明清时代的发展，作出了一个陕西人的贡献。

然而，在明清时代陕西的科学技术发展领域中，最大的贡献无疑属于被称为"北方的徐光启"的关中科学之星——泾阳王征。

王征（1570—1644 年），字良甫，号葵心，又号了一道人。他是天启二年（1622 年）进士，"以经算教授乡里"。入仕后曾先后任河北广平府与南直扬州府推官、山东按察司佥事、监辽海军务。他为官清正，注意民生，反对横征暴敛。当魏忠贤乱政之时，其爪牙在扬州建立了魏的生祠，强迫官民对之顶礼膜拜。王征不阿权贵，与另一陕籍官员顶住压力，拒不前往朝拜，被时人赞为"关西二劲"。他还有志于抵御满洲贵族入侵，积极练兵备战，写成《兵约》，又著《客问》，具体地提出了自己的制敌方略。

王征的一生主要致力于科学技术事业。他从早年居乡时，就开始从事一些农具和日常用具的改良与发明。他这一时期的科学成就后来收入了《新制诸器图说》一书中。后来在多次进京会考的过程中，适逢意大利传教士利玛窦讲学京师，他从此接触了西方科学知识，并产生了极大兴趣。此后他积极从事西方科学技术的介绍，其主要成就是与瑞士传教士邓玉函合译的《远西奇器图说录最》。晚年回归故里后，他继续从事各种机具的研究与发明。当时明末农民战争的风暴已席卷三秦，站在正统王朝立场上的王征积极协助官府，纠集团练，守城御"贼"。可叹的是，他所引进的机械之学没能造福于故乡人民，却"创为连弩、活机、自行车、自飞炮诸奇器"，用以镇压农民军。崇祯十六年（1643 年）冬李自成略定三秦，建立大顺政权，征召王征出仕，王征顽固抗拒，竟于次年绝食而死，落了个悲剧结局。

王征在机械学上的贡献巨大，其中既有他自己的发明，更有他对"西学"的介绍。在他的《新制诸器图说》中，记载了他自己发明与改造的一系列器具：引水之器——虹吸、鹤饮；转砣之器——轮激、风动、自动三种；自行车、转壶、代耕、连弩等。其中的虹吸是利用虹吸原理制成的一种灌溉工具；代耕为一种用人力以绳索牵引往复带动耕犁的耕作机具；自转磨、自行车都是依据钟表原理设计、以重力蓄能驱动的机械。《远西奇器图说录最》分为两部分，前一部分（一、二两卷）为"论重之本体"，介绍西方的"算法""测量"及"力艺之学"的基本原理，共61条，涉及了重力、重心、比重、压强、浮力等原理与杠杆、滑轮、轮轴、斜面及螺旋等简单机械。第二部分为"论各色器具之法"，介绍各种应用机械的原理与结构，共92条，后附有起重11图、引重4图、转重2图、取水9图、转磨15图、解木4图、解石、围碓、书架、水日晷、代耕各1图、水镜4图等共54幅机械图，皆附有说明。在该书序言里，王徵"极夸其法之神妙"，"能以小力运大"，"其制器之巧，实为甲于古今"，体现了当时开明学者对"西学"的向往。尤其可贵的是，他不只从工艺技巧方面推重西方技术，而且能进一步深究其理论基础，认识到数学、几何、力学等"皆相资而成"才能有此进步，这在当时实为精辟之论。因此他的《奇器图说》一书（《新制诸器图说》与《远西奇器图说录最》的合刻本）就不仅仅是一本经验汇编，而且是系统性的力学—机械学专著，这在我国科技史上是前所未有的。

五　中外文化的交流与碰撞

文化的良性交流是文明得以进步与发展的重要条件之一，而文化的恶性碰撞则往往导致文明的危机，甚至文明的毁灭。然而在实际历史进程中，纯粹的良性交流或纯粹的恶性碰撞是很少见到的，因而"文化相遇"就成了一个历史的十字路口，是走向升华还是走向沉沦，就看作为历史主体的人们能否作出正确的回应了。

地处内陆的陕西，在周秦汉唐时代曾得益于欧亚陆上商路大动脉（所谓丝绸之路）而处在"文化相遇"的前沿，陕西先民当时以开放的心态勇敢地迎接挑战，抓住机遇，使社会发展与文明进步得以迈上了一个新台阶。宋以后陕西周边形势改变，旧有的欧亚陆上动脉逐渐被海上交通所取代，陕西也不再处于"文化相遇"的前沿。但无论是经由陆上通道与中亚、西亚伊斯兰世界的交通，还是通过海上中西交通由沿海地区辐射而来的"西学东渐"，都继续对明清时期的陕西历史发生着影响。

　　经由陆上通道与伊斯兰世界的交往，在宋元时代一度非常活跃，其结果是形成了陕西的汉语穆斯林—回族族群，明清时代这种交往仍在进行，陕西伊斯兰文化的先哲胡登洲，就是这种交往的代表人物之一。

　　陕西回民自元亡之后，与中、西亚伊斯兰世界的文化联系即处于若有若无的状态，伊斯兰文化的发展受到阻碍。著名回族学者胡登洲（1522—1597年）为改变这种状况作出了不懈的努力。胡登洲字普明，出身于陕西咸阳一个回民宗教界家庭，他于明嘉靖年间历尽艰辛赴麦加朝觐，得伊斯兰教之真传，回到陕西后立志兴学。他改革了口头传授经文的方法，首先开创了我国的伊斯兰寺院经堂教育。他起初在家中招收学员，半工半读，后于清真寺内办学，其经费一半来自施舍，一半来自官府的供给。经过胡登洲的热心倡导，陕西清真寺设学之风大兴，很快就遍及全国。他潜心研究宗教哲学，创立了我国伊斯兰教育的"陕西学派"。该派以精而专为特点，专授认主学，使用阿拉伯文经籍，在我国伊斯兰教育的三派中影响最大。而其他两派即常志美创立的山东学派与马复初创立的云南支派，也都是从胡登洲的师传系统中分化出来的。当时中国穆斯林尊胡登洲为"胡太师"，而陕西则被称作"念经人的教场"。今天西北、南方诸省区及豫、皖等省的伊斯兰教育仍以陕西派为主。

　　作为伊斯兰文化与中国传统文化的交流结果，陕西回民建立起一批凝聚着中华文明智慧的清真寺。今西安市莲湖区化觉巷内的国家重点文物保护单位——化觉寺就是其中的代表。该寺建于明初，为传统的中国式殿堂建筑群，规模宏大，有五进院落，84间殿堂，以五大殿阁即所谓"五凤朝阳殿"为核心，其中大殿可容千人礼拜。寺内彩画雕刻极为精细，具有很高的中国传统艺术水平。这座清真名寺，无疑是各民族文化交融发展的体现。

到了明万历年间，又一次中外文化交流高潮通过沿海地区向陕西辐射。其代表人物就是上一节提到的王徵。除了介绍西方的科学技术外，王徵也对西方文化，尤其是基督教表现出了很高的热情。他通过在北京等地和庞迪我、利玛窦、金尼阁等西方传教士的交往，认为他们"名利婚宦事一切无染，独嗜学穷理，不知老之将至"[1]，这种精神止是力挽时世沉沦、人心不古之所必需的。他感叹道："噫嘻！先生不婚不官，不名不利人也，只因敬天爱人一念，不远几万里惠顾我东土，历尽百险百危，曾不一毫退转。我辈痴迷，盈盈一水之隔，不百里而近，乃惮跋涉苦……且可愧已！"[2]于是，大约在天启元年（1621年）前后他受洗入教，与徐光启、李之藻、孙元化、杨廷筠等一起，成为自西方基督教文明步入近代化门槛以来的首批中国教徒。

对他们选择的信仰人们尽可见仁见智；对利玛窦之类的传教士入华，人们也可以有各种评价，不过可以肯定的是，王徵、徐光启这些人当初入教绝无功利上的动机，也谈不上有什么崇洋观念（相反，王徵认为利玛窦们是"慕我明崇文之化，梯航万里，作宾于王"[3]的）。吸引他们的，主要是那种"不婚不官不名不利"坚执于信仰的精神。于是，王徵便成了西学东渐中陕西最早的基督徒，他起了教名菲利浦，自称"景教后学"，在积极向他的传教士朋友们介绍"我明崇文之化"

---

[1] 王徵：《西儒耳目资·序》。

[2] 王徵：《杜奥定先生东来渡海苦迹》。

[3] 王徵：《西儒耳目资·序》。

的同时，也向国人积极介绍西方文化的各个方面。他除了如上节所述译介引进了西方的力学与机械工艺之外，还译介天主教义，译介《伊索寓言》(王译为《意拾喻言》)之类的文学作品，甚至还在我国历史上首次引进了罗马化汉语拼音。

在王征的带动下，深处内陆的陕西卷入了当时尚属初起的西学东渐之潮。天启五年(1625年)春，王征在家居时邀请金尼阁访问了陕西，居留近半年之久。在此期间，他主持在西安刊行了罗马化汉语拼音方案《西儒耳目资》，刊印了金尼阁编的包含《伊索寓言》在内的西方文学丛编《况义》，在西安考察了当时刚出土的《大秦景教流行中国碑》，并作出了科学的诠释。后来又于崇祯三年(1630年)在西安开设了第一所天主教堂，题名曰"崇一堂"。王征最重要的介绍西方科学的著作《奇器图说》也是在西安刊行的。一时间，闭塞的关中居然成了中西文化交流的热点地区。

王征虔信天主教，但他理解的天主教"以体认造物主为宗旨。造物主无形而独一无偶，与《中庸》所谓至诚无息，为物不二合，即《易》之上帝、《书》之维皇、《礼》之太一也"。显然，他实际上是用儒家学说来解释基督教。王征为此译写了一系列著作，如《西儒书》《西书释译》《真福直指》《圣经直解》《圣经要略汇集》等等。虽然其中不无牵强，但在当时却是中国人研究西方文化尤其是基督教文化的最早著作之一。在闭塞的大西北，这样一种开放的眼光是极难得的。

遗憾的是，这种正常的文化交流未能继续下去。王征去世后，陕西逐渐退出了西学东渐的活动，而在全国范围内的中西交流不久也中止了。到了乾隆年间，像《奇器图说》这样杰出的作品竟被皇皇《四库全书》的编者下了"大都荒诞恣肆，不足究诘"的评语。等到200年后国门再度被打开时，人们才知道什么是真正的"荒诞恣肆"了。封闭伴随的就是愚昧和落后，明清的封闭，特别是清代的封闭，把中国的历史拖后了数百年！

附　录

大事年表

宋

960 年	建隆元年元年	北宋建国。
		关中、陕北归宋。户县人杨砺成为北宋开国状元。
961 年	建隆二年	折德扆入朝，麟府归宋。
962 年	建隆三年	定难军附宋，李彝兴朝贡。
964 年	乾德元年	耀州僧继业赴印度取经。
965 年	乾德二年	王全斌伐蜀，宋取陕南。
982 年	太平兴国七年	李继捧献地，定难军归宋，全陕统一。李继迁起兵。
985 年	雍熙二年	李继迁杀曹光实，取银州。
986 年	雍熙三年	李继迁附辽抗宋。
988 年	端拱元年	宋以李继捧抗继迁。
993 年	淳化四年	宋设关西道。
994 年	淳化五年	李继捧被逮，"以蕃制蕃"失败。
996 年	至道二年	宋五路围攻李继迁，失败。
997 年	至道三年	宋设陕西路。宋与李继迁议和，还其定难军地。
1038 年	宝元元年	李元昊称帝，宋夏决裂。
1039 年	宝元二年	保安之役，宋夏开战。
1040 年	康定元年	三川口之役，夏军围延州，宋筑清涧城。

1041 年	康定二年	宋在潼关设防，寻罢。
1043 年	庆历三年	范仲淹离陕，庆历新政开始。张海、邵兴起义。
1044 年	庆历四年	庆历新政失败。宋夏议和。范仲淹再度行边。
1048 年	庆历八年	范祥改革盐法。
1053 年	皇祐五年	范祥罢官，李参代之。
1064 年	治平元年	宋夏再开战。
1067 年	治平四年	种谔收复绥州，"杨定事件"。
1069 年	熙宁二年	薛向离陕，均输法出台。
1070 年	熙宁三年	市易法在陕起源。
1071 年	熙宁四年	种谔啰兀城之战。
1072 年	熙宁五年	农田水利法在陕推行，六门堰、郑白渠工程开工。绥州划界。陕西路分为永兴军路与秦凤路。
1073 年	熙宁六年	吕大防上疏反新政。
1081 年	元丰四年	宋五路伐夏之役。
1082 年	元丰五年	永乐城之役，宋军大败。
1087 年	元祐二年	碑林创设。
1089 年	元祐四年	"元祐弃地"。
1096 年	绍圣三年	夏军再攻延州。
1098 年	元符元年	宋军收复"弃地"。
1099 年	元符二年	宋置晋宁军、绥德军，打通绥、麟走廊。宋夏再议和。
1105 年	崇宁四年	宋设银州，寻废。
1115 年	政和五年	童贯主陕政。
1125 年	宣和七年	金军南下，种师中、折可求勤王。
1126 年	靖康元年	金军再度南下，种师道、范致虚勤王。
1127 年	建炎元年	北宋亡，南宋建国。范致虚兵败。娄室首次入陕。史斌起义。
1128 年	建炎二年	京兆陷，唐重死难。陕北陷，折可求降金。

1129 年	建炎三年	晋宁军陷，徐徽言殉难。关中再陷。
1130 年	建炎四年	富平之战，关中又陷。
1131 年	绍兴元年	和尚原之战。金以陕西赐"齐"。
1132 年	绍兴二年	饶风关之战。
1134 年	绍兴四年	仙人关之战。
1137 年	绍兴七年	伪齐废，李世辅起兵。
1138 年	绍兴八年	折可求被杀。
1139 年	绍兴九年	金朝归陕西于宋。李世辅入宋。
1140 年	金天眷三年	金朝复陷陕西，金朝治陕之始。
1142 年	皇统二年	金改永兴军路为京兆府路。
1146 年	皇统六年	金割陕北边地与夏。
1161 年	正隆六年	辛巳之役，任天锡等北伐。
1179 年	大定十九年	金在陕西括地。
1195 年	明昌六年	金罢陕西括地。
1206 年	泰和六年	宋开禧北伐，吴曦叛乱被诛。
1211 年	大安三年	西夏攻金于陕北。
1216 年	贞祐四年	蒙军三木合拔都征金，入陕北，出潼关。金反攻夏。
1217 年	贞祐五年	金攻宋陕南地。
1219 年	兴定三年	金再攻宋陕南地，张福、莫简起义。
1220 年	兴定四年	宋夏联合攻金。
1221 年	兴定五年	木华黎入陕，延安之役。
1222 年	兴光元年	蒙古军陷祯州，围凤翔。
1223 年	元兴二年	蒙古军退，木华黎死，蒙军初入宋境。
1225 年	正大二年	金夏议和，约为兄弟之国。
1227 年	正大四年	成吉思汗入陕、病死。丁亥之变。
1231 年	正大八年	蒙军取凤翔，尽有关中，"假道"陕南。
1233 年	宋绍定六年	田雄镇抚陕西。
1234 年	宋端平元年	蒙军塔海绀卜伐宋于陕南。

1235 年	端平二年	蒙古阔端入陕南。
1236 年	端平三年	阳平关之战，蒙军占领陕南。

大蒙古国

1240 年	窝阔台十二年	梁泰规措陕西。
1253 年	蒙哥三年	忽必烈分封关中，汉法治陕开始，设从宜府、京兆宣抚司。
1254 年	蒙哥四年	廉希宪入陕。
1257 年	蒙哥七年	阿兰答儿"钩考"陕西。
1260 年	中统元年	平定刘太平叛乱，陕西四川行省建立。

元

1272 年	至元九年	忙哥剌为安西王，罢行省。
1277 年	至元十四年	马可·波罗入陕。
1278 年	至元十五年	忙哥剌死。
1279 年	至元十六年	京兆府改为安西路。
1280 年	至元十七年	阿难答为安西王，杀赵炳，行省复立。
1297 年	大德元年	设陕西行台。
1307 年	大德十一年	阿难答被杀，王府名存实亡。
1312 年	皇庆元年	安西路改名奉元路。
1316 年	延祐三年	和世㻋之乱。
1323 年	至治三年	南坡之变，月鲁帖木儿被杀，安西王府废。
1328 年	天历元年	天历之乱。
1356 年	至正十六年	红巾军破潼关。
1357 年	至正十七年	红巾军逼西安，察罕帖木儿入陕。红巾军入兴元府，败于凤翔。
1358 年	至正十八年	红巾军败于巩昌，再入陕南。
1362 年	至正二十二年	察罕帖木儿被杀，关中军阀混战开始。

| 1367 年 | 吴元年 | 徐达、常遇春北伐。 |

明

1368 年	洪武元年	冯宗异破潼关。
1369 年	洪武二年	明军占领关中、陕北。
1370 年	洪武三年	明军占领陕南，全陕统一。
1376 年	洪武九年	陕西布政使司成立。
1378 年	洪武十一年	秦王朱樉就藩。
1391 年	洪武二十四年	懿文太子巡抚陕西。
1397 年	洪武三十年	高福兴、田九成起义。
1435 年	宣德十年	陈镒抚陕。
1449 年	正统十四年	明撤东胜卫，弃河套。
1462 年	天顺六年	鞑靼入据河套。
1463 年	天顺七年	项忠抚陕。
1468 年	成化四年	马文升抚陕。
1475 年	成化十一年	余子俊抚陕，修秦塞长城。
1510 年	正德五年	杨一清督陕，设计除刘瑾。
1548 年	嘉靖二十七年	曾铣、夏言之祸。
1556 年	嘉靖三十四年	华县八级大地震。
1571 年	隆庆五年	俺答封贡，套寇受抚。
1599 年	万历二十七年	梁永祸陕。
1607 年	万历三十五年	陕西人民赶走税监。
1609 年	万历三十七年	冯从吾建首善书院。
1624 年	天启四年	首善书院被毁。
1625 年	天启五年	金尼阁访王征于三原，陕西卷入西学东渐潮。
1627 年	天启七年	澄城农民起义。
1628 年	崇祯元年	张献忠投身起义。
1629 年	崇祯二年	陕北裁驿。

1630 年	崇祯三年	李自成投身起义。
1631 年	崇祯四年	杨鹤议抚失败。
1634 年	崇祯七年	车箱峡突围。
1636 年	崇祯九年	高迎祥牺牲，农民战争转入第一次低潮。
1643 年	崇祯十六年	李自成进占西安。
1644 年	崇祯十七年	李自成离陕北伐，旋败归陕西。

清

1645 年	顺治二年	正月十八日，清豫亲王多铎率兵进入西安，大顺政权覆亡。
		四月，清廷任命孟乔芳为陕西总督，兼辖四川、甘肃、延绥三巡抚。
		闰六月，清廷准陕西于十月举行首届乡试。
1646 年	顺治三年	正月，贺珍、孙守法围攻西安。
		五月，孙守法、刘体纯等攻占兴安。
1649 年	顺治六年	正月，商州游民何可亮组织杆军抗清，活动在商洛、兴安之间。
		二月，延安参将王永强起兵反清。
		是年，修筑西安满城。
1675 年	康熙十三年	十二月，陕西提督王辅臣响应吴三桂，举兵叛清。